江添亮の
C++入門

▎江添 亮 著

ASCII
DWANGO

本文中に記載されている社名および商品名は，一般に開発メーカーの登録商標です．

なお，本文中では ™・©・® 表示を明記しておりません．

序

　本書はプログラミングの経験はあるが C++ は知らない読者を対象にした C++ を学ぶための本である。本書はすでに学んだことのみを使って次の知識を説明する手法で書かれた。C++ コンパイラーを C++ で書く場合、C++ コンパイラーのソースコードをコンパイルする最初の C++ コンパイラーをどうするかというブートストラップ問題がある。本書はいわば C++ における知識のブートストラップを目指した本だ。これにより読者は本を先頭から読んでいけば、まだ学んでいない概念が突如として無説明のまま使われて混乱することなく読み進むことができるだろう。

　C++ 知識のブートストラップを意識した入門書の執筆はなかなかに難しかった。ある機能 X を教えたいが、そのためには機能 Y を知っていなければならず、機能 Y を理解するためには機能 Z の理解が必要といった具合に、C++ の機能の依存関係の解決をしなければならなかったからだ。著者自身も苦しい思いをしながらできるだけ今までに説明した知識のみを使って次の知識を教えるように書き進めていった結果、意外な再発見をした。ポインターを教えた後は C++ のほとんどの機能を教えることに苦労しなくなったのだ。けっきょく C++ ではいまだにポインターの機能はさまざまな機能の土台になっているのだろう。

　本書の執筆時点で C++ は現在、C++20 の規格制定に向けて大詰めを迎えている。C++20 では `#include` に変わるモジュール、軽量な実行媒体であるコルーチン、高級な assert 機能としてのコントラクトに加え、とうとうコンセプトが入る。ライブラリとしてもコンセプトを活用したレンジ、`span`、`flat_map` などさまざまなライブラリが追加される。その詳細は、次に本を出す機会があるならば『江添亮の詳説 C++17』と似たような C++20 の参考書を書くことになるだろう。C++ はまだまだ時代に合わせて進化する言語だ。

本書の執筆は GitHub 上で公開した状態で行われた。

https://github.com/EzoeRyou/cpp-intro

本書のライセンスは GPLv3 である。ただし、本書の著者近影は GPLv3 ではなく撮影者が著作権を保持している。

本書の著者近影の撮影は、著者の古くからの友人でありプロのカメラマンである三浦大に撮影してもらった。

三浦大の Web サイト: http://www.masarumiura.jp/

江添亮

目次

序   iii

第 1 章   C++ の概要   **1**

第 2 章   C++ の実行   **3**

2.1   C++ の実行の仕組み   3

2.2   簡単な 1 つのソースファイルからなるプログラムの実行   3

    2.2.1   サンプルコード   4

    2.2.2   コンパイル   5

    2.2.3   実行   5

2.3   GCC: C++ コンパイラー   6

    2.3.1   コンパイラーオプション   6

    2.3.2   ヘッダーファイルの省略   7

    2.3.3   コンパイル済みヘッダー (precompiled header)   9

2.4   Make: ビルドシステム   11

    2.4.1   コンパイルと実行のまとめ   11

    2.4.2   依存関係を解決するビルドシステム   12

    2.4.3   依存関係を記述するルール   13

    2.4.4   コメント   16

    2.4.5   変数   16

    2.4.6   自動変数   17

    2.4.7   PHONY ターゲット   18

2.5   入門用の環境構築   19

第 3 章   C++ ヒッチハイクガイド   **21**

3.1   最小のコード   21

3.2   標準出力   22

3.3   文字列   24

3.4   整数と浮動小数点数   25

3.5   変数 (variable)   27

3.6   関数 (function)   31

3.7   本当の関数   34

第 4 章   デバッグ：コンパイルエラーメッセージの読み方   **37**

4.1   文法エラー   38

4.2   意味エラー   44

4.3   コンパイラーのバグ   45

vi　目次

第5章　条件分岐の果てのレストラン　　47

5.1　複合文 47

5.2　条件分岐 50

5.3　条件式 54

　　5.3.1　条件とは何だろう 54

5.4　bool 型 56

5.5　bool 型の演算 58

　　5.5.1　論理否定: operator ! 58

　　5.5.2　同値比較: operator ==, != 59

　　5.5.3　論理積: operator && 60

　　5.5.4　論理和: operator || 61

　　5.5.5　短絡評価 63

5.6　bool の変換 64

第6章　デバッグ：コンパイル警告メッセージ　　69

第7章　最近体重が気になるあなたのための標準入力　　73

7.1　これまでのおさらい 73

7.2　標準入力 75

7.3　リダイレクト 78

7.4　パイプ 80

7.5　プログラムの組み合わせ 81

第8章　ループ　　83

8.1　これまでのおさらい 83

8.2　goto 文 84

　　8.2.1　無限ループ 84

　　8.2.2　終了条件付きループ 86

　　8.2.3　インデックスループ 88

8.3　while 文 95

　　8.3.1　無限ループ 95

　　8.3.2　終了条件付きループ 97

　　8.3.3　インデックスループ 99

8.4　for 文 103

8.5　do 文 107

8.6　break 文 108

8.7　continue 文 109

8.8　再帰関数 111

第 9 章　メモリーを無限に確保する　　　　**121**

9.1　これまでのまとめ 121

9.2　vector 122

第 10 章　デバッグ：printf デバッグ　　　　**135**

10.1　実践例 135

10.2　std::cerr 141

10.3　まとめ 143

第 11 章　整数　　　　**145**

11.1　整数リテラル 145

　11.1.1　10 進数リテラル 145

　11.1.2　2 進数リテラル 146

　11.1.3　8 進数リテラル 146

　11.1.4　16 進数リテラル 146

　11.1.5　数値区切り 147

11.2　整数の仕組み 147

　11.2.1　情報の単位 147

　11.2.2　1 バイトで表現された整数 148

11.3　整数型 151

　11.3.1　int 型 151

　11.3.2　long int 型 152

　11.3.3　long long int 型 153

　11.3.4　short int 型 153

　11.3.5　char 型 153

11.4　整数型のサイズ 154

11.5　整数型の表現できる値の範囲 155

11.6　整数型の変換 157

第 12 章　浮動小数点数　　　　**159**

12.1　浮動小数点数リテラル 161

　12.1.1　10 進浮動小数点数リテラル 161

　12.1.2　10 進数の仮数と指数による表記 161

　12.1.3　16 進数の仮数と指数による表記 162

12.2　浮動小数点数の表現と特性 163

　12.2.1　+0.0 と -0.0 163

　12.2.2　+∞ と -∞ (無限大) 163

　12.2.3　NaN (Not a Number) 164

　12.2.4　有効桁数 164

12.3　浮動小数点数同士の変換 165

viii   目次

| 12.4 | 浮動小数点数と整数の変換 | 166 |

第 13 章　名前　167

13.1	キーワード	167
13.2	名前に使える文字	168
13.3	宣言と定義	169
13.4	名前空間	170
13.4.1	グローバル名前空間	173
13.4.2	名前空間のネスト	174
13.4.3	名前空間名の別名を宣言する名前空間エイリアス	174
13.4.4	名前空間名の指定を省略する using ディレクティブ	176
13.4.5	名前空間を指定しなくてもよい inline 名前空間	178
13.5	型名	179
13.5.1	型名の別名を宣言するエイリアス宣言	179
13.6	スコープ	181

第 14 章　イテレーターの基礎　185

14.1	イテレーターの取得方法	185
14.2	イテレーターの参照する要素に対する読み書き	186
14.3	イテレーターの参照する要素を変更	186
14.4	イテレーターの比較	187
14.5	最後の次の要素へのイテレーター	188
14.6	なんでもイテレーター	190
14.7	イテレーターと添字の範囲	192

第 15 章　lvalue リファレンスと const　197

| 15.1 | lvalue リファレンス | 197 |
| 15.2 | const | 200 |

第 16 章　アルゴリズム　205

16.1	for_each	205
16.2	all_of/any_of/none_of	211
16.3	find/find_if	213
16.4	count/count_if	217
16.5	equal	218
16.6	search	221
16.7	copy	222
16.8	transform	225
16.9	replace	226
16.10	fill	226

| 16.11 | generate | 227 |

16.11 generate 227

16.12 remove 228

第 17 章　ラムダ式　　231

17.1　基本 231

17.2　キャプチャー 234

17.2.1　コピーキャプチャー 234

17.2.2　リファレンスキャプチャー 235

第 18 章　クラスの基本　　237

18.1　変数をまとめる 237

18.2　まとめた変数に関数を提供する 241

第 19 章　より自然に振る舞うクラス　　249

19.1　より自然な初期化 250

19.2　自然な演算子 258

19.3　演算子のオーバーロード 261

19.3.1　二項演算子 261

19.3.2　単項演算子 264

19.3.3　インクリメント/デクリメント 265

19.3.4　メンバー関数での演算子のオーバーロード 267

第 20 章　std::array　　269

第 21 章　プログラマーの三大美徳　　273

第 22 章　配列　　275

22.1　ナイーブな array 実装 275

22.2　配列 276

第 23 章　テンプレート　　281

23.1　問題点 281

23.2　関数の引数 282

23.3　関数のテンプレート引数 283

23.4　テンプレート 285

23.5　クラステンプレート 288

第 24 章　array をさらに実装　　291

24.1　ネストされた型名 291

24.2　要素数の取得: size() 293

24.3　メンバー関数の const 修飾 294

24.4　先頭と末尾の要素：front/back 299

x   目次

| 24.5 | 全要素に値を代入: fill | 300 |

第 25 章　array のイテレーター　301
25.1	イテレーターの中身	301
25.2	残りのイテレーターの実装	315
25.3	const なイテレーター: const_iterator	318

第 26 章　傲慢なエラー処理：例外　325
26.1	例外を投げる	325
26.2	例外を捕まえる	329
26.3	例外による巻き戻し	331

第 27 章　ポインター　337
27.1	意味上のポインター	337
27.1.1	リファレンスと同じ機能	337
27.1.2	リファレンスと違う機能	340
27.1.3	代入	340
27.1.4	何も参照しない状態	340
27.1.5	明示的に何も参照しないポインター: nullptr	341
27.1.6	無効な参照先の作り方	342
27.2	文法上のポインター	343
27.2.1	ポインターと const の関係	343
27.2.2	ポインターのポインター	348
27.2.3	関数へのポインター	351
27.2.4	配列へのポインター	355
27.2.5	ポインター型の作り方	356
27.2.6	クラスへのポインター	358
27.2.7	this ポインター	361
27.2.8	メンバーへのポインター	363
27.3	ポインターの内部実装	371
27.3.1	キロバイトとキビバイト	371
27.3.2	メモリーとアドレス	372
27.3.3	ポインターのサイズ	372
27.3.4	ポインターの値	373
27.3.5	std::bit_cast の実装	375
27.3.6	std::memcpy の実装	375
27.3.7	データメンバーへのポインターの内部実装	382

第 28 章　イテレーター詳細　385
| 28.1 | イテレーターとポインターの関係 | 385 |

28.2	イテレーターカテゴリー	387
	28.2.1 ランダムアクセスイテレーター	387
	28.2.2 双方向イテレーター	390
	28.2.3 前方イテレーター	390
	28.2.4 入力イテレーター	391
	28.2.5 出力イテレーター	392
28.3	iterator_traits	393
28.4	イテレーターカテゴリーの実例	395
	28.4.1 出力イテレーター	395
	28.4.2 入力イテレーター	398
	28.4.3 前方イテレーター	403
	28.4.4 双方向イテレーター	408
	28.4.5 ランダムアクセスイテレーター	409
28.5	イテレーター操作	414
	28.5.1 advance(i, n): n 移動する	414
	28.5.2 distance(first, last): first から last までの距離	415
	28.5.3 next/prev : 移動したイテレーターを返す	415
28.6	リバースイテレーター	417

第 29 章　動的メモリー確保　　419

29.1	概要	419
29.2	malloc/free	420
29.3	operator new/operator delete	420
29.4	生のバイト列を基本的な型の値として使う方法	421
29.5	メモリー確保の失敗	422
29.6	クラス型の値の構築	423
29.7	new/delete	426
29.8	配列版 new/delete	427
29.9	スマートポインター	427

第 30 章　vector の実装：基礎　　429

30.1	std::allocator<T> の概要	430
30.2	std::allocator<T> の使い方	431
30.3	std::allocator_traits<Alloc>	433
30.4	簡易 vector の概要	435
30.5	class とアクセス指定	436
30.6	ネストされた型名	440
30.7	簡易 vector のデータメンバー	441
30.8	簡単なメンバー関数の実装	443
	30.8.1 イテレーター	443

xii　目次

30.8.2　容量確認	447
30.8.3　要素アクセス	448

第 31 章　vector の実装：メモリー確保　　　　451

31.1　メモリー確保と解放の起こるタイミング	451
31.2　デフォルトコンストラクター	454
31.3　アロケーターを取るコンストラクター	454
31.4　要素数と初期値を取るコンストラクターの実装	455
31.5　ヘルパー関数	455
31.5.1　ネストされた型名 traits	456
31.5.2　allocate/deallocate	456
31.5.3　construct/destroy	456
31.5.4　destroy_until	457
31.6　clear	458
31.7　デストラクター	458
31.8　reserve の実装	458
31.9　resize	462
31.10　push_back	465
31.10.1　shrink_to_fit	467
31.11　vector のその他のコンストラクター	469
31.11.1　イテレーターのペア	469
31.11.2　初期化リスト	470

第 32 章　コピー　　　　471

32.1　普通のコピー	471
32.2　コピーコンストラクター	473
32.3　コピー代入演算子	474
32.4　コピーの挙動	475
32.5　所有するクラス	478
32.6　own<U> から own<T> への変換	480
32.7　もう少し複雑な所有するクラス	482
32.8　vector のコピー	484
32.8.1　コピーコンストラクター	484
32.8.2　コピー代入演算子	485

第 33 章　ムーブ　　　　489

33.1　ムーブの使い方	489
33.2　ムーブの中身	491

第 34 章　rvalue リファレンス　497

34.1　概要 497

34.2　rvalue リファレンスの宣言 497

34.3　値カテゴリー 500

　　34.3.1　lvalue 500

　　34.3.2　prvalue 500

　　34.3.3　xvalue 501

　　34.3.4　rvalue 503

　　34.3.5　glvalue 503

34.4　rvalue リファレンスのライブラリ 504

　　34.4.1　std::move 504

　　34.4.2　std::move の実装 504

　　34.4.3　フォワーディングリファレンス 505

　　34.4.4　std::remove_reference_t 507

　　34.4.5　std::move の正しい実装 508

　　34.4.6　std::forward 508

第 35 章　ムーブの実装　511

35.1　コピーとムーブの判別 512

35.2　ムーブの実装 514

　　35.2.1　ムーブコンストラクター 515

　　35.2.2　ムーブ代入演算子 515

35.3　デフォルトのムーブ 518

35.4　コピーの禁止 519

35.5　5 原則 520

第 36 章　スマートポインター　521

36.1　unique_ptr 522

36.2　shared_ptr 525

第 37 章　自作の数値クラスで演算をムーブに対応する方法　531

37.1　基本の実装 531

37.2　複合代入演算子 533

37.3　単項演算子 534

37.4　二項演算子 540

　　37.4.1　ムーブしない実装 540

　　37.4.2　ムーブをしたくなる状況 542

第 38 章　文字列　547

38.1　はじめに 547

xiv 目次

38.2 基本ソース文字セット	547
38.3 基本実行文字セット	548
38.4 文字を表現する方法	548
38.4.1 ASCII	548
38.4.2 Unicode	548
38.5 OS	550
38.6 リテラル	551
38.6.1 通常の文字リテラル	551
38.6.2 ユニバーサルキャラクター名	552
38.6.3 通常の文字列リテラル	552
38.7 ワイド文字	554
38.8 UTF–8/UTF–16/UTF–32	555
38.9 生文字列リテラル	557
38.10 文字列の表現方法	558
38.10.1 null 終端文字列	558
38.10.2 std::basic_string	559
38.10.3 std::basic_string_view	562
38.11 文字列の操作	564
38.11.1 null 終端文字列の操作	564
38.11.2 basic_string の操作	566
38.11.3 basic_string_view の操作	575

第 39 章 乱数   **577**

39.1 疑似乱数	577
39.2 乱数エンジン	578
39.3 乱数分布	580
39.4 シード	582
39.5 予測不可能な乱数	584
39.6 十分なシード値の量	585
39.7 乱数分布ライブラリ	586
39.8 分布クラス	588
39.9 一様分布 (Uniform Distribution)	590
39.9.1 整数の一様分布 (std::uniform_int_distribution<IntType>)	590
39.9.2 浮動小数点数の一様分布 (uniform_real_distribution<RealType>)	591
39.10 ベルヌーイ分布 (Bernoulli distributions)	591
39.10.1 ベルヌーイ試行	592
39.10.2 ベルヌーイ分布 (std::bernoulli_distribution)	593
39.10.3 二項分布 (std::binomial_distribution<IntType>)	595
39.10.4 幾何分布 (std::geometric_distribution)	597

39.10.5 負の二項分布 (std::negative_binomial_distribution) 599

39.11 ポアソン分布 602

39.11.1 ポアソン分布 (poisson_distribution) 602

39.11.2 指数分布 (std::exponential_distribution<RealType>) 603

39.11.3 ガンマ分布 (std::gamma_distribution<RealType>) 605

39.11.4 ウェイブル分布 (std::weibull_distribution<RealType>) 606

39.12 極値分布 (std::extreme_value_distribution<RealType>) 606

39.13 正規分布 607

39.13.1 正規分布 (std::normal_distribution<RealType>) 607

39.13.2 対数正規分布 (std::lognormal_distribution<RealType>) 608

39.13.3 カイ二乗分布 (std::chi_squared_distribution<RealType>) 608

39.13.4 コーシー分布 (std::cauchy_distribution<RealType>) 609

39.13.5 フィッシャーの F 分布 (std::fisher_f_distribution<RealType>) . . . 610

39.13.6 スチューデントの t 分布 (std::student_t_distribution<RealType>) . 610

39.14 サンプリング分布 (sampling distributions) 611

39.14.1 離散分布 (std::discrete_distribution<IntType>) 611

39.14.2 区分定数分布 (std::piecewise_constant_distribution<RealType>) . 614

39.14.3 区分線形分布 (std::piecewise_linear_distribution<RealType>) . . 619

第 40 章　C プリプロセッサー

623

40.1 #include ディレクティブ 623

40.2 #define 627

40.2.1 オブジェクト風マクロ 627

40.2.2 関数風マクロ 628

40.2.3 __VA_ARGS__ (可変長引数マクロ) 629

40.2.4 __VA_OPT__ 630

40.2.5 #演算子 630

40.2.6 ##演算子 631

40.2.7 複数行の置換リスト 632

40.2.8 #undef ディレクティブ 632

40.3 条件付きソースファイル選択 633

40.3.1 プリプロセッサーの定数式 633

40.3.2 #if ディレクティブ 635

40.3.3 #elif ディレクティブ 636

40.3.4 #else ディレクティブ 637

40.3.5 #ifdef, #ifndef ディレクティブ 637

40.4 #line ディレクティブ 638

40.5 #error ディレクティブ 639

40.6 #pragma 640

| 40.7 | Null ディレクティブ | 640 |

| 40.8 | 定義済みマクロ名 | 640 |

第 41 章 分割コンパイル 641

41.0.1	ソースファイルとコンパイル	641
41.0.2	単一のソースファイルのコンパイル	641
41.0.3	ヘッダーファイルはコピペ	642
41.0.4	複数のソースファイルのコンパイル	642
41.1	オブジェクトファイル	643
41.2	複数のソースファイルの書き方	644
41.2.1	関数	644
41.2.2	変数	647
41.2.3	インライン関数/インライン変数	649
41.2.4	クラス	651
41.2.5	テンプレート	656

第 42 章 デバッガー 657

42.1	GDB のチュートリアル	658
42.2	プログラムの実行	662
42.3	プログラムの停止方法	662
42.3.1	ブレイクポイント	662
42.3.2	条件付きブレイクポイント	666
42.4	プログラムの実行再開とステップ実行	667
42.4.1	実行再開 (continue)	667
42.4.2	ステップ実行 (step)	667
42.4.3	ネクスト実行 (next)	669
42.4.4	関数から抜けるまで実行 (finish)	669
42.5	バックトレース	670
42.6	変数の値を確認	672
42.7	シグナルによるプログラムの中断	673
42.8	コアダンプを使ったプログラムの状態の確認	674

索引 676

著者プロフィール 686

第 1 章
C++ の概要

C++ とは何か。C++ の原作者にして最初の実装者である Bjarne Stroustrup は、以下のように簡潔にまとめている。

C++ は、Simula のプログラム構造化のための機構と、C のシステムプログラミング用の効率性と柔軟性を提供するために設計された。C++ は半年ほどで現場で使えることを見込んでいた。結果として成功した。

Bjarne Stroustrup, A History of C++: 1979–1991, HOPL2

プログラミング言語史に詳しくない読者は、Simula というプログラミング言語について知らないことだろう。Simula というのは、初めてオブジェクト指向プログラミングを取り入れたプログラミング言語だ。当時と言えばまだ高級なプログラミング言語はほとんどなく、`if else`, `while` などの IBM の提唱した構造化プログラミングを可能にする文法を提供しているプログラミング言語すら、多くは研究段階であった。いわんやオブジェクト指向など、当時はまだアカデミックにおいて可能性の 1 つとして研究されている程度の地に足のついていない夢の機能であった。そのような粗野な時代において、Simula は先進的なオブジェクト指向プログラミングを実現していた。

オブジェクト指向は現代のプログラミング言語ではすっかり普通になった。データの集合とそのデータに適用する関数を関連付けることができる便利なシンタックスシュガー、つまりプログラミング言語の文法上の機能として定着した。しかし、当時のオブジェクト指向というのはもっと抽象度の高い概念であった。本来のオブジェクト指向をプログラミング言語に落とし込んだ最初の言語として、Simula と Smalltalk がある。

Simula ではクラスのオブジェクト 1 つ 1 つが、あたかも並列実行しているかのように振る舞った。Smalltalk では同一プログラム内のオブジェクトごとのデータのやり取りですらあたかもネットワーク越しに通信をするかのようなメッセージパッシングで行われた。

問題は、そのような抽象度の高すぎる Simula や Smalltalk のようなプログラミング言語の設計と実装では実行速度が遅く、大規模なプログラムを開発するには適さなかった。

C の効率性と柔軟性というのは、要するに実行速度が速いとかメモリー消費量が少ないということだ。ではなぜ C はほかの言語に比べて効率と柔軟に優れているのか。これには 2 つの理由がある。

1 つ、C のコードは直接ハードウェアがサポートする命令にまでマッピング可能であるということ。現実のハードウェアにはストレージがあり、メモリーがあり、キャッシュがあり、レジスターがあり、命令は投機的に並列実行される泥臭い計算機能を提供している。

1 つ、使わない機能のコストを支払う必要がないというゼロオーバーヘッドの原則。例えばあらゆるメモリー利月が GC（ガベージコレクション）によって管理されている言語では、たとえメモリーをすべて明示的に管理していたとしても、GC のコストを支払わなければならない。GC ではプログラマーは確保したメモリーの解放処理を明示的に書く必要はない。定期的に全メモリーを調べて、どこからも使われていないメモリーを解放する。この処理には余計なコストがかかる。しかし、いつメモリーを解放すべきかがコンパイル時に決定できる場合では、GC は必要ない。GC が存在する言語では、たとえ GC が必要なかったとしても、そのコストを支払う必要がある。また実行時にメモリーレイアウトを判定して実行時に分岐処理ができる言語では、たとえコンパイル時にメモリーレイアウトが決定されていたとしても、実行時にメモリーレイアウトを判定して条件分岐するコストを支払わなければならない。

C++ は、「アセンブリ言語をおいて、C++ より下に言語を置かない」と宣言するほど、ハードウェア機能への直接マッピングとゼロオーバーヘッドの原則を重視している。

C++ のほかの特徴としては、委員会方式による国際標準規格を定めていることがある。特定の一個人や一法人が所有する言語は、個人や法人の意思で簡単に仕様が変わってしまう。短期的な利益を追求するために長期的に問題となる変更をしたり、単一の実装が仕様だと言わんばかりの振る舞いをする。特定の個人や法人に所有されていないこと、実装が従うべき標準規格があること、独立した実装が複数あること、言語に利害関係を持つ関係者が議論して投票で変更を可決すること、これが C++ が長期に渡って使われてきた理由でもある。

委員会方式の規格制定では、下位互換性の破壊は忌避される。なぜならば、既存の動いているコードを壊すということは、それまで存在していた資産の価値を毀損することであり、利害関係を持つ委員が反対するからだ。

下位互換性を壊した結果何が起こるかというと、単に言語が新旧 2 つに分断される。Python 2 と Python 3 がその最たる例だ。

C++ には今日の最新で高級な言語からみれば古風な制約が数多く残っているが、いずれも理由がある。下位互換性を壊すことができないという理由。効率的な実装方法が存在しないという理由。仮に効率的な実装が存在するにしても、さまざまな環境で実装可能でなければ規格化はできないという理由。

C++ には善しあしがある。Bjarne Stroustrup は C++ への批判にこう答えている。

　　　　言語には 2 種類ある。文句を言われる言語と、誰も使わない言語。

C++ は文句を言われる方の言語だ。

第 2 章
C++ の実行

　プログラミング言語を学ぶには、まず書いたソースコードをプログラムとして実行できるようになることが重要だ。自分が正しく理解しているかどうかを確認するために書いたコードが期待どおりに動くことを確かめてこそ、正しい理解が確認できる。

2.1　C++ の実行の仕組み

　C++ は慣習的に、ソースファイルをコンパイルしてオブジェクトファイルを生成し、オブジェクトファイルをリンクして実行可能ファイルを生成し、実行可能ファイルを直接実行することで実行する言語だ。

　ほかの言語では、ソースファイルをそのままパースし、解釈して実行するインタープリター形式の言語が多い。もっとも、いまとなってはソースファイルから中間言語に変換して、VM（Virtual Machine）と呼ばれる中間言語を解釈して実行するソフトウェア上で実行するとか、JIT（Just-In-Time）コンパイルしてネイティブコードを生成して実行するといった実装もあるため、昔のように単純にインタープリター型の言語ということはできなくなっている事情はある。ただし、最終的に JIT コンパイルされてネイティブコードが実行される言語でも、コンパイルやコード生成はプログラマーが意識しない形で行われるため、プログラマーはコンパイラーを直接使う必要のない言語も多い。

　C++ はプログラマーが直接コンパイラーを使い、ソースファイルをプログラムに変換する言語だ。

2.2　簡単な 1 つのソースファイルからなるプログラムの実行

　ここでは、典型的な C++ のソースファイルをどのようにコンパイルし実行するか、一連の流れを学ぶ。

2.2.1 サンプルコード

以下の C++ のソースファイルは標準出力に hello と出力するものだ。

```
#include <iostream>

int main()
{
    std::cout << "hello" ;
}
```

コードの詳細な意味はさておくとして、このサンプルコードを使って C++ の実行までの流れを見ていこう。

まずは端末から作業用の適当な名前のディレクトリーを作る。ここでは cpp としておこう。ディレクトリーの作成は mkdir コマンドで行える。

```
$ mkdir cpp
$ cd cpp
```

好きなテキストエディターを使って上のサンプルコードをテキストファイルとして記述する。ファイル名は hello.cpp としておこう。

```
$ vim hello.cpp
```

C++ のソースファイルの名前は何でもよいが、慣習で使われている拡張子がいくつかある。本書では .cpp を使う。

無事にソースファイルが作成できたかどうか確認してみよう。現在のカレントディレクトリー下のファイルの一覧を表示するには ls、ファイルの内容を表示するには cat を使う。

```
$ ls
hello.cpp
$ cat hello.cpp
#include <iostream>

int main()
{
    std::cout << "hello" ;
}
```

2.2.2 コンパイル

さて、ソースファイルが用意できたならば、いよいよコンパイルだ。

C++ のソースファイルから、実行可能ファイルを生成するソフトウェアを C++ コンパイラーという。C++ コンパイラーとしては、GCC（GNU Compiler Collection）と Clang（クラン）がある。使い方はどちらもほぼ同じだ。

GCC を使って先ほどの `hello.cpp` をコンパイルするには以下のようにする。

```
$ g++ -o hello hello.cpp
```

GCC という名前の C++ コンパイラーなのに `g++` なのは、`gcc` は C 言語コンパイラーの名前としてすでに使われているからだ。この慣習は Clang も引き継いでいて、Clang の C++ コンパイラーは `clang++` だ。

サンプルコードを間違いなくタイプしていれば、カレントディレクトリーに `hello` という実行可能ファイルが作成されるはずだ。確認してみよう。

```
$ ls
hello hello.cpp
```

2.2.3 実行

さて、いよいよ実行だ。通常の OS ではカレントディレクトリーが `PATH` に含まれていないため、実行するにはカレントディレクトリーからパスを指定する必要がある。

```
$ ./hello
hello
```

上出来だ。初めての C++ プログラムが実行できた。さっそく C++ を学んでいきたいところだが、その前に C++ プログラミングに必要なツールの使い方を学ぶ必要がある。

2.3　GCC: C++ コンパイラー

GCC は C++ のソースファイルからプログラムを生成する C++ コンパイラーだ。

GCC の基本的な使い方は以下のとおり。

```
g++ その他のオプション -o 出力するファイル名 ソースファイル名
```

ソースファイル名は複数指定することができる。

```
$ g++ -o abc a.cpp b.cpp c.cpp
```

これについては分割コンパイルの章で詳しく解説する。

コンパイラーはメッセージを出力することがある。コンパイルメッセージには、エラーメッセージと警告メッセージとがある。

エラーメッセージというのは、ソースコードに文法上、意味上の誤りがあるため、コンパイルできない場合に生成される。エラーメッセージはエラーの箇所も教えてくれる。ただし、文法エラーは往々にして適切な誤りの箇所を指摘できないこともある。これは、C++ の文法としては正しくないテキストファイルから、妥当な C++ であればどういう間違いなのかを推測する必要があるためだ。

警告メッセージというのは、ソースコードにコンパイルを妨げる文法上、意味上の誤りは存在しないが、誤りの可能性が疑われる場合に出力される。

2.3.1　コンパイラーオプション

GCC のコンパイラーオプションをいくつか学んでいこう。

-std= は C++ の規格を選択するオプションだ。C++17 に準拠したいのであれば -std=c++17 を指定する。読者が本書を読むころには、C++20 や、あるいはもっと未来の規格が発行されているかもしれない。常に最新の C++ 規格を選択するオプションを指定するべきだ。

-Wall はコンパイラーの便利な警告メッセージのほとんどすべてを有効にするオプションだ。コンパイラーによる警告メッセージはプログラムの不具合を未然に発見できるので、このオプションは指定するべきだ。

--pedantic-errors は C++ の規格を厳格に守るオプションだ。規格に違反しているコードがコンパイルエラー扱いになる。

これをまとめると、GCC は以下のように使う。

```
g++ -std=c++17 -Wall --pedantic-errors -o 出力ファイル名 入力ファイル名
```

ところで、GCC のオプションはとても多い。すべてを知りたい読者は、以下のようにして GCC のマニュアルを読むとよい。

```
$ man gcc
```

2.3 GCC: C++ コンパイラー   7

手元にマニュアルがない場合、GCC の Web サイトにあるオンラインマニュアルも閲覧できる。

- https://gcc.gnu.org/
- https://gcc.gnu.org/onlinedocs/

2.3.2 ヘッダーファイルの省略

先ほどのソースコードをもう一度見てみよう。冒頭に以下のような行がある。

```
#include <iostream>
```

これは #include ディレクティブ（#include directive）といい、プリプロセッサー（preprocessor）の一部だ。プリプロセッサーについて詳しくは煩雑になるので巻末資料を参照してもらうとして、このコードは iostream ライブラリを使うために必要で、その意味としてはヘッダーファイル iostream の取り込みだ。

C++ の標準ライブラリを使うには、ライブラリごとに対応した #include ディレクティブを書かなければならない。それはあまりにも煩雑なので、本書では標準ライブラリのヘッダーファイルをすべて #include したヘッダーファイル（header file）を作成し、それを #include することで、#include を書かなくて済むようにする。

そのためにはまず標準ライブラリのヘッダーファイルのほとんどすべてを #include したヘッダーファイル、all.h を作成する。

```
#include <cstddef>
#include <limits>
#include <climits>
#include <cfloat>
#include <cstdint>
#include <cstdlib>
#include <new>
#include <typeinfo>
#include <exception>
#include <initializer_list>
#include <cstdalign>
#include <stdexcept>
#include <cassert>
#include <cerrno>
#include <system_error>
#include <string>

#if __has_include(<string_view>)
#   include <string_view>
#endif

#include <array>
```

```cpp
#include <deque>
#include <forward_list>
#include <list>
#include <vector>
#include <map>
#include <set>
#include <unordered_map>
#include <unordered_set>
#include <queue>
#include <stack>
#include <iterator>
#include <algorithm>
#include <cfenv>
#include <random>
#include <numeric>
#include <cmath>
#include <iosfwd>
#include <iostream>
#include <ios>
#include <streambuf>
#include <istream>
#include <ostream>
#include <iomanip>
#include <sstream>
#include <fstream>

#if __has_include(<filesystem>)
#   include <filesystem>
#endif

#include <cstdio>
#include <cinttypes>


#include <regex>
#include <atomic>
#include <thread>
#include <mutex>
#include <shared_mutex>
#include <condition_variable>
#include <future>

using namespace std::literals ;
```

このようなヘッダーファイル all.h を作成したあとに、ソースファイルで以下のように書けば、ほかのヘッダーファイルを #include する必要がなくなる。

```
#include "all.h"

// その他のコード
```

`//` から行末まではコメントで、好きなテキストを書くことができる。

しかし、この最初の 1 行の `#include` も面倒だ。そこで GCC のオプション `-include` を使い、`all.h` を常に `#include` した扱いにする。

```
$ g++ -include all.h -o program main.cpp
```

このようにすると、`main.cpp` が以下のコードでもコンパイルできるようになる。

```
// main.cpp
// 面倒な#include などなし

int main()
{
    std::cout << "hello" ;
}
```

これでヘッダーファイルが省略できるようになった。

2.3.3　コンパイル済みヘッダー (precompiled header)

C++ はソースファイルをコンパイルする必要がある言語だ。コンパイルには時間がかかる。コンパイルにどれだけ時間がかかっているかを計測するには、以下のようにするとよい。

```
$ time g++ -std=c++17 -Wall --pedantic-errors -include all.h -o program main.cpp
```

どうだろうか。読者の環境にもよるが、知覚できるぐらいの時間がかかっているのではないだろうか。プログラミングの習得にはコードを書いてから実行までの時間が短い方がよい。そこで本格的に C++ を学ぶ前に、コンパイル時間を短縮する方法を学ぶ。

プログラムで変更しないファイルを事前にコンパイルしておくと、変更した部分だけコンパイルすればよいので、コンパイル時間の短縮になる。GCC では、ヘッダーファイルを事前にコンパイルする特別な機能がある。標準ライブラリのヘッダーファイルは変更しないので、事前にコンパイルしておけばコンパイル時間の短縮になる。

事前にコンパイルしたヘッダーファイルのことをコンパイル済みヘッダー（precompiled header）という。

すでに作成した `all.h` はコンパイル済みヘッダーとするのに適切なヘッダーファイルだ。

コンパイル済みヘッダーファイルを作成するには、ヘッダーファイル単体を GCC に与え、出力するファイルを**ヘッダーファイル名.gch** とする。ヘッダーファイル名が `all.h` の場合、`all.h.gch` と

10　第2章　C++の実行

なる。

　GCCのオプションにはほかのソースファイルをコンパイルするときと同じオプションを与えるほか、ヘッダーファイルがC++で書かれていることを示すオプション `-x c++-header` を与える。

```
$ g++ -std=c++17 -Wall --pedantic-errors -x c++-header -o all.h.gch all.h
```

　こうすると、コンパイル済みヘッダーファイル `all.h.gch` が生成できる。

　GCCはヘッダーファイルを使うときに、同名の `.gch` ファイルが存在する場合は、そちらをコンパイル済みヘッダーファイルとして使うことで、ヘッダーファイルの処理を省略する。

```
$ g++ -std=c++17 -Wall --pedantic-errors -include all.h -o program main.cpp
```

　コンパイル済みヘッダーは1回のコンパイルにつき1つしか使うことができない。そのため、コンパイル済みヘッダーとするヘッダーファイルを定め、そのヘッダーファイル内にほかのヘッダーをすべて記述する。本書ではコンパイル済みヘッダーファイルとする元のヘッダーファイルの名前を `all.h` とする。

　さっそくコンパイル時間の短縮効果を確かめてみよう。

```
$ ls
all.h main.cpp
$ g++ -std=c++17 -Wall --pedantic-errors -x c++-header -o all.h.gch all.h
$ ls
all.h all.h.gch main.cpp
$ time g++ -std=c++17 -Wall --pedantic-errors -include all.h -o program main.cpp
```

2.4 Make: ビルドシステム

2.4.1 コンパイルと実行のまとめ

　ここまで、我々はソースファイルをコンパイルして実行可能ファイルを生成し、プログラムを実行する方法について学んできた。これまでに学んできたことを一連のコマンドで振り返ってみよう。

```
$ ls
all.h main.cpp
$ cat all.h
#include <iostream>
$ cat main.cpp
int main() { std::cout << "hello"s ; }
```

　まず、カレントディレクトリーには all.h と main.cpp がある。この 2 つのファイルは実行可能ファイルを生成するために必要なファイルだ。今回、その中身は最小限にしてある。本当の all.h は、実際には前回書いたように長い内容になる。

```
$ g++ -std=c++17 -Wall --pedantic-errors -x c++-header -o all.h.gch all.h
$ ls
all.h all.h.gch main.cpp
```

　次に、ソースファイルのコンパイルを高速化するために、ヘッダーファイル all.h から、コンパイル済みヘッダーファイル all.h.gch を生成する。

```
$ g++ -std=c++17 -Wall --pedantic-errors -include all.h -o program main.cpp
$ ls
all.h all.h.gch main.cpp program
```

　プリコンパイル済みヘッダーファイル all.h.gch と C++ ソースファイル main.cpp から、実行可能ファイル program を生成する。

```
$ ./program
hello
```

　実行可能ファイル program を実行する。

　これで読者は C++ のプログラミングを学び始めるにあたって必要なことはすべて学んだ。さっそく C++ を学んでいきたいところだが、その前にもう 1 つ、ビルドシステムを学ぶ必要がある。

2.4.2 依存関係を解決するビルドシステム

以上の C++ のソースファイルからプログラムを実行するまでの流れは、C++ のプログラムとしてはとても単純なものだが、それでも依存関係が複雑だ。

プログラムの実行にあたって最終的に必要なのはファイル `program` だが、このファイルは GCC で生成しなければならない。ところで GCC でファイル `program` を生成するには、事前に `all.h`, `all.h.gch`, `main.cpp` が必要だ。`all.h.gch` は `all.h` から GCC で生成しなければならない。

一度コンパイルしたプログラムのソースファイルを書き換えて再びコンパイルする場合はどうすればいいだろう。`main.cpp` だけを書き換えた場合、`all.h` は何も変更されていないので、コンパイル済みヘッダーファイル `all.h.gch` の再生成は必要ない。`all.h` だけを書き換えた場合は、`all.h.gch` を生成するだけでなく、`program` も再生成しなければならない。

プログラムのコンパイルには、このような複雑な依存関係の解決が必要になる。依存関係の解決を人間の手で行うのはたいへんだ。例えば読者が他人によって書かれた何千ものソースファイルと、プログラムをコンパイルする手順書だけを渡されたとしよう。手順書に従ってコンパイルをしたとして、ソースファイルの一部だけを変更した場合、いったいどの手順は省略できるのか、手順書から導き出すのは難しい。するとコンパイルを最初からやり直すべきだろうか。しかし、1 つのソースファイルのコンパイルに 1 秒かかるとして、何千ものソースファイルがある場合、何千秒もかかってしまう。たった 1 つのソースファイルを変更しただけですべてをコンパイルし直すのは時間と計算資源の無駄だ。

この依存関係の問題は、ビルドシステムによって解決できる。本書では GNU Make というビルドシステムを学ぶ。読者がこれから学ぶビルドシステムによって、以下のような簡単なコマンドだけで、他人の書いた何千ものソースファイルからなるプログラムがコンパイル可能になる。

何千ものソースファイルから実行可能ファイルを生成したい。

```
$ make
```

これだけだ。`make` というコマンド 1 つでプログラムのコンパイルは自動的に行われる。

何千ものソースファイルのうち、1 つのソースファイルだけを変更し、必要な部分だけを効率よく再コンパイルしたい。

```
$ make
```

これだけだ。`make` というコマンド 1 つでプログラムの再コンパイルは自動的に行われる。

ところで、生成される実行可能ファイルの名前はプログラムごとにさまざまだ。プログラムの開発中は、共通の方法でプログラムを実行したい。

```
$ make run
```

これでどんなプログラム名でも共通の方法で実行できる。

ソースファイルから生成されたプログラムなどのファイルをすべて削除したい。

```
$ make clean
```

これで生成されたファイルをすべて削除できる。

テキストエディターには Vim を使っているがわざわざ Vim からターミナルに戻るのが面倒だ。

```
:make
```

Vim はノーマルモードから Make を呼び出すことができる。もちろん、:make run や:make clean もできる。

2.4.3　依存関係を記述するルール

依存関係はどのように表現したらいいのだろうか。GNU Make では Makefile という名前のファイルの中に、**ターゲット**（targets）、**事前要件**（prerequisites）、**レシピ**（recipes）という 3 つの概念で依存関係を**ルール**（rules）として記述する。ルールは以下の文法だ。

```
ターゲット ： 事前要件
[TAB 文字]レシピ
```

レシピは必ず **TAB 文字**を直前に書かなければならない。スペース文字ではだめだ。これは make の初心者を混乱させる落とし穴の 1 つとなっている。忘れずに **TAB 文字**を打とう。

問題を簡単に理解するために、以下のような状況を考えよう。

```
$ ls
source
$ cat source > program
```

この例では、ファイル program を生成するためにはファイル source が必要だ。ファイル source はすでに存在している。

ターゲットは生成されるファイル名だ。この場合 program となる。

```
program ： 事前要件
    レシピ
```

事前要件はターゲットを生成するために必要なファイル名だ。この場合 source となる。

```
program ： source
    レシピ
```

レシピはターゲットを生成するために必要な動作だ。この場合、cat source > program となる

```
program : source
    cat source > program
```

さっそくこのルールを、ファイル Makefile に書き込み、make を呼び出してみよう。

```
$ ls
Makefile source
$ cat Makefile
program : source
    cat source > program
$ make
cat source > program
$ ls
Makefile program source
```

これが Make の仕組みだ。**ターゲットの生成に必要な事前要件**と、**ターゲットを生成するレシピ**を組み合わせたルールで依存関係を記述する。make を実行すると、実行したレシピが表示される。

もう少し Make の**ルール**を追加してみよう。例えばファイル source はあらかじめ存在するのではなく、ファイル source01, source02, source03 の中身をこの順番で連結して生成するとしよう。以下のように書ける。

```
program : source
    cat source > program

source : source01 source02 source03
    cat source01 source02 source03 > source
```

GNU Make はカレントディレクトリーにあるファイル Makefile の一番上に書かれたルールを実行しようとする。program を生成するには source が必要だが、source の生成には別のルールの実行が必要だ。Makefile はこの依存関係を自動で解決してくれる。

```
$ touch source01 source02 source03
$ ls
Makefile source01 source02 source03
$ make
cat source01 source02 source03 > source
cat source > program
$ ls
Makefile program source source01 source02 source03
```

すでに make を実行したあとで、もう一度 make を実行するとどうなるだろうか。

```
$ make
make: 'program' is up to date.
```

このメッセージの意味は「program は最新だ」という意味だ。make はファイルのタイムスタンプを調べ、もしファイル program より source のタイムスタンプの方が若い場合、つまり program が変更されたよりもあとに source が変更された場合、ルールを実行する。

試しにファイル source02 のタイムスタンプを更新してみよう。

```
$ touch source02
$ make
cat source01 source02 source03 > source
cat source > program
```

ファイル source は事前要件に source02 を含む。source02 のタイムスタンプが source より若いので、source が再び生成される。すると、source のタイムスタンプが program のタイムスタンプよりも若くなったので、program も生成される。

もう 1 つ例を見てみよう。

```
$ touch a b c
$ ls
a b c Makefile
```

あるディレクトリーにファイル a, b, c がある。
Makefile は以下の内容になっている。

```
D : A B C
    cat A B C > D

A : a
    cat a > A

B : b
    cat b > B

C : c
    cat c > C
```

この Makefile を呼び出したときに作られるのはファイル D だ。ファイル D を作るにはファイル A, B, C が必要だ。このファイルはそれぞれファイル a, b, c から生成されるルールが記述してある。

これを make すると以下のようにファイル A, B, C, D が作られる。

16　第 2 章　C++ の実行

```
$ ls
a b c Makefile
$ make
cat a > A
cat b > B
cat c > C
cat A B C > D
```

ここで、ファイル b のタイムスタンプだけを更新して make してみよう。

```
$ touch b
$ make
cat b > B
cat A B C > D
```

　ファイル b のタイムスタンプがファイル B より若くなったので、ファイル B がターゲットとなったルールが再び実行される。ファイル A, C のルールは実行されない。そしてファイル B のタイムスタンプがファイル D より若くなったので、ファイル D がターゲットとなったルールが再び実行される。
　make により、処理する必要のあるルールだけが部分的に処理されていることがわかる。
　make は適切なルールさえ書けば、依存関係の解決を自動的に行ってくれる。

2.4.4　コメント

Makefile にはコメントを書くことができる。# で始まる行はコメント扱いされる。

```
# program を生成するルール
program : source
    cat source > program

# source を生成するルール
source : source01 source02 source03
    cat source01 source02 source03 > source
```

2.4.5　変数

Makefile には変数を書くことができる。
変数の文法は以下のとおり。

```
variable = foobar

target : $(variable)
```

　これは、

```
target : foobar
```

と書いたものと同じように扱われる。

変数は=の左側に変数名、右側に変数の内容を書く。

変数を使うときは、$(変数名)のように、$()で変数名を包む。

2.4.6 自動変数

GNU Make は便利なことに、いくつかの変数を自動で作ってくれる。

$@ ターゲット

$@はルールのターゲットのファイル名になる。

```
target :
    echo $@
```

この Makefile を実行すると以下のように出力される。

```
$ make
echo target
```

$< 最初の事前要件

$<はルールの最初の事前要件のファイル名になる。

```
target : A B C
    echo $<
```

この Makefile を実行すると以下のように出力される。

```
$ make
echo A
```

$^ すべての事前要件

$^はすべての事前要件のファイル名が空白区切りされたものになる

```
target : A B C
    echo $^
```

この Makefile を実行すると以下のように出力される。

18　第 2 章　C++ の実行

```
$ make
echo A B C
```

自動変数の組み合わせ

例えばターゲットを生成するために**事前要件**と**ターゲット**のファイル名をレシピに書く場合、

```
target : prerequisite
    cat prerequisite > target
```

と書く代わりに、

```
target : prerequisite
    cat $< > $@
```

と書ける。

2.4.7　PHONY ターゲット

PHONY ターゲットとは、ファイル名を意味せず、単にレシピを実行するターゲット名としてのみ機能するターゲットのことだ。

```
hi :
    echo hi

hello :
    echo hello
```

これを実行すると以下のようになる。

```
$ make
echo hi
hi
$ make hi
echo hi
hi
$ make hello
echo hello
hello
```

make を引数を付けずに実行すると、一番上に書かれたルールが実行される。引数としてターゲットを指定すると、そのターゲットのルールと、依存するルールが実行される。

ただし、ターゲットと同じファイル名が存在すると、ルールは実行されない。

```
$ touch hello
$ make hello
make: 'hello' is up to date.
```

　GNU Make はこの問題に対処するため、.PHONY ターゲットという特殊な機能がある。これは PHONY ターゲットを .PHONY ターゲットの事前要件とすることで、ターゲットと同じファイル名の存在の有無にかかわらずルールを実行させられる。

```
hello :
        echo hello

.PHONY : hello
```

　PHONY ターゲットはコンパイルしたプログラムの実行や削除に使うことができる。

```
hello : hello.cpp
        g++ -o $@ $<

run : hello
        ./hello

clean :
        rm -rf ./hello

.PHONY : run clean
```

2.5　入門用の環境構築

　以上を踏まえて、C++ 入門用の環境構築をしてこの章のまとめとする。
　今回構築する環境のファイル名とその意味は以下のとおり。

main.cpp　C++ のコードを書く all.h
　　　標準ライブラリのヘッダーファイルを書く all.h.gch
　　　コンパイル済みヘッダー program
　　　実行可能ファイル Makefile
　　　GNU Make のルールを書く

　使い方は以下のとおり。

make　コンパイルする make run
　　　コンパイルして実行 make clean
　　　コンパイル結果を削除

GCC に与えるコンパイラーオプションを変数にまとめる。

```
gcc_options = -std=c++17 -Wall --pedantic-error
```

言語は C++17、すべての警告を有効にし、規格準拠ではないコードはエラーとする。
プログラムをコンパイルする部分は以下のとおり。

```
program : main.cpp all.h all.h.gch
    g++ $(gcc_options) -include all.h $< -o $@

all.h.gch : all.h
    g++ $(gcc_options) -x c++-header -o $@ $<
```

実行可能ファイル program と、コンパイル済みヘッダー all.h.gch をコンパイルするルールだ。
PHONY ターゲットは以下のとおり。

```
run : program
    ./program

clean :
    rm -f ./program
    rm -f ./all.h.gch

.PHONY : run clean
```

make でコンパイル。make run で実行。make clean でコンパイル結果の削除。
Makefile 全体は以下のようになる。

```
gcc_options = -std=c++17 -Wall --pedantic-error

program : main.cpp all.h all.h.gch
    g++ $(gcc_options) -include all.h $< -o $@

all.h.gch : all.h
    g++ $(gcc_options) -x c++-header -o $@ $<

run : program
    ./program

clean :
    rm -f ./program
    rm -f ./all.h.gch

.PHONY : run clean
```

第 3 章
C++ ヒッチハイクガイド

プログラミング言語の個々の機能の解説を理解するためには、まず言語の全体像を掴まなければならない。この章では C++ のさまざまなコードをひと通り観光していく。ここではコードの詳細な解説はしない。

3.1　最小のコード

以下は C++ の最小のコードだ。

```
int main(){}
```

暗号のようなコードで訳がわからないが、これが最小のコードだ。main というのは main 関数のことだ。C++ ではプログラムの実行は main 関数から始まる。

ソースコードにコメントを記述して、もう少しわかりやすく書いてみよう。

```
int      // 関数の戻り値の型
main     // 関数名
()       // 関数の引数
{        // 関数の始まり
         // 実行される処理
}        // 関数の終わり
```

// から行末まではコメントだ。コメントには好きなことを書くことができる。

このコードと 1 つ前のコードは、コメントの有無を別にすれば何の違いもない。このコードで使っている、int とか main とか記号文字の 1 つ 1 つをトークン（token）と呼ぶ。C++ ではトークンの間に空白文字や改行文字をいくら使ってもよい。

なので、

```
int main(){ }
```

と書くこともできるし、

```
int    main    (    )    {    }
```

と書くこともできるし、紙に印刷する都合上とても読みづらくなるかもしれないが

```
int
main
(
)
{
}
```

と書くこともできる。

ただし、トークンの途中で空白文字や改行文字を使うことはできない。以下のコードは間違っている。

```
i
nt ma in(){}
```

3.2　標準出力

```
// hello と改行を出力するプログラム
int main()
{
    std::cout << "hello"s ;
}
```

標準出力はプログラムの基本だ。C++ で標準出力する方法はいくつもあるが、`<iostream>` ライブラリを利用するものが最も簡単だ。

`std::cout` は標準出力を使うためのライブラリだ。

`<<` は `operator <<` という演算子だ。C++ では演算子にも名前が付いていて、例えば + は `operator +` となる。`<<` も演算子の一種だ。

`"hello"s` というのは文字列で、二重引用符で囲まれた中の文字列が標準出力に出力される。

セミコロン; は文の区切り文字だ。C++ では文の区切りは明示的にセミコロンを書く必要がある。ほかの言語では改行文字を文脈から判断して文の区切りとみなすこともあるが、C++ では明示的に文

の区切り文字としてセミコロンを書かなければならない。

セミコロンを書き忘れるとエラーとなる。

```cpp
int main()
{
    // エラー！ セミコロンがない
    std::cout << "error"s
}
```

複数の文を書いてみよう。

```cpp
int main()
{
    std::cout << "one "s ;
    std::cout << "two "s ;
    std::cout << "three "s ;
}
```

C++ はほかの多くの言語と同じように、逐次実行される。つまり、コードは書いた順番に実行される。そして標準出力のような外部への副作用は、実行された順番で出力される。このコードを実行した結果は以下のとおり。

```
one two three
```

"three two one " や "two one three " のような出力結果にはならない。

C++ を含む多くの言語で a + b + c と書けるように、operator << も a << b << c と書ける。operator << で標準出力をするには、左端は std::cout でなければならない。

```cpp
int main()
{
    std::cout << "aaa"s << "bbb"s << "ccc"s ;
}
```

出力は aaabbbccc となる。

3.3 文字列

二重引用符で囲まれた文字列を、文字どおり**文字列**という。文字列には末尾に s が付くものと付かないものがある。これには違いがあるのだが、わからないうちは s を付けておいた方が便利だ。

```
int main()
{
    // これは文字列
    std::cout << "hello"s ;
    // これも文字列、ただし不便
    std::cout << "hello" ;
}
```

文字列リテラルの中にバックスラッシュを書くと、エスケープシーケンスとして扱われる。最もよく使われるのは改行文字を表す \n だ。

```
int main()
{
    std::cout << "aaa\nbbb\nccc"s ;
}
```

これは以下のように出力される。

```
aaa
bbb
ccc
```

バックスラッシュを文字列で使いたい場合は \\ と書かなければならない。

```
int main()
{
    std::cout << "\\n is a new-line.\n"s ;
}
```

文字列は演算子 operator + で「足す」ことができる。「文字列を足す」というのは、「文字列を結合する」という意味だ。

```
int main()
{
    std::cout << "hello"s + "world"s ;
}
```

3.4 整数と浮動小数点数

`iostream` は文字列のほかにも、整数や浮動小数点数を出力できる。さっそく試してみよう。

```cpp
int main()
{
    std::cout
        << "Integer: "s << 42 << "\n"s
        << "Floating Point: "s << 3.14 ;
}
```

-123 や 0 や 123 といった数値を整数という。3.14 のような数値を浮動小数点数という。

数値を扱えるのだから、計算をしてみたいところだ。C++ は整数同士の演算子として、四則演算（ `+-*/` ）や剰余（ `%` ）をサポートしている。

```cpp
int main()
{
    std::cout
        << 3 + 5 << " "s << 3 - 5 << " "s
        << 3 * 5 << " "s << 3 / 5 << " "s
        << 3 % 5 ;
}
```

演算子は組み合わせて使うこともできる。その場合、演算子 `*/%` は演算子 `+-` よりも優先される。

```cpp
int main()
{
    // 7
    std::cout << 1 + 2 * 3 ;
}
```

この場合、まず 2*3 が計算され 6 となり、1+6 が計算され 7 となる。

1+2 の方を先に計算したい場合、括弧 () で囲むことにより、計算の優先度を変えることができる。

```cpp
int main()
{
    // 9
    std::cout << (1 + 2) * 3 ;
}
```

これは 1+2 が先に計算され 3 となり、3*3 が計算され 9 となる。

浮動小数点数同士でも四則演算ができる。剰余はできない。

```
int main()
{
    std::cout
        << 3.5 + 7.11 << " "s << 3.5 - 7.11 << " "s
        << 3.5 * 7.11 << " "s << 3.5 / 7.11 ;
}
```

では整数と浮動小数点数を演算した場合どうなるのだろう。さっそく試してみよう。

```
int main()
{
    std::cout << 1 + 0.1 ;
}
```

　結果は 1.1 だ。整数と浮動小数点数を演算した結果は浮動小数点数になる。

　そういえば C++ には文字列もあるのだった。文字列と文字列は足すことができる。数値と数値も足すことができる。では数値と文字列を足すとどうなるのだろう。

```
int main()
{
    std::cout << 1 + "234"s ;
}
```

　この結果はエラーになる。

　いや待て、C++ には末尾に s を付けない文字列もあるのだった。これも試してみよう。

```
int main()
{
    std::cout << 1 + "234" ;
}
```

　結果はなんと 34 になるではないか。C++ では謎の数学により 1 + "234" = "34" であることが判明した。この謎はいずれ解き明かすとして、いまは文字列には必ず末尾に s を付けることにしよう。その方が安全だ。

3.5 変数 (variable)

さあどんどんプログラミング言語によくある機能を見ていこう。次は変数だ。

```cpp
int main()
{
    // 整数の変数
    auto answer = 42 ;
    std::cout << answer << "\n"s ;
    // 浮動小数点数の変数
    auto pi = 3.14 ;
    std::cout << pi << "\n"s ;

    // 文字列の変数
    auto question = "Life, The Universe, and Everything."s ;
    std::cout << question ;
}
```

変数はキーワード auto に続いて変数名を書き、= に続いて値を書くことで宣言できる。変数の宣言は文なので、文末にはセミコロンが必要だ。

```cpp
auto 変数名 = 値 ;
```

変数名はキーワード、アンダースコア（_）で始まる名前、アンダースコア2つ（__）を含む名前以外は自由に名付けることができる。

変数の最初の値は、= 値 の代わりに (値) や {値} と書いてもよい。

```cpp
int main()
{
    auto a = 1 ;
    auto b(2) ;
    auto c{3} ;
}
```

この =, (), {} による変数の初期値の指定を、**初期化**という。

変数は使う前に宣言しなければならない。

```cpp
int main()
{
    // エラー、名前x は宣言されていない
    std::cout << x ;
    auto x = 123 ;
}
```

28 第3章 C++ ヒッチハイクガイド

変数の値は初期化したあとにも演算子 = で変更できる。これを**代入**という。

```cpp
int main()
{
    // 変数の宣言
    auto x
    // 初期化
    = 123 ;

    // 123
    std::cout << x ;

    // 代入
    x = 456 ;

    // 456
    std::cout << x ;

    // もう一度代入
    x = 789 ;
    // 789
    std::cout << x ;
}
```

代入演算子 operator = は左辺に変数名を、右辺に代入する値を書く。面白いこととして、右辺には代入する変数名そのものを書ける。

```cpp
int main()
{
    auto x = 10 ;
    x = x + 5 ;

    // 15
    std::cout << x ;
}
```

operator = は「代入」という意味で、「等号」という意味ではないからだ。x=x+5 は、「x と x+5 は等しい」という独創的な数学上の定義ではなく、「変数 x に代入前の変数 x の値に 5 を加えた数を代入する」という意味だ。

変数のいまの値に対して演算した結果を変数に代入するという処理はとてもよく使うので、C++ には x = x + a と同じ意味で使える演算子、operator += もある。

```cpp
int main()
{
    auto x = 1 ;
```

```
    // x = x + 5と同じ
    x += 5 ;
}
```

operator += と同様に、operator -=, operator *=, operator /=, operator %= もある。

C++ の変数は、専門用語を使うと「静的型付け」になる。静的型付けと対比されるのが「動的型付け」だ。もっと難しく書くと、動的型付け言語の変数は、C++ で言えば型情報付きの void * 型の変数のような扱いを受ける。

C++ の変数には**型**がある。**型**というのは値の種類を表す情報のことだ。

例えば、以下は変数が動的型付けの言語 JavaScript のコードだ。

```
var x = 1 ;
x = "hello" ;
x = 2 ;
```

JavaScript ではこのコードは正しい。変数 x は数値型であり、文字列型に代わり、また数値型に戻る。

C++ ではこのようなコードは書けない。

```
int main()
{
    auto x = 1 ;
    // エラー
    x = "hello"s ;
    x = 2 ;
}
```

C++ では、変数 x は整数型であり、文字列型に変わることはない。整数型の変数に文字列型を代入しようとするとエラーとなる。

C++ では型に名前が付いている。整数型は int、浮動小数点数型は double、文字列型は std::string だ。

```
int main()
{
    // i は int 型
    auto i = 123 ;
    // d は double 型
    auto d = 1.23 ;
    // s は std::string 型
    auto s = "123"s ;
}
```

実は変数の宣言で auto と書く代わりに、具体的な型を書いてもよい。

30 第3章 C++ ヒッチハイクガイド

```cpp
int main()
{
    int i           = 123 ;
    double d        = 1.23 ;
    std::string s   = "123"s ;
}
```

整数型（int）と浮動小数点数型（double）はそれぞれお互いの型の変数に代入できる。ただし、変数の型は変わらない。単に一方の型の値がもう一方の型の値に変換されるだけだ。

```cpp
int main()
{
    // 浮動小数点数型を整数型に変換
    int a = 3.14 ;
    // 3
    std::cout << a << "\n"s ;

    // 整数型を浮動小数点数型に変換
    double d = 123 ;
    // 123
    std::cout << d ;
}
```

浮動小数点数型を整数型に変換すると、小数部が切り捨てられる。この場合、3.14 の小数部 0.14 が切り捨てられ 3 となる。0.9999 も小数部が切り捨てられ 0 になる。

```cpp
int main()
{
    int i = 0.9999 ;
    // 0
    std::cout << i ;
}
```

整数型を浮動小数点数型に変換すると、値を正確に表現できる場合はその値になる。正確に表現できない場合は近い値になる。

```cpp
int main()
{
    double d = 1234567890 ;
    // 正確に表現できるかどうかわからない
    std::cout << d ;
}
```

3.6 関数 (function) 31

整数型と浮動小数点数型の挙動についてはあとの章で詳しく解説する。また、これ以外にも型はいくらでもあるし、読者が新しい型を作り出すこともできる。これもあとの章で詳しく解説する。

3.6 関数 (function)

「変数ぐらい知っている。さっさと教えてもらいたい。どうせ C++ の関数は書きづらいのだろう」と考える読者の皆さん、お待たせしました。こちらが C++ の関数でございます。

```cpp
int main()
{
    // 関数
    auto print = [](auto x)
    {
        std::cout << x << "\n"s ;
    } ;

    // 関数呼び出し
    print(123) ;
    print(3.14) ;
    print("hello") ;
}
```

C++ では関数も変数として扱える。`auto print =` までは変数だ。変数の初期化として関数を書いている。より正確にはラムダ式と呼ばれる関数を値として書くための文法だ。

ラムダ式は以下のような文法を持つ。

```
[] // ラムダ式導入部
() // 引数
{} // 本体
```

ラムダ式は `[]` で始まり、`()` の中に引数を書き、`{}`の中の文が実行される。

例えば以下は引数を 2 回標準出力する関数だ。

```cpp
int main()
{
    auto twice = [](auto x)
    {
        std::cout << x << " "s << x << "\n"s ;
    } ;

    twice(5) ;
}
```

引数は `auto` 引数名で受け取れる。引数を複数取る場合は、カンマ `,` で区切る。

```
int main()
{
    auto print_two = []( auto x, auto y )
    {
        std::cout << x << " "s << y << "\n"s ;
    } ;

    print_two( 1, 2 ) ;
    print_two( "Pi is", 3.14 ) ;
}
```

引数を取らないラムダ式を書く場合は、単に () と書く。

```
int main()
{
    auto no_args = []()
    {
        std::cout << "Nothing.\n" ;
    } ;

    no_args() ;
}
```

関数は演算子 operator () を関数の直後に書いて呼び出す。これが演算子であるというのは少し不思議な感じがするが、C++ では紛れもなく演算子だ。operator + とか operator - などと同じ演算子だ。

```
int main()
{
    // 何もしない関数
    auto func = [](){} ;

    // operator ()の適用
    func() ;
    // これもoperator ()
    func    (   ) ;
}
```

演算子 operator () は、ラムダ式そのものに対して適用することもできる。

```
int main()
{
    // 変数f をラムダ式で初期化
    auto f = [](){} ;
```

```
    // 変数f を関数呼び出し
    f() ;

    // ラムダ式を関数呼び出し
    [](){}() ;
}
```

このコードを見ると、`operator ()` が単なる演算子であることがよくわかるだろう。`[](){}` がラムダ式でその直後の `()` が関数呼び出し演算子だ。

関数は値を返すことができる。関数から値を返すには、`return` 文を使う。

```
int main()
{
    auto plus = []( auto x, auto y )
        { return x + y ; } ;

    std::cout
        << plus( 1, 2 ) << "\n"s
        << plus( 1.5, 0.5 ) << "\n"s
        << plus( "123"s, "456"s ) ;
}
```

関数は `return` 文を実行すると処理を関数の呼び出し元に返す。

```
int main()
{
    auto f = []()
    {
        std::cout << "f is called.\n" ;
        return 0 ; // ここで処理が戻る
        std::cout << "f returned zero.\n" ;
    } ;

    auto result = f() ;
}
```

これを実行すると以下のようになる。

```
$ make
f is called.
```

`return` 文以降の文が実行されていないことがわかる。

3.7 本当の関数

実はラムダ式は本当の C++ の関数ではない。本当の関数はとても書きづらいので心して読むべきだ。

読者は本書の冒頭で使った main 関数という言葉を覚えているだろうか。覚えていないとしても、サンプルコードに必ずと言っていいほど出てくる main という名前は気になっていたことだろう。

```
int main(){}
```

これを見ると、聡明な読者はラムダ式と似通ったところがあることに気付くだろう。

```
[](){}
```

末尾の (){} が同じだ。これは同じ意味だ。() は関数の引数で、{} は関数の本体だ。

では残りの部分はどうだろうか。int は関数の戻り値の型、main は関数の名前だ。

C++ の本当の関数は以下のような文法で定義される。

```
int     // 戻り値の型
main    // 関数名
()      // 関数の引数
{}      // 関数の本体
```

試しに、int 型の引数を 2 つ取り足して返す関数 plus を書いてみよう。

```cpp
int plus( int x, int y )
{
    return x + y ;
}

int main()
{
    auto x = plus( 1, 2 ) ;
}
```

では次に、double 型の引数を 2 つ取り足して返す関数 plus を書いてみよう。

```cpp
double plus( double x, double y )
{
    return x + y ;
}
```

```
int main()
{
    auto x = plus( 1.0, 2.0 ) ;
}
```

最後の std::string 型の引数を 2 つ取り足して返す関数 plus は読者への課題とする。

これが C++ の本当の関数だ。C++ の関数では、型をすべて明示的に書かなければならない。型を間違えるとエラーだ。

しかも、C++ の関数は、戻り値の型を正しく返さなければならない。

```
int f()
{
    // エラー、return 文がない
}
```

もし、何も値を返さない関数を書く場合は、どの値でもないという特別な型、void 型を関数の戻り値の型として書かなければならないという特別なルールまである。

```
void f()
{
    // OK
}
```

ただし、戻り値の型については、具体的な型の代わりに auto を書くこともできる。その場合、return 文で同じ型さえ返していれば、気にする必要はない。

```
// void
auto a() { }
// int
auto b() { return 0 ; }
// double
auto c() { return 0.0 ; }
// std::string
auto d() { return ""s ; }

// エラー
// return 文の型が一致しない。
auto e()
{
    return 0 ;
    return 0.0 ;
}
```

第4章

デバッグ：
コンパイルエラーメッセージの読み方

　やれやれ疲れた。この辺でひと休みして、デバッグについて考えよう。まずはコンパイルエラーについてだ。

　プログラムにはさまざまなバグがあるが、コンパイルエラーは最も簡単なバグだ。というのも、プログラムのバグの存在が実行前に発覚したわけだから、手間が省ける。もしコンパイルエラーにならない場合、実行した結果から、バグがあるかどうかを判断しなければならない。

　読者の中には、せっかく書いたソースコードをコンパイルしたらコンパイルエラーが出たので、運が悪かったとか、失敗したとか、怒られてつらい気持ちになったなどと感じることがあるかもしれない。しかしそれは大違いだ。コンパイラーによって読者はプログラムを実行することなくバグが発見できたのだから、読者は運が良かった、大成功した、褒められて最高の気持ちになったと感じるべきなのだ。

　さあ皆さんご一緒に、

- コンパイルエラーは普通
- コンパイルエラーが出たらありがとう
- コンパイルエラーが出たら大喜び

　熟練のプログラマーは自分の書いたコードがコンパイルエラーを出さずに一発でコンパイルが通った場合、逆に不安になるくらいだ。

　もしバグがあるのにコンパイルエラーが出なければ、バグの存在に気が付かないまま、読者の書いたソフトウェアは広く世の中に使われ、10年後、20年後に最もバグが発見されてほしくない方法で発見されてしまうかもしれない。すなわち、セキュリティ上問題となる脆弱性という形での発覚だ。しかし安心してほしい。いま読者が出したコンパイルエラーによって、そのような悲しい未来の可能性は永久に排除されたのだ。コンパイルエラーはどんどん出すとよい。

　コンパイルエラーの原因は2つ。

38　第4章　デバッグ：コンパイルエラーメッセージの読み方

1. 文法エラー
2. 意味エラー
3. コンパイラーのバグ

3つだった。コンパイルエラーの原因は3つ。

1. 文法エラー
2. 意味エラー
3. コンパイラーのバグ
4. コンピューターの故障

4つだった。ただ、3.と4.はめったにないから無視してよい。

4.1　文法エラー

文法エラーとは、C++ というプログラミング言語の文法に従っていないエラーのことだ。これは C++ として解釈できないので、当然エラーになる。

よくある文法エラーとしては、文末のセミコロンを打ち忘れたものがある。例えば以下のコードには間違いがある。

```
int main()
{
    auto x = 1 + 1
    auto y = x + 1 ;
}
```

これをコンパイルすると以下のようにコンパイルエラーメッセージが出力される。

```
$ make
g++ -std=c++17 -Wall --pedantic-error -include all.h main.cpp -o program
main.cpp: In function 'int main()' :
main.cpp:4:5: error: expected ',' or ';' before 'auto'
    auto y = x + 1 ;
    ^~~~
main.cpp:3:10: warning: unused variable 'x' [-Wunused-variable]
    auto x = 1 + 1
         ^
Makefile:4: recipe for target 'program' failed
make: *** [program] Error 1
```

コンパイラーのメッセージを読み慣れていない読者はここで考えることを放棄してコンピューターの電源を落とし家を出て街を徘徊し夕日を見つめて人生、宇宙、すべてについての究極の質問への答えを模索してしまうことだろう。

しかし恐れるなかれ。コンパイラーのエラーメッセージを読み解くのは難しくない。

まず最初の 2 行を見てみよう。

```
$ make
g++ -std=c++17 -Wall --pedantic-error -include all.h main.cpp -o program
```

1 行目はシェルに make を実行させるためのコマンド、2 行目は make が実行したレシピの中身だ。これはコンパイラーによるメッセージではない。

3 行目からはコンパイラーによる出力だ。

```
main.cpp: In function 'int main()' :
```

コンパイラーはソースファイル main.cpp の中の、int main() という関数について、特に言うべきことがあると主張している。

言うべきこととは以下だ。

```
main.cpp:4:5: error: expected ',' or ';' before 'auto'
    auto y = x + 1 ;
    ^~~~
```

GCC というコンパイラーのエラーメッセージは、以下のフォーマットを採用している。

```
ソースファイル名:行番号:列番号: メッセージの種類: メッセージの内容
```

ここでのメッセージの種類は error、つまりこのメッセージはエラーを伝えるものだ。

ソースファイル名は main.cpp、つまりエラーは main.cpp の中にあるということだ。

行番号というのは、最初の行を 1 行目とし、改行ごとにインクリメントされていく。今回のソースファイルの場合、以下のようになる。

```
1 int main()
2 {
3     auto x = 1 + 1
4     auto y = x + 1 ;
5 }
```

もし読者が素晴らしいテキストエディターである Vim を使っている場合、:set nu すると行番号を表示できる。

その上でエラーメッセージの行番号を確認すると 4 とある。つまりコンパイラーは 4 行目に問題があると考えているわけだ。

4 行目を確認してみよう。

```
    auto y = x + 1 ;
```

40   第4章   デバッグ：コンパイルエラーメッセージの読み方

　何の問題もないように見える。さらにエラーメッセージを読んでみよう。
　列番号が5となっている。列番号というのは、行頭からの文字数だ。最初の文字を1文字目とし、文字ごとにインクリメントされていく。

```
123456789...
    auto y = x + 1 ;
```

　4行目は空白文字を4つ使ってインデントしているので、auto の a の列番号は5だ。ここに問題があるのだろうか。何も問題がないように見える。
　この謎を解くためには、メッセージの内容を読まなければならない。

```
expected ',' or ';' before 'auto'
    auto y = x + 1 ;
    ^~~
```

　これは日本語に翻訳すると以下のようになる。

```
'auto' の前に','か';'があるべき
    auto y = x + 1 ;
    ^~~
```

　1行目はエラー内容をテキストで表現したものだ。これによると、'auto'の前に','か';'があるべきとあるが、やはりまだわからない。
　2行目は問題のある箇所のソースコードを部分的に抜粋したもので、3行目はそのソースコードの問題のある文字を視覚的にわかりやすく示しているものだ。
　ともかく、コンパイラーの指示に従って'auto'の前に','を付けてみよう。

```
    ,auto y = x + 1 ;
```

　これをコンパイルすると、また違ったエラーメッセージが表示される。

```
main.cpp: In function 'int main()' :
main.cpp:4:6: error: expected unqualified-id before 'auto'
     ,auto y = x + 1 ;
      ^~~~
```

　では';'ならばどうか。

```
    ;auto y = x + 1 ;
```

　これはコンパイルが通るようだ。
　しかしなぜこれでコンパイルが通るのだろう。そのためには、コンパイラーが問題だとした行の1つ

上の行を見る必要がある。

```
    auto x = 1 + 1
    auto y = x + 1 ;
```

　コンパイラーにとって、改行は空白文字と同じくソースファイル中の意味のあるトークン（キーワードや名前や記号）を区切る文字でしかない。コンパイラーにとって、このコードは実質以下のように見えている。

```
  auto x=1+1 auto y=x+1;
```

　"1 auto"というのは文法エラーだ。なのでコンパイラーは文法エラーが発覚する最初の文字である'auto'の'a'を指摘したのだ。
　人間にとって自然になるように修正すると、コンパイラーが指摘した行の1つ上の行の行末に';'を追加すべきだ。

```
    auto x = 1 + 1 ;
    auto y = x + 1 ;
```

　さて、問題自体は解決したわけだが、残りのメッセージも見ていこう。

```
  main.cpp:3:10: warning: unused variable 'x' [-Wunused-variable]
     auto x = 1 + 1
```

　これはコンパイラーによる警告メッセージだ。警告メッセージについて詳しくは、デバッグ：警告メッセージの章で解説する。

```
  Makefile:4: recipe for target 'program' failed
  make: *** [program] Error 1
```

　これはGNU Makeによるメッセージだ。GCCがソースファイルを正しくコンパイルできず、実行が失敗したとエラーを返したので、レシピの実行が失敗したことを伝えるメッセージだ。
　プログラムはどうやってエラーを通知するのか。main関数の戻り値によってだ。main関数は関数であるので、戻り値がある。main関数の戻り値はint型だ。

```
  // 戻り値の型
  int
  // main関数の残りの部分
  main() { }
```

　main関数が何も値を返さない場合、return 0 したものとみなされる。main関数が0もしくはEXIT_SUCCESSを返した場合、プログラムの実行の成功を通知したことになる。

```
// 必ず実行が成功したと通知するプログラム
int main()
{
    return 0 ;
}
```

プログラムの実行が失敗した場合、main 関数は EXIT_FAILURE を返すことでエラーを通知できる。

```
// 必ず実行が失敗したと通知するプログラム
int main()
{
    return EXIT_FAILURE ;
}
```

EXIT_SUCCESS と EXIT_FAILURE はマクロだ。

```
#define EXIT_SUCCESS
#define EXIT_FAILURE
```

その中身は C++ 標準規格では規定されていない。どうしても値を知りたい場合は以下のプログラムを実行してみるとよい。

```
int main()
{
    std::cout
        << "EXIT_SUCCESS: "s << EXIT_SUCCESS << "\n"s
        << "EXIT_FAILURE: "s   << EXIT_FAILURE ;
}
```

　文法エラーというのは厄介なバグだ。というのも、コンパイラーというのは正しい文法のソースファイルを処理するように作られている。文法を間違えた場合、ソースファイル全体が正しくないということになる。コンパイラーは文法違反に遭遇した場合、なるべく人間がよく間違えそうなパターンをヒューリスティックに指摘することもしている。そのため、エラーメッセージに指摘された行番号と列番号は、必ずしも人間にとっての問題の箇所と一致しない。
　もう 1 つ例を見てみよう。

```
int main()
{
    // 引数を 3つ取って足して返す関数
    auto f = [](auto a, auto b, auto c)
    { return a + b + c ; } ;
```

```
    std::cout << f(1+(2*3),4-5,6/(7-8))) ;
}
```

GCC によるコンパイルエラーメッセージだけ抜粋すると以下のとおり。

```
main.cpp: In function 'int main()' :
main.cpp:7:40: error: expected ';' before ')' token
    std::cout << f(1+(2*3),4-5,6/(7-8))) ;
                                         ^
```

さてさっそく読んでみよう。すでに学んだように、GCC のメッセージのフォーマットは以下のとおりだ。

ソースファイル名:行番号:列番号: メッセージの種類: メッセージの内容

これに当てはめると、問題はソースファイル main.cpp の 7 行目の 40 列目にある。

エラーメッセージは、「';' がトークン ')' の前にあるべき」だ。

トークン（token）というのは 'std' とか '::' とか 'cout' といったソースファイルの空白文字で区切られた最小の文字列の単位のことだ。

抜粋されたソースコードに示された問題の箇所、つまり 7 行目 40 列目にあるトークンは ')' だ。この前に ';' が必要とはどういうことだろう。

問題を探るため、7 行目のトークンを詳しく分解してみよう。以下は 7 行目と同じソースコードだが、トークンをわかりやすく分解してある。

```
std::cout << // 標準出力
f // 関数名
    ( // 開き括弧
        1+(2*3),     // 第 1 引数
        4-5,         // 第 2 引数
        6/(7-8)      // 第 3 引数
    ) // 開き括弧に対応する閉じ括弧
    ) // ???
    ; // 終端文字
```

これを見ると、閉じ括弧が 1 つ多いことがわかる。

4.2　意味エラー

意味エラーとは、ソースファイルは文法的に正しいが、意味的に間違っているコンパイルエラーのことだ。

さっそく例を見ていこう。

```cpp
int main()
{
    auto x = 1.0 % 1.0 ;
}
```

このコードをコンパイルすると出力されるエラーメッセージは以下のとおり。

```
main.cpp: In function 'int main()' :
main.cpp:3:18: error: invalid operands of types 'double' and 'double' to binary
    'operator%'
    auto x = 1.0 % 1.0 ;
             ~~~~^~~~~
```

問題の箇所は 3 行目の 18 列目、'%' だ。

エラーメッセージは、「二項 'operator%' に対して不適切なオペランドである型 'double' と 'double'」とある。

前の章を読み直すとわかるとおり、operator % は剰余を計算する演算子だが、この演算子には double 型を渡すことはできない。

このコードはどうだろう。

```cpp
// 引数を 1つ取る関数
void f( int x ) { }

int main()
{
    // 引数を 2つ渡す
    f( 1, 2 ) ;
}
```

このようなエラーメッセージになる。

```
main.cpp: In function 'int main()' :
main.cpp:7:13: error: too many arguments to function 'void f(int)'
    f( 1, 2 ) ;
            ^
main.cpp:2:6: note: declared here
 void f( int x ) { }
      ^
```

問題の箇所は 7 行目。「関数 'void f(int)' に対して実引数が多すぎる」とある。**関数 f** は引数を1 つしか取らないのに、2 つの引数を渡しているのがエラーの原因だ。

2 つ目のメッセージはエラーではなくて、エラーを補足説明するための注記（note）メッセージだ。ここで言及している**関数 f** とは、2 行目に宣言されていることを説明してくれている。

意味エラーはときとしておぞましいほどのエラーメッセージを生成することがある。例えば以下の一見無害そうなコードだ。

```
int main()
{
    "hello"s << 1 ;
}
```

このコードは文法的に正しいが、意味的に間違っているコードだ。このコードをコンパイルすると膨大なエラーメッセージが出力される。しかも問題の行番号特定以外、大して役に立たない。

4.3　コンパイラーのバグ

C++ コンパイラーもソフトウェアであり、バグがある。コンパイラーにバグがある場合、正しいC++ のソースファイルがコンパイルできないことがある。

読者がそのようなコンパイラーの秘孔を突くコードを書くことはまれだ。しかし、もしそのようなコードを偶然にも書いてしまった場合、GCC は、

```
gcc: internal compiler error: エラー内容
Please submit a full bug report,
with preprocessed source if appropriate.
See <ドキュメントへのファイルパス> for instructions.
```

のようなメッセージを出力する。

これは GCC のバグなので、見つけた読者は適切な方法でバグ報告をしよう。

第5章

条件分岐の果てのレストラン

さて C++ の勉強に戻ろう。この章では条件分岐について学ぶ。

5.1　複合文

条件分岐とループについて学ぶ前に、まず**複合文**（compound statement）や**ブロック**（block）と呼ばれている、複数の文をひとまとめにする文について学ばなければならない。

C++ では**文**（statement）が実行される。文については詳しく説明すると長くなるが、';' で区切られたものが**文**だ。

```
int main()
{
    // 文
    auto x = 1 + 1 ;
    // 文
    std::cout << x ;

    // 空文
    // 実は空っぽの文も書ける。
    ;
}
```

複数の文を {} で囲むことで、1 つの文として扱うことができる。これを**複合文**という。

48　第5章　条件分岐の果てのレストラン

```cpp
int main()
{
    // 複合文開始
    {
        std::cout << "hello\n"s ;
        std::cout << "hello\n"s ;
    } // 複合文終了

    // 別の複合文
    { std::cout << "world\n"s ; }

    // 空の複合文
    { }
}
```

複合文には ';' はいらない。

```cpp
int main()
{
    // ;はいらない
    { }

    // これは空の複合文に続いて
    // 空文があるだけのコード
    { } ;
}
```

複合文の中に複合文を書くこともできる。

```cpp
int main()
{
    {{{}}} ;
}
```

関数の本体としての一番外側 '{}' はこの**複合文**とは別のものだが、読者はまだ気にする必要はない。
　複合文は複数の文をひとまとめにして、1つの文として扱えるようにするぐらいの意味しか持っていない。ただし、変数の見え方に影響する。変数は宣言された最も内側の複合文の中でしか使えない。

```cpp
int main()
{
    auto a = 0 ;

    {
        auto b = 0 ;
        {
```

```
        auto c = 0 ;
        // c はここまで使える
    }
    // b はここまで使える
}
// a はここまで使える
}
```

これを専門用語では**変数の寿命**とか**ブロックスコープ**（block-scope）という。

内側のブロックスコープの変数が、外側のブロックスコープの変数と同じ名前を持っていた場合はエラーではない。外側の変数が内側の変数で隠される。

```
int main()
{
    auto x = 0 ;
    {
        auto x = 1 ;
        {
            auto x = 2 ;
            // 2
            std::cout << x ;
        }
        // 1
        std::cout << x ;
        x = 42 ;
        // 42
        std::cout << x ;
    }
    // 0
    std::cout << x ;
}
```

慣れないうちは驚くかもしれないが、多くのプログラミング言語はこのような挙動になっているものだ。

5.2 条件分岐

すでに読者はさまざまな数値計算を学んだ。読者は 12345 + 6789 の答えや、8073 * 132 / 5 の答えを計算できる上、この 2 つの答えをさらに掛け合わせた結果だって計算できる。

```cpp
int main()
{
    auto a = 12345 + 6789 ;
    auto b = 8073 * 132 / 5 ;
    auto sum = a + b ;

    std::cout
        << "a=12345 + 6789=" << a << "\n"s
        << "b=8073 * 132 / 5=" << b << "\n"s
        << "a+b=" << sum << "\n"s ;
}
```

なるほど、答えがわかった。ところで変数 a と変数 b はどちらが大きいのだろうか。大きい変数だけ出力したい。この場合は条件分岐を使う。

C++ では条件分岐に if 文を使う。

```cpp
int main()
{
    auto a = 12345 + 6789 ;
    auto b = 8073 * 132 / 5 ;


    if ( a < b )
    {
        // b が大きい
        std::cout << b ;
    }
    else
    {
        // a が大きい
        std::cout << a ;
    }
}
```

if 文は以下のように書く。

```
if ( 条件 )
文 1
else
文 2
```

条件が真（true）のときは**文 1**が実行され、偽（false）のときは**文 2**が実行される。
else の部分は書かなくてもよい。

```
if ( 条件 )
文 1
文 2
```

その場合、**条件**が真のときだけ**文 1**が実行される。条件の真偽にかかわらず**文 2**は実行される。

```
int main()
{
    if ( 2 < 1 )
        std::cout << "sentence 1.\n" ; // 文 1
    std::cout << "sentence 2.\n" ; // 文 2
}
```

この例では、2 が 1 より小さい場合は**文 1**が実行される。**文 2**は必ず実行される。
条件次第で複数の文を実行したい場合、**複合文**を使う。

```
int main()
{
    if ( 1 < 2 )
    {
        std::cout << "yes!\n" ;
        std::cout << "yes!\n" ;
    }
}
```

条件とか**真偽**についてはとてもとても深い話があるのだが、その解説はあとの章に回すとして、まず
は以下の比較演算子を覚えよう。

演算子	意味
a == b	a は b と等しい
a != b	a は b と等しくない
a < b	a は b より小さい
a <= b	a は b より小さい、もしくは等しい
a > b	a は b より大きい
a >= b	a は b より大きい、もしくは等しい

52　第5章　条件分岐の果てのレストラン

　真（true）というのは、意味が真であるときだ。正しい、成り立つ、正解などと言い換えてもよい。それ以外の場合はすべて偽（false）だ。正しくない、成り立たない、不正解などと言い換えてもいい。
　整数や浮動小数点数の場合、話は簡単だ。

```cpp
int main()
{
    // 1は2より小さいか？
    if ( 1 < 2 )
    {   // 真、お使いのコンピューターは正常です
        std::cout << "Your computer works just fine.\n"s ;
    }
    else
    {
        // 偽、お使いのコンピューターには深刻な問題があります
        std::cout << "Your computer has serious issues.\n"s ;
    }
}
```

文字列の場合、内容が同じであれば等しい。違うのであれば等しくない。

```cpp
int main()
{
    auto a = "dog"s ;
    auto b = "dog"s ;
    auto c = "cat"s ;

    if ( a == b )
    {
        std::cout << "a == b\n"s ;
    }
    else
    {
        std::cout << "a != b\n" ;
    }

    if ( a == c )
    {
        std::cout << "a == c\n" ;
    }
    else
    {
        std::cout << "a != c\n" ;
    }
}
```

　では文字列に大小はあるのだろうか。文字列に大小はある。

```
int main()
{
    auto cat = "cat"s ;
    auto dog = "dog"s ;

    if ( cat < dog )
    {   // 猫は小さい
        std::cout << "cat is smaller.\n"s ;
    }
    else
    {   // 犬は小さい
        std::cout << "dog is smaller.\n"s ;
    }

    auto longcat = "longcat"s ;

    if ( longcat > cat )
    {   // longcat は長い
        std::cout << "Longcat is Looong.\n"s ;
    }
    else
    {
        std::cout << "Longcat isn't that long. Sigh.\n"s ;
    }
}
```

　実行して確かめてみよう。ほとんどの読者の実行環境では以下のようになるはずだ。ほとんどの、というのは、そうではない環境も存在するからだ。読者がそのような稀有な環境を使っている可能性はまずないだろうが。

```
cat is smaller.
Longcat is Looong.
```

　なるほど。"cat"s は "dog"s よりも小さく（？）、"longcat"s は "cat"s よりも長い（大きい？）ようだ。なんだかよくわからない結果になった。
　これはどういうことなのか。もっと簡単な文字列で試してみよう。

```
int main()
{
    auto x = ""s ;

    // a と b はどちらが小さいのだろうか？
    if ( "a"s < "b"s )
    {   x = "a"s ; }
    else
```

```
    {    x = "b"s ; }

    // 小さい方の文字が出力される
    std::cout << x ;
}
```

これを実行すると a と出力される。すると "a"s は "b"s より小さいようだ。
もっと試してみよう。

```
int main()
{
    auto x = ""s ;
    if ( "aa"s < "ab"s )
    { x = "aa"s ; }
    else
    { x = "ab"s ; }

    // 小さい文字列が出力される
    std::cout << x ;
}
```

これを実行すると、aa と出力される。すると "aa"s は "ab"s より小さいことになる。
　文字列の大小比較は文字単位で行われる。まず最初の文字が大小比較される。もし等しい場合は、次の文字が大小比較される。等しくない最初の文字の結果が、文字列の大小比較の結果となる。

5.3　条件式

5.3.1　条件とは何だろう

　if 文の中で書く条件（condition）は、条件式（conditional expression）とも呼ばれている式（expression）の一種だ。式というのは例えば "1+1" のようなものだ。式は文の中に書くことができ、これを式文（expression statement）という。

```
int main()
{
    1 + 1 ; // 式文
}
```

　"a==b" や "a<b" のような条件も式なので、文として書くことができる。

```
int main()
{
    1 == 1 ;
    1 < 2 ;
}
```

C++ では多くの式には型がある。たとえば "123" は int 型で、"123+4" も int 型だ。

```cpp
int main()
{
    auto a = 123 ; // int
    auto b = a + 4 ; // int
    auto c = 1.0 ; // double
    auto d = "hello"s ; // std::string
}
```

とすると、"1==2" や "3!=3" のような条件式にも型があるのではないか。型があるのであれば変数に入れられるはずだ。試してみよう。

```cpp
int main()
{
    if (  1 == 1 )
    { std::cout << "1 == 1 is true.\n"s ; }
    else
    { std::cout << "1 == 1 is false.\n"s ; }

    auto x = 1 == 1 ;
    if ( x )
    { std::cout << "1 == 1 is true.\n"s ; }
    else
    { std::cout << "1 == 1 is false.\n"s ; }
}
```

"if(x)" は "if(1==1)" と書いた場合と同じように動く。

変数に入れられるのであれば出力もできるのではないだろうか。試してみよう。

```cpp
int main()
{
    auto a = 1 == 1 ; // 正しい
    auto b = 1 != 1 ; // 間違い
    std::cout << a << "\n"s << b ;
}
```

```
1
0
```

なるほど、条件が正しい場合 "1" になり、条件が間違っている場合 "0" になるようだ。

では if 文の中に 1 や 0 を入れたらどうなるのだろうか。

56　第5章　条件分岐の果てのレストラン

```cpp
// 条件が正しい値だけ出力される。
int main()
{
    if ( 1 ) std::cout << "1\n"s ;
    if ( 0 ) std::cout << "0\n"s ;
    if ( 123 ) std::cout << "123\n"s ;
    if ( -1 ) std::cout << "-1\n"s ;
}
```

実行結果は以下のようになる。

```
1
123
-1
```

　この結果を見ると、条件として 1, 123, -1 は正しく、0 は間違っているということになる。ますます訳がわからなくなってきた。

5.4　bool 型

　そろそろ種明かしをしよう。条件式の結果は、bool 型という特別な型を持っている。

```cpp
int main()
{
    auto a = 1 == 1 ; // bool 型
    bool A = 1 == 1 ; // 型を書いてもよい
}
```

　int 型の変数には整数の値が入る。double 型の変数には浮動小数点数の値が入る。std::string 型の変数には文字列の値が入る。
　すると、bool 型の変数には bool 型の値が入る。
　bool 型には 2 つの値がある。条件が正しいことを意味する true と、条件が間違っていることを意味する false だ。

```cpp
int main()
{
    bool correct = true ;
    bool wrong = false ;
}
```

bool 型にこれ以外の値は存在しない。
bool 型の値を正しく出力するには、std::boolalpha を出力する。

```cpp
int main()
{
    std::cout << std::boolalpha ;
    std::cout << true << "\n"s << false ;
}
```

```
true
false
```

std::boolalpha 自体は何も出力をしない。一度 std::boolalpha を出力すると、それ以降の bool 値が true/false で出力されるようになる。

元に戻すには std::noboolalpha を使う。

```cpp
int main()
{
    std::cout << std::boolalpha ;
    std::cout << true << false ;
    std::cout << std::noboolalpha ;
    std::cout << true << false ;
}
```

以下のように出力される。

```
truefalse10
```

すでに学んだ比較演算子は、正しい場合に bool 型の値 true を、間違っている場合に bool 型の値 false を返す。

```cpp
int main()
{
    // true
    bool a = 1 == 1 ;
    // false
    bool b = 1 != 1 ;

    // true
    bool c = 1 < 2 ;
    // false
    bool d = 1 > 2 ;
}
```

58 第 5 章 条件分岐の果てのレストラン

先に説明した if 文の条件が「正しい」というのは true のことで、「間違っている」というのは false のことだ。

```
int main()
{
    // 出力される
    if ( true )
        std::cout << "true\n"s ;

    // 出力されない。
    if ( false )
        std::cout << "false\n"s ;
}
```

5.5 bool 型の演算

bool 型にはいくつかの演算が用意されている。

5.5.1 論理否定: operator !

"!a" は a が true の場合 false に、false の場合 true になる。

```
int main()
{
    std::cout << std::boolalpha ;

    // false
    std::cout << !true << "\n"s ;

    // true
    std::cout << !false << "\n"s ;
}
```

論理否定演算子を使うと、false のときのみ実行されてほしい条件分岐が書きやすくなる。

```
// ロケットが発射可能かどうかを返す関数
bool is_rocket_ready_to_launch()
{
    // まだだよ
    return false ;
}
```

```cpp
int main()
{

    // ロケットが発射可能ではないときに実行される
    if ( !is_rocket_ready_to_launch() )
    {   // もうしばらくそのままでお待ちください
        std::cout << "Standby...\n" ;
    }
}
```

この例では、ロケットが発射可能でない場合のみ、待つようにアナウンスする。
同じように、true のときに実行されてほしくない条件分岐も書ける。

```cpp
// ロケットが発射可能かどうかを返す関数
bool is_rocket_ready_to_launch()
{
    // もういいよ
    return true ;
}

int main()
{
    // ロケットが発射可能なときに実行される
    if ( !is_rocket_ready_to_launch() )
    {   // カウントダウン
        std::cout << "3...2...1...Hallelujah!\n"s ;
    }

}
```

この2つの例では、ロケットの状態が実行すべき条件ではないので、正しく何も出力されない。

5.5.2　同値比較: operator ==, !=

bool 型の値の同値比較はわかりやすい。true は true と等しく、false は false と等しく、true
と false は等しくない。

```cpp
int main()
{
    std::cout << std::boolalpha ;
    auto print = [](auto b)
    { std::cout << b << "\n"s ; } ;

    print( true  == true  ) ; // true
    print( true  == false ) ; // false
    print( false == true  ) ; // false
```

```
    print( false == false ) ; // true

    print( true  != true  ) ; // false
    print( true  != false ) ; // true
    print( false != true  ) ; // true
    print( false != false ) ; // false
}
```

比較演算子の結果は bool 値になるということを覚えているだろうか。"1 < 2" は true になり、"1 > 2" は false になる。

bool 値同士も同値比較ができるということは、"(1 < 2) == true"のように書くことも可能だということだ。

```
int main()
{
    bool b = (1 < 2) == true ;
}
```

"(1<2)" は true なので、"(1<2)==true" は "true==true" と同じ意味になる。この結果はもちろん "true" だ。

5.5.3 論理積: operator &&

"a && b" は a と b がともに true のときに true となる。それ以外の場合は false となる。これを論理積という。

表にまとめると以下のようになる。

式	結果
false && false	false
false && true	false
true && false	false
true && true	true

さっそく確かめてみよう。

```
int main()
{
    std::cout << std::boolalpha ;
    auto print = []( auto b )
    { std::cout << b << "\n"s ; } ;

    print( false && false ) ; // false
    print( false && true  ) ; // false
    print( true  && false ) ; // false
```

```
    print( true  && true  ) ; // true
}
```

論理積は、「A かつ B」を表現するのに使える。

例えば、人間の体温が平熱かどうかを判断するプログラムを書くとする。36.1℃以上、37.2℃以下を平熱とすると、if 文を使って以下のように書くことができる。

```
int main()
{
    // 体温
    double temperature = 36.6 ;

    // 36.1度以上
    if ( temperature >= 36.1 )
        if ( temperature <= 37.2 )
        { std::cout << "Good.\n"s ; }
        else
        { std::cout << "Bad.\n"s ; }
    else
    { std::cout << "Bad.\n"s ; }
}
```

このコードは、operator && を使えば簡潔に書ける。

```
int main()
{
    double temperature = 36.6 ;

    if ( ( temperature >= 36.1 ) && ( temperature <= 37.2 ) )
    { std::cout << "Good.\n"s ; }
    else
    { std::cout << "Bad.\n"s ; }
}
```

5.5.4 論理和: operator ||

"a || b" は a と b がともに false のときに false となる。それ以外の場合は true となる。これを論理和という。

表にまとめると以下のようになる。

式	結果
false || false	false
false || true	true
true || false	true
true || true	true

62　第 5 章　条件分岐の果てのレストラン

さっそく確かめてみよう。

```cpp
int main()
{
    std::cout << std::boolalpha ;
    auto print = []( auto b )
    { std::cout << b << "\n"s ; } ;

    print( false || false ) ; // false
    print( false || true  ) ; // true
    print( true  || false ) ; // true
    print( true  || true  ) ; // true
}
```

論理和は、「A もしくは B」を表現するのに使える。

例えば、ある遊園地の乗り物には安全上の理由で身長が 1.1m 未満、あるいは 1.9m を超える人は乗れないものとする。この場合、乗り物に乗れる身長かどうかを確かめるコードは、if 文を使うと以下のようになる。

```cpp
int main()
{
    double height = 1.3 ;

    if ( height < 1.1 )
    { std::cout << "No."s ; }
    else if ( height > 1.9 )
    { std::cout << "No."s ; }
    else
    { std::cout << "Yes."s ; }
}
```

論理和を使うと以下のように簡潔に書ける。

```cpp
int main()
{
    double height = 1.3 ;

    if ( ( height < 1.1 ) || ( height > 1.9 ) )
    { std::cout << "No."s ; }
    else
    { std::cout << "Yes."s ; }
}
```

5.5.5 短絡評価

論理積と論理和は短絡評価と呼ばれる特殊な評価が行われる。これは、左から右に最小限の評価をするという意味だ。

論理積では、"a && b" とある場合、a と b がともに true である場合のみ、結果は true になる。もし、a が false であった場合、b の結果如何にかかわらず結果は false となるので、b は評価されない。

```cpp
int main()
{
    auto a = []()
    {
        std::cout << "a\n"s ;
        return false ;
    } ;
    auto b = []()
    {
        std::cout << "b\n"s ;
        return true ;
    } ;

    bool c = a() && b() ;
    std::cout << std::boolalpha << c ;
}
```

これを実行すると以下のようになる。

```
a
false
```

関数呼び出し "a()" の結果は false なので、"b()" は評価されない。評価されないということは関数呼び出しが行われず、当然標準出力も行われない。

同様に、論理和では、"a || b" とある場合、a と b のどちらか片方でも true であれば、結果は true となる。もし、a が true であった場合、b の結果如何にかかわらず結果は true となるので、b は評価されない。

```cpp
int main()
{
    auto a = []()
    {
        std::cout << "a\n"s ;
        return true ;
    } ;
```

```
    auto b = []()
    {
        std::cout << "b\n"s ;
        return false ;
    } ;

    bool c = a() || b() ;
    std::cout << std::boolalpha << c ;
}
```

結果、

```
a
true
```

"b()" が評価されていないことがわかる。

5.6　bool の変換

bool 型の値と演算はこれで全部だ。値は true/false の 2 つのみ。演算は ==, !=, ! と && と || の 5 つだけだ。

読者の中には納得のいかないものもいるだろう。ちょっと待ってもらいたい。bool の大小比較できないのだろうか。bool の四則演算はできないのか。"if(123)" などと書けてしまうのは何なのか。

好奇心旺盛な読者は本書の解説を待たずしてすでに自分でいろいろとコードを書いて試してしまっていることだろう。

bool の大小比較はどうなるのだろうか。

```
int main()
{
    std::cout << std::boolalpha ;

    bool b = true < false ;
    std::cout << b ;
}
```

このコードを実行すると、出力は "false" だ。"true < false" の結果が "false" だということは、true は false より大きいということになる。

四則演算はどうか？

5.6 bool の変換 　65

```
int main()
{
    auto print = [](auto x)
    { std::cout << x << "\n"s ; } ;

    print( true  + true  ) ;
    print( true  + false ) ;
    print( false + true  ) ;
    print( false + false ) ;
}
```

結果、

```
2
1
1
0
```

不思議な結果だ。"true+true" は "2"、"true+false" は "1"、"false+false" は "0"。これは
true が 1 で false が 0 ならば納得のいく結果だ。大小比較の結果としても矛盾していない。
　すでに見たように、std::boolalpha を出力していない状態で bool を出力すると true が 1、false
が 0 となる。

```
int main()
{
    std::cout << true << false ;
}
```

結果、

```
10
```

これは bool 型と整数型が変換されているのだ。
　異なる型の値が変換されるというのは、すでに例がある。整数型と浮動小数点数型だ。

```
int main()
{
    // 3
    int i = 3.14 ;
    std::cout << i << "\n"s ;
```

66　第 5 章　条件分岐の果てのレストラン

```cpp
    // 123.0
    double d = 123 ;
    std::cout << d << "\n"s ;
}
```

　浮動小数点数型は整数型に変換できる。その際に小数部は切り捨てられる。整数型は浮動小数点数型に変換できる。小数部はない。

　これと同じように、bool 型も整数型と変換ができる。

　bool 型の true を整数型に変換すると 1 になる。false は 0 になる。

```cpp
int main()
{
    // 1
    int True = true ;
    // 0
    int False = false ;
}
```

　同様に、整数型のゼロを bool 型に変換すると false になる。非ゼロは true になる。

```cpp
int main()
{
    // false
    bool Zero = 0 ;

    // すべてtrue
    bool One = 1 ;
    bool minus_one = -1 ;
    bool OneTwoThree = 123 ;
}
```

　したがって、"if (0)"は"if (false)"と等しく、"if (1)"や"if(-1)"など非ゼロな値は"if (true)"と等しい。

```cpp
int main()
{
    // 出力されない
    if ( 0 )
        std::cout << "No output.\n"s ;

    // 出力される
    if ( 1 )
        std::cout << "Output.\n"s ;
}
```

大小比較は単に bool を整数に変換した結果を比較しているだけだ。"true < false" は "1 < 0" と書くのと同じだ。

```
int main()
{
    std::cout << std::boolalpha ;

    // 1 < 0
    std::cout << (true < false) ;
}
```

同様に四則演算も bool 型を整数型に変換した上で計算をしているだけだ。"true + true" は "1 + 1" と書くのと同じだ。

```
int main()
{
    // 1 + 1
    std::cout << (true + true) ;
}
```

C++ では、bool 型と**整数型**の変換は暗黙に行われてしまうので注意が必要だ。

第6章

デバッグ：
コンパイル警告メッセージ

やれやれ、条件分岐は難しかった。この辺でもう一度ひと休みして、息抜きとしてデバッグの話をしよう。今回はコンパイラーの警告メッセージ（warning messages）についてだ。

コンパイラーはソースコードに文法エラーや意味エラーがあると、エラーメッセージを出すことはすでに学んだ。

コンパイラーがエラーメッセージを出さなかったとき、コンパイラーはソースコードには文法エラーや意味エラーを発見できず、コンパイラーは意味のあるプログラムを生成することができたということを意味する。しかし、コンパイルが通って実行可能なプログラムが生成できたからといって、プログラムにバグがないことは保証できない。

たとえば、変数 x と y を足して出力するプログラムを考える。

```
int main()
{
    auto x = 1 ;
    auto y = 2 ;

    std::cout << x + x ;
}
```

このプログラムにはバグがある。プログラムの仕様は変数 x と y を足すはずだったが変数 x と x を足してしまっている。

コンパイラーはこのソースコードをコンパイルエラーにはしない。なぜならば上のコードは文法的に正しく、意味的にも正しいコードだからだ。

警告メッセージはこのような疑わしいコードについて、エラーとまではいかないまでも、文字どおり警告を出す機能だ。例えば上のコードを GCC でコンパイルすると以下のような警告メッセージを

70 第6章 デバッグ：コンパイル警告メッセージ

出す。

```
$ make
g++ -std=c++17 -Wall --pedantic-error -include all.h main.cpp -o program
main.cpp: In function 'int main()':
main.cpp:5:10: warning: unused variable 'y' [-Wunused-variable]
    auto y = 2 ;
         ^
```

すでに説明したように、GCC のメッセージは

ソースファイル名:行番号:列番号:メッセージの種類:メッセージの内容

というフォーマットを取る。

このメッセージのフォーマットに照らし合わせると、このメッセージはソースファイル main.cpp の 5 行目の 10 列目について何かを警告している。警告はメッセージの種類として warning が使われる。

警告メッセージの内容は、「未使用の変数 'y' [-Wunused-variable]」だ。コード中で 'y' という名前の変数を宣言しているにもかかわらず、使っている場所がない。使わない変数を宣言するのはバグの可能性が高いので警告しているのだ。

[-Wunused-variable] というのは GCC に与えるこの警告を有効にするためのオプション名だ。GCC に -Wunused-variable というオプションを与えると、未使用の変数を警告するようになる。

$ g++ -Wunused-variable その他のオプション

今回は -Wall というすべての警告を有効にするオプションを使っているので、このオプションを使う必要はない。

もう 1 つ例を出そう。以下のソースコードは変数 x の値が 123 と等しいかどうかを調べるものだ。

```
int main()
{
    // x の値は 0
    auto x = 0 ;

    // x が 123 と等しいかどうか比較する
    if ( x = 123 )
        std::cout << "x is 123.\n"s ;
    else
        std::cout << "x is NOT 123.\n"s ;
}
```

これを実行すると、"x is 123.\n" と出力される。しかし、変数 x の値は 0 のはずだ。なぜか 0 と 123 は等しいと判断されてしまった。いったいどういうことだろう。

この謎は警告メッセージを読むと解ける。

```
g++ -std=c++17 -Wall --pedantic-error -include all.h main.cpp -o program
main.cpp: In function 'int main()' :
main.cpp:5:12: warning: suggest parentheses around assignment used as truth value [-
Wparentheses]
     if ( x = 123 )
          ~~^~~~~
```

main.cpp の 5 行目の 12 列目、「真偽値として使われている代入は括弧で囲むべき」とある。これは
いったいどういうことか。よく見てみると、演算子が同値比較に使う == ではなく、= だ。= は代入演算
子だ。

```
int main()
{
    auto x = 0 ;

    // 代入
    // x の値は 1
    x = 1 ;

    // 同値比較
    x == 1 ;
}
```

実は if 文の**条件**にはあらゆる**式**を書くことができる。代入というのは、実は**代入式**という式なので、
if 文の中にも書くことができる。その場合、式の結果の値は代入される変数の値になる。
　そして思い出してほしいのは、整数型は bool 型に変換されるということだ。0 は false、非ゼロは
true だ。

```
int main()
{
    auto x = 0 ;
    // 1はtrue
    bool b1 = x = 1 ;
    if ( x = 1 ) ;

    // 0はfalse
    bool b0 = x = 0 ;
    if ( x = 0 ) ;
}
```

つまり、"if(x=1)" というのは、"if(1)" と書くのと同じで、これは最終的に、"if(true)" と同じ
意味になる。
　警告メッセージの「括弧で囲むべき」というのは、括弧で囲んだ場合、この警告メッセージは出なく
なるからだ。

```
int main()
{
    auto x = 0 ;

    if ( ( x = 0) )
        std::cout << "x is 123.\n"s ;
    else
        std::cout << "x is NOT 123.\n"s ;
}
```

このコードをコンパイルしても警告メッセージは出ない。

わざわざ括弧で囲むということは、ちゃんと代入を意図して使っていることがわかっていると意思表示したことになり、結果として警告メッセージはなくなる。

この警告メッセージ単体を有効にするオプションは -Wparentheses だ。

警告メッセージは万能ではない。ときにはまったく問題ないコードに対して警告メッセージが出たりする。これは仕方がないことだ。というのもコンパイラーはソースコード中に表現されていない、人間の脳内にある意図を読むことはできないからだ。ただし、警告メッセージにはひと通り目を通して、それが問題ない誤検知であるかどうかを確認することは重要だ。

第7章

最近体重が気になるあなたのための 標準入力

7.1 これまでのおさらい

ここまで学んできた範囲でも、かなりのプログラムが書けるようになってきた。試しにちょっとプログラムを書いてみよう。

最近肥満が気になる読者は、肥満度を把握するために BMI（Body Mass Index）を計算して出力するプログラムを書くことにした。

BMI の計算は以下のとおり。

$$BMI = \frac{体重_{kg}}{身長_m^2}$$

本書をここまで読み進めた読者ならば、このようなプログラムは簡単に書けるだろう。計算は小数点以下の値を扱う必要があるために、変数は浮動小数点数型（double）にする。掛け算は operator * で、割り算は operator / だ。出力には std::cout を使う。

```
int main()
{
    // 身長 1.63m
    double height = 1.63 ;
    // 体重 73kg
    double mass = 73.0 ;

    // BMI の計算
    double bmi = mass / (height*height) ;
```

74 第 7 章 最近体重が気になるあなたのための標準入力

```
    // BMI の出力
    std::cout << "BMI="s << bmi << "\n"s ;
}
```

結果は "27.4756" となった。これだけでは太っているのか痩せているのかよくわからない。調べてみると、BMI の数値と肥満との関係は以下の表のとおりになるそうだ。

BMI	状態
18.5 未満	痩せすぎ（Underweight）
18.5 以上、25 未満	普通（Normal）
25 以上、30 未満	太り気味（Overweight）
30 以上	肥満（Obese）

ではさっそく、この表のように BMI から肥満状態も出力してくれるように、プログラムを書き換えよう。

```
int main()
{
    // 身長 1.63m
    double height = 1.63 ;
    // 体重 73kg
    double mass = 73.0 ;

    // BMI の計算
    double bmi = mass / (height*height) ;

    // BMI の出力
    std::cout << "BMI="s << bmi << "\n"s ;

    // 状態の判定をする関数
    auto status = []( double bmi )
    {
        if ( bmi < 18.5 )
            return "Underweight.\n"s ;
        else if ( bmi < 25.0 )
            return "Normal.\n"s ;
        else if ( bmi < 30.0 )
            return "Overweight.\n"s ;
        else
            return "Obese."s ;
    } ;

    // 状態の出力
    std::cout << status(bmi) ;
}
```

ここまで問題なく読むことができただろうか。ここまでのコードはすべて、本書を始めから読めば理解できる機能しか使っていない。わからない場合、この先に進む前に本書をもう一度始めから読みなすべきだろう。

7.2　標準入力

　上のプログラムには実用にする上で 1 つ問題がある。身長と体重の値を変えたい場合、ソースコードを書き換えてコンパイルしなければならないのだ。

　例えば読者の身長が 1.8m で体重が 80kg の場合、以下のように書き換えなければならない。

```
int main()
{
    // 身長 1.63m
    double height = 1.80 ;
    // 体重 73kg
    double mass = 80.0 ;

    // BMI の計算
    double bmi = mass / (height*height) ;

    // BMI の出力
    std::cout << "BMI="s << bmi << "\n"s ;
}
```

　すると今度は身長が 1.48m で体重が 48kg の人がやってきて私の BMI も計測しろとうるさい。しかも昨日と今日で体重が変わったからどちらも計測したいと言い出す始末。

　こういうとき、プログラムのコンパイル時ではなく、実行時に値を入力できたならば、いちいちプログラムをコンパイルし直す必要がなくなる。

　入力には std::cin を使う。std::cout は標準出力を扱うのに対し、std::cin は標準入力を扱う。std::cout が operator <<を使って値を出力したのに対し、std::cin は operator >> を使って値を変数に入れる。

```
int main()
{
    // 入力を受け取るための変数
    std::string x{} ;
    // 変数に入力を受け取る
    std::cin >> x ;
    // 入力された値を出力
    std::cout << x ;
}
```

76 第7章 最近体重が気になるあなたのための標準入力

実行結果、

```
$ make run
hello
hello
```

標準入力はデフォルトでは、プログラムを実行したユーザーがターミナルから入力する。上の実行結果の2行目は、ユーザーの入力だ。

std::cin は入力された文字列を変数に入れる。入力は空白文字や改行で区切られる。そのため、空白で区切られた文字列を渡すと、以下のようになる。

```
$ make run
hello world
hello
```

入力は複数取ることができる。

```cpp
int main()
{
    std::string x{} ;
    std::string y{} ;
    std::cin >>  x >> y ;
    std::cout << x << y ;
}
```

実行結果、

```
$ make run
hello world
helloworld
```

空白文字は文字列の区切り文字として認識されるので変数 x, y には入らない。

std::cin では文字列のほかにも整数や浮動小数点数、bool を入力として得ることができる。

```cpp
int main()
{
    // 整数
    int i{} ;
    std::cin >> i ;
    // 浮動小数点数
    double d{} ;
    std::cin >> d ;
}
```

実行結果、

```
$ make run
123 1.23
```

数値はデフォルトで 10 進数として扱われる。

bool の入力には注意が必要だ。普通に書くと、ゼロが false, 非ゼロが true として扱われる。

```cpp
int main()
{
    bool b{} ;
    std::cin >> b ;

    std::cout << std::boolalpha << b << "\n"s ;
}
```

実行結果、

```
$ make run
1
true
$ make run
0
false
$ make run
123
true
$ make run
-1
true
```

"true", "false" という文字列で true, false の入力をしたい場合、std::cin に std::boolalpha を「入力」させる。

```cpp
int main()
{
    // bool 型
    bool b{} ;
    std::cin >> std::boolalpha >> b ;

    std::cout << std::boolalpha << b ;
}
```

78 第 7 章 最近体重が気になるあなたのための標準入力

実行結果

```
$ make run
true
true
$ make run
false
false
```

std::boolalpha を入出力するというのは、実際には何も入出力しないので奇妙に見えるが、そういう設計になっているので仕方がない。

では標準入力を学んだので、さっそく BMI を計算するプログラムを標準入力に対応させよう。

```
int main()
{
    // 身長の入力
    double height{} ;
    std::cout << "height(m)>" ;
    std::cin >> height ;

    // 体重の入力
    double mass{} ;
    std::cout << "mass(kg)>" ;
    std::cin >> mass ;

    double bmi = mass / (height*height) ;

    std::cout << "BMI=" << bmi << "\n"s ;
}
```

上出来だ。

7.3 リダイレクト

標準入出力が扱えるようになれば、もう自分の好きなプログラムを書くことができる。プログラムというのはけっきょく、入力を得て、処理して、出力するだけのものだからだ。入力はテキストだったりグラフィックだったり何らかの特殊なデバイスだったりするが、基本は変わらない。

たとえば読者はまだ C++ でファイルを読み書きする方法を知らないが、標準入出力さえ使えれば、ファイルの読み書きはリダイレクトを使うだけでできるのだ。

```
int main()
{
    std::cout << "hello" ;
}
```

これは "hello" と標準出力するだけの簡単なプログラムだ。このプログラムをコンパイルしたプログラム名を program としよう。標準出力の出力先はデフォルトで、ユーザーのターミナルになる。

```
$ ./program
hello
```

リダイレクトを使えば、この出力先をファイルにできる。リダイレクトを使うには "プログラム ＞ ファイル名" とする。

```
$ ./program > hello.txt
$ cat hello.txt
hello
```

ファイルへの簡単な書き込みは、リダイレクトを使うことであとから簡単に実現可能だ。

リダイレクトはファイルの読み込みにも使える。例えば先ほどの BMI を計算するプログラムを用意しよう。

```cpp
// bmi
int main()
{
    double height{ } ;
    double mass { } ;

    std::cin >> height >> mass ;

    std::cout << mass / (height*height) ;
}
```

このプログラム名を bmi として、通常どおり実行すると以下のようになる。

```
$  ./bmi
1.63
73
27.4756
```

このうち、1.63 と 73 はユーザーによる入力だ。これを毎回手で入力するのではなく、ファイルから入力することができる。つまり以下のようなファイルを用意して、

```
1.63
73
```

このファイルを例えば、"bodymass.txt" とする。手で入力する代わりに、このファイルを入力として使いたい。これにはリダイレクトとして "プログラム名 ＜ ファイル名" とする。

80 第 7 章 最近体重が気になるあなたのための標準入力

```
$ ./bmi < bodymass.txt
27.4756
```

リダイレクトの入出力を組み合わせることも可能だ。

```
$ cat bodymass.txt
1.63
73
$ ./bmi < bodymass.txt > index.txt
$ cat index.txt
27.4756
```

もちろん、このようなファイルの読み書きは簡易的なものだが、かなりの処理がこの程度のファイル操作でも行えるのだ。

7.4 パイプ

プログラムが出力した結果をさらに入力にすることだってできる。

例えば、先ほどのプログラム bmi に入力するファイル bodymass.txt の身長の単位がメートルではなくセンチメートルだったとしよう。

```
163
73
```

この場合、プログラム bmi を書き換えて対処することもできるが、プログラムに入力させる前にファイルを読み込み、書き換えて出力し、その出力を入力とすることもできる。

まず、身長の単位をセンチメートルからメートルに直すプログラムを書く。

```cpp
// convert
int main()
{
    double height{} ;
    double mass{} ;

    std::cin >> height >> mass ;

    // 身長をセンチメートルからメートルに直す
    // 体重はそのままでよい
    std::cout << height/100.0 << "\n"s << mass ;
}
```

このプログラムを convert と名付け、さっそく使ってみよう。

```
$ ./convert
163
73
1.63
73
```

身長の単位がセンチメートルからメートルに正しく直されている。

これをリダイレクトで使うとこうなる。

```
$ ./convert < bodymass.txt > fixed_bodymass.txt
$ ./bmi < fixed_bodymass.txt
27.4756
```

しかしこれではファイルが増えて面倒だ。この場合、パイプを使うとスッキリと書ける。

パイプはプログラムの標準出力をプログラムの標準入力とするの使い方は、"プログラム名 | プログラム名" だ。

```
$ ./convert < bodymass.txt | ./bmi
27.4756
```

ところで、すでに何度か説明なしで使っているが、POSIX 規格を満たす OS には cat というプログラムが標準で入っている。cat ファイル名は指定したファイル名の内容を標準出力する。標準出力はパイプで標準入力にできる。

```
$ cat bodymass.txt | ./convert | ./bmi
27.4756
```

7.5　プログラムの組み合わせ

現代のプログラミングというのは、すでに存在するプログラムを組み合わせて作るものだ。もし、自分の必要とする処理がすでに実装されているのであれば、自分で書く必要はない。

例えば、読者はまだカレントディレクトリー下のファイルの一覧を列挙する方法を知らない。しかし POSIX 規格を満たす OS には ls というカレントディレクトリー下のファイルの一覧を列挙するプログラムが存在する。これを先ほどまで BMI の計算などの作業をしていたディレクトリー下で実行してみよう。

```
$ ls
all.h  all.h.gch  bmi  bodymass.txt  convert  data  main.cpp  Makefile  program
```

ファイルの一覧が列挙される。そしてこれはプログラム ls による標準出力だ。標準出力ということ

は、リダイレクトしてファイルに書き込んだり、パイプで別のプログラムに渡したりできるということだ。

```
$ ls > files.txt
$ ls | ./program
```

標準入出力が扱えれば、ネットワークごしに Web サイトをダウンロードすることもできる。これにはほとんどの GNU/Linux ベースの OS に入っている **curl** というプログラムを使う。

```
$ curl https://example.com
```

プログラム **curl** は指定された URL からデータをダウンロードして、標準出力する。標準出力するということは、パイプによって標準入力にできるということだ。

```
$ curl https://example.com | ./program
```

読者は C++ でネットワークアクセスする方法を知らないが、すでにネットワークアクセスは可能になった。

ほかにも便利なプログラムはたくさんある。プログラミングの学び始めはできることが少なくて退屈になりがちだが、読者はもうファイルの読み書きやネットワークアクセスまでできるようになったのだから、退屈はしないはずだ。

第8章

ループ

さて、ここまでで変数や関数、標準入出力といったプログラミングの基礎的な概念を教えてきた。あと1つでプログラミングに必要な基礎的な概念はすべて説明し終わる。ループだ。

8.1　これまでのおさらい

C++ では、プログラムは書いた順番に実行される。これを**逐次実行**という。

```cpp
int main()
{
    std::cout << 1 ;
    std::cout << 2 ;
    std::cout << 3 ;
}
```

実行結果、

```
123
```

この実行結果が "123" 以外の結果になることはない。C++ ではプログラムは書かれた順番に実行されるからだ。

条件分岐は、プログラムの実行を条件付きで行うことができる。

```cpp
int main()
{
    std::cout << 1 ;
```

84 第 8 章 ループ

```cpp
    if ( false )
        std::cout << 2 ;

    std::cout << 3 ;

    if ( true )
        std::cout << 4 ;
    else
        std::cout << 5 ;
}
```

実行結果、

```
134
```

条件分岐によって、プログラムの一部を実行しないということが可能になる。

8.2 goto 文

ここでは繰り返し（ループ）の基礎的な仕組みを理解するために、最も原始的で最も使いづらい繰り返しの機能である goto 文を学ぶ。goto 文で実用的な繰り返し処理をするのは面倒だが、恐れることはない。より簡単な方法もすぐに説明するからだ。なぜ本書で goto 文を先に教えるかというと、あらゆる繰り返しは、けっきょくのところ if 文と goto 文へのシンタックスシュガーにすぎないからだ。goto 文を学ぶことにより、繰り返しを恐れることなく使う本物のプログラマーになれる。

8.2.1 無限ループ

"hello\n" と 3 回出力するプログラムはどうやって書くのだろうか。"hello\n" を 1 回出力するプログラムの書き方はすでにわかっているので、同じ文を 3 回書けばよい。

```cpp
// 1回"hello\n"を出力する関数
void hello()
{
    std::cout << "hello\n"s ;
}

int main()
{
    hello() ;
    hello() ;
    hello() ;
}
```

10 回出力する場合はどうするのだろう。10 回書けばよい。コードは省略する。

では 100 回出力する場合はどうするのだろう。100 回書くのだろうか。100 回も同じコードを書くのはとても面倒だ。読者が Vim のような優秀なテキストエディターを使っていない限り 100 回も同じコードを間違えずに書くことは不可能だろう。Vim ならば 1 回書いたあとにノーマルモードで "100." するだけで 100 回書ける。

実際のところ、100 回だろうが、1000 回だろうが、あらかじめ回数がコンパイル時に決まっているのであれば、その回数だけ同じ処理を書くことで実現可能だ。

しかし、プログラムを外部から強制的に停止させるまで、無限に出力し続けるプログラムはどう書けばいいのだろうか。そういった停止しないプログラムを外部から強制的に停止させるには Ctrl-C を使う。

以下はそのようなプログラムの実行例だ。

```
$ make run
hello
hello
hello
hello
...
[Ctrl-C を押す]
```

goto 文は指定したラベルに実行を移す機能だ。

```
ラベル名 ： 文

goto ラベル名 ;
```

```cpp
int main()
{
    std::cout << 1 ;

    // ラベルskip まで飛ぶ
    goto skip ;

    std::cout << 2 ;

// ラベルskip
skip :
    std::cout << 3 ;
}
```

これを実行すると以下のようになる。

2 を出力すべき文の実行が飛ばされていることがわかる。

これだけだと "if (false)" と同じように見えるが、goto 文はソースコードの上に飛ぶこともできるのだ。

```cpp
void hello()
{
    std::cout << "hello\n"s ;
}
int main()
{
loop :
    hello() ;
    goto loop ;
}
```

これは "hello\n" を無限に出力するプログラムだ。

このプログラムを実行すると、

1. 関数 hello が呼ばれる
2. goto 文でラベル loop まで飛ぶ
3. 1. に戻る

という処理を行う。

8.2.2　終了条件付きループ

ひたすら同じ文字列を出力し続けるだけのプログラムというのも味気ない。もっと面白くてためになるプログラムを作ろう。例えば、ユーザーから入力された数値を合計し続けるプログラムはどうだろう。

いまから作るプログラムを実行すると以下のようになる。

```
$ make run
> 10
10
> 5
15
> 999
1014
> -234
780
```

このプログラムは、

1. ">" と表示してユーザーから整数値を入力
2. これまでの入力との合計値を出力

3. 1. に戻る

という動作を繰り返す。先ほど学んだ無限ループと同じだ。

さっそく作っていこう。

```cpp
int input()
{
    std::cout << ">"s ;
    int x {} ;
    std::cin >> x ;
    return x ;
}


int main()
{
    int sum = 0 ;
loop :
    sum = sum + input() ;
    std::cout << sum << "\n"s ;
    goto loop ;
}
```

関数 input は ">" を表示してユーザーからの入力を得て戻り値として返すだけの関数だ。

"sum = sum + input()" は、変数 sum に新しい値を代入するもので、その代入する値というのは、代入する前の変数 sum の値と関数 input の戻り値を足した値だ。

このような変数 x に何らかの値 n を足した結果を元の変数 x に代入するという処理はとても多く使われるので、C++ では "x = x + n" を意味する省略記法 "x += n" がある。

```cpp
int main()
{
    int x = 1 ;
    int n = 5 ;

    x = x + n ; // 6
    x += n ; // 11
}
```

さて、本題に戻ろう。上のプログラムは動く。しかし、プログラムを停止するには Ctrl-C を押すしかない。できればプログラム自ら終了してもらいたいものだ。

そこで、ユーザーが 0 を入力したときはプログラムを終了するようにしよう。

```cpp
int input()
{
    std::cout << ">"s ;
    int x {} ;
```

```cpp
        std::cin >> x ;
        return x ;
    }


    int main()
    {
        int sum = 0 ;
    loop :
        // 一度入力を変数に代入
        int x = input() ;
        // 変数x が 0 でない場合
        if ( x != 0 )
        {// 実行
            sum = sum + x ;
            std::cout << sum << "\n"s ;
            goto loop ;
        }
        // x == 0の場合、ここに実行が移る
        // main 関数の最後なのでプログラムが終了
    }
```

うまくいった。このループは、ユーザーが 0 を入力した場合に繰り返しを終了する、条件付きのループだ。

8.2.3　インデックスループ

最後に紹介するループは、インデックスループだ。n 回 "hello\n"s を出力するプログラムを書こう。問題は、この n はコンパイル時には与えられず、実行時にユーザーからの入力で与えられる。

```cpp
    // n 回出力する関数の宣言
    void hello_n( int n ) ;

    int main()
    {
        // ユーザーからの入力
        int n {} ;
        std::cin >> n ;
        // n 回出力
        hello_n( n ) ;
    }
```

このコードをコンパイルしようとするとエラーになる。これは実はコンパイルエラーではなくてリンクエラーという種類のエラーだ。その理由は、関数 hello_n に対する関数の定義が存在しないからだ。
　関数というのは宣言と定義に分かれている。

```
// 関数の宣言
void f( ) ;

// 宣言
void f( )
// 定義
{ }
```

関数の宣言というのは何度書いても大丈夫だ。

```
// 宣言
int f( int x ) ;

// 再宣言
int f( int x ) ;

// 再宣言
int f( int x ) ;
```

関数の宣言というのは戻り値の型や関数名や引数リストだけで、";"で終わる。

関数の定義とは、関数の宣言のあとの"{}"だ。この場合、宣言のあとに";"は書かない。

```
int f( int x ) { return x ; }
```

関数の定義は一度しか書けない。

```
// 定義
void f() {}
// エラー、再定義
void f() {}
```

なぜ関数は宣言と定義とに分かれているかというと、C++では名前は宣言しないと使えないためだ。

```
int main()
{
    // エラー
    // 名前f は宣言されていない
    f() ;
}

// 定義
void f() { }
```

なので、必ず名前は使う前に宣言しなければならない。

```
// 名前f の宣言
void f() ;

int main()
{
    // OK、名前 f は関数
    f() ;
}

// 名前f の定義
void f() { }
```

さて、話を元に戻そう。これから学ぶのは n 回 "hello\n"s と出力するプログラムの書き方だ。ただし n はユーザーが入力するので実行時にしかわからない。すでに我々はユーザーから n の入力を受け取る部分のプログラムは書いた。

```
// n 回出力する関数の宣言
void hello_n( int n ) ;

int main()
{
    // ユーザーからの入力
    int n {} ;
    std::cin >> n ;
    // n 回出力
    hello_n( n ) ;
}
```

あとは関数 hello_n(n) が n 回 "hello\n"s と出力するようなループを実行すればいいのだ。すでに我々は無限回 "hello\n"s と出力する方法を知っている。まずは無限回ループを書こう。

```
void hello_n( int n )
{
loop :
    std::cout << "hello\n"s ;
    goto loop ;
}
```

終了条件付きループで学んだように、このループを n 回繰り返した場合に終了させるには、**if 文**を使って、終了条件に達したかどうかで実行を分岐させればよい。

```
void hello_n( int n )
{
loop :
    // まだn 回繰り返していない場合
    if ( ??? )
    { // 以下を実行
        std::cout << "hello\n"s ;
        goto loop ;
    }
}
```

このコードを完成させるにはどうすればいいのか。まず、現在何回繰り返しを行ったのか記録する必要がある。このために変数を作る。

```
int i = 0 ;
```

変数 i の初期値は 0 だ。まだ繰り返し実行を 1 回も行っていないということは、つまり 0 回繰り返し実行をしたということだ。

1 回繰り返し実行をするたびに、変数 i の値を 1 増やす。

```
i = i + 1 ;
```

これはすでに学んだように、もっと簡単に書ける。

```
i += 1 ;
```

実は、さらに簡単に書くこともできる。変数の代入前の値に 1 を足した値を代入する、つまり変数の値を 1 増やすというのはとてもよく書くコードなので、とても簡単な演算子が用意されている。operator ++ だ。

```
int main()
{
    int i = 0 ;
    ++i ; // 1
    ++i ; // 2
    ++i ; // 3
}
```

これで変数 i の値は 1 増える。これをインクリメント（increment）という。

インクリメントと対になるのがデクリメント（decrement）だ。これは変数の値を 1 減らす。演算子は operator -- だ。

```
int main()
{
    int i = 0 ;
    --i ; // -1
    --i ; // -2
    --i ; // -3
}
```

さて、必要な知識は学び終えたので本題に戻ろう。n 回の繰り返しをしたあとにループを終了するには、まずいま何回繰り返し実行しているのかを記録する必要がある。その方法を学ぶために、0, 1, 2, 3, 4... と無限に出力されるプログラムを書いてみよう。

このプログラムを実行すると以下のように表示される。

```
$ make run
1, 2, 3, 4, 5, 6, [Ctrl-C]
```

Ctrl-C を押すまでプログラムは無限に実行される。

ではどうやって書くのか。以下のようにする。

1. 変数 i を作り、値を 0 にする
2. 変数 i と ", "s を出力する
3. 変数 i をインクリメントする
4. goto 2.

この処理を素直に書くと以下のコードになる。

```
int main()
{
    // 1. 変数i を作り、値を 0 にする
    int i = 0 ;
loop :
    // 2. 変数i と", "s を出力する
    std::cout << i << ", "s ;
    // 3. 変数i をインクリメントする
    ++i ;
    // 4. goto 2
    goto loop ;
}
```

どうやら、いま何回繰り返し実行しているか記録することはできるようになったようだ。

ここまでくればしめたもの。あとは goto 文を実行するかどうかを if 文で条件分岐すればよい。しかし、if 文の中にどんな条件を書けばいいのだろうか。

```cpp
void hello_n( int n )
{
    int i = 0 ;
loop :
    // まだn 回繰り返し実行をしていなければ実行
    if ( ??? )
    {
        std::cout << "hello\n"s ;
        ++i ;
        goto loop ;
    }
}
```

具体的に考えてみよう。n == 3 のとき、つまり 3 回繰り返すときを考えよう。

1. 1 回目の if 文実行のとき、i == 0
2. 2 回目の if 文実行のとき、i == 1
3. 3 回目の if 文実行のとき、i == 2
4. 4 回目の if 文実行のとき、i == 3

ここでは n == 3 なので、3 回まで実行してほしい。つまり 3 回目までは true になり、4 回目の if 文実行のときには false になるような式を書く。そのような式とは、ズバリ "i != n" だ。

```cpp
void hello_n( int n )
{
    int i = 0 ;
loop :
    if ( i != n )
    {
        std::cout << "hello\n"s ;
        ++i ;
        goto loop ;
    }
}
```

さっそく実行してみよう。

```
$ make run
3
hello
hello
hello
```

```
$ make run
2
hello
hello
```

なるほど、動くようだ。しかしこのプログラムにはバグがある。-1 を入力すると、なぜか大量の
hello が出力されてしまうのだ。

```
$ make run
-1
hello
hello
hello
hello
[Ctrl-C]
```

この原因はまだ現時点の読者には難しい。この謎はいずれ明らかにするとして、いまは n が負数の場
合にプログラムを 0 回の繰り返し分の実行で終了するように書き換えよう。

```
void hello_n( int n )
{
    // n が負数ならば
    if ( n < 0 )
        // 関数の実行を終了
        return ;

    int i = 0 ;
loop :
    if ( i != n )
    {
        std::cout << "hello\n"s ;
        ++i ;
        goto loop ;
    }
}
```

8.3 while 文

goto 文は極めて原始的で使いづらい機能だ。現実の C++ プログラムでは goto 文はめったに使われない。もっと簡単な機能を使う。ではなぜ goto 文が存在するかというと、goto 文は最も原始的で基礎的で、ほかの繰り返し機能は if 文と goto 文に変換することで実現できるからだ。

goto 文より簡単な繰り返し文に、while 文がある。ここでは goto 文と while 文を比較することで、while 文を学んでいこう。

8.3.1 無限ループ

無限ループを goto 文で書く方法を思い出してみよう。

```
int main()
{
    auto hello = []()
    { std::cout << "hello\n"s ; } ;

loop :
    // 繰り返し実行される文
    hello() ;
    goto loop ;
}
```

このコードで本当に重要なのは関数 hello を呼び出している部分だ。ここが繰り返し実行される文で、ラベル文と goto 文は、繰り返し実行を実現するために必要な記述でしかない。

そこで while(true) だ。while(true) は goto 文とラベル文よりも簡単に無限ループを実現できる。

---
while (true) 文

---

while 文は文を無限に繰り返して実行してくれる。試してみよう。

```
int main()
{
    auto hello = []()
    { std::cout << "hello\n"s ; } ;

    while (true)
        hello() ;
}
```

このコードの重要な部分は以下の 2 行。

```
while (true)
    hello() ;
```

これを goto 文とラベル文を使った無限ループと比べてみよう。

```
loop:
    hello() ;
    goto loop ;
```

どちらも同じ意味のコードだが、while 文の方が明らかに書きやすくなっているのがわかる。

goto 文で学んだ、ユーザーからの整数値の入力の合計の計算を繰り返すプログラムを while(true) で書いてみよう。

```
int input()
{
    std::cout << ">"s ;
    int x {} ;
    std::cin >> x ;
    return x ;
}

int main()
{
    int sum = 0 ;

    while( true )
    {
        sum += input() ;
        std::cout << sum << "\n"s ;
    }
}
```

重要なのは以下の 5 行だ。

```
while( true )
{
    sum += input() ;
    std::cout << sum << "\n"s ;
}
```

これを goto 文で書いた場合と比べてみよう。

```
loop :
    sum += input() ;
    std::cout << sum << "\n"s ;
    goto loop ;
```

本当に重要で本質的な、繰り返し実行をする部分の2行のコードはまったく変わっていない。それでいて while(true) の方が圧倒的に簡単に書ける。

8.3.2 終了条件付きループ

なるほど、無限ループを書くのに、goto 文を使うより while(true) を使った方がいいことがわかった。ではほかのループの場合でも、while 文の方が使いやすいだろうか。

本書を先頭から読んでいる優秀な読者は while(true) の true は bool 型の値であることに気が付いているだろう。実は while(E) の括弧の中 E は、if(E) と書くのとまったく同じ**条件**なのだ。**条件**が true であれば繰り返し実行される。false なら繰り返し実行されない。

```
while ( 条件 ) 文
```

```
int main()
{
    // 実行されない
    while ( false )
        std::cout << "No"s ;

    // 実行されない
    while ( 1 > 2 )
        std::cout << "No"s ;

    // 実行される
    // 無限ループ
    while ( 1 < 2 )
        std::cout << "Yes"s ;
}
```

while 文を使って、0 が入力されたら終了する合計値計算プログラムを書いてみよう。

```
int input()
{
    std::cout << ">"s ;
    int x {} ;
    std::cin >> x ;
    return x ;
}
```

98　第8章　ループ

```cpp
int main()
{
    int sum = 0 ;
    int x {} ;

    while( ( x = input() ) != 0 )
    {
        sum += x ;
        std::cout << sum << "\n"s ;
    }
}
```

重要なのはこの5行。

```cpp
while( ( x = input() ) != 0 )
{
    sum += x ;
    std::cout << sum << "\n"s ;
}
```

　ここではちょっと難しいコードが出てくる。while の中の**条件**が、"(x = input()) != 0" になっている。これはどういうことか。

　実は**条件**は bool 型に変換さえできればどんな式でも書ける。

```cpp
int main()
{
    int x { } ;

    if ( (x = 1) == 1 )
        std::cout << "(x = 1) is 1.\n"s ;
}
```

　このコードでは、"(x=1)" と "1" が等しい "==" かどうかを判断している。"(x=1)" という式は変数 x に 1 を代入する式だ。**代入式の値**は、代入された変数の値になる。この場合変数 x の値だ。変数 x には 1 が代入されているので、その値は 1、つまり "(x=1) == 1" は "1 == 1" と書くのと同じ意味になる。この結果は true だ。

　さて、このことを踏まえて、"(x = input()) != 0" を考えてみよう。

　"(x = input())" は変数 x に関数 input を呼び出した結果を代入している。関数 input はユーザーから入力を得て、その入力をそのまま返す。つまり変数 x にはユーザーの入力した値が代入される。その結果が 0 と等しくない "!=" かどうかを判断している。つまり、ユーザーが 0 を入力した場合は false、非ゼロを入力した場合は true となる。

　while(**条件**) は**条件**が true となる場合に繰り返し実行をする。結果として、ユーザーが 0 を入力す

るまで繰り返し実行をするコードになる。

goto 文を使った終了条件付きループと比較してみよう。

```
loop:
    if ( ( x = input() ) != 0 )
    {
        sum += x ;
        std::cout << sum << "\n"s ;
        goto loop ;
    }
```

while 文の方が圧倒的に書きやすいことがわかる。

8.3.3　インデックスループ

n 回 "hello\n"s と出力するプログラムを while 文で書いてみよう。ただし n はユーザーが入力するものとする。

まずは goto 文でも使ったループ以外の処理をするコードから。

```
void hello_n( int n ) ;

int main()
{
    int n {} ;
    std::cin >> n ;
    hello_n( n ) ;
}
```

あとは関数 hello_n(n) がインデックスループを実装するだけだ。ただし n が負数ならば何も実行しないようにしよう。

goto 文でインデックスループを書くときに学んだように、

1. n < 0 ならば関数を終了
2. 変数 i を作り値を 0 にする
3. i != n ならば繰り返し実行
4. 出力
5. ++i
6. goto 3.

を while 文で書くだけだ。

```
void hello_n( int n )
{
    // 1. n < 0ならば関数を終了
    if ( n < 0 )
        return ;

    // 2. 変数i を作り値を 0 にする
    int i = 0 ;

    // 3. i != n ならば繰り返し実行
    while( i != n )
    {    // 4. 出力
        std::cout << "hello\n"s ;
        // 5. ++i
        ++i ;
    } // 6. goto 3
}
```

重要な部分だけ抜き出すと以下のとおり。

```
while( i != n )
{
    std::cout << "hello\n"s ;
    ++i ;
}
```

goto 文を使ったインデックスループと比較してみよう。

```
loop :
    if ( i != n )
    {
        std::cout << "hello\n"s ;
        ++i ;
        goto loop ;
    }
```

　読者の中にはあまり変わらないのではないかと思う人もいるかもしれない。しかし、次の問題を解く
プログラムを書くと、while 文がいかに楽に書けるかを実感するだろう。

問題：以下のような九九の表を出力するプログラムを書きなさい。

```
1   2   3   4   5   6   7   8   9
2   4   6   8   10  12  14  16  18
3   6   9   12  15  18  21  24  27
4   8   12  16  20  24  28  32  36
5   10  15  20  25  30  35  40  45
6   12  18  24  30  36  42  48  54
7   14  21  28  35  42  49  56  63
8   16  24  32  40  48  56  64  72
9   18  27  36  45  54  63  72  81
```

もちろん、このような文字列を愚直に出力しろという問題ではない。

```
int main()
{
    // 違う！
    std::cout << "1 2 3 4 5..."s ;
}
```

逐次実行、条件分岐、ループまでを習得した誇りある本物のプログラマーである我々は、もちろん九九の表はループを書いて出力する。

まず出力すべき表を見ると、数値が左揃えになっていることに気が付くだろう。

```
4   8   12
5   10  15
```

8 は 1 文字、10 は 2 文字にもかかわらず、12 と 15 は同じ列目から始まっている。これは出力するスペース文字を調整することでも実現できるが、ここでは単にタブ文字を使っている。

タブ文字は Makefile を書くのにも使った文字で、C++ の文字列中に直接書くこともできるが、エスケープ文字 \t を使ってもよい。

```
int main()
{
    std::cout << "4\t8\t12\n5\t10\t15"s ;
}
```

エスケープ文字 \n が改行文字に置き換わるように、エスケープ文字 \t はタブ文字に置き換わる。

九九の表はどうやって出力すればよいだろうか。計算自体は C++ では "a*b" でできる。上の表がどのように計算されているかを考えてみよう。

```
1*1 1*2 1*3 1*4 1*5 1*6 1*7 1*8 1*9
2*1 2*2 2*3 2*4 2*5 2*6 2*7 2*8 2*9
3*1 3*2 3*3 3*4 3*5 3*6 3*7 3*8 3*9
4*1 4*2 4*3 4*4 4*5 4*6 4*7 4*8 4*9
5*1 5*2 5*3 5*4 5*5 5*6 5*7 5*8 5*9
6*1 6*2 6*3 6*4 6*5 6*6 6*7 6*8 6*9
7*1 7*2 7*3 7*4 7*5 7*6 7*7 7*8 7*9
8*1 8*2 8*3 8*4 8*5 8*6 8*7 8*8 8*9
9*1 9*2 9*3 9*4 9*5 9*6 9*7 9*8 9*9
```

これを見ると、"a*b" のうちの a を 1 から 9 までインクリメントし、それに対して b を 1 から 9 までインクリメントさせればよい。つまり、9 回のインデックスループの中で 9 回のインデックスループを実行することになる。ループの中のループだ。

```
while ( 条件 )
    while ( 条件 )
        文
```

さっそくそのようなコードを書いてみよう。

```
int main()
{
    // 1から9まで
    int a = 1 ;
    while ( a <= 9 )
    {
        // 1から9まで
        int b = 1 ;
        while ( b <= 9 )
        {
            // 計算結果を出力
            std::cout << a * b << "\t"s ;
            ++b ;
        }
        // 段の終わりに改行
        std::cout << "\n"s ;
        ++a ;
    }
}
```

うまくいった。

ところで、このコードを goto 文で書くとどうなるだろうか。

```
int main()
{
    int a = 1 ;
loop_outer :
    if ( a <= 9 )
    {
        int b = 1 ;
loop_inner :
        if ( b <= 9 )
        {
            std::cout << a * b << "\t"s ;
            ++b ;
            goto loop_inner ;
        }
        std::cout << "\n"s ;
        ++a ;
        goto loop_outer ;
    }
}
```

とてつもなく読みにくい。

8.4　for文

ところでいままでwhile文で書いてきたインデックスループには特徴がある。
試しに1から100までの整数を出力するコードを見てみよう。

```
int main()
{
    int i = 1 ;
    while ( i <= 100 )
    {
        std::cout << i << " "s ;
        ++i ;
    }
}
```

このコードを読むと、以下のようなパターンがあることがわかる。

```
int main()
{
    // ループ実行前の変数の宣言と初期化
    int i = 1 ;
```

104　第 8 章　ループ

```cpp
    // ループ中の終了条件の確認
    while ( i <= 100 )
    {
        // 実際に繰り返したい文
        std::cout << i << " "s ;
        // 各ループの最後に必ず行う処理
        ++i ;
    }
}
```

　ここで真に必要なのは、「実際に繰り返したい文」だ。その他の処理は、ループを実現するために必要なコードだ。ループの実現に必要な処理が飛び飛びの場所にあるのは、はなはだわかりにくい。

　for 文はそのような問題を解決するための機能だ。

for （ 変数の宣言 ; 終了条件の確認 ; 各ループの最後に必ず行う処理 ） 文

　for 文を使うと、上のコードは以下のように書ける。

```cpp
int main()
{
    for ( int i = 1 ; i <= 100 ; ++i )
    {
        std::cout << i << " "s ;
    }
}
```

　ループの実現に必要な部分だけ抜き出すと以下のようになる。

```cpp
// for 文の開始
for (
// 変数の宣言と初期化
int i = 1 ;
// 終了条件の確認
i <= 100 ;
// 各ループの最後に必ず行う処理
++i )
```

　for 文はインデックスループによくあるパターンをわかりやすく書くための機能だ。例えば while 文のときに書いた九九の表を出力するプログラムは、for 文ならばこんなに簡潔に書ける。

```
int main()
{
    for ( int a = 1 ; a <= 9 ; ++a )
    {
        for ( int b = 1 ; b <= 9 ; ++b )
        { std::cout << a*b << "\t"s ; }

        std::cout << "\n"s ;
    }
}
```

while 文を使ったコードと比べてみよう。

```
int main()
{
    int a = 1 ;
    while ( a <= 9 )
    {
        int b = 1 ;
        while ( b <= 9 )
        {
            std::cout << a * b << "\t"s ;
            ++b ;
        }
        std::cout << "\n"s ;
        ++a ;
    }
}
```

格段に読みやすくなっていることがわかる。
C++ ではカンマ ',' を使うことで、複数の**式**を 1 つの文に書くことができる。

```
int main()
{
    int a = 0, b = 0 ;
    ++a, ++b ;
}
```

for 文でもカンマが使える。九九の表を出力するプログラムは、以下のように書くこともできる。

```
int main()
{
    for ( int a = 1 ; a <= 9 ; ++a, std::cout << "\n"s )
        for ( int b = 1 ; b <= 9 ; ++b )
            std::cout << a*b << "\t"s ;
}
```

変数もカンマで複数宣言できると知った読者は、以下のように書きたくなるだろう。

```
int main()
{
    for (    int a = 1, b = 1 ;
             a <= 9 ;
             ++a, ++b,
             std::cout << "\n"s
         )
             std::cout << a*b << "\t"s ;
}
```

これは動かない。なぜならば、for 文を 2 つネストさせたループは、$a \times b$ 回のループで、変数 a が 1 から 9 まで変化するそれぞれに対して、変数 b が 1 から 9 まで変化する。しかし、上の for 文 1 つのコードは、変数 a, b ともに同時に 1 から 9 まで変化する。したがって、これは単に a 回のループでしかない。a 回のループの中で b 回のループをすることで $a \times b$ 回のループを実現できる。

for 文では使わない部分を省略することができる。

```
int main()
{
    bool b = true ;
    // for 文による変数宣言は使わない
    for ( ; b ; b = false )
        std::cout << "hello"s ;
}
```

for 文で終了条件を省略した場合、true と同じになる。

```
int main()
{
    for (;;)
        std::cout << "hello\n"s ;
}
```

このプログラムは "hello\n"s と無限に出力し続けるプログラムだ。"for(;;)" は "for(;true;)" と同じ意味であり、"while(true)" とも同じ意味だ。

8.5 do 文

do 文は while 文に似ている。

```
do 文 while ( 条件 ) ;
```

比較のために while 文の文法も書いてみると以下のようになる。

```
while ( 条件 ) 文
```

while 文はまず**条件**を確認し **true** の場合**文**を実行する。これを繰り返す。

```
int main()
{
    while ( false )
    {
        std::cout << "hello\n"s ;
    }
}
```

do 文はまず**文**を実行する。しかる後に**条件**を確認し **true** の場合繰り返しを行う。

```
int main()
{
    do {
        std::cout << "hello\n"s ;
    } while ( false ) ;
}
```

違いがわかっただろうか。do 文は繰り返し実行する**文**を、**条件**がなんであれ、最初に一度実行する。do 文を使うと条件にかかわらず文を 1 回は実行するコードが、文の重複なく書けるようになる。

8.6　break 文

ループの実行の途中で、ループの中から外に脱出したくなった場合、どうすればいいのだろうか。例えばループを実行中に何らかのエラーを検出したので処理を中止したい場合などだ。

```
while ( true )
{
    // 処理

    if ( is_error() )
        // エラーのため脱出したくなった

    // 処理
}
```

break 文はループの途中から脱出するための文だ。

```
break ;
```

break 文は for 文、while 文、do 文の中でしか使えない。

break 文は for 文、while 文、do 文の外側に脱出する。

```
int main()
{
    while ( true )
    {
        // 処理

        break ;

        // 処理
    }
}
```

これは以下のようなコードと同じだ。

```
int main()
{
    while ( true )
    {
        // 処理

        goto break_while ;
```

```
        // 処理
    }
break_while : ;
}
```

break 文は最も内側の**繰り返し文**から脱出する

```
int main()
{
    while ( true ) // 外側
    {
        while ( true ) // 内側
        {
            break ;
        }
        // ここに脱出
    }
}
```

8.7 continue 文

ループの途中で、いまのループを打ち切って次のループに進みたい場合はどうすればいいのだろう。例えば、ループの途中でエラーを検出したので、そのループについては処理を打ち切りたい場合だ。

```
while ( true )
{
    // 処理

    if ( is_error() )
        // このループは打ち切りたい

    // 処理
}
```

continue 文はループを打ち切って次のループに行くための文だ。

```
continue ;
```

continue 文は for 文、while 文、do 文の中でしか使えない。

```
int main()
{
    while ( true )
    {
        // 処理

        continue ;

        // 処理
    }
}
```

これは以下のようなコードと同じだ。

```
int main()
{
    while ( true )
    {
        // 処理

        goto continue_while ;

        // 処理

continue_while : ;
    }
}
```

continue 文はループの最後に処理を移す。その結果、次のループを実行するかどうかの**条件**を評価することになる。

continue 文は最も内側のループに対応する。

```
int main()
{
    while ( true ) // 外側
    {
        while ( true ) // 内側
        {
            continue ;
            // continue はここに実行を移す
        }
    }
}
```

8.8 再帰関数

最後に関数でループを実装する方法を示してこの章を終わりにしよう。

関数は関数を呼び出すことができる。

```
void f() { }

void g()
{
    f() ; // 関数f の呼び出し
}

int main()
{
    g() ; // 関数g の呼び出し
}
```

ではもし、関数が自分自身を呼び出したらどうなるだろうか。

```
void hello()
{
    std::cout << "hello\n" ;
    hello() ;
}

int main()
{
    hello() ;
}
```

1. 関数 main は関数 hello を呼び出す
2. 関数 hello は "hello\n" と出力して関数 hello を呼び出す

関数 hello は必ず関数 hello を呼び出すので、この実行は無限ループする。

関数が自分自身を呼び出すことを、**再帰**（recursion）という。

なるほど、再帰によって無限ループを実現できることはわかった。では終了条件付きループは書けるだろうか。

関数は return 文によって呼び出し元に戻る。単に 'return ;' と書けば再帰はしない。そして、if 文によって実行は分岐できる。これを使えば再帰で終了条件付きループが実現できる。

試しに、ユーザーが 0 を入力するまでループし続けるプログラムを書いてみよう。

112　第8章　ループ

```cpp
// ユーザーからの入力を返す
int input ()
{
    int x { } ;
    std::cin >> x ;
    return x ;
}

// 0の入力を終了条件としたループ
void loop_until_zero()
{
    if ( input() == 0 )
        return ;
    else
        loop_until_zero() ;
}

int main()
{
    loop_until_zero() ;
}
```

書けた。

ではインデックスループはどうだろうか。1 から 10 までの整数を出力してみよう。

インデックスループを実現するには、書き換えられる変数が必要だ。関数は引数で値を渡すことができる。

```cpp
void g( int x ) { }
void f( int x ) { g( x+1 ) ; }

int main() { f( 0 ) ; }
```

これを見ると、関数 main は関数 f に引数 0 を渡し、関数 f は関数 g に引数 1 を渡している。これをもっと再帰的に考えよう。

```cpp
void until_ten( int x )
{
    if ( x > 10 )
        return ;
    else
    {
        std::cout << x << "\n" ;
        return until_ten( x + 1 ) ;
    }
}
```

```
int main()
{
    until_ten(1) ;
}
```

関数 main は関数 until_ten に引数 1 を渡す。

関数 until_ten は引数が 10 より大きければ何もせず処理を戻し、そうでなければ引数を出力して再帰する。そのとき引数は +1 される。

これによりインデックスループが実現できる。

関数は戻り値を返すことができる。再帰で戻り値を使うことにより面白い問題も解くことができる。

例えば、1 と 0 だけを使った 10 進数の整数を 2 進数に変換するプログラムを書いてみよう。

```
$ make run
> 0
0
> 1
1
> 10
2
> 11
3
> 1010
10
> 1111
15
```

まず 10 進数と 2 進数を確認しよう。数学的に言うと「10 を底にする」とか「2 を底にする」という言い方をする。

具体的な例を出すと 10 進数では 1, 2, 3, 4, 5, 6, 7, 8, 9, 0 の文字を使う。1234 は以下のようになる。

$$1234 = 1 \times 10^3 + 2 \times 10^2 + 3 \times 10^1 + 4 \times 10^0 = 1 \times 1000 + 2 \times 100 + 3 \times 10 + 4 \times 1$$

10 進数で 1010 は以下のようになる。

$$1010 = 1 \times 10^3 + 0 \times 10^2 + 1 \times 10^1 + 0 \times 10^0 = 1 \times 1000 + 0 \times 100 + 1 \times 10 + 0 \times 1$$

2 進数では 1, 0 の文字を使う。1010 は以下のようになる。

$$1010 = 1 \times 2^3 + 0 \times 2^2 + 1 \times 2^1 + 0 \times 2^0 = 1 \times 8 + 0 \times 4 + 1 \times 2 + 0 \times 1$$

2 進数の 1010 は 10 進数では 10 になる。

では問題を解いていこう。

問題を難しく考えるとかえって解けなくなる。ここではすでに 10 進数から 2 進数への変換は解決したものとして考えよう。関数 convert によってその問題は解決した。

114 第 8 章 ループ

```cpp
// 2進数への変換
int convert( int n ) ;
```

まだ我々は関数 convert の中身を書いていないが、すでに書き終わったと仮定しよう。するとプログラムの残りの部分は以下のように書ける。

```cpp
int convert( int n ) ;

// 入力
int input()
{
    std::cout << "> " ;
    int x{} ;
    std::cin >> x ;
    return x ;
}

// 出力
void output( int binary )
{
    std::cout << binary << "\n"s ;
}

int main()
{
    // 入力、変換、出力のループ
    while( true )
    {
        auto decimal = input() ;
        auto binary = convert( decimal ) ;
        output( binary ) ;
    }
}
```

あとは関数 convert を実装すればよいだけだ。

関数 convert に引数を渡したときの結果を考えてみよう。convert(1010) は 10 を返し、convert(1111) は 15 を返す。

では convert(-1010) の結果はどうなるだろうか。これは -10 になる。

負数と正数の違いを考えるのは面倒だ。ここでは正数を引数として与えると 10 進数から 2 進数へ変換した答えを返してくる魔法のような関数 solve をすでに書き終えたと仮定しよう。我々はまだ関数 solve を書いていないが、その問題は未来の自分に押し付けよう。

```
// 1,0のみを使った10進数から
// 2進数へ変換する関数
int solve( int n ) ;
```

すると、関数 convert がやるのは負数と正数の処理だけでよい。

1. 引数が正数の場合はそのまま関数 solve に渡して return

2. 引数が負数の場合は絶対値を関数 solve に渡して負数にして return

```
int convert( int n )
{
    // 引数が正数の場合
    if ( n > 0 )
        // そのまま関数solve に渡して return
        return solve( n ) ;
    else // 引数が負数の場合
        // 絶対値を関数solve に渡して負数にして return
        return - solve( -n ) ;
}
```

n が負数の場合の絶対値は -n で得られる。その場合、関数 solve の答えは正数なので負数にする。

あとは関数 solve を実装するだけだ。

今回、引数の整数を10進数で表現した場合に 2, 3, 4, 5, 6, 7, 8, 9 が使われている場合は考えないものとする。

```
// OK
solve(10111101) ;
// あり得ない
solve(2) ;
```

再帰で問題を解くには再帰的な考え方が必要だ。再帰的な考え方では、問題の一部のみを解き、残りは自分自身に丸投げする。

まずとても簡単な1桁の変換を考えよう。

```
solve(0) ; // 0
solve(1) ; // 1
```

引数が 0 か 1 の場合、単にその値を返すだけだ。関数 solve には正数しか渡されないので、負数は考えなくてよい。すると、以下のように書ける。

```
int solve( int n )
{
    if ( n <= 1 )
        return n ;
    else
        //  その他の場合
}
```

その他の場合とは、桁数が多い場合だ。

```
solve(10) ;  // 2
solve(11) ;  // 3
solve(110) ; // 4
solve(111) ; // 5
```

関数 solve が解決するのは最下位桁だ。110 の場合は 0 で、111 の場合は 1 となる。最も右側の桁のみを扱う。数値から 10 進数で表記したときの最下位桁を取り出すには、10 で割った余りが使える。覚えているだろうか。剰余演算子の operator % を。

```
int solve( int n )
{
    if ( n <= 1 )
        return n ;
    else // 未完成
        return n%10 ;
}
```

結果は以下のようになる。

```
solve(10) ;  // 0
solve(11) ;  // 1
solve(110) ; // 0
solve(111) ; // 1
```

これで関数 solve は最下位桁に完全に対応した。しかしそれ以外の桁はどうすればいいのだろう。

ここで再帰的な考え方が必要だ。関数 solve はすでに最下位桁に完全に対応している。ならば次の桁を最下位桁とした数値で関数 solve を再帰的に呼び出せばいいのではないか。

以下は solve(n) が再帰的に呼び出す関数だ。

```
solve(10) ;  // solve(1)
solve(11) ;  // solve(1)
solve(100) ; // solve(10)→solve(1)
solve(110) ; // solve(11)→solve(1)
solve(111) ; // solve(11)→solve(1)
```

10 進数表記された数値から最下位桁を取り除いた数値にするというのは、11 を 1 に, 111 を 11 にする処理だ。これは数値を 10 で割ればよい。

```
10  / 10 ; // 1
11  / 10 ; // 1
100 / 10 ; // 10
110 / 10 ; // 11
111 / 10 ; // 11
```

10 進数表記は桁が 1 つ上がると 10 倍される。だから 10 で割れば最下位桁が消える。ところで、我々が計算しようとしているのは 2 進数だ。2 進数では桁が 1 つ上がると 2 倍される。なので、再帰的に関数 solve を呼び出して得られた結果は 2 倍しなければならない。そして足し合わせる。

```
int solve( int n )
{
    // 1桁の場合
    if ( n <= 1 )
        return n ; // 単に返す
    else // それ以外
        return
            // 最下位桁の計算
            n%10
            // 残りの桁を丸投げする
            // 次の桁なので 2倍する
            + 2 * solve( n/10 ) ;
}
```

冗長なコメントを除いて短くすると以下のとおり。

```
int solve( int n )
{
    if ( n <= 1 )
        return n ;
    else
        return n%10 + 2 * solve( n/10 ) ;
}
```

再帰ではないループで関数 solve を実装するとどうなるのだろうか。

引数の数値が何桁あっても対応できるよう、ループで1桁ずつ処理していくのは変わらない。
もう一度2進数の計算を見てみよう。

$$1010 = 1 \times 2^3 + 0 \times 2^2 + 1 \times 2^1 + 0 \times 2^0 = 1 \times 8 + 0 \times 4 + 1 \times 2 + 0 \times 1$$

1桁目は0で、この値は0×2^0、2桁目は1で、この値は1×2^1になる。
一般に、i桁目の値はi桁目の数字 $\times 2^{i-1}$になる。
すると解き方としては、各桁の値を計算した和を返せばよい

```
int solve( int n )
{
    // 和
    int result = 0 ;
    // i 桁目の数字に乗ずる値
    int i = 1 ;

    // 桁がなくなれば終了
    while ( n != 0 )
    {
        // 現在の桁を計算して足す
        result += n%10 * i ;
        // 次の桁に乗ずる値
        i *= 2 ;
        // 桁を 1つ減らす
        n /= 10 ;
    }

    return result ;
}
```

　再帰を使うコードは、再帰を理解できれば短く簡潔でわかりやすい。ただし、再帰を理解するためにはまず再帰を理解しなければならない。
　再帰は万能ではない。そもそも関数とは、別の関数から呼ばれるものだ。関数 main だけは特別で、関数 main を呼び出すことはできない。

```
int main()
{
    main() ; // エラー
}
```

　関数の実行が終了した場合、呼び出し元に処理が戻る。そのために関数は呼び出し元を覚えていなければならない。これには通常**スタック**と呼ばれるメモリーを消費する。

```
void f() { }          // g に戻る
void g() { f() ; }    // main に戻る
int main() { g() ; }
```

関数の中の変数も通常**スタック**に確保される。これもメモリーを消費する。

```
void f() { }

void g()
{
    int x {} ;
    std::cin >> x ;
    f() ;    // 関数を呼び出す
    // 関数を呼び出したあとに変数を使う
    std::cout << x ;
}
```

このコードでは、関数 g が変数 x を用意し、関数 f を呼び出し、処理が戻ったら変数 x を使っている。このコードが動くためには、変数 x は関数 f が実行されている間もスタックメモリーを消費し続けなければならない。

スタックメモリーは有限であるので、以下のような再帰による無限ループは、いつかスタックメモリーを消費し尽して実行が止まるはずだ。

```
void hello()
{
    std::cout << "hello\n" ;
    hello() ;
}

int main() { hello() ; }
```

しかし、大半の読者の環境ではプログラムの実行が止まらないはずだ。これはコンパイラーの末尾再帰の最適化によるものだ。

末尾再帰とは、関数のすべての条件分岐の末尾が再帰で終わっている再帰のことだ。

例えば以下は階乗を計算する再帰で書かれたループだ。

```
int factorial( int n )
{
    if ( n < 1 )
        return 0 ;
    else if ( n == 1 )
        return 1 ;
    else
        return n * factorial(n-1) ;
}
```

`factorial(n)` は $1 \times 2 \times 3 \times ... \times n$ を計算する。

この関数は、引数 n が 1 未満であれば引数が間違っているので 0 を返す。そうでない場合で n が 1 であれば 1 を返す。それ以外の場合、`n * factorial(n-1)` を返す。

このコードは末尾再帰になっている。末尾再帰は非再帰のループに機械的に変換できる特徴を持っている。例えば以下のように、

```
int factorial( int n )
{
    int temp = n ;

loop :
    if ( n < 1 )
        return 0 ;
    else if ( n == 1 )
        return temp * 1 ;
    else
    {
        n = n-1 ;
        temp *= n ;
        goto loop ;
    }
}
```

関数のすべての条件分岐の末尾が再帰になっているため、機械的に関数呼び出しを goto 文で置き換えることができる。

ただし、プログラミング言語 C++ の標準規格は、C++ の実装に末尾再帰の最適化を義務付けてはいない。そのため、末尾再帰が最適化されるかどうかは C++ コンパイラー次第だ。

再帰は強力なループの実現方法で、再帰的な問題を解くのに最適だが、落とし穴もある。

第 9 章

メモリーを無限に確保する

9.1 これまでのまとめ

ここまで読み進めてきた読者は、逐次実行、条件分岐、ループに加えて、変数と関数を理解した。これだけの要素を習得したならば、本質的にはプログラミングはほぼできるようになったと言ってよい。ただし、まだできないことがある。動的なメモリー確保だ。

標準入力から 0 が入力されるまで任意個の整数値を受け取り、小さい値から順に出力するプログラムを実装しよう。以下はそのようなプログラムの実行例だ。

```
$ make run
100
-100
1
6
3
999
-5000
0
-5000
-100
1
3
6
100
999
```

0 が入力されるまで、1 番目に、2 番目に小さい値はわからない。そのため、この問題の解決には、入

122 第9章 メモリーを無限に確保する

力をすべて保持しておく必要がある。

ここで必要なのは、値をいくらでも保持しておく方法と、値に順番があり、i 番目の値を間接的に指定して読み書きできる方法だ。その方法として C++ には標準ライブラリ std::vector がある。

9.2 vector

std::vector<T> は T 型の値をいくらでも保持できる。T には保持する値の型を指定する。例えば int とか double とか std::string だ。

```cpp
int main()
{
    // 整数型int の値を保持する vector
    std::vector<int> vi ;

    // 浮動小数点数型double の値を保持する vector
    std::vector<double> vd ;

    // 文字列型std::string の値を保持する vector
    std::vector<std::string> vs ;
}
```

std::vector<T> というのはそれ自体が型になっている。そして T には型を指定する。ということは、vector 型の値を保持する vector も書けるということだ。

```cpp
int main()
{
    // 整数型int を保持する vector を保持する vector
    std::vector< std::vector< int > > vvi ;
}
```

もちろん、上の vector を保持する vector も書ける。その場合、std::vector<std::vector<std::vector<int>>> になる。この vector を保持する vector も当然書けるが省略する。

std::vector 型の変数にはメンバー関数 push_back を使うことで値を保持できる。

```cpp
int main()
{
    std::vector<int> v  ;

    v.push_back(1) ;
    v.push_back(2) ;
    v.push_back(3) ;
}
```

メンバー関数（member function）というのは特別な関数で、詳細はまだ説明しない。ここで覚えて

おくべきこととしては、メンバー関数は一部の変数に使うことができること、メンバー関数 f を変数 x に使うには 'x.f(...)' のように書くこと、を覚えておこう。

std::vector はメモリーの続く限りいくらでも値を保持できる。試しに 1000 個の整数を保持させてみよう。

```cpp
int main()
{
    std::vector<int> v ;

    for ( int i = 0 ; i != 1000 ; ++i )
    {
        v.push_back( i ) ;
    }
}
```

このプログラムは 0 から 999 までの 1000 個の整数を std::vector に保持させている。

std::vector では保持する値のことを要素という。要素は順番を持っている。メンバー関数 push_back は最後の要素の次に要素を追加する。最初に要素はない。もしくは 0 個ある空の状態だと言ってもよい。

```cpp
int main()
{
    std::vector<int> v ;

    // v は空

    // 要素数 1、中身は{1}
    v.push_back(1) ;
    // 要素数 2、中身は{1,2}
    v.push_back(2) ;
    // 要素数 3、中身は{1,2,3}
    v.push_back(3) ;
}
```

std::vector はメンバー関数 size() で現在の要素数を取得できる。

```cpp
int main()
{
    std::vector<int> v ;

    // 0
    std::cout << v.size() ;
    v.push_back(1) ;
    // 1
    std::cout << v.size() ;
```

```
        v.push_back(2) ;
        // 2
        std::cout << v.size() ;
    }
```

せっかく値を入れたのだから取り出したいものだ。std::vector ではメンバー関数 at(i) を使うことで、i 番目の要素を取り出すことができる。この i のことを添字、インデックスと呼ぶ。ここで注意してほしいのは、最初の要素は 0 番目で、次の要素は 1 番目だということだ。最後の要素は size()-1 番目になる。

```
    int main()
    {

        std::vector<int> v ;

        for ( int i = 0 ; i != 10 ; ++i )
        {
            v.push_back(i) ;
        }

        // v の中身は{0,1,2,3,4,5,6,7,8,9}

        // 0，0番目の最初の要素
        std::cout << v.at(0) ;
        // 4，4番目の要素
        std::cout << v.at(4) ;
        // 9，9番目の最後の要素
        std::cout << v.at(9) ;
    }
```

この例ではループを使っている。読者はすでにループについては理解しているはずだ。上のコードが理解できないのであれば、もう一度ループの章に戻って学び直すべきだ。

もし at(i) に要素数を超える i を渡してしまった場合どうなるのだろうか。

```
    int main()
    {
        std::vector<int> v { } ;
        v.push_back(0) ;
        // v には 0 番目の要素しかない
        // 1番目は誤り
        std::cout << v.at(1) ;
    }
```

実行して確かめてみよう。

```
$ ./program
terminate called after throwing an instance of 'std::out_of_range'
  what():  vector::_M_range_check: __n (which is 1) >= this->size() (which is 1)
Aborted (core dumped)
```

なにやら恐ろしげなメッセージが表示されるではないか。しかし心配することはない。このメッセージはむしろうれしいメッセージだ。変数 v に 1 番目の要素がないことを発見してくれたという実行時のエラーメッセージだ。すでに学んだように、エラーメッセージは恐れるものではない。エラーメッセージはうれしいものだ。エラーメッセージが出たらありがとう。エラーメッセージがあるおかげでバグの存在がわかる。

このメッセージの本当の意味はいずれ例外やデバッガーを解説する章で説明するとして、vector の要素数を超える指定をしてはいけないことを肝に銘じておこう。もちろん、-1 もダメだ。

メンバー関数 at(i) に与える引数 i の型は整数型ではあるのだが int 型ではない。std::size_t 型という特殊な型になる。メンバー関数 size も同様に std::size_t 型を返す。

```cpp
int main()
{
    std::vector<int> v ;

    // std::size_t 型
    std::size_t size = v.size() ;

    v.push_back(0) ;

    // std::size_t 型
    std::size_t index = 0 ;
    v.at( index ) ;
}
```

なぜ int 型ではダメなのか。その謎は整数の章で明らかになる。ここでは std::size_t 型は負数が使えない整数型だということだけ覚えておこう。std::size_t 型に -1 はない。vector の要素指定では負数は使えないので、負数が使えない変数を使うのは理にかなっている。

さて、これまでに学んだ知識だけを使って、std::vector のすべての要素を順番どおりに出力するコードが書けるはずだ。

```cpp
int main()
{

    std::vector<int> v ;

    for ( int iota = 0 ; iota != 10 ; ++iota )
    {
        v.push_back(iota) ;
```

126　第 9 章　メモリーを無限に確保する

```cpp
    }

    for ( std::size_t index = 0 ; index != v.size() ; ++index )
    {
        std::cout << v.at(index) << " "s ;
    }
}
```

　このコードが書けるということは、もう標準入力から 0 が入力されるまで任意個の値を受け取り、入力された順番で出力するプログラムも書けるということだ。

```cpp
int input()
{
    int x{} ;
    std::cin >> x ;
    return x ;
}
int main()
{
    std::vector<int> v ;
    int x { } ;

    // 入力
    while ( ( x = input() ) != 0 )
    {
        v.push_back( x ) ;
    }

    // 出力
    for ( std::size_t index = 0 ; index != v.size() ; ++index )
    {
        std::cout << v.at(index) << " "s ;
    }
}
```

　入力された順番に出力できるということは、その逆順にも出力できるということだ。

```cpp
for ( std::size_t index = v.size()-1 ; index != 0 ; --index )
{
    std::cout << v.at(index) << " "s ;
}

std::cout << v.at(0) ;
```

　最後に 'v.at(0)' を出力しているのは、ループが 'i == 0' のときに終了してしまうからだ。つまり最後に出力すべき vector 最初の要素である 'v.at(0)' が出力されない。

std::size_t 型は -1 が使えないため、このようなコードになってしまう。int 型を使えば負数は使えるのだが、int 型と std::size_t 型の比較はさまざまな理由で問題がある。その理由は整数の章で深く学ぶことになるだろう。

ところで、問題は入力された整数を小さい順に出力することだった。この問題を考えるために、まず vector の中に入っている要素から最も小さい整数の場所を探すプログラムを考えよう。

問題を考えるにあたって、いちいち標準入力から入力を取るのも面倒なので、あらかじめ vector に要素を入れておく方法を学ぶ。実は、vector の要素は以下のように書けば指定することができる。

```
int main()
{
    // 要素{1, 2, 3}
    std::vector<int> v = { 1,2,3 } ;

    // 1
    auto x = v.at(0) ;
    // 2
    auto y = v.at(1) ;
    // 3
    auto z = v.at(2) ;
}
```

この例では、1, 2, 3 の整数が書かれた順番であらかじめ vector の要素として入った状態になる。

さて、以下のような要素の vector から最も小さい整数を探すプログラムを考えよう。

```
std::vector<int> v = { 8, 3, 7, 4, 2, 9, 3 } ;
```

これを見ると、最も小さい整数は 4 番目（最初の要素は 0 番目なので 4 番目）にある 2 だ。ではどうやって探すのだろうか。

解決方法としては先頭から末尾まで要素を 1 つずつ比較して、最も小さい要素を見つけ出す。まず 0 番目の 8 が最も小さいと仮定する。現在わかっている中で最も小さい要素のインデックスを記録するために変数 min を作っておこう。

```
min = 0
8 3 7 4 2 9 3
^
```

次に 1 番目の 3 と min 番目を比較する。1 番目の方が小さいので変数 min に 1 を代入する。

```
min = 1
8 3 7 4 2 9 3
  ^
```

2 番目の 7 と min 番目を比較するとまだ 1 番目の方が小さい。3 番目の 4 と比較してもまだ min 番

128   第 9 章　メモリーを無限に確保する

目の方が小さい。

　4 番目の 2 と min 番目を比較すると、4 番目の方が小さい。変数 min に 4 を代入しよう。

```
min = 4
8 3 7 4 2 9 3
      ^
```

　5 番目と 6 番目も min 番目より大きいので、これで変数 min に代入された 4 番目の要素が最も小さいことがわかる。

　vector の変数を v、要素数を size とする。変数 min には現在わかっている中で最も小さい要素へのインデックスが代入される。

1. 変数 min に 0 を代入する
2. size 回のループを実行する
3. 変数 index に 0 から size-1 までの整数を代入する
4. 'v.at(index) < v.at(min)' ならば min = index

さっそく書いてみよう。

```
int main()
{
    // vector の変数を v
    std::vector<int> v = { 8, 3, 7, 4, 2, 9, 3 } ;
    // 要素数を size とする
    std::size_t size = v.size() ;

    // 変数min に 0 を代入する
    std::size_t min = 0 ;

    // size 回のループを実行する
    // 変数i に 0 から size-1 までの整数を代入する
    for ( std::size_t index = 1 ; index != size ; ++index )
    {
        // 'v.at(index) < v.at(min)'ならばmin = index
        if ( v.at(index) < v.at(min) )
            min = index ;
    }

    // 一番小さい値を出力
    std::cout << v.at(min) ;
}
```

うまくいった。

　ところで、最終的に解きたい問題とは、vector のすべての要素を小さい順に出力するということだ。すると、もっと小さい要素を出力した次に、2 番目に小さい要素、3 番目に小さい要素 ⋯ と出力して

いく必要がある。

　2番目に小さい要素を見つけるためには、1番目に小さい要素を探さなければよい。そこで、発見した最も小さい要素と先頭の要素を交換してしまい、先頭は無視して最も小さい要素を探すことを繰り返すと実現できる。

　例えば以下のような要素があるとして、

```
8 3 7 4 2 9 3
        ^
```

最も小さい要素である4番目の2と0番目の8を交換する。

```
2 3 7 4 8 9 3
^       ^
+-------+
```

そして、0番目は無視して最も小さい要素を探す。

```
3 7 4 8 9 3
^
```

　この場合、最も小さいのは0番目と5番目の3だ。どちらも同じだが今回は0番目を選ぶ。もともと0番目にあるので0番目と0番目を交換した結果は変わらない。

　そして、新しい0番目は無視して最も小さい要素を探す。

```
7 4 8 9 3
      ^
```

今度は4番目の3だ。これも先頭と交換する

```
3 4 8 9 7
^       ^
+-------+
```

　これを繰り返していけば、小さい順に要素を探していくことができる。

　この処理を行うコードを考えるために、先ほどと似たようなコードを見てみよう。

130 第9章 メモリーを無限に確保する

```cpp
int main()
{
    std::vector<int> v = { 8, 3, 7, 4, 2, 9, 3 } ;
    std::size_t size = v.size() ;

    // この部分を繰り返す？
    { // これ全体が1つのブロック文
        std::size_t min = 0 ;

        for ( std::size_t index = 1 ; index != size ; ++index )
        {
            if ( v.at(index) < v.at(min) )
                min = index ;
        }

        // 出力
        std::cout << v.at(min) << " "s ;

        // 先頭と交換
    }
}
```

このコードはそのまま使えない。今回考えた方法では、先頭が1つずつずれていく。そのために、最も小さい要素を探すループを、さらにループさせる。

```cpp
// 現在の先頭
for ( std::size_t head = 0 ; head != size ; ++head )
{
    // 現在の先頭であるmin番目を仮の最小の要素とみなすので head
    std::size_t min = head ;
    // 現在の先頭の次の要素から探すのでhead + 1
    for ( std::size_t index = head + 1 ; index != size ; ++index )
    {
        if ( v.at(index) < v.at(min) )
            min = index ;
    }

    std::cout << v.at(min) << " "s ;

    // 先頭と交換
}
```

次に先頭（0番目）と現在見つけた最小の要素（min番目）を交換する方法を考えよう。
vector の n 番目の要素の値を x に変更するには、単に v.at(n) = x と書けばよい。

```
int main()
{
    std::vector<int> v = {1,2,3} ;

    v.at(0) = 4 ;
    // v は{4,2,3}
}
```

すると、vector の i 番目の要素に j 番目の要素値を入れるには 'v.at(i) = v.at(j)' と書く。

```
int main()
{
    std::vector<int> v = {1,2,3} ;
    v.at(0) = v.at(2) ;
    // v は{3,2,3}
}
```

変数とまったく同じだ。

しかし、変数 a に変数 b の値を代入すると、変数 a の元の値は消えてしまう。

```
int main()
{
    int a = 1 ;
    int b = 2 ;

    // a の元の値は上書きされる
    a = b ;
    // a == 2
    b = a ;
    // b == 2
}
```

変数 a, b の値を交換するためには、変数への代入の前に、別の変数に値を一時退避しておく必要がある。

```
int main()
{
    int a = 1 ;
    int b = 2 ;

    // 退避
    auto temp = a ;

    a = b ;
    b = temp ;
```

132　第 9 章　メモリーを無限に確保する

```cpp
    // a == 2
    // b == 1
}
```

さて、これで問題を解く準備はすべて整った。

```cpp
int main()
{
    std::vector<int> v = { 8, 3, 7, 4, 2, 9, 3 } ;
    std::size_t size = v.size() ;

    // 先頭をずらすループ
    for ( std::size_t head = 0 ; head != size ; ++head )
    {
        std::size_t min = head ;
        // 現在の要素の範囲から最小値を見つけるループ
        for ( std::size_t index = head+1 ; index != size ; ++index )
        {
            if ( v.at(index) < v.at(min) )
                min = index ;
        }
        // 出力
        std::cout << v.at(min) << " "s ;

        // 最小値を先頭と交換
        auto temp = v.at(head) ;
        v.at(head) = v.at(min) ;
        v.at(min) = temp ;
    }

    // 実行したあと
}
```

ところで、このプログラムの「実行したあと」地点での vector の中身はどうなっているだろうか。

```cpp
int main()
{
    std::vector<int> v = { 8,3,7,4,2,9,3 } ;

    // 上と同じコードなので省略

    // 実行したあと
    std::cout << "\n"s ;
```

```
    for ( std::size_t index = 0, size = v.size() ; index != size ; ++index )
    {
        std::cout << v.at(index) << " "s ;
    }
}
```

これを実行すると以下のようになる。

```
$ make run
2 3 3 4 7 8 9
2 3 3 4 7 8 9
```

　なんと vector の要素も小さい順に並んでいる。この状態のことを、ソートされているという。ループの中で最も小さい値を出力していく代わりに、まずソートして先頭から値を出力してもよいということだ。
　ソートにはさまざまな方法があるが、今回使ったのは選択ソート（selection sort）というアルゴリズムだ。
　vector を使う方法には、イテレーターというもっと便利な方法があるが、それはイテレーターの章で説明する。

第 10 章

デバッグ：
printf デバッグ

ループと多数の要素の集合を扱えるようになったので、読者はもう相当複雑な処理をするプログラムでも書けるようになった。処理が複雑になってくると増えるのがバグだ。

この章では、伝統ある printf デバッグを紹介する。

printf デバッグとは、プログラムの実行中に知りたい情報を出力することだ。printf とは C 言語の伝統ある出力用のライブラリに由来する名前だが、本書では iostream を使う。

10.1 実践例

例えば前章で実装したように vector の要素を選択ソートでソートしたいとする。

選択ソートとは、要素の集合の中から 0 番目に来るべき要素の場所を探し、0 番目の要素と交換し、1 番目に来るべき要素の場所を探し、1 番目の要素と交換し ··· を要素の数だけ繰り返すことによって要素全体をソートする方法だ。

以下のように書いたとする。

```cpp
int main()
{
    std::vector<int> v = { 3,8,2,5,6,9,4,1,7 } ;
    auto size = v.size() ;

    for ( std::size_t head = 0 ; head != size ; ++head )
    {
        auto min = head ;
        for ( std::size_t index = head+1 ; index != size ; ++index )
        {
            if ( v.at(index) < v.at(min) )
```

第 10 章　デバッグ：printf デバッグ

```
                min = index ;
        }

        auto temp = v.at(head) ;
        v.at(head) = v.at(min) ;
        v.at(min) = v.at(head) ;
    }

    for ( std::size_t i = 0 ; i != size ; ++i )
    {
        std::cout << v.at(i) << " "s ;
    }
}
```

さっそく実行してみよう。

```
$ make run
1 1 1 1 1 1 1 1 7
```

コンパイルはできるが、なぜかうまく動かない。コードのどこかが間違っているのはわかる。しかしどこが間違っているのかはわからない。さっそく printf デバッグにより問題のある箇所を特定してみよう。

printf デバッグを行うには、まずコード中の間違っていそうな箇所にアタリをつける必要がある。

問題がどこにあるかわからないが、ループのどこかで間違っていそうだ。一番外側のループにアタリをつけよう。ループが実行されるごとに変数 v の中身を表示してみる。

```
for ( std::size_t head = 0 ; head != size ; ++head )
{
    // printf デバッグ
        std::cout << "debug: head = "s << head << ", v = { "s;
        for ( std::size_t i = 0 ; i != v.size() ; ++i )
        {
            std::cout << v.at(i) << " "s ;
        }
        std::cout << "}\n"s ;
    // printf デバッグ
```

そして実行した結果が以下だ。

```
$ make run
debug: v = { 3, 8, 2, 5, 6, 9, 4, 1, 7, }
debug: v = { 1, 8, 2, 5, 6, 9, 4, 1, 7, }
debug: v = { 1, 1, 2, 5, 6, 9, 4, 1, 7, }
debug: v = { 1, 1, 1, 5, 6, 9, 4, 1, 7, }
debug: v = { 1, 1, 1, 1, 6, 9, 4, 1, 7, }
```

```
debug: v = { 1, 1, 1, 1, 1, 9, 4, 1, 7, }
debug: v = { 1, 1, 1, 1, 1, 1, 4, 1, 7, }
debug: v = { 1, 1, 1, 1, 1, 1, 1, 1, 7, }
debug: v = { 1, 1, 1, 1, 1, 1, 1, 1, 7, }
1 1 1 1 1 1 1 1 7
```

なぜか 1 が増えている。明らかにおかしい。しかしまだ問題の特定にまでは至らない。
内側のループにも printf デバッグを追加してみよう。

```
auto min = head ;
for ( std::size_t index = head+1 ; index != size ; ++index )
{
    // printf デバッグ
        std::cout << v.at(index) << ", "s ;
    // printf デバッグ

    if ( v.at(index) < v.at(min) )
        min = index ;
}
// printf デバッグ
    std::cout << "\n"s ;
// printf デバッグ
```

そして実行する。

```
debug: v = { 3, 8, 2, 5, 6, 9, 4, 1, 7, }
8, 2, 5, 6, 9, 4, 1, 7,
debug: v = { 1, 8, 2, 5, 6, 9, 4, 1, 7, }
2, 5, 6, 9, 4, 1, 7,
debug: v = { 1, 1, 2, 5, 6, 9, 4, 1, 7, }
5, 6, 9, 4, 1, 7,
debug: v = { 1, 1, 1, 5, 6, 9, 4, 1, 7, }
6, 9, 4, 1, 7,
debug: v = { 1, 1, 1, 1, 6, 9, 4, 1, 7, }
9, 4, 1, 7,
debug: v = { 1, 1, 1, 1, 1, 9, 4, 1, 7, }
4, 1, 7,
debug: v = { 1, 1, 1, 1, 1, 1, 4, 1, 7, }
1, 7,
debug: v = { 1, 1, 1, 1, 1, 1, 1, 1, 7, }
7,
debug: v = { 1, 1, 1, 1, 1, 1, 1, 1, 7, }

1 1 1 1 1 1 1 1 7
```

あまりいい情報は得られないようだ。問題はここではないらしい。

138　第 10 章　デバッグ：printf デバッグ

ひょっとしたら大小比較が間違っているのかもしれない。確かめてみよう。

```cpp
for ( std::size_t index = head+1 ; index != size ; ++index )
{

    if ( v.at(index) < v.at(min) )
    {
        std::cout << v.at(index) << " < "s << v.at(min) << "\n"s ;
        min = index ;
    }
    else
    {
        std::cout << v.at(index) << " >= "s << v.at(min) << "\n"s ;
    }
}
```

実行結果は長いので一部だけ記載しておく。

```
debug: v = { 3, 8, 2, 5, 6, 9, 4, 1, 7, }
8 >= 3
2 < 3
5 >= 2
6 >= 2
9 >= 2
4 >= 2
1 < 2
7 >= 1

debug: v = { 1, 8, 2, 5, 6, 9, 4, 1, 7, }
2 < 8
5 >= 2
6 >= 2
9 >= 2
4 >= 2
1 < 2
7 >= 1
```

大小比較も問題ないようだ。では最終的に見つけた最も小さい値は、本当に最も小さい値だろうか。

```cpp
// 最小値を探すループ
for ( std::size_t index = head+1 ; index != size ; ++index )
{
    // より小さい値があればそれを現在の最小値とする
    if ( v.at(index) < v.at(min) )
        min = index ;
}
```

```
// printf デバッグ
    std::cout << v.at(min) << "\n"s ;
// printf デバッグ
```

```
debug: v = { 3, 8, 2, 5, 6, 9, 4, 1, 7, }
1
debug: v = { 1, 8, 2, 5, 6, 9, 4, 1, 7, }
1
debug: v = { 1, 1, 2, 5, 6, 9, 4, 1, 7, }
1
debug: v = { 1, 1, 1, 5, 6, 9, 4, 1, 7, }
1
debug: v = { 1, 1, 1, 1, 6, 9, 4, 1, 7, }
1
debug: v = { 1, 1, 1, 1, 1, 9, 4, 1, 7, }
1
debug: v = { 1, 1, 1, 1, 1, 1, 4, 1, 7, }
1
debug: v = { 1, 1, 1, 1, 1, 1, 1, 1, 7, }
1
debug: v = { 1, 1, 1, 1, 1, 1, 1, 1, 7, }
7
1 1 1 1 1 1 1 1 7
```

見つけた値は最も小さいようだ。しかし毎回 1 になる。1 が残っているのだから当然だが、なぜ残っているのだろう。

ひょっとしたら要素の交換が間違っているのかもしれない。printf デバッグしてみよう。

```
// printf デバッグ
    std::cout << "debug before: "s <<  v.at(head) << ",  " << v.at(min) << "\n"s ;
// printf デバッグ

v.at(head) = v.at(min) ;
v.at(min) = v.at(head) ;

// printf デバッグ
    std::cout << "debug after : "s << v.at(head) << ", " << v.at(min) << "\n"s ;
// printf デバッグ
```

"debug before:" は交換前、"debug after:" は交換後の 2 つの要素の値だ。

以下は実行結果の一部だ。

```
debug: v = { 3, 8, 2, 5, 6, 9, 4, 1, 7, }
debug before: 3,  1
debug after : 1, 1
debug: v = { 1, 8, 2, 5, 6, 9, 4, 1, 7, }
debug before: 8,  1
debug after : 1, 1
debug: v = { 1, 1, 2, 5, 6, 9, 4, 1, 7, }
debug before: 2,  1
debug after : 1, 1
debug: v = { 1, 1, 1, 5, 6, 9, 4, 1, 7, }
```

これを見ると、要素の値の交換が正しく行われていないことがわかる。
問題の場所がわかったので、さっそくコードを見てみよう。

```
v.at(head) = v.at(min) ;
v.at(min) = v.at(head) ;
```

これは要するに以下のコードと同じだ。

```
int a = 0 ;
int b = 1 ;

a = b ; // a = 1
b = a ; // b = 1
```

　変数 a, b の値を交換したい場合、変数 a に変数 b を代入したあとに、変数 b に変数 a を代入する処理は誤りだ。なぜならば、変数 b の代入のときには、変数 a の値は変数 b の値になってしまっているからだ。
　前章で学んだように、こういう場合、別の変数に値を代入して退避させておく。

```
int a = 0 ;
int b = 1 ;

int temp = a ;
a = b ;
b = temp ;
```

　こうして printf デバッグによって問題が解決した。

10.2 std::cerr

printf デバッグとして標準出力である std::cout に出力すると、プログラムの通常の標準出力と混ざって見づらくなる。例えば以下のプログラムを見てみよう。

```cpp
// 1 * 2 * 3 * ... * n を計算するプログラム
int main()
{
    int n{} ;
    std::cin >> n ;
    if ( n < 1 )
        return -1 ;

    int sum = 1 ;
    for ( int i = 2 ; i <= n ; ++i )
    {
        sum *= i ;

        // printf デバッグ
            std::cout << "debug: "s << i << ", " << sum << "\n"s ;
        // printf デバッグ
    }

    std::cout << sum ;
}
```

この場合、標準エラー出力を使うとプログラムの通常の出力と printf デバッグ用の出力を分けることができる。

標準エラー出力を使うには、std::cout の代わりに std::cerr を使う。

```cpp
int main()
{
    // 標準出力
    std::cout << "standard output\n"s ;

    // 標準エラー出力
    std::cerr << "standard error output\n"s ;
}
```

このプログラムを実行すると一見すべて同じように出力されているように見える。

```
$ make run
standard output
standard error output
```

142　第 10 章　デバッグ：printf デバッグ

違いはリダイレクトやパイプを使うとわかる。

```
$ ./program > /dev/null
standard error output
$ ./program | grep error
standard error output
```

標準出力には "standard output\n" しか出力されていない。通常のリダイレクトやパイプで扱われるのも標準出力だけだ。そのため、/dev/null にリダイレクトすると標準エラー出力しか見えないし、grep にパイプしても標準出力しか受け取らない。

標準出力と標準エラー出力を別々にリダイレクトする方法もある。

```
$ ./program > cout.txt 2> cerr.txt
```

これを実行すると、ファイル cout.txt には "standard output\n" が、ファイル cerr.txt には "standard error output\n" が出力されている。

これを使って先ほどのプログラムを書き直すと以下のようになる。

```cpp
// 1 * 2 * 3 * ... * n を計算するプログラム
int main()
{
    int n{} ;
    std::cin >> n ;
    if ( n < 1 )
        return -1 ;

    int sum = 1 ;
    for ( int i = 2 ; i <= n ; ++i )
    {
        sum *= i ;

        // printf デバッグ
            // 標準エラー出力
            std::cerr << "debug: "s << i << ", " << sum << "\n"s ;
        // printf デバッグ
    }
    // 標準出力
    std::cout << sum ;
}
```

10.3　まとめ

printf デバッグはコード中のどこに問題があるかを絞り込むための方法だ。プログラムに問題が存在し、問題の発生の有無はプログラムの状態を調べることで判断できるが、コード中のどこに問題が存在するかわからないとき、printf デバッグで問題の箇所を絞り込むことができる。

printf デバッグのやり方は以下のとおり。

1. コード中の間違っていそうな箇所にアタリをつける
2. プログラムの状態を出力する
3. 出力結果が期待どおりかどうかを調べる

printf デバッグは原始的だが効果的なデバッグ方法だ。あとの章ではデバッガーというより高級でプログラマーらしいデバッグ方法も紹介するが、そのような高級なデバッグ方法が使えない環境でも、printf デバッグならば使えることは多い。

第 11 章

整数

始めに書いておくがこの章はユーモア欠落症患者によって書かれており極めて退屈だ。しかし、整数の詳細はすべてのプログラマーが理解すべきものだ。心して読むとよい。

11.1 整数リテラル

整数リテラルとは整数の値を直接ソースファイルに記述する機能だ。本書ではここまで何の説明もなくリテラルを使っていた。例えば以下のように。

```
int main()
{
    int a = 123 ;
    int b = 0 ;
    int c = -123 ;
}
```

ここでは、'123', '0' がリテラルだ。'-123' というのは演算子 operator - に整数リテラル 123 を適用したものだ。リテラルは 123 だけだ。ただしこれは細かい詳細なのでいまはそれほど気にしなくてもよい。

11.1.1 10 進数リテラル

10 進数リテラルは最も簡単で我々が日常的に使っている数の表記方法と同じものだ。接頭語は何も使わず数字には 0, 1, 2, 3, 4, 5, 6, 7, 8, 9 が使える。

146　第 11 章　整数

```
// 10進数で 123
int decimal = 123 ;
```

ただし、10 進数リテラルの先頭を 0 にしてはならない。これは 8 進数リテラルになってしまう。

```
// 10進数で 83
int octal = 0123 ;
```

11.1.2　2 進数リテラル

2 進数リテラルは接頭語'0b', '0B' から始まる。数字には 0, 1 を使うことができる。

```
// 10進数で 5
int binary = 0b1010 ;

// 0b と 0B は同じ
int a = 0B1010 ;
```

11.1.3　8 進数リテラル

8 進数リテラルは接頭語 '0' から始まる。数字には 0, 1, 2, 3, 4, 5, 6, 7 を使うことができる。

```
// 10進数で 83
int octal = 0123 ;

// 10進数で 342391
int a = 01234567 ;
```

11.1.4　16 進数リテラル

16 進数リテラルは接頭語'0x', '0X' から始まる。数字には 0, 1, 2, 3, 4, 5, 6, 7, 8, 9, a, b, c, d, e, f, A, B, C, D, E, F が使える。ローマ字の大文字と小文字は意味が同じだ。a, b, c, d, e, f がそれぞれ 10, 11, 12, 13, 14, 15 を意味する。

```
// 10進数で 291
int hexadecimal = 0x123 ;

// 0x と 0X は同じ
int a = 0X123 ;

// 10進数で 10
int b = 0xa ;
```

```
// 10進数で 15
int c = 0xf ;
```

11.1.5　数値区切り

　長い整数リテラルは読みにくい。例えば 10000000 と 100000000 はどちらが大きくて具体的にどの
くらいの値なのかがわからない。C++ には整数リテラルを読みやすいように区切ることのできる数値
区切りという機能がある。整数リテラルはシングルクオート文字（'）で区切ることができる。

```
int main()
{
    int a =    1000'0000 ;
    int b = 1'0000'0000 ;
}
```

区切り幅は何文字でもよい。

```
int main()
{
    int a = 1'22'333'4444'55555 ;
}
```

10 進数整数リテラル以外でも使える。

```
int main()
{
    auto a = 0b10101010'11110000'00001111 ;
    auto b = 07'7'5 ;
    auto c = 0xde'ad'be'ef ;
}
```

11.2　整数の仕組み

11.2.1　情報の単位

　0 から 100 までの整数を表現するには 101 種類の状態を表現できる必要がある。コンピューターはど
うやって整数を表現しているのかをここで学ぶ。

　情報の最小単位はビット（bit）だ。ビットは 2 種類の状態を表現できる。たとえば bool 型は
true/false という 2 種類の状態を表現できる。

　しかし、2 種類の状態しか表現できない整数は使いづらい。0 もしくは 1 しか表現できない整数とか、
100 もしく 1000 しか表現できない整数は使い物にならない。

また、ビットという単位も扱いづらい。コンピューターは膨大な情報を扱うので、ビットをいくつかまとめたバイト（byte）を単位として情報を扱っている。1バイトが何ビットであるかは環境により異なる。本書では最も普及している1バイトは8ビットを前提にする。

1ビットは2種類の状態を表現できるので、1バイトの中の8ビットは$2^8 = 256$種類の状態を表現できる。2バイトならば16ビットとなり、$2^{16} = 65536$種類の状態を表現できる。

11.2.2　1バイトで表現された整数

整数の表現方法について理解するために、1バイトで表現された整数を考えよう。

1バイトは8ビットであり256種類の状態を表現できる。整数を0から正の方向の数だけ表現したいとすると、0から255までの値を表現できることになる。

その場合、1バイトの整数の中の8ビットはちょうど2進数8桁で表現できる。

```
// 0
auto zero = 0b00000000 ;
// 255
auto max  = 0b11111111 ;
```

一番左側の桁が最上位桁で、一番右側の桁が最下位桁だ。これを最上位ビット、最下位ビットともいう。

正数だけを表現するならば話は簡単だ。1バイトの整数は0から255までの値を表現できる。これを符号なし整数（unsigned integer）という。

では負数を表現するにはどうしたらいいだろう。正数と負数を両方扱える整数表現のことを、符号付き整数（signed integer）という。1バイトは256種類の状態しか表現できないので、もし-1を表現したい場合、-1から254までの値を扱えることになる。

-1しか扱えないのでは実用的ではないので、負数と正数を同じ種類ぐらい表現したい。256の半分は128だが、1バイトで表現された整数は-128から128までを表現することはできない。0があるからだ。0を含めると、1バイトの整数は最大で-128から127までか、-127から128までを表現できる。どちらかに偏ってしまう。

では実際に1バイトで負数も表現できる整数表現を考えてみよう。

符号ビット

誰でも思いつきそうな表現方法に、符号ビットがある。これは最上位ビットを符号の有無を管理するフラグとして用いることにより、下位7ビットの値の符号を指定する方法だ。

符号ビット表現では-1と1は以下のように表現できる。

```
// 1
0b0'0000001
// -1
0b1'0000001
```

最上位ビットが 0 であれば正数、1 であれば負数だ。

この一見わかりやすい表現方法には問題がある。まず表現できる値の範囲は −127 から +127 だ。先ほど、1 バイトで正負になるべく均等に値を割り振る場合、−128 から +127、もしくは −127 から +128 までを扱えると書いた。しかし符号ビット表現では −127 から +127 しか扱えない。残りの 1 はどこにいったのか。

答えはゼロにある。符号ビット表現ではゼロに 2 通りの表現がある。+0 と −0 だ。

```
// +0
0b0'0000000
// -0
0b1'0000000
```

+0 も −0 もゼロには違いない。しかし符号ビットが独立して存在しているために、ゼロが 2 種類ある。

符号ビットは電子回路で実装するには複雑という問題もある。

1 の補数

1 の補数は負数を絶対値を 2 進数で表したときの各ビットを反転させた値で表現する。たとえば −1 は 1（0b00000001）の 1 の補数の 0b11111110 で表現される。

```
// -1
0b11111110

// -2
0b11111101
```

−1 と −2 を足すと結果は −3 だ。この計算を 1 の補数で行うとどうなるか。

まず 1 の補数表現による −1 と −2 を足す。

```
    11111110
 +) 11111101
 -----------
  1'11111011
```

この結果は 9 ビットになる。この整数は 8 ビットなので、9 ビット目を表現することはできない。ただし 1 の補数表現の計算では、もし 9 ビット目が繰り上がった場合は、演算結果に 1 を足す取り決めがある。

```
    11111011
 +)        1
 -----------
    11111100
```

1 の補数による −3 は 3 の各ビットを反転したものだ。3 は 0b00000011 で、そのビットを反転させたものは 0b11111100 だ。上の計算結果は −3 の 1 の補数表現になった。

もう 1 つ例を見てみよう。5 と −2 を足すと 3 になる。

```
     00000101
  +) 11111101
  -----------
   1'00000010
```

繰り上がりが発生したので 1 を足すと

```
     00000010
  +)          1
  -----------
     00000011
```

3 になった。

1 の補数は引き算も足し算で表現できるので電子回路での実装が符号ビットよりもやや簡単になる。

ただし、1 の補数にも問題がある。0 の表現だ。0 というのは 0b00000000 だが 1 の補数では −x は x の各ビット反転ということを適用すると、−0 は 0b11111111 になる。すると、符号ビット表現と同じく、+0 と −0 が存在することになる。したがって、1 の補数 8 ビットで表現できる範囲は −127 から +127 になる。

2 の補数

符号ビットと 1 の補数による負数表現にある問題は、2 の補数表現で解決できる。

2 の補数表現による負数は 1 の補数表現の負数に、繰り上がり時に足すべき 1 を加えた値になる。

−1 は 1 の補数表現では、1（0b00000001）の各ビットを反転させた値になる（0b11111110）。2 の補数表現では、1 の補数表現に 1 を加えた値になるので、0b11111111 になる。

同様に、−2 は 0b11111110 に、−3 は 0b11111101 になる。

2 の補数表現の −1 と −2 を足すと以下のようになる。

```
     11111111
  +) 11111110
  -----------
   1'11111101
```

9 ビット目の繰り上がりを無視すると、計算結果は 0b11111101 になる。これは 2 の補数表現による −3 と同じだ。

5 と −2 の計算も見てみよう。

```
     00000101
 +)  11111110
 -----------
   1'00000011
```

結果は 3（0b00000011）だ。

2 の補数表現は引き算も足し算で実装できる上に、ゼロの表現方法は 1 つで、+0 と −0 が存在しない。8 ビットの 2 の補数表現された整数の範囲は −128 から +127 になる。とても便利な負数の表現方法なのでほとんどのコンピューターで採用されている。

11.3　整数型

C++ にはさまざまな整数型が存在する。C++ は C から引き継いだ歴史的な経緯により、整数型の文法がわかりにくくなっている。

基本的には、符号付き整数型と符号なし整数型に分かれている。

符号付き整数型としては、`signed char`, `short int`, `int`, `long int`, `long long int` が存在する。符号付き整数型は負数を表現できる。

符号なし整数型としては、`unsigned char`, `unsigned short int`, `unsigned int`, `unsigned long int`, `unsigned long long int` が存在する。符号なし整数型は負数を表現できない。

11.3.1　int 型

`int` 型は最も基本となる整数型だ。C++ で数値を扱う場合、多くは `int` 型になる。

```
int x = 123 ;
```

整数リテラルの型は通常は `int` 型になる。

```
// int
auto x = 123 ;
```

`unsigned int` 型は符号のない `int` 型だ。

```
unsigned int x = 123 ;
```

整数リテラルの末尾に u/U と書いた場合、`unsigned int` 型になる。

```
// int
auto x = 123 ;
// unsigned int
auto y = 123u ;
```

152 第 11 章 整数

特殊なルールとして、単に signed と書いた場合、それは int になる。unsigned と書いた場合は、unsigned int になる。

```
// int
signed a = 1 ;
// unsigned int
unsigned b = 1 ;
```

signed int と書いた場合、int 型になる。signed int は int の冗長な書き方だ。

11.3.2 long int 型

long int 型は int 型以上の範囲の整数を扱える型だ。具体的な整数型の値の範囲は実装依存だが、long int 型は int 型の表現できる整数の範囲はすべて表現でき、かつ int 型以上の範囲の整数型を表現できるかもしれない型だ。

unsigned long int 型は符号なしの long int だ。

```
long int a = 123 ;
unsigned long int b = 123 ;
```

特殊なルールとして、単に long と書いた場合、それは long int になる。unsigned long と書いた場合、unsigned long int になる。

```
// long int
long a = 1 ;
// unsigned long int
unsigned long b = 1 ;
```

通常、int を省略して単に long と書くことが多い。

整数リテラルの値が int 型で表現できない場合、long 型になる。例えば、int 型で 100 億を表現できないが、long 型では表現できる実装の場合、以下の変数 a は long 型になる。

```
// 100億
auto a = 100'0000'0000 ;
```

整数リテラルの値が long では表現できないが unsigned long では表現できる場合、unsigned long 型になる。

整数リテラルの末尾に l/L と書いた場合、値にかかわらず long 型になる。

```
// int
auto a = 123 ;
// long
auto b = 123l ;
```

```
// long
auto c = 123L ;
```

符号なし整数型を意味する u/U と組み合わせることもできる。

```
// unsigned long
auto a = 123ul ;
auto b = 123lu ;
```

順番と大文字小文字の組み合わせは自由だ。

11.3.3 long long int 型

long long int 型は long int 型以上の範囲の整数を扱える型だ。long と同じく long long は long long int と同じで、unsigned long long int もある。

```
// long long int
long long a = 1 ;
// unsigned long long int
unsigned long long b = 1 ;
```

整数リテラルの値が long 型でも表現できないときは、long long が使われる。long long でも表現できない場合は unsigned long long が使われる。

整数リテラルの末尾に ll/LL と書くと long long int 型になる。

```
// long long int
auto a = 123ll ;
// long long int
auto b = 123LL ;
// unsigned long long int
auto c = 123ull ;
```

11.3.4 short int 型

short int 型は int 型より小さい範囲の値を扱う整数型だ。long, long long と同様に、unsigned short int 型もある。単に short と書くと、short int と同じ意味になる。

整数リテラルで short int 型を表現する方法はない。

11.3.5 char 型

char 型はやや特殊で、char, signed char, unsigned char の 3 種類の型がある。signed char と char は別物だ。char 型は整数型であり、あとで説明するように文字型でもある。char 型の符号の有無は実装ごとに異なる。

11.4 整数型のサイズ

整数型を含む変数のサイズは、sizeof 演算子で確認することができる。sizeof(T) は T に型名や変数名を入れることで、サイズを取得することができる。

```
int main()
{
    std::cout << sizeof(int) << "\n"s ;

    int x{} ;
    std::cout << sizeof(x) ;
}
```

sizeof 演算子は std::size_t 型を返す。vector の章でも出てきたこの型は実装依存の符号なし型であると定義されている。単位はバイトだ。

以下が各種整数型のサイズを出力するプログラムだ。

```
int main()
{
    auto print = []( std::size_t s )
    { std::cout << s << "\n"s ; } ;

    print( sizeof(char) ) ;
    print( sizeof(short) ) ;
    print( sizeof(int) ) ;
    print( sizeof(long) ) ;
    print( sizeof(long long ) ) ;
}
```

このプログラムを筆者の環境で実行した結果が以下になる。

```
1
2
4
8
8
```

どうやら筆者の環境では、char が 1 バイト、short が 2 バイト、int が 4 バイト、long と long long が 8 バイトのようだ。この結果は環境ごとに異なるので読者も自分で sizeof 演算子をさまざまな型に適用して試してほしい。

11.5 整数型の表現できる値の範囲

整数型の表現できる値の最小値と最大値は `std::numeric_limits<T>` で取得できる。最小値は `::min()` を、最大値は `::max()` で得られる。

```
int main()
{
    std::cout
        << std::numeric_limits<int>::min() << "\n"s
        << std::numeric_limits<int>::max() ;
}
```

実行結果

```
-2147483648
2147483647
```

どうやら筆者の環境では `int` 型は − 21 億 4748 万 3648 から 21 億 4748 万 3647 までの範囲の値を表現できるようだ。

`unsigned int` はどうだろうか。

```
int main()
{
    std::cout
        << std::numeric_limits<unsigned int>::min() << "\n"s
        << std::numeric_limits<unsigned int>::max() ;
}
```

実行結果

```
0
4294967295
```

どうやら筆者の環境では `unsigned int` 型は 0 から 42 億 9496 万 7295 までの範囲の値を表現できるようだ。`sizeof(int)` が 4 バイトであり、1 バイトが 8 ビットの筆者の環境では自然な値だ。符号なしの 4 バイト整数型は 0 から $2^{32} - 1$ までの範囲の値を表現できる。符号付き 4 バイト整数型は -2^{31} から $2^{31} - 1$ までの範囲の値を表現できる。

整数の最小値を -1 したり、最大値を $+1$ した場合、何が起こるのだろうか。

符号なし整数型の場合は簡単だ。最小値 -1 は最大値になる。最大値 $+1$ は最小値になる。

```cpp
int main()
{
    unsigned int min = std::numeric_limits<unsigned int>::min() ;
    unsigned int max = std::numeric_limits<unsigned int>::max() ;

    unsigned int min_minus_one = min - 1u ;
    unsigned int max_plus_one = max + 1u ;

    std::cout << min << "\n"s << max << "\n"s
        << min_minus_one << "\n"s << max_plus_one ;
}
```

8ビットの符号なし整数型があるとして、最小値は0b00000000（0）になるが、この値を −1 すると0b11111111（255）となり、これは最大値になる。逆に、最大値である0b11111111（255）に +1 すると0b00000000（0）となり、これは最小値になる。

これを数学的に厳密に書くと、「符号なし整数は算術モジュロ 2^n の法に従う。ただし n は整数を表現する値のビット数である」となる。

符号付き整数型の場合、挙動は定められていない。ただし、一般に普及している 2 の補数表現の場合は、以下のような挙動になることが多い。

符号付き整数型の最小値を −1 すると最大値になり、最大値を +1 すると最小値になる。

```cpp
int main()
{
    int min = std::numeric_limits<int>::min() ;
    int max = std::numeric_limits<int>::max() ;

    int min_minus_one = min - 1 ;
    int max_plus_one = max + 1 ;

    std::cout << min << "\n"s << max << "\n"s
        << min_minus_one << "\n"s << max_plus_one ;
}
```

これはなぜか。2 の補数表現の 8 ビットの符号付き整数の最小値は0b10000000（−128）だが、これを −1 すると0b01111111（127）となり、これは最大値となる。逆に最大値0b01111111（127）を +1 すると0b10000000（−128）となり、これは最小値となる。

11.6　整数型の変換

整数型にはここで紹介しただけでも、さまざまな型がある。同じ型同士を使った方がよい。
以下は型が一致している例だ。

```cpp
int main()
{
    int a = 123 ;
    long b = 1231 ;
    long long c = 12311 ;

    unsigned int d = 123u ;
}
```

以下は型が一致していない例だ。

```cpp
int main()
{
    // int から short
    short a = 123 ;
    // long から int
    int b = 1231 ;

    // int から unsigned int
    unsigned int c = 123 ;
    // unsigned int から int
    int d = 123u ;
}
```

代入や演算で整数型が一致しない場合、整数型の変換が行われる。
整数型の変換で注意すべきこととしては、変換元の値を変換先の型で表現できない場合の挙動だ。
たとえば short 型と int 型の表現できる最大値を調べるプログラムを書いてみよう。

```cpp
int main()
{
    std::cout << "short: "s << std::numeric_limits<short>::max() << "\n"s
        << "int: "s << std::numeric_limits<int>::max() ;
}
```

これを実行すると筆者の環境では以下のようになる。

```
short: 32767
int: 2147483647
```

どうやら筆者の環境では short 型は約 3 万、int 型は約 21 億ぐらいの値を表現できるようだ。

では約 3 万までしか表現できない short 型に 4 万を代入しようとするとどうなるのか。これは 1 つ前の整数型の表現できる値の範囲で説明したものと同じことが起こる。

```cpp
int main()
{
    short x = 40000 ;
    std::cout << x ;
}
```

このプログラムを実行した結果は実装ごとに異なる。例えば筆者の環境では以下のようになる。

```
-25536
```

整数型の変換は暗黙的に行われるが、明示的に行うこともできる。明示的な変換には static_cast<T>(e) を使う。static_cast は値 e を型 T の値に変換する。

```cpp
int main()
{
    int x = 123 ;
    short y = static_cast<short>(x) ;
}
```

第 12 章

浮動小数点数

浮動小数点数の型には float, double, long double がある。float が最も精度が低く、double は float と同等以上の精度を持ち、long double は double と同等以上の精度を持つ。

```
float f = 1.0 ;
double d = 1.0 ;
long double ld = 1.0 ;
```

以下は浮動小数点数型の変数のサイズを調べるコードだ。

```
int main()
{
    auto print = [](std::size_t s )
    { std::cout << s << "\n"s ; } ;

    print( sizeof(float) ) ;
    print( sizeof(double) ) ;
    print( sizeof(long double) ) ;
}
```

筆者の環境では以下のように出力される。

```
4
8
16
```

浮動小数点数は一見整数と同じように扱える上、小数点以下の値も扱える。

160　第 12 章　浮動小数点数

```
double a = 1.23 ;
double b = 0.00001 ;
```

浮動小数点数が表現できる最大値は実装依存だが、通常はかなり大きな値を表現できる。

しかし、浮動小数点数は値を正確に表現しているわけではない。例えば以下のコードを実行してみよう。

```
int main()
{
    // 1万
    float a = 10000.0 ;
    // 1万分の1
    float b = 0.0001 ;

    // 1万足す1万分の1
    float c = a + b ;

    std::cout << a << "\n"s << b << "\n"s << c ;
}
```

変数 a の値は 1 万、変数 b の値は 1 万分の 1 だ。変数 c の値は a+b で 10000.0001 となるはずだが結果はどうだろう。

```
10000
0.0001
10000
```

変数 c の値は 10000.0001 ではない。この謎は浮動小数点数を学べば明らかになる。

12.1　浮動小数点数リテラル

12.1.1　10進浮動小数点数リテラル

浮動小数点数リテラルの最も簡単な書き方は 10 進数で整数部を書き、小数点 '.' を書き、続けて小数部を書く。末尾が f/F なら float 型、末尾がなければ double 型、末尾が l/L なら long double 型だ。

```
// float
auto a = 123.456f ;
auto b = 123.456F ;

// double
auto c = 123.456 ;

// long double
auto d = 123.456l ;
auto e = 123.456L ;
```

12.1.2　10進数の仮数と指数による表記

123.456 という値について考えてみよう。この値は以下のように表現することができる。

$$1.23456 \times 10^2$$

あるいは以下のように表現することもできる。

$$123456 \times 10^{-3}$$

あるいは以下のようにも表現できる。

$$123.456 \times 10^0$$

一般に、値は以下のように表現できるということだ。

$$a \times 10^b$$

浮動小数点数リテラルのもう 1 つの文法として、この a と b を指定するものがある。

```
// 値はすべて 123.456
auto a = 1.23456e2 ;
auto b = 123456e-3 ;
auto c = 123.456e0 ;
auto d = 123.456E0 ;
```

この文法は、a と b に e/E を挟むことによって浮動小数点数の値を指定する。

この a を仮数部（fractional part）、b を指数部（exponent part）という。仮数のことはほかにも、coefficient, significand, mantissa などと呼ばれたりもする。

そして、指数は底が 10 になる。

浮動小数点数は、値を正確に表現しているのではなく、仮数と指数の組み合わせで表現している。浮動小数点数が浮動と呼ばれる理由は、指数の存在によって小数点数が浮いているかのように動くからだ。

例えば、仮数と指数がともに符号付き 1 バイトの整数で表現された 2 バイトの浮動小数点数があるとする。指数、仮数ともに、−128 から 127 までの範囲の整数を表現できる。この浮動小数点数は 10000（1 万）も 100000000（1 億）も 1000000000000（1 兆）も表現できる。それぞれ、1e4, 1e8, 1e12 だ。

しかし、この浮動小数点数では 1000100010000（1 兆 1 億 1 万）を表現できない。なぜならば、この値を正確に表現するには、100010001e4 を表現できる必要があるが、仮数は 100010001 を表現できないからだ。

浮動小数点数は値を必ずしも正確に表現できない。その代わり、とても大きな値や、とても小さな値を表現できる。

浮動小数点数の型を表す末尾の f/F/l/L は同じように使える。

```
// float
auto a = 1.0e0f ;
// double
auto b = 1.0e0 ;
// long double
auto c = 1.0e0l ;
```

12.1.3　16 進数の仮数と指数による表記

浮動小数点数の仮数部と指数部によるリテラルは、16 進数で記述することもできる。

文法は、0x から始め、16 進数の仮数部を書き、e/E の代わりに p/P を使い、指数部を 10 進数で指定する。このときの指数部の底は 2 になる。

値は

$$仮数 \times 2^{指数}$$

になる。

```
// 5496
double a = 0xabc.0p0 ;
// 7134
double b = 0xde.fp5 ;
```

12.2 浮動小数点数の表現と特性

浮動小数点数は指数と仮数で表現される。浮動小数点数の表現はさまざまだが、多くのアーキテクチャーでは国際標準規格の ISO/IEC/IEEE 60559:2011 が使われている。これは米国電気電子学会の規格 IEEE 754–2008 と同じ内容になっている。その大本は Intel が立案した規格、IEEE 754–1985 だ。一般には IEEE 754（アイトリプルイー 754）という名称で知られている。

IEEE 754 では、浮動小数点数は符号ビット、仮数部、指数部からなる。本書では IEEE 754 を前提として、浮動小数点数で気を付けるべき特性を説明する。

12.2.1 +0.0 と -0.0

IEEE 754 では符号ビットがあるので、ゼロには 2 種類ある。正のゼロと負のゼロだ。

```
int main()
{
    std::cout << 0.0 << "\n"s << -0.0 ;
}
```

+0.0 と −0.0 の違いを浮動小数点数で表現することはできるが、値を比較すると同じものだとみなされる。

```
int main()
{
    // a, b は異なるビットパターンを持つ
    double a = +0.0 ;
    double b = -0.0 ;

    // true
    bool c = a == b ;
}
```

12.2.2 +∞ と -∞ (無限大)

IEEE 754 の浮動小数点数は正の無限と負の無限を表現できる。

浮動小数点数の値としての無限は、計算の結果として現れるほか、`numeric_limits<T>::infinity()` を使って取得できる。

164 第 12 章 浮動小数点数

```cpp
int main()
{
    double a = std::numeric_limits<double>::infinity() ;
    double b = -std::numeric_limits<double>::infinity() ;

    std::cout << a << "\n"s << b ;
}
```

12.2.3 NaN (Not a Number)

NaN（Not a Number）は計算結果が未定義の場合を表現する浮動小数点数の特別な値だ。
計算結果が未定義な場合とは、例えばゼロで除算する場合だ。
値としての NaN は numeric_limits<T>::quiet_NaN() で取得できる。

```cpp
int main()
{
    double NaN = std::numeric_limits<double>::quiet_NaN() ;
    std::cout << NaN ;
}
```

NaN との比較結果はすべて false となる。

```cpp
int main()
{
    double NaN = std::numeric_limits<double>::quiet_NaN() ;

    // すべてfalse
    bool a = NaN == 0.0 ;
    bool b = NaN != 0.0 ;
    bool c = NaN == NaN ;
    bool d = NaN != NaN ;
    bool e = NaN < 0.0 ;
}
```

整数であれば、'a == b' が false であるならば、'a != b' なのだと仮定してもよいが、こと浮動小数点数の場合、NaN の存在があるために必ずしもそうとは限らない。上の例でわかるように、NaN との比較はすべて false になる。

12.2.4 有効桁数

浮動小数点数は正確な値のすべての桁数を表現できない。表現できるのは仮数部が何桁を正確に表現できるかに依存している。この有効桁数は、numeric_limits<T>::digits10 で取得できる。

```cpp
int main()
{
    std::cout
        << "float: "s << std::numeric_limits<float>::digits10 << "\n"s
        << "double: "s << std::numeric_limits<double>::digits10 << "\n"s
        << "long double: "s << std::numeric_limits<long double>::digits10 << "\n"s ;
}
```

浮動小数点数型 T の numeric_limits<T> にはもう 1 つ、max_digits10 がある。これは浮動小数点数を 10 進数表記にして、その 10 進数表記を浮動小数点数に戻したときに、浮動小数点数としての値を精度が落ちることなく再現できる桁数のことだ。

もう 1 つ興味深い値としては、numeric_limits<T>::epsilon() がある。これは浮動小数点数の 1 と比較可能な最小の値との差だ。

```cpp
int main()
{
    std::cout
        << "float: "s << std::numeric_limits<float>::epsilon() << "\n"s
        << "double: "s << std::numeric_limits<double>::epsilon() << "\n"s
        << "long double: "s << std::numeric_limits<long double>::epsilon() << "\n"s ;
}
```

12.3　浮動小数点数同士の変換

浮動小数点数型は相互に変換できる。変換先の浮動小数点数型が変換元の値を完全に表現できるならばその値に、できないのであれば近い値に変換される。

```cpp
int main()
{
    double a = 1.23456789 ;

    // 変換
    float b = a ;
    // 変換
    long double c = a ;
}
```

異なる浮動小数点数同士を演算すると、float ＜ double ＜ long double の順で大きい浮動小数点数型に合わせて変換される。

166   第 12 章　浮動小数点数

```cpp
int main()
{
    // float
    auto a = 1.0f + 1.0f ;
    // double
    auto b = 1.0f + 1.0 ;
    // long double
    auto c = 1.0f + 1.0l ;
}
```

12.4　浮動小数点数と整数の変換

浮動小数点数型を整数型に変換すると、小数部が切り捨てられる。

```cpp
int main()
{
    double a = 1.9999 ;
    // 1
    int x = a ;
}
```

変換元の浮動小数点数から小数部を切り捨てた値が変換先の整数型で表現できなかった場合は、何が起こるかわからない。

整数型を浮動小数点数型に変換すると、変換元の整数の値が変換先の浮動小数点数型で正確に表現できる場合はその値に、そうでない場合は表現できる最も近い値になる。

```cpp
int main()
{
    int a = 1 ;
    // 1.0
    double b = a ;
}
```

浮動小数点数と整数を演算した場合、浮動小数点数型になる。

```cpp
int main()
{
    // double
    auto a = 1.0 + 1 ;
    auto b = 1 + 1.0 ;

    // float
    auto c = 1.0f + 1 ;
}
```

第 13 章

名前

プログラミング言語 C++ にはさまざまな名前が出てくる。変数、関数、型など、さまざまなものに名前が付いている。この章では名前について学ぶ。

13.1 キーワード

一部の名前はキーワードとして予約され、特別な意味を持つ。キーワードは名前として使うことができない。

キーワードの一覧は以下のとおり。

alignas	alignof	asm	auto	bool	break
case	catch	char	char16_t	char32_t	class
concept	const	constexpr	const_cast	continue	decltype
default	delete	do	double	dynamic_cast	else
enum	explicit	export	extern	false	float
for	friend	goto	if	inline	int
long	mutable	namespace	new	noexcept	nullptr
operator	private	protected	public	register	reinterpret_cast
requires	return	short	signed	sizeof	static
static_assert	static_cast	struct	switch	template	this
thread_local	throw	true	try	typedef	typeid
typename	union	unsigned	using	virtual	void
volatile	wchar_t	while			

13.2　名前に使える文字

　名前というのは根本的には識別子と呼ばれる文字列で成り立っている。

　C++ では識別子にラテンアルファベット小文字、大文字、アラビア数字、アンダースコア、を使うことができる。以下がその文字の一覧だ。

```
a b c d e f g h i j k l m
n o p q r s t u v w x y z
A B C D E F G H I J K L M
N O P Q R S T U V W X Y Z
0 1 2 3 4 5 6 7 8 9
_
```

　小文字と大文字は区別される。名前 a と名前 A は別の名前だ。

　ただし、名前はアラビア数字で始まってはならない。

```
int 123abc = 0 ; // エラー
```

　名前にダブルアンダースコア（ __ ）が含まれているものは予約されているので使ってはならない。ダブルアンダースコアとはアンダースコア文字が 2 つ連続したものをいう。

```
// 使ってはならない
// すべてダブルアンダースコアを含む
int __ = 0 ;
int a__ = 0 ;
int __a = 0 ;
```

　アンダースコアに大文字から始まる名前も予約されているので使ってはならない。

```
// 使ってはならない
// アンダースコアに大文字から始まる
int _A = 0 ;
```

　アンダースコアに小文字から始まる名前もグローバル名前空間で予約されているので使ってはならない。グローバル名前空間についてはこのあと説明する。

```
// 使ってはならない
// アンダースコアに小文字から始まる
int _a = 0 ;
```

　予約されているというのは、C++ コンパイラーがその名前を C++ の実装のために使うかもしれないということだ。例えば C++ コンパイラーは _A という名前を特別な意味を持つものとして使うかも

しれないし、その名前の変数や関数をプログラムに追加するかもしれない。

13.3　宣言と定義

C++ では、名前は使う前に宣言しなければならない。

```cpp
int main()
{
    int x = 0 ; // 宣言
    x = 1 ; // 使用
}
```

宣言する前に使うことはできない。

```cpp
int main()
{
    // エラー、名前x は宣言されていない。
    x = 1 ;

    int x = 0 ;
}
```

C++ では多くの名前は宣言と定義に分かれている。宣言と定義の分離は関数が一番わかりやすい。

```cpp
// 関数の宣言
int plus_one( int x ) ;

// 関数の定義
int plus_one( int x ) // 宣言部分
// 定義部分
// 関数の本体
{
    return x + 1 ;
}
```

関数の定義は宣言を兼ねる。

宣言は何度でも書くことができる。

```cpp
int plus_one( int x ) ; // 初出
int plus_one( int x ) ; // OK
int plus_one( int x ) ; // OK
```

定義はプログラム中に一度しか書くことができない。

第13章　名前

```
// 定義
int odr() { }

// エラー、定義の重複
int odr() { }
```

名前を使うのに事前に必要なのは宣言だ。定義は名前を使ったあとに書いてもよい。

```
// 宣言
int plus_one( int x ) ;

int main()
{
    plus_one( 1 ) ;
}

// 定義
int plus_one( int x )
{
    return x + 1 ;
}
```

ほとんどの変数は宣言と定義が同時に行われる。変数でも宣言と定義を分割して行う方法もあるのだが、解説は分割コンパイルの章で行う。

13.4　名前空間

本書をここまで読んだ読者は、一部の型名の記述が少し変なことに気が付いているだろう。

```
std::string a ;
std::vector<int> b ;
```

コロンやアングルブラケットは名前に使える文字ではない。信じられない読者は試してみるとよい。

```
// エラー
int :: = 0 ;
int <int> = 0 ;
```

莫大なエラーが表示されるだろうが、すでに学んだようにとてもいいことだ。コンパイラーが間違いを見つけてくれたのだから。わからないことがあったらどんどんコンパイルエラーを出すとよい。

実は std というのは名前空間（namespace）の名前だ。ダブルコロン（::）は名前空間を指定する文法だ。

名前空間の文法は以下のとおり。

```
namespace ns {
// コード
}
```

名前空間の中の名前を参照するには `::` を使う。

```
ns::name ;
```

名前空間の中には変数も書ける。この変数は関数の内部に限定されたローカル変数とは違い、どの関数からでも参照できる。

```
namespace ns {
    int name{} ;
}

int f()
{
    return ns::name ;
}

int main()
{
    ns::name = 1 ;
}
```

名前空間の中で宣言された名前は、名前空間を指定しなければ使えなくなる。

```
namespace ns {
    int f() { return 0 ; }
}

int main()
{
    ns::f() ;

    f() ; // エラー
}
```

異なる名前空間名の下の名前は別の名前になる。

```cpp
namespace a {
    int f() { return 0 ; }
}


namespace b {
    int f() { return 1 ; }
}

int main()
{
    a::f() ; // 0
    b::f() ; // 1
}
```

これだけを見ると、名前空間というのはわざわざ名前空間名を指定しなければ使えない面倒な機能に見えるだろう。名前空間の価値は複数人で同じプログラムのソースファイルを編集するときに出てくる。

例えば、アリスとボブがプログラムを共同で開発しているとする。あるプログラムのソースファイル f という名前の関数を書いたとする。ここで、同じプログラムを共同開発している他人も f という名前の関数を書いたらどうなるか。

```cpp
// アリスの書いた関数f
int f() { return 0 ; }

// ボブの書いた関数f
int f() { return 1 ; }
```

すでに宣言と定義で学んだように、このコードはエラーになる。なぜならば、同じ名前に対して定義が2つあるからだ。

名前空間なしでこの問題を解決するためには、アリスとボブが事前に申し合わせて、名前が衝突しないように調整する必要がある。

しかし名前空間がある C++ では、そのような面倒な調整は必要がない。アリスとボブが別の名前空間を使えばいいのだ。

```cpp
// アリスの名前空間
namespace alice {
    // アリスの書いた関数f
    int f() { return 0 ; }
}
```

```
// ボブの名前空間
namespace bob {
    // ボブの書いた関数f
    int f() { return 1 ; }
}
```

alice::f と bob::f は別の名前なので定義の衝突は起こらない。

13.4.1　グローバル名前空間

名前空間に包まれていないソースファイルのトップレベルの場所は、実はグローバル名前空間（global name space）という名前のない名前空間で包まれているという扱いになっている。

```
// グローバル名前空間
int f() { return 0 ; }

namespace ns {
    int f() { return 1 ; }
}

int main()
{
    f() ; // 0
    ns::f() ; // 1
}
```

グローバル名前空間は名前の指定のない単なる :: で指定することもできる。

```
int x { } ;

int main()
{
    x ; // ::x と同じ
    ::x ;
}
```

すでに名前空間の中では変数を宣言できることは学んだ。グローバル名前空間は名前空間なので同じように変数を宣言できる。

main 関数はグローバル名前空間に存在しなければならない。

```
// グローバル名前空間
int main() { }
```

13.4.2　名前空間のネスト

名前空間の中に名前空間を書くことができる。

```
namespace A { namespace B { namespace C {
    int name {} ;
} } }

int main()
{
    A::B::C::name = 0 ;
}
```

名前空間のネストは省略して書くこともできる。

```
namespace A::B::C {
    int name { } ;
}

int main()
{
    A::B::C::name = 0 ;
}
```

13.4.3　名前空間名の別名を宣言する名前空間エイリアス

名前空間名には別名を付けることができる。これを名前空間エイリアスと呼ぶ。

たとえば名前空間名が重複することを恐れるあまり、とても長い名前空間名を付けたライブラリがあるとする。

```
namespace very_long_name {
    int f() { return 0 ; }
}

int main()
{
    very_long_name::f() ;
}
```

この関数 f を使うために毎回 very_long_name::f と書くのは面倒だ。こういうときには名前空間エイリアスを使うとよい。名前空間エイリアスは名前空間名の別名を宣言できる。

```
namespace 別名 = 名前空間名 ;
```

使い方。

```
namespace very_long_name {
    int f() { return 0 ; }
}

int main()
{
    // 名前空間エイリアス
    namespace vln = very_long_name ;
    // vln は very_long_name のエイリアス
    vln::f() ;
}
```

名前空間エイリアスは元の名前空間名と同じように使える。意味も同じだ。

名前空間エイリアスはネストされた名前空間にも使える。

```
namespace A::B::C {
    int f() { return 0 ; }
}

int main()
{
    namespace D = A::B::C ;
    // D は A::B::C のエイリアス
    D::f() ;
}
```

名前空間エイリアスを関数の中で宣言すると、その関数の中でだけ有効になる。

```
namespace A { int x { } ; }

int f()
{
    // B の宣言
    namespace B = A ;
    // OK、B は宣言されている
    return B::x ;
}

int g()
{
    // エラー、B は宣言されていない
    return B::x ;
}
```

176　第 13 章　名前

名前空間エイリアスを名前空間の中で宣言すると、宣言以降の名前空間内で有効になる。

```cpp
namespace ns {
    namespace A { int x { } ; }
    namespace B = A ;

    // OK
    int f(){ return B::x ; }
    // OK
    int g(){ return B::x ; }

} // end namespace ns

// エラー、B は宣言されていない
int h(){ return B::x ; }
```

グローバル名前空間は名前空間なので、名前空間エイリアスを宣言できる。

```cpp
namespace long_name_is_loooong { }
namespace cat = long_name_is_loooong ;
```

13.4.4　名前空間名の指定を省略する using ディレクティブ

名前空間は名前の衝突を防ぐ機能だが、名前空間名をわざわざ指定するのは面倒だ。

```cpp
int main()
{
    // std 名前空間の string
    std::string s ;
    // std 名前空間の vector<int>
    std::vector<int> v ;

    // std 名前空間の cout
    std::cout << 123 ;
}
```

もし自分のソースファイルが string, vector<int>, cout、その他 std 名前空間で使われる名前をいっさい使っていない場合、名前の衝突は発生しないことになる。その場合でも名前空間名を指定しなければならないのは面倒だ。

C++ では指定した名前空間を省略できる機能が存在する。using ディレクティブだ。

```cpp
using namespace 名前空間名 ;
```

これを使えば、先ほどのコードは以下のように書ける。

```
int main()
{
    using namespace std ;
    // std 名前空間の string
    string s ;
    // std 名前空間の vector<int>
    vector<int> v ;

    // std 名前空間の cout
    cout << 123 ;
}
```

では名前が衝突した場合はどうなるのか。

```
namespace abc {
    int f() { return 0 ; }
}

int f() { return 1 ; }

int main()
{
    using namespace abc ;

    // エラー、名前が曖昧
    f() ;
}
```

名前 f に対してどの名前を使用するのか曖昧になってエラーになる。このエラーを回避するためには、名前空間を直接指定する。

```
namespace abc {
    int f() { return 0 ; }
}

int f() { return 1 ; }

int main()
{
    using namespace abc ;

    // OK、名前空間 abc の f
    abc::f() ;
```

```
    // OK、グローバル名前空間の f
    ::f() ;
}
```

usingディレクティブは関数の中だけではなく、名前空間の中にも書ける。

```
namespace A {
    int f(){ return 0 ; }
}

namespace B {
    using namespace A ;
    int g()
    {
        // OK、A::f
        f() ;
    }
}
```

名前空間の中にusingディレクティブを書くと、その名前空間の中では指定した名前空間を省略できる。

グローバル名前空間は名前空間なのでusingディレクティブが書ける。

```
using namespace std ;
```

ただし、グローバル名前空間の中にusingディレクティブを書くと、それ以降すべての箇所で指定した名前空間の省略ができてしまうので注意が必要だ。

13.4.5　名前空間を指定しなくてもよいinline名前空間

inline名前空間は inline namespace で定義する。

```
inline namespace name { }
```

inline名前空間内の名前は名前空間名を指定して使うこともできるし、名前空間を指定せずとも使うことができる。

```
inline namespace A {
    int a { } ;
}

namespace B {
    int b { } ;
}
```

```
int main()
{
    a = 0 ;      // A::a
    A::a = 0 ;   // A::a

    b = 0 ;       // エラー、名前bは宣言されていない
    B::b = 0 ;   // B::b
}
```

　読者が **inline** 名前空間を使うことはほとんどないだろうが、ライブラリのソースファイルを読むときには出てくるだろう。

13.5　型名

　型名とは型を表す名前だ。

　型名は **int** や **double** のように言語組み込みのキーワードを使うこともあれば、独自に作った型名を使うこともある。この独自に作った型名を専門用語ではユーザー定義された型（user–defined type）という。ユーザー定義された型を作る方法はさまざまだ。具体的に説明するのは本書のだいぶあとの方になるだろう。例としては、**std::string** や **std::vector<T>** がある。標準ライブラリによってユーザー定義された型だ。

```
// 組み込みの型名
int i = 0 ;
double d = 0.0 ;

// ユーザー定義された型名
std::string s ;
std::vector<int> v ;
```

13.5.1　型名の別名を宣言するエイリアス宣言

　長い名前空間名を書くのが煩わしいように、長い型名を書くのも煩わしい。名前空間名の別名を宣言できるように、型名も別名を宣言できる。

　型名の別名を宣言するにはエイリアス宣言を使う。

```
using 別名 = 型名 ;
```

使い方。

```
int main()
{
    // エイリアス宣言
    using Number = int ;

    // Number は int の別名
    Number x = 0 ;
}
```

型名の別名は型名と同じように使える。意味も同じだ。

歴史的な経緯により、エイリアス宣言による型名の別名のことを、typedef 名（typedef name）という。これは typedef 名を宣言する文法が、かつては typedef キーワードを使ったものだったからだ。typedef キーワードを使った typedef 名の宣言方法は、昔のコードによく出てくるので現代でも覚えておく必要はある。

```
typedef 型名 typedef 名 ;
```

使い方。

```
int main()
{
    // typedef 名による型名の宣言
    typedef int Number ;

    Number x = 0 ;
}
```

これは変数の宣言と同じ文法だ。変数の宣言が以下のような文法で、

```
型名 変数名 ;
```

これに typedef キーワードを使えば typedef 名の宣言になる。

しかし typedef キーワードによる typedef 名の宣言はわなが多い。例えば熟練の C++ プログラマーでも、以下のコードが合法だということに驚くだろう。

```
int main()
{
    int typedef Number ;
    Number x = 0 ;
}
```

しかし本書ではまだ教えていない複雑な型名について、このようなコードを書こうとするとコンパイルエラーになることに熟練の C++ プログラマーは気が付くはずだ。その理由はとても難しい。

エイリアス宣言にはこのようなわなはない。

13.6　スコープ

スコープ（scope）というのはやや説明が難しい概念だ。名前空間や関数はスコープを持っている。とてもおおざっぱに説明するとカーリブラケット {} で囲まれた範囲がスコープだ。

```
namespace ns
{ // 名前空間スコープの始まり
} // 名前空間スコープの終わり

void f()
{ // 関数スコープの始まり

} // 関数スコープの終わり
```

これとは別にブロック文のスコープもある。ブロックとは関数の中で複数の文を束ねて 1 つの文として扱う機能だ。覚えているだろうか。

```
void f()
{ // 関数スコープ

    { // 外側のブロックスコープ
        { // 内側のブロックスコープ
        }
    }
}
```

スコープは { に始まり } に終わる。

なぜスコープという概念について説明したかというと、宣言された名前が有効な範囲は、宣言された最も内側のスコープの範囲だからだ。

```
namespace ns
{// a の所属するスコープ
    int a {} ;

    void f()
    { // b の所属するスコープ
        int b {} ;

        { // c の所属するスコープ
            int c {} ;
```

```
    }// c の範囲終わり


    }// b の範囲終わり

} // a の範囲終わり
```

名前が有効な範囲は、宣言された最も内側のスコープだ。
外側のスコープで宣言された名前は内側のスコープで使える。

```
void f()
{
    int a {} ;
    {// 新たなスコープ
        a = 0 ;
    }
}
```

その逆はできない。

```
void f()
{
    { int a {} ; }
    // エラー
    a = 0 ;
}
```

名前空間も同じだ。

```
// グローバル名前空間スコープ

namespace ns {
    int a {} ;
    void f()
    {
        a = 0 ; // OK
    }
} // 名前空間ns のスコープの終了

int main()
{
    // エラー
    a = 0 ;
    // OK
    ns::a ;
}
```

13.6 スコープ 183

名前空間スコープと関数スコープには違う点もあるが、名前の有効な範囲としては同じスコープだ。
外側のスコープで宣言された名前と同じ名前を内側で宣言すると、内側の名前が外側の名前を隠す。

```cpp
// グローバル名前空間のf
auto f = []()
{ std::cout << 1 ; } ;

int main()
{
    f() ; // 1

    // 関数main の f
    auto f = []()
    { std::cout << 2 ; } ;

    f() ; // 2

    {
        f() ; // 2

        // ブロックのf
        auto f = []()
        { std::cout << 3 ; } ;
        f() ; // 3
    }

    f() ; // 2
}
```

　宣言されている場所に注意が必要だ。名前 f は 3 つある。最初の関数呼び出しの時点ではグローバル
名前空間の f が呼ばれる。まだ名前 f は関数 main の中で宣言されていないからだ。そして関数 main
のスコープの中で名前 f が宣言される。このときグローバル名前空間の f は隠される。そのため、次の
関数 f の呼び出しでは関数 main の f が呼ばれる。次にブロックの中に入る。ここで関数 f が呼ばれる
が、まだこの f は関数 main の f だ。そのあとにブロックの中で名前 f が宣言される。すると次の関数
f の呼び出しはブロックの f だ。ブロックから抜けたあとの関数 f の呼び出しは関数 main の f だ。
　この章では名前について解説した。名前は難しい。難しいが、プログラミングにおいては名前と向き
合わなければならない。

第 14 章

イテレーターの基礎

vector の章では vector の要素にアクセスする方法としてメンバー関数 at(i) を学んだ。at(i) は i 番目の要素にアクセスできる。ただし最初の要素は 0 番目だ。

```cpp
int main()
{
    std::vector<int> v = {1,2,3,4,5} ;

    int x = v.at(2) ; // 3
    v.at(2) = 0 ;
    // v は{1,2,0,4,5}
}
```

この章では vector の要素にアクセスする方法としてイテレーター（iterator）を学ぶ。

14.1　イテレーターの取得方法

イテレーターは std::begin(v) で取得する。v は vector の変数だ。

```cpp
int main()
{
    std::vector<int> v = {1,2,3,4,5} ;
    auto i = std::begin(v) ;
}
```

186   第 14 章　イテレーターの基礎

14.2　イテレーターの参照する要素に対する読み書き

　イテレーターは vector の先頭の要素を指し示している。イテレーターの指し示す要素を参照するには * を使う。

```cpp
int main()
{
    std::vector<int> v = {1,2,3,4,5} ;

    auto i = std::begin(v) ;

    int x = *i ; // 1

    *i = 0 ;
    // v は{0,2,3,4,5}
}
```

　*i を読み込むと指し示す要素の値を読むことができ、*i に代入をすると指し示す要素の値を変えることができる。

14.3　イテレーターの参照する要素を変更

　現在指している要素の次の要素を指すように変更するには ++ を使う。

```cpp
int main()
{
    std::vector<int> v = {1,2,3,4,5} ;

    auto i = std::begin(v) ;

    *i ; // 1
    ++i ;
    *i ; // 2
    ++i ;
    *i ; // 3
}
```

　現在指している要素の前の要素を指すように変更するには -- を使う。

```cpp
int main()
{
    std::vector<int> v = {1,2,3,4,5} ;
```

```
    auto i = std::begin(v) ;

    *i ; // 1
    ++i ;
    *i ; // 2
    --i ;
    *i ; // 1
}
```

vector の全要素を先頭からイテレーターでアクセスするには、要素数だけ ++i すればよいことになる。

```
int main()
{
    std::vector<int> v = {1,2,3,4,5} ;
    auto iter = std::begin(v) ;

    for ( std::size_t i = 0 ; i != std::size(v) ; ++i, ++iter )
    {
        std::cout << *iter << "\n"s ;
    }
}
```

これは動く。ただしもっとマシな方法がある。イテレーターの比較だ。

14.4　イテレーターの比較

イテレーターは比較できる。同じ順番の要素を指すイテレーターは等しく、そうではないイテレーターは等しくない。

```
int main()
{
    std::vector<int> v = {1,2,3,4,5} ;

    auto x = std::begin(v) ;
    auto y = x ;

    // x, y は 0 番目の要素を指す

    bool b1 = (x == y) ; // true
    bool b2 = (x != y) ; // false

    ++x ; // x は 1 番目の要素を指す。

    bool b3 = (x == y) ; // false
```

188 第14章 イテレーターの基礎

```
    bool b4 = (x != y) ; // true
}
```

14.5 最後の次の要素へのイテレーター

std::begin(v) は vector の変数 v の最初の要素を指し示すイテレーターを取得する。

std::end(v) は vector の変数 v の最後の次の要素を指し示すイテレーターを取得する。

```
int main()
{
    std::vector<int> v = { 1,2,3,4,5 };

    // 最後の次の要素を指し示すイテレーター
    auto i = std::end(v) ;
}
```

最後の次の要素とは何か。ある vector<int> の変数の中身が {1,2,3,4,5} のとき、最初の 0 番目の要素の値は 1 だ。最後の 4 番目の要素の値は 5 だ。最後の次の要素とは、値が 5 の最後の要素の次の要素だ。そのような要素は実際には存在しないが、std::end は概念として最後の次の要素を返す。

最後の次の要素を指し示すイテレーターに対して、* で要素にアクセスを試みるとエラーになる。

```
int main()
{
    std::vector<int> v = {1,2,3,4,5} ;

    auto i = std::end(v) ;

    *i ; // エラー
}
```

最後の次の要素を ++ しようとするとエラーになる。-- することはできる。

```
int main()
{
    std::vector<int> v = {1,2,3,4,5} ;
    auto i = std::end(v) ;

    --i ;   // 最後の要素を指す
    *i ;    // 5
    ++i ;   // 最後の次の要素を指す
    *i ;    // エラー
}
```

実際には存在しない最後の次の要素を指し示すイテレーターは何の役に立つのか。答えはイテレーターの比較だ。

実際には存在しない最後の次の要素を指すイテレーターに '*' を使って要素にアクセスするのはエラーだが、イテレーター同士の比較はできる。すでに説明したように、イテレーターの比較は同じ要素を指す場合は true、違う要素を指す場合は false になる。

```cpp
int main()
{
    std::vector<int> v = {1,2,3} ;

    // x は最初の要素を指す
    auto x = std::begin(v) ;
    // y は最後の次の要素を指す
    auto y = std::end(v) ;


    x == y ; // false
    ++x ; // x は最初の次の要素を指す
    x == y ; // false
    ++x ; // x は最後の要素を指す
    x == y ; // false
    ++x ; // x は最後の次の要素を指す
    x == y ; // true
}
```

std::end で取得する最後の次の要素を指すイテレーターと比較することで、イテレーターが最後の次の要素を指し示す状態に到達したことを判定できる。

ということは、vector の要素を先頭から最後まで順番に出力するプログラムは、以下のように書ける。

```cpp
int main()
{
    std::vector<int> v = {1,2,3,4,5} ;

    for ( auto iter = std::begin(v), last = std::end(v) ;
          iter != last ; ++iter )
    {
        std::cout << *iter << "\n"s ;
    }
}
```

14.6　なんでもイテレーター

　イテレーターというのは要素にアクセスする回りくどくて面倒な方法に見える。イテレーターという面倒なものを使わずに、`vector::at(i)` で i 番目の要素にアクセスする方が楽ではないか。そう考える読者もいるだろう。イテレーターの利点はその汎用性にある。イテレーターの作法に従うことで、さまざまな処理が同じコードで書けるようになるのだ。

　たとえば、`vector` の要素を先頭から順番に出力する処理を振り返ってみよう。

```cpp
int main()
{
    std::vector<int> v = {1,2,3,4,5} ;

    for ( std::size_t i = 0 ; i != std::size(v) ; ++i )
    {
        std::cout << v.at(i) << "\n"s ;
    }
}
```

　このコードは `vector` にしか使えないコードだ。イテレーターで書き直してみよう。

```cpp
int main()
{
    std::vector<int> v = {1,2,3,4,5} ;

    for ( auto iter = std::begin(v), last = std::end(v) ;
          iter != last ; ++iter )
    {
        std::cout << *iter << "\n"s ;
    }
}
```

　そして、この要素を先頭から出力する処理を関数にしてみよう。

```cpp
auto output_all = []( auto first, auto last )
{
    for ( auto iter = first ; iter != last ; ++iter )
    {
        std::cout << *iter << "\n"s ;
    }
} ;
```

```
int main()
{
    std::vector<int> v = {1,2,3,4,5} ;

    output_all( std::begin(v), std::end(v) ) ;
}
```

この関数 output_all は vector 以外のイテレーターにも対応している。C++ にはさまざまなイテレーターがある。例えば標準入力から値を受け取るイテレーターがある。さっそく使ってみよう。

```
int main()
{
    std::istream_iterator<int> first( std::cin ), last ;

    output_all( first, last ) ;
}
```

このプログラムは標準入力から int 型の値を受け取り、それをそのまま標準出力する。

C++ にはほかにも、カレントディレクトリーにあるファイルの一覧を取得するイテレーターがある。

```
int main()
{
    std::filesystem::directory_iterator first("./"), last ;

    output_all( first, last ) ;
}
```

関数 output_all のコードは何も変えていないのに、さまざまなイテレーターに対応できる。イテレーターというお作法にのっとることで、さまざまな処理が可能になるのだ。

これは出力にも言えることだ。関数 output_all は std::cout に出力していた。これをイテレーターに対する書き込みに変えてみよう。

```
auto output_all = []( auto first, auto last, auto output_iter )
{
    for ( auto iter = first ; iter != last ; ++iter, ++output_iter )
    {
        *output_iter = *iter ;
    }
} ;
```

書き換えた関数 output_all は新しく output_iter という引数を取る。これはイテレーターだ。std::cout に出力する代わりに、このイテレーターに書き込むように変更している。

こうすることによって、出力にもさまざまなイテレーターが使える。

標準出力に出力するイテレーターがある。

```cpp
int main()
{
    std::vector<int> v = {1,2,3,4,5} ;

    output_all( std::begin(v), std::end(v),
                std::ostream_iterator<int>(std::cout) ) ;
}
```

vector も出力先にできる。つまり vector のコピーだ。

```cpp
int main()
{
    std::vector<int> source = {1,2,3,4,5} ;
    std::vector<int> destination(5) ;

    output_all( std::begin(source), std::end(source), std::begin( destination ) ) ;
}
```

destination(5) というのは、vector にあらかじめ 5 個の要素を入れておくという意味だ。あらかじめ入っている要素の値は int の場合ゼロになる。

このほかにもイテレーターはさまざまある。自分でイテレーターを作ることもできる。そして、**関数 output_all** はイテレーターにさえ対応していればさまざまな処理にコードを 1 行たりとも変えずに使えるのだ。

14.7　イテレーターと添字の範囲

イテレーターは順序のある値の集合を表現するために、最初の要素への参照と、最後の次の要素への参照のペアを用いる。

たとえば、{1,2,3,4,5} という順序の値の集合があった場合、イテレーターは最初の要素である 1 と最後の 1 つ次の要素である 5 の次の架空の要素を指し示す。

```cpp
int main()
{
    std::vector<int> v = {1,2,3,4,5} ;

    auto i = std::begin(v) ;
    auto j = std::end(v) ;
}
```

このようにして範囲を表現することを、**半閉鎖**（half-closed）とか、[i,j] などと表現する。

この状態から {2,3,4,5} のような値の集合を表現したい場合、イテレーター i をインクリメントすればよい。

```
    ++i ;
```

これで [i,j) は {2,3,4,5} になった。

このような範囲の表現方法に疑問を感じる読者もいるだろう。なぜ最後の次の要素という本来存在しない架空の要素をあたかも参照しているかのようなイテレーターが必要なのか。最後の要素を参照するのではだめなのか。

そのような範囲の表現方法は、**閉鎖**（closed）とか [i,j] などと表現する。

実はこの方法は vector の要素の順番を指定する方法と同じなのだ。

{1,2,3,4,5} と 5 個の順序ある要素からなる vector では、最初の要素は 0 番目で、最後の要素は 4 番目だ。1 番目から 5 番目ではない。

```cpp
int main()
{
    std::vector<int> v = {1,2,3,4,5} ;

    v.at(0) ; // 最初の要素: 1
    v.at(4) ; // 最後の要素: 5
}
```

ではなぜなのか。なぜ vector では n 個の要素の順番を 0 番目から $n-1$ 番目として表現するのか。

実は C++ に限らず、現在使われているすべてのプログラミングはインデックスを 0 から始めている。かつてはインデックスを 1 から始める言語も存在したが、そのような言語はいまは使われていない。

この疑問はエドガー・ダイクストラ（Edsger Wybe Dijkstra）が "Why numbering should start at zero"（EWD831）で解説している。

2, 3, ..., 12 の範囲の自然数を表現するのに、慣習的に以下の 4 つの表記がある。

a) $2 \le i < 13$

b) $1 < i \le 12$

c) $2 \le i \le 12$

d) $1 < i < 13$

C++ のイテレーターは a) を元にしている。

この 4 つのうち、a) と b) は上限から下限を引くと、範囲にある自然数の個数である 11 になる。

この性質はとても便利なので C++ でも、イテレーター同士の引き算ができるようになっている。イテレーター i, j ($i \le j$) で j - i をした結果はイテレーターの範囲の要素の個数だ。

```cpp
int main()
{
    std::vector<int> v = {2,3,4,5,6,7,8,9,10,11,12} ;

    auto i = std::begin(v) ;
```

194 第14章 イテレーターの基礎

```cpp
    auto j = std::end(v) ;

    // 11
    // イテレーターの範囲の要素の個数
    std::cout << j - i << "\n"s ;

    ++i ; // 先頭の次の要素を指す
    // 10
    std::cout << j - i ;
}
```

a) と b) はどちらがいいのだろうか。b) を元にイテレーターを設計すると以下のようになる。

```cpp
// b)案を採用する場合
int main()
{
    std::vector<int> v = {1,2,3,4,5} ;

    // 最初の1つ前の架空の要素を指す
    auto i = std::begin(v) ;
    // 最後の要素を指す
    auto j = std::end(v) ;

    // 最初の要素を指すようにする。
    ++i ;

    // i が最後の要素を指すとループを抜ける
    for ( ; i != j ; ++i )
    {
        std::cout << *i ;
    }
    // 最後の要素を処理する
    std::cout << *i ;


}
```

a) の方がよい。

```cpp
// a)案を採用する場合
int main()
{
    std::vector<int> v = {1,2,3,4,5} ;

    // 最初の要素を指す
    auto i = std::begin(v) ;
```

```
    // 最後の次の要素を指す
    auto j = std::end(v) ;

    // i が最後の次の要素を指すとループを抜ける
    for ( ; i != j ; ++i )
    {
        std::cout << *i ;
    }

    // すべての要素について処理を終えている
}
```

b) 案では末尾から先頭まで後ろ向きに要素を一巡する操作はやりやすいが、実際には先頭から末尾まで一巡する操作の方が多い。

C++ では要素の順番を数値で指し示すとき、最初の要素は 0 番目であり、次の要素は 1 番目であり、N 個目の要素は $N-1$ 番目になっている。この数値で指し示すことを**添字**とか**インデックス**というがなぜ最初の要素を 1 番目にしないのか。

C++ ではさまざまなところで a) を採用している。これを添字に適用すると、最初の要素が 1 番目から始まる場合、N 個の要素を参照する添字の範囲は $1 \leq i < N+1$ になる。そのような場合、以下のようなコードになる。

```
// 最初の要素が 1 番目の場合
int main()
{
    // 5個の要素を持つvector
    std::vector<int> v = {1,2,3,4,5} ;

    // i の値の範囲は 1 から 5 まで
    for ( std::size_t i = 1 ; i < 6 ; ++i )
    {
        std::cout << v.at(i) ;
    }
}
```

要素数は 5 個なのに 6 が出てくる。最初の要素が 0 番目の場合、N 個の要素を参照する添字の範囲は $0 \leq i < N$ になる。

```
// 最初の要素が 0 番目の場合
int main()
{
    // 5個の要素を持つvector
    std::vector<int> v = {1,2,3,4,5} ;

    // i の値の範囲は 0 から 5 まで
    for ( std::size_t i = 0 ; i < 5 ; ++i )
```

```
    {
        std::cout << v.at(i) ;
    }
}
```

一貫性のために最初の要素は 0 番目となっている。

また、空の集合にも対応できる。

```
int main()
{
    // 空
    std::vector<int> v ;

    // 空なので何も出力されない
    for (   auto i = std::begin(v), j = std::end(v) ;
            i != j ; ++i )
    {
        std::cout << *i ;
    }
}
```

変数 v は空なので i != j は false となり、for 文の中の文は一度も実行されない。

第 15 章
lvalue リファレンスと const

> ポップカルチャーリファレンスというのは
> 流行の要素をさり気なく作品中に取り入れることで、
> 流行作品を知っている読者の笑いを誘う手法である
> ─ キャプテン・オブビウス、ポップカルチャーリファレンスについて

15.1 lvalue リファレンス

変数に変数を代入すると、代入元の値が代入先にコピーされる。代入先の値を変更しても、コピーされた値が変わるだけで、代入元にはいっさい影響がない。

```
int main()
{
    int a = 1 ;
    int b = 2 ;

    b = a ;
    // b == 1

    b = 3 ;
    // a == 1
    // b == 3
}
```

これは関数も同じだ。

```cpp
void assign_3( int x )
{
    x = 3 ;
}

int main()
{
    int a = 1 ;
    assign_3( a ) ;

    // a == 1
}
```

しかし、ときには変数の値を直接書き換えたい場合がある。このとき lvalue リファレンス（reference）が使える。lvalue リファレンスは変数に & を付けて宣言する

```cpp
int main()
{
    int a = 1 ;
    int & ref = a ;

    ref = 3 ;

    // a == 3
    // ref は a なので同じく 3
}
```

この例で、変数 ref は変数 a への参照（リファレンス）なので、変数 a と同じように使える。
lvalue リファレンスは必ず初期化しなければならない。

```cpp
int main()
{
    // エラー
    int & ref ;
}
```

lvalue リファレンスは関数でも使える。

```cpp
void f( int & x )
{
    x = 3 ;
}
```

```
int main()
{
    int a = 1 ;
    f( a ) ;

    // a == 3
}
```

選択ソートで 2 つの変数の値を交換する必要があったことを覚えているだろうか。

```
int main()
{
    std::vector<int> v = {3,2,1,4,5} ;

    // 0番目と 2番目の要素を交換したい
    auto temp = v.at(0) ;
    v.at(0) = v.at(2) ;
    v.at(2) = temp ;
}
```

いちいち交換のために別の変数 temp を作って 3 回代入を書くのは面倒だ。これを関数にしてしまいたい。

```
// 値を交換
swap( v.at(0), v.at(2) ) ;
```

このような関数 swap は普通に書くことはできない。

```
// この実装は正しくない
auto swap = []( auto a, auto b )
{
    auto temp = a ;
    a = b ;
    b = temp ;
} ;
```

この実装では、変数は単にコピーされるだけなので、関数の呼び出し元には何の影響もない。

これを lvalue リファレンスに変えると、関数の呼び出し元の変数の値を交換する関数 swap が作れる。

```
// lvalue リファレンス
auto swap = []( auto & a, auto & b )
{
    auto temp = a ;
    a = b ;
    b = temp ;
} ;
```

C++ の標準ライブラリには `std::swap` があるので、読者はわざわざこのような関数を自作する必要はない。

```
int main()
{
    int a = 1 ;
    int b = 2 ;

    std::swap( a, b ) ;

    // a == 2
    // b == 1
}
```

ところで、この章では一貫して `lvalue` リファレンスと書いているのに気が付いただろうか。`lvalue` とは何なのか、`lvalue` ではないリファレンスはあるのか。その疑問はあとの章で解決する。

15.2　const

値を変更したくない変数は、`const` を付けることで変更を禁止できる。

```
int main()
{
    int x = 0 ;
    x = 1 ; // OK、変更できる

    const int y = 0 ;
    y = 0 ; // エラー、変更できない。
}
```

`const` はちょっと文法が変わっていて混乱する。例えば、`const int` でも `int const` でも意味が同じだ。

```cpp
int main()
{
    // 意味は同じ
    const int x = 0 ;
    int const y = 0 ;
}
```

const は lvalue リファレンスと組み合わせることができる。

```cpp
int main()
{
    int x = 0 ;

    int & ref = x ;
    // OK
    ++ref ;

    const int & const_ref = x ;

    // エラー
    ++const_ref ;
}
```

const は本当に文法が変わっていて混乱する。const int &と int const &は同じ意味だが、int & const はエラーになる。

```cpp
int main()
{
    int a = 0 ;

    // OK、意味は同じ
    const int & b = a ;
    int const & c = a ;

    // エラー
    int & const d = a ;
}
```

これはとても複雑なルールで決まっているので、こういうものだとあきらめて覚えるしかない。

const が付いていない型のオブジェクトを const な lvalue リファレンスで参照することができる。

```
int main()
{
    // const の付いていない型のオブジェクト
    int x = 0 ;

    // OK
    int & ref = x ;
    // OK、const は付けてもよい
    const int & cref = x ;
}
```

const の付いている型のオブジェクトを const の付いていない lvalue リファレンスで参照することはできない。

```
int main()
{
    // const の付いている型のオブジェクト
    const int x = 0 ;

    // エラー、const がない
    int & ref = x ;

    // OK、const が付いている
    const int & cref = x ;
}
```

const の付いている lvalue リファレンスは何の役に立つのかというと、関数の引数を取るときに役に立つ。

例えば以下のコードは非効率的だ。

```
void f( std::vector<int> v )
{
    std::cout << v.at(1234) ;
}

int main()
{
    // 10000個の要素を持つvector
    std::vector<int> v(10000) ;

    f( v ) ;
}
```

なぜかというと、関数の引数に渡すときに、変数 v はコピーされるからだ。

リファレンスを使うと不要なコピーをしなくて済む。

```cpp
void f( std::vector<int> & v )
{
    std::cout << v.at(1234) ;
}
```

しかし、リファレンスで受け取ると、うっかり変数を変更してしまった場合、その変更が関数の呼び出し元に反映されてしまう。

```cpp
// 値を変更するかもしれない
void f( std::vector<int> & v ) ;

int main()
{
    // 要素数 10000のvector
    std::vector<int> v(10000) ;

    f(v) ;

    // 値は変更されているかもしれない
}
```

このとき、const な lvalue リファレンスを使うと、引数に取った値を変更しないことを保証できる。

```cpp
void f( std::vector<int> const & v ) ;
```

第16章
アルゴリズム

アルゴリズムは難しい。アルゴリズム自体の難しさに加え、アルゴリズムを正しくコードで表記するのも難しい。そこで C++ ではアルゴリズム自体をライブラリにしている。ライブラリとしてのアルゴリズムを使うことで、読者はアルゴリズムを自前で実装することなく、すでに正しく実装されたアルゴリズムを使うことができる。

16.1 for_each

例えば vector の要素を先頭から順番に標準出力するコードを考えよう。

```cpp
int main()
{
    std::vector<int> v = {1,2,3,4,5} ;

    for (
        auto i = std::begin(v),
             j = std::end(v) ;
        i != j ;
        ++i  )
    {
        std::cout << *i ;
    }
}
```

このコードを書くのは難しい。このコードを書くには、イテレーターで要素の範囲を取り、ループを実行するごとにイテレーターを適切にインクリメントし、イテレーターが範囲内であるかどうかの判定をしなければならない。

アルゴリズムを理解するだけでも難しいのに、正しくコード書くのはさらに難しい。例えば以下はコンパイルが通る完全に合法な C++ だが間違っている。

```cpp
int main()
{
    std::vector<int> v = {1,2,3,4,5} ;

    for (
        auto i = std::begin(v),
             j = std::end(v) ;
        i == j ;
        ++i  )
    {
        std::cout << i ;
    }
}
```

間違っている箇所がわかるだろうか。

まず比較の条件が間違っている。i != j となるべきところが i == j となっている。出力する部分も間違っている。イテレーター i が指し示す値を得るには *i としなければならないところ、単に i としている。

毎回このようなイテレーターのループをする for 文を書くのは間違いの元だ。ここで重要なのは、要素のそれぞれに対して std::cout << *i ; を実行するということだ。要素を先頭から末尾まで順番に処理するというのはライブラリにやってもらいたい。

そこでこの処理を関数に切り出してみよう。イテレーター [first,last) を渡すと、イテレーターを先頭から末尾まで順番に処理してくれる関数は以下のように書ける。

```cpp
auto print_all = []( auto first, auto last )
{
    // ループ
    for ( auto iter = first ; iter != last ; ++iter )
    {
        // 重要な処理
        std::cout << *iter ;
    }
} ;

int main()
{
    std::vector<int> v = {1,2,3,4,5} ;

    print_all( std::begin(v), std::end(v) ) ;
}
```

関数 print_all は便利だが、重要な処理がハードコードされている。例えば要素の集合のうち 100
以下の値だけ出力したいとか、値を 2 倍して出力したいとか、値を出力するたびに改行を出力したいと
いう場合、それぞれに関数を書く必要がある。

```cpp
// 値が 100以下なら出力
auto print_if_le_100 = []( auto first, auto last )
{
    for ( auto iter = first ; iter != last ; ++iter )
    { // 特別な処理
        if ( *iter <= 100 )
            std::cout << *iter ;
    }
} ;

// 値を 2倍して出力
auto print_twice = []( auto first, auto last )
{
    for ( auto iter = first ; iter != last ; ++iter )
    { // 特別な処理
        std::cout << 2 * (*iter) ;
    }
} ;

// 値を出力するたびに改行を出力
auto print_with_newline = []( auto first, auto last )
{
    for ( auto iter = first ; iter != last ; ++iter )
    { // 特別な処理
        std::cout << *iter << "\n"s ;
    }
} ;
```

これを見ると、for 文によるイテレーターのループはまったく同じコードだとわかる。

まったく同じ for 文を手で書くのは間違いの元だ。同じコードはできれば書きたくない。ここで必
要なのは、共通な処理は一度書くだけで済ませ、特別な処理だけを記述すれば済むような方法だ。

この問題を解決するには、問題を分割することだ。問題を「for 文によるループ」と「特別な処理」
に分けることだ。

ところで、関数は変数に代入できる。

```
int main()
{
    // 変数に代入された関数
    auto print = []( auto x ) { std::cout << x ; } ;

    // 変数に代入された関数の呼び出し
    print(123) ;
}
```

変数に代入できるということは、関数の引数として関数に渡せるということだ。

```
int main()
{
    // 関数を引数に取り呼び出す関数
    auto call_func = []( auto func )
    {
        func(123) ;
    } ;

    // 引数を出力する関数
    auto print = []( auto x ) { std::cout << x ; } ;

    call_func( print ) ;

    // 引数を2倍して出力する関数
    auto print_twice = []( auto x ) { std::cout << 2*x ; } ;

    call_func( print_twice ) ;
}
```

すると、要素ごとの特別な処理をする関数を引数で受け取り、要素ごとに関数を適用する関数を書くとどうなるのか。

```
auto for_each = []( auto first, auto last, auto f )
{
    for ( auto iter = first ; iter != last ; ++iter )
    {
        f( *iter ) ;
    }
} ;
```

この関数はイテレーターをループで回す部分だけを実装していて、要素ごとの処理は引数に取った関数に任せている。さっそく使ってみよう。

```cpp
int main()
{
    std::vector<int> v = {1,2,3,4,5} ;

    // 引数を出力する関数
    auto print_value = []( auto value ) { std::cout << value ; } ;

    for_each( std::begin(v), std::end(v), print_value ) ;

    // 引数を2倍して出力する関数
    auto print_twice = []( auto value ) { std::cout << 2 * value ; } ;

    for_each( std::begin(v), std::end(v), print_twice ) ;

    // 引数を出力したあとに改行を出力する関数
    auto print_with_newline = []( auto value ) { std::cout << value << "\n"s ; } ;

    for_each( std::begin(v), std::end(v), print_with_newline ) ;
}
```

関数は変数に代入しなくても使えるので、上のコードは以下のようにも書ける。

```cpp
int main()
{
    std::vector<int> v = {1,2,3,4,5} ;

    // 引数を出力する
    for_each( std::begin(v), std::end(v),
        []( auto value ) { std::cout << value ; } ) ;

    // 引数を2倍して出力する
    for_each( std::begin(v), std::end(v),
        []( auto value ) { std::cout << 2 * value ; } ) ;

    // 引数を出力したあとに改行を出力する関数
    for_each( std::begin(v), std::end(v),
        []( auto value ) { std::cout << value << "\n"s ; } ) ;
}
```

わざわざfor文を書かずに、問題の本質的な処理だけを書くことができるようになった。

このイテレーターを先頭から末尾までループで回し、要素ごとに関数を呼び出すという処理はとても便利なので、標準ライブラリには`std::for_each( first, last, f)`がある。使い方は同じだ。

```
int main()
{
    std::vector<int> v = {1,2,3,4,5} ;

    std::for_each( std::begin(v), std::end(v),
        []( auto value ) { std::cout << value ; } ) ;
}
```

C++17 の時点ではまだ使えないが、将来の C++ では、イテレーターを渡さずに、vector を直接渡すことができるようになる予定だ。

```
// C++20予定

int main()
{
    std::vector<int> v = {1,2,3,4,5} ;

    std::for_each( v, []( auto value ) { std::cout << value ; } ) ;
}
```

ところでもう一度 for_each の実装を見てみよう。

```
auto for_each = []( auto first, auto last, auto f )
{
    for ( auto iter = first ; iter != last ; ++iter )
    {
        f( *iter ) ;
    }
} ;
```

f(*iter) がとても興味深い。もし関数 f がリファレンスを引数に取っていたらどうなるだろうか。

```
int main()
{
    std::vector<int> v = {1,2,3,4,5} ;

    // 引数をリファレンスで取って 2倍にする関数
    auto twice = [](auto & value){ value = 2 * value ; } ;

    std::for_each( std::begin(v), std::end(v), twice ) ;

    // 引数を出力する関数
    auto print = [](auto & value){ std::cout << value << ", "s ; } ;
```

```
    // 2, 4, 6, 8, 10,
    std::for_each( std::begin(v), std::end(v), print ) ;
}
```

元の vector を書き換えることもできる。

16.2　all_of/any_of/none_of

ほかのアルゴリズムも実装していくことで学んでいこう。

all_of(first, last, pred) は、[first,last) の間のイテレーター iter のそれぞれに対して、pred(*iter) がすべて true を返すならば true、そうではないならば false を返すアルゴリズムだ。

この all_of は要素がすべて条件を満たすかどうかを調べるのに使える。

```
// 要素がすべて偶数かどうか調べる関数
auto is_all_of_odd = []( auto first, auto last )
{
    return std::all_of( first, last,
        []( auto value ) { return value % 2 == 0 ; } ) ;
} ;

// 要素がすべて 100以下かどうか調べる関数
auto is_all_of_le_100 = []( auto first, auto last )
{
    return std::all_of( first, last,
        []( auto value ) { return value <= 100; } ) ;
} ;
```

ところで、もし要素がゼロ個の、つまり空のイテレーターを渡した場合どうなるのだろうか。

```
int main()
{
    // 空のvector
    std::vector<int> v ;

    bool b = std::all_of( std::begin(v), std::end(v),
        // 特に意味のない関数
        [](auto value){ return false ; } ) ;
}
```

この場合、all_of は true を返す。

実装は以下のようになる。

```
auto all_of = []( auto first, auto last, auto pred )
{
    for ( auto iter = first ; iter != last ; ++iter )
    {
        if ( pred( *iter ) == false )
            return false ;
    }

    return true ;
} ;
```

[first,last) が空かどうかを確認する必要はない。というのも、空であればループは一度も実行されないからだ。

any_of(first, last, pred) は [first,last) の間のイテレーター iter それぞれに対して、pred(*iter) が 1 つでも true ならば true を返す。空の場合、すべて false の場合は false を返す。

any_of は要素に 1 つでも条件を満たすものがあるかどうかを調べるのに使える。

```
int main()
{
    std::vector<int> v = {1,2,3,4,5} ;

    // 要素に1つでも3が含まれているか?
    // true
    bool has_3 = std::any_of( std::begin(v), std::end(v),
        []( auto x ) { return x == 3 ;} ) ;

    // 要素に1つでも10が含まれているか?
    // false
    bool has_10 = std::any_of( std::begin(v), std::end(v),
        []( auto x ) { return x == 10 ;} ) ;
}
```

これも実装してみよう。

```
auto any_of = []( auto first, auto last, auto pred )
{
    for ( auto iter = first ; iter != last ; ++iter )
    {
        if ( pred( *iter ) )
            return true ;
    }
    return false ;
} ;
```

none_of(first, last, pred) は [first,last) の間のイテレーター iter それぞれに対して、pred(*iter) がすべて false ならば true を返す。空の場合は true を返す。それ以外は false を返す。

none_of はすべての要素が条件を満たさない判定に使える。

```cpp
int main()
{
    std::vector<int> v = {1,2,3,4,5} ;

    // 値は 100 か？
    auto is_100 = [](auto x){ return x == 100 ; } ;

    bool b = std::none_of( std::begin(v), std::end(v), is_100 ) ;
}
```

これも実装してみよう。

```cpp
auto none_of = []( auto first, auto last, auto pred )
{
    for ( auto iter = first ; first != last ; ++iter )
    {
        if ( pred(*iter) )
            return false ;
    }
    return true ;
} ;
```

16.3 find/find_if

find(first, last, value) はイテレーター [first,last) から value に等しい値を見つけて、そのイテレーターを返すアルゴリズムだ。

```cpp
int main()
{
    std::vector<int> v = {1,2,3,4,5} ;

    // 3 を指すイテレーター
    auto pos = std::find( std::begin(v), std::end(v), 3 ) ;

    std::cout << *pos ;
}
```

要素が見つからない場合は last が返る。

```cpp
int main()
{
    std::vector<int> v = {1,2,3,4,5} ;

    auto pos = std::find( std::begin(v), std::end(v), 0 ) ;

    if ( pos != std::end(v) )
    {
        std::cout << "Found."s ;
    }
    else
    {
        std::cout << "Not found."s ;
    }
}
```

イテレーターが last かどうかは実際に last と比較すればよい。

アルゴリズムを理解するには、自分で実装してみるとよい。さっそく find を実装してみよう。

```cpp
auto find = []( auto first, auto last, auto const & value )
{
    for ( auto iter = first ; iter != last ; ++iter )
    {
        // 値を発見したらそのイテレーターを返す
        if ( *iter == value )
            return iter ;
    }
    // 値が見つからなければ最後のイテレーターを返す
    return last ;
} ;
```

value が auto const & value になっているのは、リファレンスによってコピーを回避するためと、変更が必要ないためだ。しかし、int や double のような単純な型については、わざわざ const な lvalue リファレンスを使う必要はない。

find_if(first, last, pred) はイテレーター [first,last) から、要素を関数 pred に渡したときに true を返す要素へのイテレーターを探すアルゴリズムだ。

関数 pred についてはもう少し解説が必要だ。pred とは predicate の略で、以下のような形をしている。

```cpp
auto pred = []( auto const & value ) -> bool
{
    return true ;
} ;
```

関数 pred は値を 1 つ引数に取り、bool 型を返す関数だ。

さっそく使ってみよう。

```cpp
int main()
{
    std::vector<int> v = {1,3,5,7,9,11,13,14,15,16} ;

    // 偶数ならばtrue を返す
    auto is_even = []( auto value )
    {
        return value % 2 == 0 ;
    } ;
    // 奇数ならばtrue を返す
    auto is_odd = []( auto value )
    {
        return value % 2 == 1 ;
    } ;

    // 最初の偶数の要素
    auto even = std::find_if( std::begin(v), std::end(v), is_even ) ;
    // 最初の奇数の要素
    auto odd = std::find_if( std::begin(v), std::end(v), is_odd ) ;
}
```

実装はどうなるだろうか。

```cpp
auto find_if = []( auto first, auto last, auto pred )
{
    for ( auto iter = first ; iter != last ; ++iter )
    {
        // pred が true を返した最初のイテレーターを返す
        if ( pred( *iter ) )
            return iter ;
    }

    return last ;
} ;
```

値との比較が関数になっただけだ。

つまりある値と比較する関数を渡したならば、find_if は find と同じ動きをするということだ。

```
int main()
{
    std::vector<int> v = {1,2,3,4,5} ;

    // 引数が3の場合にtrue を返す関数
    auto is_3 = []( auto x ) { return x == 3 ; } ;

    // 最初に関数がtrue を返す要素へのイテレーターを探す find_if
    auto i = std::find_if( std::begin(v), std::end(v), is_3 ) ;

    // 最初に3と等しい要素へのイテレーターを返すfind
    auto j = std::find( std::begin(v), std::end(v), 3 ) ;

    // 同じイテレーター
    bool b = (i == j) ;
}
```

実は、関数は特別な [=] を使うことで、関数の外側の値をコピーして使うことができる。

```
int main()
{
    int value = 123 ;

    auto f = [=]{ return value ; } ;

    f() ; // 123
}
```

特別な [&] を使うことで、関数の外側の値をリファレンスで使うことができる。

```
int main()
{
    int value = 123 ;

    auto f = [&]{ ++value ; } ;

    f() ;
    std::cout << value ; // 124
}
```

ということは、find は find_if で実装することもできるということだ。

```
auto find = []( auto first, auto last, auto value )
{
    return std::find_if( first, last,
        [&]( auto elem ) { return value == elem ; } ) ;
} ;
```

16.4　count/count_if

count(first, last, value) は [first,last) の範囲のイテレーター i から *i == value にな
るイテレーター i の数を数える。

count は指定した値と同じ要素の数を数える関数だ。

```
int main()
{
    std::vector<int> v = {1,2,1,1,3,3} ;

    // 3
    auto a = std::count( std::begin(v), std::end(v), 1 ) ;
    // 1
    auto b = std::count( std::begin(v), std::end(v), 2 ) ;
    // 2
    auto c = std::count( std::begin(v), std::end(v), 3 ) ;
}
```

実装してみよう。

```
auto count = []( auto first, auto last, auto value )
{
    auto counter = 0u ;
    for ( auto i = first ; i != last ; ++i )
    {
        if ( *i == value )
            ++counter ;
    }
    return counter ;
} ;
```

count_if(first, last, pred) は [first, last) の範囲のイテレーター i から pred(*i) !=
false になるイテレーター i の数を返す。

count_if は要素を数える対象にするかどうかを判定する関数を渡せる count だ。

```
int main()
{
    std::vector<int> v = {1,2,1,1,3,3} ;

    // 奇数の数: 5
    auto a = std::count_if( std::begin(v), std::end(v),
        [](auto x){ return x%2 == 1 ; } ) ;

    // 偶数の数: 1
    auto b = std::count_if( std::begin(v), std::end(v),
        [](auto x){ return x%2 == 0 ; } ) ;

    // 2以上の数: 3
    auto c = std::count_if( std::begin(v), std::end(v),
        [](auto x){ return x >= 2 ; } ) ;
}
```

実装してみよう。

```
auto count = []( auto first, auto last, auto pred )
{
    auto counter = 0u ;
    for ( auto i = first ; i != last ; ++i )
    {
        if ( pred(*i) != false )
            ++counter ;
    }
    return counter ;
} ;
```

16.5 equal

これまでのアルゴリズムは1つのイテレーターの範囲だけを扱ってきた。アルゴリズムの中には複数の範囲を取るものもある。

equal(first1, last1, first2, last2) は [first1, last1) と [first2, last2) が等しい場合に true を返す。「等しい」というのは、要素の数が同じで、各要素がそれぞれ等しい場合を指す。

```
int main()
{
    std::vector<int> a = {1,2,3,4,5} ;
    // a と等しい
    std::vector<int> b = {1,2,3,4,5} ;
    // a と等しくない
    std::vector<int> c = {1,2,3,4,5,6} ;
```

```cpp
    // a と等しくない
    std::vector<int> d = {1,2,2,4,6} ;

    // true
    bool ab = std::equal(
        std::begin(a), std::end(a),
        std::begin(b), std::end(b) ) ;

    // false
    bool ac = std::equal(
        std::begin(a), std::end(a),
        std::begin(c), std::end(c) ) ;

    // false
    bool ad = std::equal(
        std::begin(a), std::end(a),
        std::begin(d), std::end(d) ) ;
}
```

　実装は、まず要素数を比較し、等しくなければ **false** を返す。次に各要素を 1 つずつ比較し、途中で等しくない要素が見つかれば **false** を、最後まで各要素が等しければ **true** を返す。

　イテレーターの範囲 [**first, last**) の要素数は **last-first** で取得できる。

```cpp
int main()
{
    std::vector<int> v = {1,2,3,4,5} ;

    // 最初の要素
    auto first = std::begin(v) ;
    // 最後の 1 つ次の要素
    auto last = std::end(v) ;

    // 要素数: 5
    auto size = last - first ;

    // 最初の次の要素
    auto next = first + 1 ;

    // 4
    auto size_from_next = last - next ;
}
```

　last-first という表記はわかりにくいので、C++ には **distance(first, last)** というライブラリが用意されている。

```
auto distance = []( auto first, auto last )
{
    return last - first ;
} ;
```

これを使えばわかりやすく書ける。

```
int main()
{
    std::vector<int> v = {1,2,3,4,5} ;

    // 最初の要素
    auto first = std::begin(v) ;
    // 最後の1つ次の要素
    auto last = std::end(v) ;

    // 要素数: 5
    auto size = std::distance( first, last ) ;

    // 4
    auto size_from_next = std::distance( first + 1, last ) ;
}
```

あとは実装するだけだ（この実装は最も効率のいい実装ではない。理由についてはイテレーターの章を参照）。

```
auto equal = []( auto first1, auto last1, auto first2, auto last2)
{
    // 要素数が等しいことを確認
    auto size1 = std::distance( first1, last1 ) ;
    auto size2 = std::distance( first2, last2 ) ;

    if ( size1 != size2 )
        // 要素数が等しくなかった
        return false ;

    // 各要素が等しいことを確認
    for (   auto i = first1, j = first2 ;
            i != last1 ; ++i, ++j )
    {
        if ( *i != *j )
            // 等しくない要素があった
            return false ;
    }
```

```
        // 各要素がすべて等しかった
        return true ;
    } ;
```

for 文の終了条件では i != last1 だけを見ていて、j != last2 は見ていないが、これは問題がない。なぜならば、この for 文が実行されるのは、要素数が等しい場合だけだからだ。

関数 pred を取る equal(first1, last1, first2, last2, pred) もある。この pred は pred(a, b) で、a と b が等しい場合に true、そうでない場合に false を返す関数だ。つまり a == b の operator == の代わりに使う関数を指定する。

equal に関数を渡すことにより、例えば小数点以下の値を誤差として切り捨てるような処理が書ける。

```
int main()
{
    std::vector<double> v = {1.3, 2.2, 3.0, 4.9, 5.7} ;
    std::vector<double> w = {1.9, 2.4, 3.8, 4.5, 5.0} ;

    // 小数点以下は誤差として切り捨てる比較
    auto comp = []( auto a, auto b )
    {
        return std::floor(a) == std::floor(b) ;
    } ;

    bool b = std::equal(
        std::begin(v), std::end(v),
        std::begin(w), std::end(w),
        comp ) ;
}
```

std::floor(x) は浮動小数点数 x の小数点数以下を切り捨てた結果を返す関数だ。floor(0.999) は 0.0 に、floor(1.999) は 1.0 になる。

本書をここまで読んできた読者であれば実装は自力でできるだろう。

16.6   search

search(first1, last1, first2, last2) はイテレーター [first2, last2) の範囲で示された連続した要素の並びがイテレーター [first1, last1) の範囲に存在すれば true、そうでない場合は false を返す。

こう書くと難しいが、例を見るとわかりやすい。

```
int main()
{
    std::vector<int> v1 = {1,2,3,4,5,6,7,8,9} ;
    std::vector<int> v2 = {4,5,6} ;

    // true
    bool a = std::search( std::begin(v1), std::end(v1), std::begin(v2), std::end(v2) )
  ;


    std::vector<int> v3 = {1,3,5} ;
    // false
    bool a = std::search( std::begin(v1), std::end(v1), std::begin(v3), std::end(v3) )
  ;
}
```

この例では、v1 の中に v2 と同じ並びの {4,5,6} が存在するので true、v3 と同じ並びの {1,3,5} は存在しないので false になる。

search の実装例はいまの読者にはまだ理解できない。equal や search を効率的に実装するにはイテレーターの詳細な理解が必要だ。

16.7　copy

これまでのアルゴリズムは for_each を除き要素の変更をしてこなかった。copy は要素の変更をするアルゴリズムだ。

イテレーター i は *i で参照する要素の値として使うことができるほか、*i = x で要素に値 x を代入できる。

```
int main()
{
    std::vector<int> v = {1} ;

    auto i = std::begin(v) ;

    // 参照する要素を値として使う
    std::cout << *i ;
    // 参照する要素に値を代入する。
    *i = 2 ;
}
```

copy(first, last, result) はイテレーター [first, last) の範囲の値を、先頭から順番にイテレーター result に書き込んでいくアルゴリズムだ。

```
int main()
{
    std::vector<int> source = {1,2,3,4,5} ;
    // 要素数 5のvector
    std::vector<int> destination(5) ;

    std::copy( std::begin(source), std::end(source), std::begin(destination) ) ;

    // destination の中身は{1,2,3,4,5}
}
```

これは実質的に以下のような操作をしたのと等しい。

```
int main()
{
    std::vector<int> source = {1,2,3,4,5} ;
    std::vector<int> destination(5) ;
    // 要素をそれぞれコピー
    destination[0] = source[0] ;
    destination[1] = source[1] ;
    destination[2] = source[2] ;
    destination[3] = source[3] ;
    destination[4] = source[4] ;

}
```

イテレーター result は先頭のイテレーターのみで末尾のイテレーターは渡さない。イテレーター result はイテレーター [first, last) の範囲の要素数をコピーできるだけの要素数の範囲を参照していなければならない。

例えば以下の例はエラーになる。

```
int main()
{
    std::vector<int> source = {1,2,3,4,5} ;
    // 要素数 3のvector
    std::vector<int> destination(3) ;

    // エラー
    std::copy( std::begin(source), std::end(source), std::begin(destination) ) ;
}
```

要素数が 3 しかない vector に 5 個の要素をコピーしようとしている。

copy の戻り値は [first,last) の要素数だけ進めたイテレーター result になる。これはつまり、result + (last - first) だ。

```cpp
int main()
{
    std::vector<int> source = {1,2,3,4,5} ;
    std::vector<int> destination(5) ;

    auto first = std::begin(source) ;
    auto last = std::end(source) ;
    auto result = std::begin(destination) ;

    auto returned = std::copy( first, last, result ) ;

    // true
    bool b = (returned == (result + (last - first)) ;
}
```

ここで、last-first は source の要素数の 5 なので、result + 5 は copy の戻り値のイテレーターと等しい。

copy には [first,last) の範囲が result から続く範囲とオーバーラップしてはいけないという制約がある。

オーバーラップというのは、同じ要素を参照しているという意味だ。

```cpp
int main()
{
    std::vector<int> v = {1,2,3} ;

    // [first,last)とresult がオーバーラップしている
    std::copy( std::begin(v), std::end(v), std::begin(v) ) ;
}
```

オーバーラップした場合、copy の動作は保証されない。

実装例。

```cpp
auto copy = []( auto first, auto last, auto result )
{
    for ( auto iter = first ; iter != last ; ++iter, ++result )
    { *result = *iter ; }

    return result ;
} ;
```

16.8 transform

transform(first, last, result, op) は copy に似ているが、result へのコピーが *result = *iter; ではなく、*result = op(*iter); になる。op は関数だ。

以下が実装例だ。copy とほぼ同じだ。

```cpp
auto transform = []( auto first, auto last, auto result, auto op )
{
    for ( auto iter = first ; iter != last ; ++iter, ++result )
    { *result = op(*iter) ; }

    return result ;
} ;
```

使い方は copy と似ているが、値をコピーをする際に関数を適用することができる。

```cpp
int main()
{
    std::vector<int> a = {1,2,3,4,5} ;

    std::vector<int> b(5) ;
    std::transform( std::begin(a), std::end(a), std::begin(b),
        [](auto x){ return 2*x ; } ) ;
    // b は{2,4,6,8,10}


    std::vector<int> c(5) ;
    std::transform( std::begin(a), std::end(a), std::begin(c),
        [](auto x){ return x % 3 ; } ) ;
    // c は{1,2,0,1,2}


    std::vector<bool> d(5) ;
    std::transform( std::begin(a), std::end(a), std::begin(d),
        [](auto x){ return x < 3 ; } ) ;
    // d は{true,true,false,false,false}
}
```

result に代入されるのは関数 op の戻り値だ。関数 op は値を 1 つの引数で受け取り値を返す関数だ。

16.9　replace

`replace(first, last, old_value, new_value)` はイテレーター `[first,last)` の範囲のイテレーターが指す要素の値が `old_value` に等しいものを `new_value` に置換する関数だ。

```cpp
int main()
{
    std::vector<int> a = {1,2,3,3,4,5,3,4,5} ;
    std::replace( std::begin(a), std::end(a), 3, 0 ) ;
    // a は{1,2,0,0,4,5,0,4,5}
}
```

実装も簡単。

```cpp
auto replace = []( auto first, auto last, auto old_value, auto new_value )
{
    for ( auto iter = first ; first != last ; ++iter )
    {
        if ( *iter == old_value )
            *iter = new_value ;
    }
} ;
```

16.10　fill

`fill(first, last, value)` はイテレーター `[first,last)` の範囲をイテレーターが参照する要素に `value` を代入する。

```cpp
int main()
{
    std::vector<int> v = {1,2,3,4,5} ;
    std::fill( std::begin(v), std::end(v), 0 ) ;
    // v は{0,0,0,0,0}
}
```

`fill_n(first, n, value)` はイテレーター `[first, first+n)` の範囲のイテレーターが参照する要素に `value` を代入する関数だ。

```cpp
int main()
{
    std::vector<int> v = {1,2,3,4,5} ;
    std::fill_n( std::begin(v), 5, 0 ) ;
    // v は{0,0,0,0,0}
}
```

実装例。

```cpp
auto fill_n = []( auto first, auto n, auto value )
{
    for ( auto i = 0 ; i != n ; ++i, ++first )
    {
        *first = value ;
    }
} ;
```

16.11 generate

generate は fill に似ているが、値として value を取るのではなく、関数 gen を取る。

generate(first, last, gen) はイテレーター [first, last) の範囲のイテレーターが参照する要素に gen() を代入する。

```cpp
int main()
{
    std::vector<int> v = {1,2,3,4,5} ;
    auto gen_zero = [](){ return 0 ; } ;
    std::generate( std::begin(v), std::end(v), gen_zero ) ;
    // v は{0,0,0,0,0}
}
```

generate_n(first, n, gen) は fill_n の generate 版だ。

```cpp
int main()
{
    std::vector<int> v = {1,2,3,4,5} ;
    auto gen_zero = []{ return 0 ; } ;
    std::generate_n( std::begin(v), 5, gen_zero ) ;
    // v は{0,0,0,0,0}
}
```

228　第 16 章　アルゴリズム

実装例は単純だ。

```
auto generate = []( first, last, gen )
{
    for ( auto iter = first ; iter != last ; ++iter )
    {
        *iter = gen() ;
    }
} ;

auto generate_n = []( first, n, gen )
{
    for ( auto i = 0u ; i != n ; ++i, ++iter )
    {
        *iter = gen() ;
    }
} ;
```

16.12　remove

remove(first, last, value) はイテレーター [first,last) の範囲の参照する要素から、値 value に等しいものを取り除く。そして新しい終端イテレーターを返す。

アルゴリズム remove が値を取り除くというとやや語弊がある。例えば以下のような数列があり、

```
1, 2, 3
```

この中から値 2 を remove のように取り除く場合、以下のようになる。

```
1, 3, ?
```

remove は取り除くべき値の入った要素を、後続の値で上書きする。この場合、1 番目の 2 を 2 番目の 3 で上書きする。2 番目は不定な状態になる。これは、remove アルゴリズムは 2 番目がどのような値になるかを保証しないという意味だ。

以下のような数列で値 2 を remove したとき

```
1,2,2,3,2,2,4
```

以下のようになる。

```
1,3,4,?,?,?,?
```

remove の戻り値は、新しいイテレーターの終端を返す。

```
auto last2 = remove( first, last, value ) ;
```

この例では、remove は [first, last) から値 value に等しい要素を取り除いたイテレーターの範囲を戻り値として返す。その戻り値が last2 だ。[first, last2) が値を取り除いたあとの新しいイテレーターの範囲だ。

remove を呼び出しても元の vector の要素数が変わることはない。remove は vector の要素の値を変更するだけだ。

以上を踏まえて、以下が remove を使う例だ。

```cpp
int main()
{
    std::vector<int> v = {1,2,3} ;

    auto last = std::remove( std::begin(v), std::end(v), 2 ) ;

    // "13"
    std::for_each( std::begin(v), last,
        [](auto x) { std::cout << x ; } ) ;

    std::vector<int> w = {1,2,2,3,2,2,4} ;

    auto last2 = std::remove( std::begin(w), std::end(w), 2 ) ;

    // "134"
    std::for_each( std::begin(w), last2,
        [](auto x) { std::cout << x ; } ) ;

}
```

remove_if(first, last, pred) は、[first, last) の範囲の要素を指すイテレーター i のうち、関数 pred に渡した結果 pred(*i) が true になる要素を取り除くアルゴリズムだ。

```cpp
int main()
{
    // 偶数の場合true、奇数の場合 false を返す関数
    auto is_even = []( auto x ) { return x%2 == 0 ; } ;

    std::vector v = { 1,2,3,4,5,6,7,8,9 } ;
    // 偶数を取り除く
    auto last = std::remove_if( std::begin(v), std::end(v), is_even ) ;

    // [ std::begin(v), last)は{1,3,5,7,9}
}
```

remove は現在知っている知識だけではまだ完全に実装できない。以下は不完全な実装の例だ。
remove を完全に理解するためにはムーブセマンティクスの理解が必要だ。

```cpp
auto remove_if = []( auto first, auto last, auto pred )
{
    // remove する最初の要素
    auto removing = std::find_if( first, last, pred ) ;
    // remove する要素がなかった
    if ( removing == last )
        return last ;

    // remove する要素の次の要素
    auto remaining = removing ;
    ++remaining ;

    // remove する要素に上書きする
    for (   ; remaining != last ; ++remaining )
    {
        // 上書き元も取り除くのであればスキップ
        if ( pred( *remaining ) == false )
        {
            *removing = *remaining ;
            ++removing ;
        }

    }
    // 新しい終端イテレーター
    return removing ;
} ;
```

第 17 章

ラムダ式

実は以下の形の関数は、「関数」ではない。

```
auto function = []( auto value ) { return value } ;
```

これは**ラムダ式**と呼ばれる C++ の機能で、関数のように振る舞うオブジェクトを作るための式だ。

17.1 基本

ラムダ式の基本の文法は以下のとおり。

```
[](){} ;
```

これを細かく分解すると以下のようになる。

```
[]   // ラムダ導入子
()   // 引数リスト
{}   // 複合文
;    // 文末
```

ラムダ導入子はさておく。

引数リストは通常の関数と同じように型名と名前を書ける。

```
void f( int x, double d ) { }

[]( int x, double d ) { } ;
```

ラムダ式では、引数リストに auto キーワードが使える。

```
[]( auto x ) { } ;
```

このように書くとどんな型でも受け取れるようになる。

```
int main()
{
    auto f = []( auto x )
    { std::cout << x ; } ;

    f(0) ; // int
    f(1.0) ; // double
    f("hello"s) ; // std::string
}
```

複合文は {} だ。この {} の中に通常の関数と同じように複数の文を書くことができる。

```
[]()
{
    std::cout << "hello"s ;
    int x = 1 + 1 ;
} ;
```

最後の文末は文の最後に付けるセミコロンだ。これは "1+1 ;" とするのと変わらない。"1+1" や "[](){}" は式で、文は式を使うことができる。式だけが入った文を専門用語では式文と呼ぶが特に覚える必要はない。

```
1 + 1 ; // OK、式文
[](){} ; // OK、式文
```

ラムダ式は式なので式文の中に書くことができる。
ラムダ式は式なので、そのまま関数呼び出しすることもできる。

```
void f( std::string x )
{
    std::cout << x ;
}

int main()
{
    f( "hello"s ) ;
    []( auto x ){ std::cout << x ; }( "hello"s ) ;
}
```

これはわかりやすくインデントすると以下のようになる。

```
f               // 関数
( "hello"s ) ;  // 関数呼び出し

// ラムダ式
[]( auto x ){ std::cout << x ; }
( "hello"s ) ;  // 関数呼び出し
```

ラムダ式が引数を 1 つも取らない場合、**引数リスト**は省略できる。

```
// 引数を取らないラムダ式
[](){} ;
// 引数リストは省略できる
[]{} ;
```

ラムダ式の戻り値の型は return 文から推定される。

```
// int
[]{ return 0 ; } ;
// double
[]{ return 0.0 ; } ;
// std::string
[]{ return "hello"s ; } ;
```

return 文で複数の型を返した場合は推定ができないのでエラーになる。

```
[]( bool b )
{
    if ( b )
        return 0 ;
    else
        return 0.0 ;
} ;
```

戻り値の型を指定したい場合は**引数リスト**のあとに -> を書き、型名を書く。

```
[]( bool b ) -> int
{
    if ( b )
        return 0 ;
    else
        // double から int への変換
        return 0.0 ;
} ;
```

234　第 17 章　ラムダ式

戻り値の型の推定は通常の関数も同じだ。

```
// int
auto f() { return 0 ; }

// 戻り値の型の明示的な指定
auto f() -> int { return 0 ; }
```

17.2　キャプチャー

ラムダ式は書かれている関数のローカル変数を使うことができる。これをキャプチャーという。キャプチャーは通常の関数にはできないラムダ式の機能だ。

```
void f()
{
    // ローカル関数
    auto message = "hello"s ;

    [=](){ std::cout << message ; } ;
}
```

キャプチャーにはコピーキャプチャーとリファレンスキャプチャーがある。

17.2.1　コピーキャプチャー

コピーキャプチャーは変数をコピーによってキャプチャーする。

コピーキャプチャーをするには、ラムダ式を [=] と書く。

```
int main()
{
    int x = 0 ;
    // コピーキャプチャー
    [=]{ return x ; } ;
}
```

コピーキャプチャーした変数はラムダ式の中で変更できない。

```
int main()
{
    int x = 0 ;
    // エラー
    [=]{ x = 0 ; } ;
}
```

変更できるようにする方法もあるのだが、通常は使われない。

17.2.2 リファレンスキャプチャー

リファレンスキャプチャーは変数をリファレンスによってキャプチャーする。

リファレンスを覚えているだろうか。リファレンスは初期化時の元の変数を参照する変数だ。

```
int main()
{
    int x = 0 ;
    // 通常の変数
    int y = x ;

    // 変数を変更
    y = 1 ;
    // x の値は変わらない

    // リファレンス
    int & ref = x ;

    // リファレンスを変更
    ref = 1 ;
    // x の値が変わる
}
```

リファレンスキャプチャーを使うには、ラムダ式を [&] と書く。

```
int main()
{
    int x = 0 ;
    [&] { return x ; } ;
}
```

リファレンスキャプチャーした変数をラムダ式の中で変更すると、元の変数が変更される。

```
int main()
{
    int x = 0 ;
    auto f = [&]{ ++x ; } ;

    f() ; // x == 1
    f() ; // x == 2
    f() ; // x == 3
}
```

ラムダ式についてはまだいろいろな機能があるが、本書での解説はここまでとする。

第 18 章

クラスの基本

C++ はもともと C 言語に**クラス**の機能を追加することを目的とした言語だった。

クラスとは何か。クラスにはさまざまな機能があるが、最も基本的な機能としては以下の 2 つがある。

- 変数をまとめる
- まとめた変数に関数を提供する

この章は**クラス**の数ある機能のうち、この 2 つの機能だけを説明する。

18.1　変数をまとめる

2 次元座標上の点 (x,y) を表現するプログラムを書くとする。

とりあえず int 型で表現してみよう。

```
int main()
{
    // 表現
    int point_x = 0;
    int point_y = 0;
}
```

これはわかりやすい。ところでものは相談だが、点は複数表現したい。

238 第 18 章 クラスの基本

```cpp
int main()
{
    int x1 = 0 ;
    int y1 = 0 ;

    int x2 = 0 ;
    int y2 = 0 ;

    int x3 = 0 ;
    int y3 = 0 ;
}
```

これはわかりにくい。ところで点はユーザーがいくつでも入力できるものとしよう。

```cpp
int main()
{
    std::vector<int> xs ;
    std::vector<int> ys ;

    // xs.at(i)とys.at(i)は同じ点のための変数

    int x {} ;
    int y {} ;
    while ( std::cin >> x >> y )
    {
        xs.push_back(x) ;
        ys.push_back(y) ;
    }
}
```

これはとてもわかりにくい。

ここで**クラス**の出番だ。**クラス**を使うと点を表現するコードは以下のように書ける。

```cpp
struct point
{
    int x = 0 ;
    int y = 0 ;
} ;

int main()
{
    point p ;

    std::cout << p.x << p.y ;
}
```

点を複数表現するのもわかりやすい。

```
point p1 ;
point p2 ;
point p3 ;
```

ユーザーが好きなだけ点を入力できるプログラムもわかりやすく書ける。

```cpp
struct point
{
    int x = 0 ;
    int y = 0 ;
} ;

int main()
{
    std::vector<point> ps ;

    int x { } ;
    int y { } ;

    while( std::cin >> x >> y )
    {
        ps.push_back( point{ x, y } ) ;
    }
}
```

これが**クラス**の変数をまとめる機能だ。

クラスを定義するには、キーワード **struct** に続いて**クラス名**を書く。

```cpp
struct class_name
{

} ;
```

変数は {} の中に書く。

```cpp
struct S
{
    int a = 0 ;
    double b = 0.0 ;
    std::string c = "hello"s ;
} ;
```

このクラスの中に書かれた変数のことを、**データメンバー**という。正確には変数ではない。

240 第 18 章 クラスの基本

　定義した**クラス**は変数として宣言して使うことができる。**クラス**のデータメンバーを使うには、クラス名に引き続いてドット文字を書きデータメンバー名を書く。

```cpp
// 名前と年齢を表現するクラスPerson
struct Person
{
    std::string name ;
    int age ;
} ;

int main()
{
    Person john ;
    john.name = "john" ;
    john.age = 20 ;
}
```

　クラスのデータメンバーの定義は変数ではない。オブジェクトではない。つまり、それ自体にストレージが割り当てられてはいない。

```cpp
struct S
{
    // これは変数ではない
    int data ;
} ;
```

　クラスの変数を定義したときに、その変数のオブジェクトに紐付いたストレージが使われる。

```cpp
struct S
{
    int data ;
} ;

int main()
{
    S s1 ; // 変数
    // オブジェクトs1に紐付いたストレージ
    s1.data = 0 ;

    S s2 ;
    // 別のストレージ
    s2.data = 1 ;

    // false
    bool b = s1.data == s2.data ;
}
```

クラスの変数を定義するときにデータメンバーを初期化できる。

```cpp
struct S
{
    int x ;
    int y ;
    int z ;
} ;

int main()
{
    S s { 1, 2, 3 } ;
    // s.x == 1
    // s.y == 2
    // s.z == 3
}
```

クラスの初期化で{1,2,3}と書くと、クラスの最初のデータメンバーが1で、次のデータメンバーが2で、その次のデータメンバーが3で、それぞれ初期化される。

クラスをコピーすると、データメンバーがそれぞれコピーされる。

```cpp
struct S { int a ; double b ; std::string c ; } ;

int main()
{
    S a{123, 1.23, "123"} ;
    // データメンバーがそれぞれコピーされる
    S b = a ;
}
```

18.2 まとめた変数に関数を提供する

分数を表現するプログラムを書いてみよう。

```cpp
int main()
{
    int num = 1 ;
    int denom = 2 ;

    // 出力
    std::cout << static_cast<double>(num) / static_cast<double>(denom) ;
}
```

242　第18章　クラスの基本

分子 num と分母 denom はクラスにまとめることができそうだ。そうすれば複数の分数を扱うのも楽になる。

```cpp
struct fractional
{
    int num ;
    int denom ;
} ;

int main()
{
    fractional x{1, 2} ;

    // 出力
    std::cout << static_cast<double>(x.num) / static_cast<double>(x.denom) ;
}
```

ところで、この出力を毎回書くのが面倒だ。こういう処理は関数にまとめたい。

```cpp
double value( fractional & x )
{
    return static_cast<double>(x.num) / static_cast<double>(x.denom) ;
}

int main()
{
    fractional x{ 1, 2 } ;
    std::cout << value( x ) ;
}
```

この関数 value はクラス fractional 専用だ。であれば、この関数をクラス自体に関連付けたい。そこで C++ にはメンバー関数という機能がある。

メンバー関数はクラスの中で定義する関数だ。

```cpp
struct S
{
    void member_function( int x )
    {
        return x ;
    }
} ;
```

メンバー関数はクラスのデータメンバーを使うことができる。

```cpp
struct fractional
{
    int num ;
    int denom ;

    double value()
    {
        return static_cast<double>(num) / static_cast<double>(denom) ;
    }
} ;
```

メンバー関数を呼び出すには、クラスのオブジェクトに続いてドット文字を書き、メンバー関数名を書く。あとは通常の関数のように書く。

```cpp
int main()
{
    fractional x{ 1, 2 } ;
    std::cout << x.value() ;
}
```

メンバー関数から使えるデータメンバーは、メンバー関数が呼ばれたクラスのオブジェクトのデータメンバーだ。

```cpp
struct S
{
    int x ;
    void print()
    {
        std::cout << x ;
    }
} ;

int main()
{
    S s1(1) ;
    s1.print() ; // 1

    S s2(2) ;
    s2.print() ; // 2
}
```

244 第 18 章 クラスの基本

この print を非メンバー関数として書くと以下のようになる。

```cpp
void print( S & s )
{
    std::cout << s.x ;
}
```

メンバー関数は隠し引数としてクラスのオブジェクトを受け取っている関数だ。メンバー関数の呼び出しには、対応するクラスのオブジェクトが必要になる。

```cpp
struct S
{
    void f() { }
} ;

int main()
{
    f() ; // エラー
    S s ;
    s.f() ; // OK
}
```

メンバー関数はデータメンバーを変更することもできる。

```cpp
struct X
{
    int data ;
    void f()
    {
        data = 3 ;
    }
} ;
```

先ほどの分数クラスに値を設定するための**メンバー関数**を追加してみよう。

```cpp
struct fractional
{
    int num ;
    int denom ;

    void set( int num_ )
    {
        num = num_ ;
        denom = 1 ;
    }
```

```
    void set( int num_, int denom_ )
    {
        num = num_ ;
        denom = denom_ ;
    }
} ;

int main()
{
    fractional x ;


    x.set(5) ;
    // x.num == 5
    // x.denom == 1

    x.set( 2, 3 ) ;
    // x.num == 2
    // x.denom == 3
}
```

メンバー関数 set(num) を呼び出すと、値が $\frac{num}{1}$ になる。メンバー関数 set(num, denom) を呼び出すと、値が $\frac{num}{denom}$ になる。

ところで上のコードを見ると、データメンバーと引数の名前の衝突を避けるために、アンダースコアを使っている。

データメンバーと引数の名前が衝突するとどうなるのか。確かめてみよう。

```
struct S
{
    int x ;
    void f( int x )
    {
        x = x ;
    }
} ;

int main()
{
    S s{0} ;
    s.f(1) ;

    std::cout << s.x ;
}
```

結果は 0 だ。メンバー関数 f の中の名前 x は引数名の x だからだ。

246 第18章 クラスの基本

すでに名前は**スコープ**に属するということは説明した。実はクラスも**スコープ**を持つ。上のコードは以下のようなスコープを持つ。

```
// グローバル名前空間スコープ
int x ;

struct S
{
    // クラススコープ
    int x ;

    void f( int x )
    {
        // 関数のブロックスコープ
        x = x ;
    }
} ;
```

内側の**スコープ**は外側の**スコープ**の名前を隠す。そのため、クラススコープの x はグローバル名前空間スコープ x を隠す。関数のブロックスコープの x はクラススコープの x を隠す。

名前がどのスコープに属するかを明示的に指定することによって、隠された名前を使うことができる。

```
int x ;

struct S
{
    int x ;

    void f( int x )
    {
        // 関数のブロックスコープのx
        x = 0 ;
        // クラススコープのx
        S::x = 0 ;
        // グローバル名前空間のスコープ
        ::x = 0 ;
    }
} ;
```

名前空間スコープを明示するために `namespace_name::name` を使うように、クラススコープを明示するために `class_name::name` を使うことができる。

これを使えば、分数クラスは以下のように書ける。

```
struct fractional
{
    int num ;
    int denom ;

    void set( int num, int denom )
    {
        fractional::num = num ;
        fractional::denom = denom ;
    }
}
```

第 19 章
より自然に振る舞うクラス

整数型の int について考えてみよう。

```
int main()
{
    int a = 1 ;
    int b = a + a ;
    int c = a + b ;
}
```

同様のことを、前章の分数クラスで書いてみよう。

```
struct fractional
{
    int num ;
    int denom ;
} ;

fractional add( fractional & l, fractional & r )
{
    // 分母が同じなら
    if ( l.denom == r.denom )
        // 単に分子を足す
        return fractional{ l.num + r.num, l.denom } ;

    // 分母を合わせて分子を足す
    return fractional{ l.num * r.denom + r.num * l.denom, l.denom * r.denom } ;
}
```

```
int main()
{
    fractional a{1,1} ;
    fractional b = add(a, a) ;
    fractional c = add(a, b) ;
}
```

これは読みにくい。できれば以下のように書きたいところだ。

```
int main()
{
    fractional a = 1 ;
    fractional b = a + a ;
    fractional c = a + b ;
}
```

C++ではクラスをこのように自然に振る舞わせることができる。

19.1　より自然な初期化

int 型は初期化にあたって値を設定できる。

```
int a = 0 ;
int b(0) ;
int c{0} ;
```

クラスでこのような初期化をするには、コンストラクターを書く。

```
struct fractional
{
    int num ;
    int denom ;

    // コンストラクター
    fractional( int num )
        : num(num), denom(1)
    { }
} ;

int main()
{
    fractional a = 1 ;
    fractional b = 2 ;
}
```

コンストラクターはクラスの**特殊なメンバー関数**として定義する。メンバー関数としてのコンストラクターは、名前がクラス名で、戻り値の型は記述しない。

```
struct class_name
{
    // コンストラクター
    class_name() { }
} ;
```

コンストラクターはデータメンバーの初期化に特別な文法を持っている。関数の本体の前にコロンを書き、データメンバー名をそれぞれカンマで区切って初期化する。

```
struct class_name
{
    int data_member ;

    class_name( int value )
        : data_member(value)
    { }

} ;
```

このとき、引数名とデータメンバー名が同じでもよい。

```
struct class_name
{
    int x ;
    class_name( int x )
        : x(x) { }
} ;
```

`x(x)` の最初の x は `class_name::x` として、次の x は引数名の x として認識される。そのためこのコードは期待どおりに動く。

コンストラクターの特別なメンバー初期化を使わずに、コンストラクターの関数の本体でデータメンバーを変更してもよい。

```
struct class_name
{
    int x ;
    class_name( int x )
    {
        class_name::x = x ;
    }
} ;
```

252　第 19 章　より自然に振る舞うクラス

　この場合、x は関数の本体が実行される前に一度初期化され、その後、値を代入されるという挙動の違いがある。

　コンストラクターはクラスが初期化されるときに実行される。例えば以下のプログラムを実行すると、

```
int main()
{
    S a(1) ;
    S b(2) ;
    S c(3) ;
}
```

以下のように出力される。

```
123
```

　コンストラクターのついでにデストラクターも学んでおこう。コンストラクターはクラスのオブジェクトが初期化されるときに実行されるが、デストラクターはクラスのオブジェクトが破棄されるときに実行される。

　デストラクターの宣言はコンストラクターと似ている。違う点は、クラス名の前にチルダ文字を書くところだ。

```
struct S
{
    // デストラクター
    ~S()
    {
        // オブジェクトの破棄時に実行される
    }
} ;
```

　関数のローカル変数は、ブロックスコープを抜ける際に破棄される。破棄は構築の逆順に行われる。

```
int main()
{
    int a ;
    {
        int b ;
    // b が破棄される
    }
    int c ;
// c が破棄される
// a が破棄される
}
```

さっそく初期化時と終了時に標準出力をするクラスで確かめてみよう。

```cpp
struct S
{
    int n ;
    S( int n )
        : n(n)
    {
        std::cout << "constructed: "s << n << "\n"s ;
    }

    ~S()
    {
        std::cout << "destructed: "s << n << "\n"s ;
    }
} ;
```

このクラスを以下のように使うと、

```cpp
int main()
{
    S a(1) ;
    { S b(2) ; }
    S c(3) ;
}
```

以下のように出力される。

```
constructed: 1
constructed: 2
destructed: 2
constructed: 3
destructed: 3
destructed: 1
```

この出力は以下のような意味だ。

1. a が構築される
2. b が構築される
3. b が破棄される
4. c が構築される
5. c が破棄される
6. a が破棄される

254   第19章   より自然に振る舞うクラス

bはブロックスコープの終わりに達したのでaの構築のあと、cの構築の前に破棄される。破棄は構築の逆順で行われるので、aよりも先にcが破棄される。

コンストラクターとデストラクターは戻り値を返さないので、return文には値を書かない。

```cpp
struct class_name
{
    class_name()
    {
        return ;
    }
} ;
```

コンストラクターは複数の引数を取ることもできる。

```cpp
struct fractional
{
    int num ;
    int denom ;

    fractional( int num )
        : num(num), denom(1)
    { }

    fractional( int num, int denom )
        : num(num), denom(denom)
    { }
} ;

int main()
{
    // fractional(int)が呼ばれる
    fractional a = 1 ;

    // fractional(int,int)が呼ばれる
    fractional b(1, 2) ;
    fractional c{1, 2} ;
}
```

複数の引数を取るコンストラクターを呼び出すには "=" は使えない。"()" か "{}" を使う必要がある。

上のコードを見ると、コンストラクターは引数の数以外にやっていることはほとんど同じだ。こういう場合、コンストラクターを1つにする方法がある。

実はコンストラクターに限らず、関数は**デフォルト実引数**を取ることができる。書き方は仮引数に "=" で値を書く。

```
void f( int x = 0 )
{ }

int main()
{
    f() ;  // f(0)
    f(1) ; // f(1)
}
```

デフォルト実引数を指定した関数の仮引数に実引数を渡さない場合、デフォルト実引数で指定した値が渡される。

ところで、**仮引数**、**実引数**という聞き慣れない言葉が出てきた。これは関数の引数を区別するための言葉だ。**仮引数**は関数の宣言の引数。**実引数**は関数呼び出しのときに引数に渡す値のことを意味する。

```
// x は仮引数
void f( int x ) { }

int main()
{
    // 123は仮引数x に対する実引数
    f( 123 ) ;
}
```

デフォルト実引数は関数の実引数の一部を省略できる。

ただし、**デフォルト実引数**を使った以後の仮引数には、すべて**デフォルト実引数**がなければならない。

```
// OK
void f( int x, int y = 0, int z = 0 ) { }
// エラー
// z にデフォルト実引数がない
void g( int x, int y = 0, int z ) { }
```

デフォルト実引数で途中の引数だけ省略することはできない。

```
void f( int x = 0, int y = 0, int z = 0) { }

int main()
{
    // エラー
    f( 1, , 2 ) ;
}
```

デフォルト実引数を使うと、コンストラクターを1つにできる。

256 第 19 章 より自然に振る舞うクラス

```cpp
struct fractional
{
    int num ;
    int denom ;

    fractional( int num, int denom = 1 )
        : num(num), denom(denom)
    { }
} ;

int main()
{
    fractional a = 1 ;
    fractional b(1,2) ;
    fractional c{1,2} ;
}
```

コンストラクターの数を減らす方法はもう 1 つある。デリゲートコンストラクターだ。

```cpp
struct fractional
{
    int num ;
    int denom ;

    fractional( int num, int denom )
        : num(num), denom(denom)
    { }

    // デリゲートコンストラクター
    fractional( int num )
        : fractional( num, 1 )
    { }
} ;
```

デリゲートコンストラクターは初期化処理を別のコンストラクターにデリゲート（丸投げ）する。丸投げ先のコンストラクターの初期化処理が終わり次第、デリゲートコンストラクターの関数の本体が実行される。

```cpp
struct S
{
    S()
        : S(1)
    {
        std::cout << "delegating constructor\n" ;
    }
```

```
    S( int n )
    {
        std::cout << "constructor\n" ;
    }
} ;

int main()
{
    S s ;
}
```

このプログラムを実行すると、以下のように出力される。

```
constructor
delegating constructor
```

まず "S()" が呼ばれるが、処理を "S(int)" にデリゲートする。"S(int)" の処理が終わり次第 "S()" の関数の本体が実行される。そのためこのような出力になる。

コンストラクターを減らすのはよいが、減らしすぎても不便だ。以下の例を見てみよう。

```
struct A { } ;
struct B { B(int) { } } ;

int main()
{
    A a ; // OK
    B b ; // エラー
}
```

クラス A の変数は問題ないのに、クラス B の変数はエラーになる。これはクラス B には引数を取らないコンストラクターがないためだ。

クラス B に引数を必要としないコンストラクターを書くと、具体的に引数を渡さなくても初期化ができるようになる。

```
struct B
{
    B() { }
    B( int x ) { }
} ;

int main()
{
    B b ; // OK
}
```

もしくは、デフォルト引数を使ってもよい。

```
struct B
{
    B( int x = 0 ) { }
} ;
```

もちろん、ユーザーが値を指定しなければならないようなクラスは値を指定するべきだ。

```
// 人間クラス
// 必ず名前が必要
struct person
{
    std::string name
    person( std::string name )
        : name(name) { }
} ;
```

19.2　自然な演算子

int 型は +-*/ といった演算子を使うことができる。

```
int main()
{
    int a = 1 ;
    int b = 1 ;
    a + b ;
    a - b ;
    a * b ;
    a / b ;
}
```

クラスも演算子を使った自然な記述ができる。クラスを演算子に対応させることを、**演算子のオーバーロード**という。

分数クラスの足し算を考えよう。

- 分母が同じならば分子を足す
- 分母が異なるならば互いの分母を掛けて、分母をそろえて足す

コードにすると以下のようになる。

```
struct fractional
{
    int num ;
    int denom ;

    // コンストラクターなど
} ;

fractional add( fractional & l, fractional & r )
{
    // 分母が同じなら
    if ( l.denom == r.denom )
        // 単に分子を足す
        return fractional{ l.num + r.num, l.denom } ;

    // 分母を合わせて分子を足す
    return fractional{ l.num * r.denom + r.num * l.denom, l.denom * r.denom } ;
}
```

しかし、この関数 add を使ったコードは以下のようになる。

```
int main()
{
    fractional a{1,2} ;
    fractional b{1,3} ;

    auto c = add(a, b) ;
}
```

これはわかりにくい。できれば、以下のように書きたい。

```
auto c = a + b ;
```

C++ では演算子は関数として扱うことができる。演算子の名前は operator op で、例えば + 演算子の名前は operator + になる。

関数 operator + は引数を 2 つ取り、戻り値を返す関数だ。

```
fractional operator +( fractional & l, fractional & r )
{
    // 分母が同じなら
    if ( l.denom == r.denom )
        // 単に分子を足す
        return fractional{ l.num + r.num, l.denom } ;
    else
```

```
        // 分母を合わせて分子を足す
        return fractional{ l.num * r.denom + r.num * l.denom, l.denom * r.denom } ;
    }
```

このように operator + を書くと、以下のようなコードが書ける。

```
auto c = a + b ;
```

同様に、引き算は operator −、掛け算は operator *、割り算は operator / だ。
以下に関数の宣言を示すので実際に分数の計算を実装してみよう。

```
fractional operator -( fractional & l, fractional & r ) ;
fractional operator *( fractional & l, fractional & r ) ;
fractional operator /( fractional & l, fractional & r ) ;
```

引き算は足し算とほぼ同じだ。

```
fractional operator -( fractional & l, fractional & r )
{
    // 分母が同じ
    if ( l.denom == r.denom )
        return fractional{ l.num - r.num, l.denom } ;
    else
        return fractional{ l.num * r.denom - r.num * l.denom, l.denom * r.denom } ;
}
```

掛け算と割り算は楽だ。

```
fractional operator *( fractional & l, fractional & r )
{
    return fractional{ l.num * r.num, l.denom * r.denom } ;
}

fractional operator /( fractional & l, fractional & r )
{
    return fractional{ l.num * r.denom, l.denom * r.num } ;
}
```

19.3 演算子のオーバーロード

19.3.1 二項演算子

C++ にはさまざまな演算子があるが、多くが**二項演算子**と呼ばれる演算子だ。**二項演算子**は 2 つの引数を取り、値を返す。

```
a + b ;
a - b ;
a * b ;
a / b ;
```

このような演算子は operator + のように、キーワード operator に続いて演算子の文字を書くことで、関数名とする。あとは通常の関数と変わらない。

```
struct S { } ;

S add( S a, S b ) ;
S operator + ( S a, S b ) ;
```

戻り値の型は何でもよい。

```
struct S { } ;

int operator +( S, S ) { return 0 ; }
void operator -( S, S ) { }

int main()
{
    S s ;
    int x = s + s ;
    s - s ; // 戻り値はない
}
```

演算子としてではなく、関数と同じように呼び出すこともできる。

```
struct S { } ;

// S f( S, S )のようなもの
S operator + ( S, S ) { }

int main()
{
    S s ;
```

```
    // f(s,s)のようなもの
    operator +(s,s) ;
}
```

演算子のオーバーロードでは、少なくとも 1 つのユーザー定義された型がなければならない。つまり以下のような演算子のオーバーロードはできないということだ。

```
int operator +( int, int ) ;
int operator +( int, double ) ;
```

二項演算子には**オペランド**と呼ばれる式を取る。

```
a + b ;
```

この場合、二項演算子 operator + には a, b という 2 つのオペランドがある。

二項演算子をオーバーロードする場合、最初の引数が最初のオペランド、次の引数が次のオペランドに対応する。

```
struct X { } ;
struct Y { } ;

void operator +( X, Y ) { }

int main()
{
    X x ;
    Y y ;

    // OK
    x + y ;

    // エラー
    // operator +(Y,X)は存在しない
    y + x ;
}
```

そのため、上の例で "x+y" と "y+x" を両方使いたい場合は、

```
void operator +(Y,X) { }
```

も必要だ。

現実のコードでは、二項演算子のオーバーロードは以下のように書くことが多い。

```
struct S { } ;

// 引数名はさまざま
S operator +( S const & left, S const & right )
{

}
```

const &という特別な書き方をする。&についてはすでに学んだように、リファレンスだ。リファレンスを使うことによって値をコピーせずに効率的に使うことができる。

const というのは値を変更しない変数を宣言する機能だ。

```
int main()
{
    int x = 0 ;
    x = 1 ; // OK

    int const y = 0 ;
    y = 0 ; // エラー
}
```

const を付けると値を変更できなくなる。

一般に operator + のような演算子は、オペランドに渡した変数を書き換えない処理をすることが期待されている。

```
int main()
{
    int a = 1 ;
    int b = 1 ;

    // a, b は書き換わらない
    int c = a + b ;
}
```

もちろん、operator + をオーバーロードして引数をリファレンスで取り、値を書き換えるような処理を書くこともできる。ただ、通常はそのような処理をすることはない。

しかし、処理の効率のためにリファレンスは使いたい。

そのようなときに、const かつリファレンスを使うと、効率的で値の変更ができないコードが書ける。

```
struct IntLike{ int data ;} ;

IntLike operator + ( IntLike const & l, IntLike const & r )
{
    return IntLike{ l.data + r.data }
}
```

const リファレンスの変数をうっかり書き換えてしまった場合、コンパイラーが検出してくれるので、バグを未然に発見することができる。

19.3.2　単項演算子

単項演算子はオペランドを 1 つしか取らない演算子のことだ。

単項演算子についてはまだ説明していないものも多い。例えば、operator + や operator - がある。

```
int main()
{
    int x = 1 ;
    +x ; //  1: operator +
    -x ; // -1: operator -
}
```

単項演算子は引数を 1 つしか取らない関数として書く。

```
struct IntLike{ int data ;} ;

IntLike operator +( IntLike const & obj )
{
    return obj ;
}

IntLIke operator -( IntLike const & obj )
{
    return IntLike{ -obj.data } ;
}
```

19.3.3　インクリメント/デクリメント

インクリメント演算子とデクリメント演算子はやや変わっている。この演算子には、オペランドの前に書く前置演算子（++i）と、あとに書く後置演算子（i++）がある。

```cpp
int main()
{
    int i = 0 ;
    ++i ;
    i++ ;

    --i ;
    i-- ;
}
```

前置演算子を評価すると、演算子を評価したあとの値になる。

```cpp
int i = 0 ;
++i ;   // 1
i ;     // 1
```

一方、後置演算子を評価すると、演算子を評価する前の値になる。

```cpp
int i = 0 ;
i++ ;   // 0
i ;     // 1
```

さらに前置演算子を評価した結果はリファレンスになるので代入やさらなる演算子の適用ができる。

```cpp
int i = 0 ;
++i = 0 ;   // i は 0
++++i ;     // i は 2

i++ = 0 ;   // エラー
i++++ ;     // エラー
```

インクリメントとデクリメントの前置演算子は、単項演算子と同じ方法で書くことができる。

```cpp
struct IntLike { int data ; } ;

IntLike & operator ++( IntLike & obj )
{
    ++obj.data ;
    return obj ;
```

```
    }
    IntLike & operator --( IntLike & obj )
    {
        --obj.data ;
        return obj ;
    }
```

引数を変更するので const ではないリファレンスを使う。戻り値は引数をそのままリファレンスで返す。

もちろん、この実装はインクリメントとデクリメントの挙動を自然に再現したい場合の実装だ。以下のような挙動を実装することも可能だ。

```
    struct S { } ;

    void operator ++( S const & s )
    {
        std::cout << "increment!\n" ;
    }

    int main()
    {

        S s ;
        ++s ;
    }
```

演算子のオーバーロードは演算子の文法で関数を呼べるという機能で、その呼び出した結果の関数が何をしようとも自由だからだ。

後置演算子は少し変わっている。以下が後置演算子の実装だ。

```
    struct IntLike { int data ; } ;

    IntLike operator ++( IntLike & obj, int )
    {
        auto temp = obj ;
        ++obj.data ;
        return temp ;
    }
    IntLike operator --( IntLike & obj, int )
    {
        auto temp = obj ;
        --obj.data ;
        return temp ;
    }
```

後置演算子は 2 つ目の引数として int 型を取る。この引数はダミーで前置演算子と後置演算子を区別する以外の意味はない。意味はないので引数名は省略している。

```
struct S { } ;

// 前置演算子
void operator ++( S ) ;
// 後置演算子
void operator ++( S, int ) ;
```

後置演算子はオペランドである引数を変更するが、戻り値は変更する前の値だ。なので変更前の値をまずコピーしておき、そのコピーを返す。

19.3.4　メンバー関数での演算子のオーバーロード

実は演算子のオーバーロードはメンバー関数で書くことも可能だ。

例えば、

```
S s ;
s + s ;
```

を可能にするクラス S に対する operator + は、

```
struct S { }
S operator + ( S const &, S const & ) ;
```

でも実装できるが、メンバー関数としても実装できる。

```
struct S
{
    S operator +( S const & right )
    {
        return S{} ;
    }
} ;
```

演算子のオーバーロードをメンバー関数で書く場合、最初のオペランドがメンバー関数の属するクラスのオブジェクト、2 つ目のオペランドが 1 つ目の引数になる。

```
struct IntLike
{
    int data ;

    IntLike operator +( IntLike const & right )
```

268　第 19 章　より自然に振る舞うクラス

```cpp
    {
        return IntLike { data + right.data } ;
    }
} ;

int main()
{
    IntLike a(1) ;
    IntLike b(2) ;

    IntLike c = a + b ;
}
```

この場合、メンバー関数は変数 a に対して呼ばれ、変数 b が right となる。
普通のメンバー関数のように呼ぶこともできる。

```cpp
    IntLike c = a.operator +( b ) ;
```

一見戸惑うかもしれないが、これは普通のメンバー関数呼び出しと何ら変わらない。

```cpp
struct S
{
    void plus( S const & other ) { }
    void operator +( S const & other ) { }
} ;

int main()
{
    S a ;
    S b ;

    // これはメンバー関数呼び出し
    a.plus(b) ;
    // これもメンバー関数呼び出し
    a.operator +(b) ;
    // 同じくメンバー関数呼び出し
    a + b ;
}
```

　演算子のオーバーロードはフリー関数とメンバー関数のどちらで実装すればいいのだろうか。答えは
どちらでもよい。ただし、ごく一部の演算子はメンバー関数でしか実装できない。
　こうして、この章の冒頭にある演算子を使った自然な四則演算の記述が、自作のクラスでも可能に
なる。

第 20 章
std::array

std::vector<T> を覚えているだろうか。T 型の値をいくつでも保持できるクラスだ。

```cpp
int main()
{
    // int 型の値を 10 個保持するクラス
    std::vector<int> v(10) ;

    // 0番目の値を 1に
    v.at(0) = 1 ;

    // イテレーターを取る
    auto i = std::begin(v) ;
}
```

この章では、vector と似ているクラス、std::array<T, N> を学ぶ。array は T 型の値を N 個保持するクラスだ。

その使い方は一見 vector と似ている。

```cpp
int main()
{
    // int 型の値を 10 個保持するクラス
    std::array<int, 10> a ;

    // 0番目の値を 1に
    a.at(0) = 1 ;
```

```
    // イテレーターを取る
    auto i = std::begin(a) ;
}
```

vector と違う点は、コンパイル時に要素数が固定されるということだ。

vector は実行時に要素数を決めることができる。

```
int main()
{
    std::size_t N{} ;
    std::cin >> N ;

    // 要素数N
    std::vector<int> v(N) ;
}
```

一方、array はコンパイル時に要素数を決める。標準入力から得た値は実行時のものなので、使うことはできない。

```
int main()
{
    std::size_T N{} ;
    std::cin >> N ;

    // エラー
    std::array< int, N > a ;
}
```

vector は実行時に要素数を変更することができる。メンバー関数 push_back は要素数を1増やす。メンバー関数 resize(sz) は要素数を sz にする。

```
int main()
{
    // 要素数5
    std::vector<int> v(5) ;
    // 要素数6
    v.push_back(1) ;
    // 要素数2
    v.resize(2) ;
}
```

array は push_back も resize も提供していない。

vector も array もメンバー関数 at(i) で i 番目の要素にアクセスできる。実は、i 番目にアクセスする方法はほかにもある。[i] を使う方法だ。

```
int main()
{
    std::array<int, 10> a ;

    // どちらも0番目の要素に1を代入
    a.at(0) = 1 ;
    a[0] = 1 ;

    // どちらも0番目の要素を標準出力
    std::cout << a.at(0) ;
    std::cout << a[0] ;
}
```

at(i)と[i]の違いは、要素の範囲外にアクセスしたときの挙動だ。at(i)はエラー処理が行われる。[i]は何が起こるかわからない。

```
int main()
{
    // 10個の要素を持つ
    // 0番目から9番目までが妥当な範囲
    std::array<int, 10> a ;

    // エラー処理が行われる
    // プログラムは終了する
    a.at(10) = 0 ;
    // 何が起こるかわからない
    a[10] = 0 ;
}
```

この理由は、[i]は要素数が妥当な範囲かどうかを確認する処理を行っていないためだ。その分余計な処理が発生しないが、間違えたときに何が起こるかわからないという危険性がある。通常はat(i)を使うべきだ。

実はこの[i]はoperator []というれっきとした演算子だ。演算子のオーバーロードもできる。例えば以下は任意個の要素を持ち、常にゼロを返すarrayのように振る舞う意味のないクラスだ。

```
// 常にゼロを返すクラス
// 何を書き込んでもゼロを返す
struct null_array
{
    int dummy ;
    // 引数は無視
    int & operator [] ( std::size_t )
    {
        dummy = 0 ;
        return dummy ;
```

```cpp
        }
} ;

int main()
{
    null_array a ;

    // 0
    std::cout << a[0] ;
    // 0
    std::cout << a[999] ;

    a[100] = 0 ;
    // 0
    std::cout << a[100] ;
}
```

　なぜ vector という実行時に要素数を設定でき実行時に要素数を変更できる便利なクラスがありながら、array のようなコンパイル時に要素数が決め打ちで要素数の変更もできないようなクラスもあるのだろうか。その理由は array と vector はパフォーマンスの特性が異なるからだ。vector はストレージ（メモリー）の動的確保をしている。ストレージの動的確保は実行時の要素数を変更できるのだが、そのために予測不可能な非決定的なパフォーマンス特性を持つ。array はストレージの動的確保を行わない。この結果実行時に要素数を変更することはできないが、予測可能で決定的なパフォーマンス特性を持つ。

　その他の array の使い方は、vector とほぼ同じだ。

　さて、これから array を実装していこう。実装を通じて読者は C++ のクラスとその他の機能を学んでいくことになる。

第 21 章
プログラマーの三大美徳

プログラミング言語 Perl の作者、Larry Wall は著書『プログラミング Perl』の初版で以下のように宣言した。

読者はプログラマーの三大美徳である、怠惰、短気、傲慢を会得すべきである。

第 2 版の巻末の用語集では、以下のような定義が与えらた。

怠惰 プログラマーは労力を削減するための労力を惜しまないこと。怠惰のために書いたプログラムは他人にも便利であり、そしてドキュメントを書くことにより自ら他人の質問に答えずに済むようにすること。これがプログラマーの第一の美徳である。これが本書の書かれた理由である。

短気 コンピューターが怠惰であるときにプログラマーが感ずる怒り。短気によって書かれたプログラムは、単に労力を削減するばかりではなく、事前に解決しておく。少なくとも、すでに解決済みのように振る舞う。これがプログラマーの第二の美徳である。

傲慢 ゼウスも罰したもう過剰なまでの驕り。他人がそしりを入れられぬほどのプログラムを書く推進剤。これがプログラマーの第三の美徳である。

これから学ぶ array を実装するための C++ の機能を学ぶときに、このプログラマーの三大美徳のことを頭に入れておこう。

第 22 章

配列

22.1 ナイーブな array 実装

std::array を実装してみよう。すでにクラスを作る方法については学んだ。

std::array<T,N> は T 型の要素を N 個保持するクラスだ。この <T,N> についてはまだ学んでいない
ので、今回は int 型を 3 個確保する。いままでに学んだ要素だけで実装してみよう。

```
struct array_int_3
{
    int m0 ;
    int m1 ;
    int m2 ;
} ;
```

そして operator [] を実装しよう。引数が 0 なら m0 を、1 なら m1 を、2 なら m2 を返す。それ以
外の値の場合、プログラムを強制的に終了させる標準ライブラリ、std::abort を呼び出す。

```
struct array_int_3
{
    int m0 ; int m1 ; int m2 ;

    int & operator []( std::size_t i )
    {
        switch(i)
        {
            case 0 :
                return m0 ;
```

```
            case 1 :
                return m1 ;
            case 2 :
                return m2 ;
            default :
                // 間違った引数
                // 強制終了
                std::abort() ;
        }
    }
} ;
```

これは動く。では要素数を 10 個に増やした `array_int_10` はどうなるだろうか。要素数 100 個はどう書くのだろうか。この方法で実装するとソースコードが膨大になり、ソースコードを出力するソースコードを書かなければならなくなる。これは怠惰で短気なプログラマーには耐えられない作業だ。

22.2　配列

`std::array` を実装するには、配列（array）を使う。
`int` 型の要素数 10 の配列 `a` は以下のように書く。

```
int a[10] ;
```

`double` 型の要素数 5 の配列 `b` は以下のように書く。

```
double b[5] ;
```

配列の要素数は `std::array<T,N>` の N と同じようにコンパイル時定数でなければならない。

```
int main()
{
    std::size_t size ;
    std::cin >> size ;
    // エラー
    int a[size] ;
}
```

配列は `={1,2,3}` のように初期化できる。

```
int a[5] = {1,2,3,4,5} ;
double b[3] = {1.0, 2.0, 3.0 } ;
```

配列の要素にアクセスするには `operator []` を使う。

```
int main()
{
    int a[5] = {1,2,3,4,5} ;

    // 4
    std::cout << a[3] ;

    a[2] = 0 ;
    // {1,2,0,4,5}
}
```

配列にはメンバー関数はない。at(i) や size() のような便利なメンバー関数はない。

配列のサイズは sizeof で取得できる。配列のサイズは配列の要素の型のサイズ掛けることの要素数のサイズになる。

```
int main()
{
    auto print = [](auto s){ std::cout << s << "\n"s ; } ;
    int a[5] ;
    print( sizeof(a) ) ;
    print( sizeof(int) * 5 ) ;

    double b [5] ;
    print( sizeof(b) ) ;
    print( sizeof(double) * 5 ) ;
}
```

sizeof は型やオブジェクトのバイト数を取得するのに対し、vector や array のメンバー関数 size() は要素数を取得する。この違いに注意すること。

```
int main()
{
    auto print = [](auto s){ std::cout << s << "\n"s ; } ;
    std::array<int, 5> a ;

    // a のバイト数
    print( sizeof(a) ) ;
    // 要素数: 5
    print( a.size() ) ;

}
```

配列はとても低級な機能だ。その実装はある型を連続してストレージ上に並べたものになっている。

```
int a[5] ;
```

のような配列があり、int 型が 4 バイトの環境では、20 バイトのストレージが確保され、その先頭の 4 バイトが最初の 0 番目の要素に、その次の 4 バイトが 1 番目の要素になる。最後の 4 番目の要素は最後の 4 バイトになる。

配列にはメンバー関数がない上、コピーもできない。std::array はコピーできる。

```
int main()
{
    int a[5] = {1,2,3,4,5} ;
    // エラー、コピーできない
    int b[5] = a ;

    std::array<int, 5> c = {1,2,3,4,5} ;
    // OK、コピーできる
    std::array<int, 5> d = c ;
}
```

配列は低級で使いにくいので、std::array という配列をラップした高級なライブラリが標準で用意されている。

さて、配列の使い方は覚えたので、さっそく std::array_int_10 を実装してみよう。

まずクラスのデータメンバーとして配列を宣言する。

```
struct array_int_10
{
    int storage[10] ;
} ;
```

配列はコピーできないが、クラスのデータメンバーとして宣言した配列は、クラスのコピーの際に、その対応する順番の要素がそれぞれコピーされる。

```
struct array_int_3 { int storage [3] ; } ;

int main()
{
    array_int_10 a = { 0,1,2 } ;
```

```
    array_int_10 b = a ;
    // b.storage[0] == a.storage[0]
    // b.storage[1] == a.storage[1]
    // b.storage[2] == a.storage[2]
}
```

これはあたかも以下のように書いたかのように動く。

```
struct array_int_3
{
    int storage[3] ;

    array_int_3( array_int_3 const & other )
    {
        std::copy(
            std::begin(other.storage), std::end(other.storage),
            std::begin(storage)
        ) ;

    }
}
```

operator [] も実装しよう。

```
struct array_int_10
{
    int storage[10] ;

    int & operator [] ( std::size_t i )
    {
        return storage[i] ;
    }
} ;

int main()
{
    array_int_10 a = {0,1,2,3,4,5,6,7,8,9} ;
    a[3] = 0 ;
    std::cout << a[6] ;
}
```

std::array にはまださまざまなメンバーがある。1つずつ順番に学んでいこう。

第 23 章

テンプレート

23.1 問題点

前章で我々は 'std::array' のようなものを実装した。C++ を何も知らなかった我々がとうとうクールなキッズは皆やっているというクラスを書くことができた。素晴らしい成果だ。

しかし、我々の書いた 'array_int_10' は 'std::array' とは異なる。

```
// 標準ライブラリ
std::array<int, 10> a ;
// 我々のクラス
array_int_10 a ;
```

もし要素数を 20 個にしたければ array_int_20 を新たに書かなければならない。すると array_int_1 とか array_int_10000 のようなクラスを無数に書かなければならないのだろうか。要素の型を double にしたければ array_double_10 が必要だ。

しかし、そのようなクラスはほとんど同じような退屈な記述の羅列になる。

```
struct array_int_1
{
    int storage[1] ;
    int & operator []( std::size_t i )
    { return storage[i] ; }
} ;

// array_int_2, array_int_3, ...
```

282　第 23 章　テンプレート

```cpp
struct array_int_10000
{
    int storage[10000] ;
    int & operator [] ( std::size_t i )
    { return storage[i] ; }
} ;

struct array_double_1
{
    double storage[1] ;
    double & operator [] ( std::size_t i )
    { return storage[i] ; }
} ;

// array_double_2, array_double_3, ...
```

　これは怠惰で短気なプログラマーには耐えられない作業だ。C++ にはこのような退屈なコードを書かなくても済む機能がある。しかしその前に、引数について考えてみよう。

23.2　関数の引数

　1 を 2 倍する関数を考えよう。

```cpp
int one_twice()
{
    return 1 * 2 ;
}
```

上出来だ。では 2 を 2 倍する関数を考えよう。

```cpp
int two_twice()
{
    return 2 * 2 ;
}
```

　素晴らしい。では 3 を 2 倍する関数、4 を 2 倍する関数... と考えていこう。
　ここまで読んで three_twice や four_twice を思い浮かべた読者にはプログラマーに備わるべき美徳が欠けている。怠惰で短気で傲慢なプログラマーはそんなコードを書かない。引数を使う。

```cpp
int twice( int n )
{
    return n * 2 ;
}
```

具体的な値を2倍する関数を値の数だけ書くのは面倒だ。具体的な値は定めず、引数で外部から受け取る。そして引数を2倍して返す。引数は汎用的なコードを任意の値に対して対応させるための機能だ。

23.3 関数のテンプレート引数

twiceをさまざまな型に対応させるにはどうすればいいだろう。例えばint型とdouble型に対応させてみよう。

```cpp
int twice( int n )
{
    return n * 2 ;
}

double twice( double n )
{
    return n * 2.0 ;
}
```

整数型にはintのほかにも、short, long, long longといった型がある。浮動小数点数型にはfloatとlong doubleもある。ということは以下のような関数も必要だ。

```cpp
short twice( short n )
{
    return n * 2 ;
}

long twice( long n )
{
    return n * 2 ;
}

long long twice( long long n )
{
    return n * 2 ;
}

float twice( float n )
{
    return n * 2 ;
}

long double twice( long double n )
{
    return n * 2 ;
}
```

ところで、整数型には符号付きと符号なしの 2 種類があるということは覚えているだろうか？

```
int twice( int n )
{
    return n * 2 ;
}

unsigned int twice( unsigned int n )
{
    return n * 2 ;
}

// short, long, long long に対しても同様
```

　C++ ではユーザーが整数型のように振る舞うクラスを作ることができる。整数型を複数使って巨大な整数を表現できるクラスも作ることができる。

```
// 多倍長整数クラス
// unsigned long long が 256 個分の整数の実装
struct bigint
{
    unsigned long long storage[256] ;
} ;

bigint operator * ( bigint const & right, int )
{
    return // 実装
}
```

このクラスに対応するには当然、以下のように書かなければならない。

```
bigint twice( bigint n )
{
    return n * 2 ;
}
```

　そろそろ怠惰と短気を美徳とするプログラマー読者は耐えられなくなってきただろう。これまでのコードは、単にある型 T に対して、

```
T twice( T n )
{
    return n * 2 ;
}
```

と書いているだけだ。型 T がコピーと operator *(T, int) に対応していればいい。型 T の具体的な型について知る必要はない。

　関数が具体的な値を知らなくても引数によって汎用的なコードを書けるように、具体的な型を知らなくても汎用的なコードを書けるようになりたい。その怠惰と短気に答えるのが**テンプレート**だ。

23.4　テンプレート

　通常の関数が値を引数に取ることができるように、テンプレートは型を引数に取ることができる。テンプレートは以下のように宣言する。

```
template < typename T >
    宣言
```

テンプレートを関数に使う**関数テンプレート**は以下のように書く。

```
template < typename T >
T twice( T n )
{
    return n * 2 ;
}

int main()
{
    twice( 123 ) ;  // int
    twice( 1.23 ) ; // double
}
```

　template < typename T >は型 T をテンプレート**引数**に取る。テンプレートを使った宣言の中では、T が型として扱える。

```
template < typename T >
T f( T n )
{
    T x = n ;
}
```

　関数が**引数**を取るように、テンプレートはテンプレート**引数**を取る。

第 23 章　テンプレート

```cpp
// テンプレートはテンプレート引数template_parameter を取る
template < typename template_parameter >
// 関数は引数function_parameter を取る
// 引数の型はtemplate_parameter
void f( template_parameter function_parameter )
{
}
```

テンプレートが「使われる」ときに、テンプレート引数に対する具体的な型が決定する。

```cpp
template < typename T >
void f( T const & x )
{
    std::cout << x ;
}

int main()
{
    // T は int
    f( 0 ) ;
    // T は double
    f( 0.0 ) ;
    // T は std::string
    f( "hello"s ) ;
}
```

テンプレートを使うときに自動でテンプレート引数を推定してくれるが、`<T>` を使うことで明示的にテンプレート引数を T 型に指定することもできる。

```cpp
template < typename T >
void f( T const & x )
{
    std::cout << x ;
}

int main()
{
    // T は int
    f<int>(0) ;

    // T は double
    // int 型 0 から double 型 0.0への変換が行われる
    f<double>( 0 ) ;
}
```

23.4 テンプレート　287

テンプレート引数は型ではなく整数型の値を渡すこともできる。

```cpp
template < int N >
void f()
{
    std::cout << N ;
}

int main()
{
    // N は 0
    f<0>() ;
    // N は 123
    f<123>() ;
}
```

ただし、テンプレート引数はコンパイル時にすべてが決定される。なのでテンプレート引数に渡せる値はコンパイル時に決定できるものでなければならない。

```cpp
template < int N >
void f() { }

int main()
{
    // OK
    f<1+1>() ;

    int x{} ;
    std::cin >> x ;
    // エラー
    f<x>() ;
}
```

テンプレート引数がコンパイル時に決定されるということは、配列のサイズのようなコンパイル時に決定されなければならない場面でも使えるということだ。

```cpp
template < std::size_t N >
void f()
{
    int buffer[N] ;
}

int main()
{
    // 配列buffer のサイズは 10
    f<10>() ;
```

288   第 23 章 テンプレート

```
    // サイズは 12
    f<12>() ;
}
```

テンプレートを使ったコードは、与えられたテンプレート引数に対して妥当でなければならない。

```
template < typename vec >
void f( vec & v )
{
    v.push_back(0) ;
}

int main()
{
    std::vector<int> a ;
    // OK
    f( a ) ;
    std::vector<double> b ;
    // OK
    // int から double への変換
    f( b ) ;

    std::vector<std::string> c ;
    // エラー
    // int から std::string に変換はできない
    f( c ) ;

    // エラー
    // int 型はメンバー関数 push_back を持っていない
    f( 0 ) ;
}
```

23.5 クラステンプレート

テンプレートはクラスにも使える。関数テンプレートは関数の前にテンプレートを書くように、

```
template < typename T > // テンプレート
void f( ) ; // 関数
```

クラステンプレートはクラスの前にテンプレートを書く。

```
template < typename T > // テンプレート
struct S { } ; // クラス
```

関数の中でテンプレート引数名を型や値として使えるように、

```
template < typename T, T N >
T value()
{
    return N :
}

int main()
{
    value<int, 1>() ;
    value<short, 1>() ;
}
```

クラスの中でもテンプレート引数名を型や値として使える。

```
template < typename T, std::size_t N >
struct array
{
    T storage[N] ;

    T & operator [] ( std::size_t i )
    {
        return storage[i] ;
    }
} ;
```

なんと、もう 'std::array' が完成してしまった。

第 24 章

array をさらに実装

'std::array' をもっと実装していこう。前章では以下のような簡単な 'array' を実装した。

```
template < typename T, std::size_t N >
struct array
{
    T storage[N] ;

    T & operator [] ( std::size_t i )
    {
        return storage[i] ;
    }
} ;
```

実は std::array はこのように書かれていない。この章では、'array' の実装を 'std::array' に近づけていく。

24.1　ネストされた型名

エイリアス宣言を覚えているだろうか。型名に別名を付ける機能だ。

```
int main()
{
    using number = int ;
    number x = 123 ;
}
```

エイリアス宣言はクラスの中でも使うことができる。

```cpp
struct S
{
    using number = int ;
    number data ;
} ;

int main()
{
    S s{123} ;

    S::number x = s.data ;
}
```

クラスの中で宣言されたエイリアス宣言による型名を、ネストされた型名という。`std::array`では
テンプレート引数を直接使う代わりに、ネストされた型名が使われている。

```cpp
template < typename T, std::size_t N >
struct array
{
    using value_type = T ;
    using reference = T & ;

    using size_type = std::size_t ;

    value_type storage[N] ;

    reference operator [] ( size_type i )
    {
        return storage[i] ;
    }
} ;
```

こうすると、`T &`のようなわかりにくい型ではなく`reference`のようにわかりやすい名前を使える。
さらに、クラス外部から使うこともできる。

```cpp
int main()
{
    using array_type = std::array<int, 5> ;
    array_type a = {1,2,3,4,5} ;
    array_type::value_type x = 0 ;
    array_type::reference ref = a[0] ;
}
```

もちろんこれは auto で書くこともできるが、

```
int main()
{
    using array_type = std::array<int, 5> ;
    array_type a = {1,2,3,4,5} ;
    auto x = 0 ;
    auto ref = a[0] ;
}
```

信じられないことに昔の C++ には auto がなかったのだ。その他、さまざまな利点があるのだが、そのすべてを理解するには、まだ読者の C++ 力が足りない。

24.2 　要素数の取得: size()

std::array<T,N> には size() というメンバー関数がある。要素数を返す。
array の場合、N を返せばよい。

```
int main()
{
    std::array<int, 5> a ;
    a.size() ; // 5

    std::array<int, 10> b ;
    b.size() ; // 10
}
```

さっそく実装しよう。

```
template < typename T, std::size_t N >
struct array
{
    using size_type = std::size_t ;

    size_type size() ;
    // ... 省略
} ;
```

ここでは size の宣言だけをしている。
関数は宣言と定義が分割できる。

```
// 関数の宣言
void f() ;
// 関数の定義
void f() { }
```

メンバー関数も宣言と定義が分割できる。

```
// クラスの宣言
struct S
{
    // メンバー関数の宣言
    void f() ;
} ;

// メンバー関数の定義
void S::f() { }
```

メンバー関数の定義をクラス宣言の外で書くには、関数名がどのクラスに属するのかを指定しなければならない。これには**クラス名::**を使う。この場合、**S::f** だ。

24.3 メンバー関数の const 修飾

const を付けた変数は値を変更できなくなることはすでに学んだ。

```
int main()
{
    int x = 0 ;
    x = 1 ;
    int const cx = 0 ;
    cx = 0 ; // エラー
}
```

const は変更する必要のない場面でうっかり変更することを防いでくれるとても便利な機能だ。'array' は大きいので関数の引数として渡すときにコピーするのは非効率的だ。なのでコピーを防ぐリファレンスで渡したい。

std::array<T,N> を受け取って要素をすべて出力する関数を書いてみよう。

```
template < typename Array >
void print( Array & c )
{
    for ( std::size_t i = 0 ; i != c.size() ; ++i )
    {
        std::cout << c[i] ;
    }
```

```
    }

int main()
{
    std::array<int, 5> a = {1,2,3,4,5} ;
    print( a ) ;
}
```

関数 print がテンプレートなのは任意の T と N を使った std::array<T,N> を受け取れるようにするためだ。

関数のリファレンスを引数として渡すと、関数の中で変更できてしまう。しかし、上の例のような関数 print では、引数を書き換える必要はない。この関数を使う人間も、引数を勝手に書き換えないことを期待している。この場合、const を付けることで値の変更を防ぐことができる。

```
template < typename Container >
void print( Container const & c )
{
    for ( std::size_t i = 0 ; i != c.size() ; ++i )
    {
        std::cout << c[i] ;
    }
}
```

ではさっそくこれまで実装してきた自作の array クラスを使ってみよう。

```
int main()
{
    array<int, 5> a = {1,2,3,4,5} ;

    print( a ) ; // エラー
}
```

なぜかエラーになってしまう。

この理由はメンバー関数を呼び出しているからだ。

クラスのメンバー関数はデータメンバーを変更できる。

```
struct S
{
    int data {} ;
    void f()
    {
        ++data ;
    }
} ;
```

```
int main()
{
    S s ;
    s.f() ; // s.data を変更
}
```

ということは、const S はメンバー関数 f() を呼び出すことができない。

```
int main()
{
    S s ;
    S const & ref = s ;

    ++ref.data ;  // エラー
    ref.f() ;     // エラー
}
```

ではメンバー関数 f() がデータメンバーを変更しなければいいのだろうか。試してみよう。

```
struct S
{
    int data {} ;
    void f()
    {
        // 何もしない
    }
} ;

int main()
{
    S const s ;
    s.f() ; // エラー
}
```

　まだエラーになる。この理由を完全に理解するためには、まだ説明していない**ポインター**という機能について学ばなければならない。ポインターの説明はこの次の章で行うとして、いまはさしあたり必要な機能である**メンバー関数の const 修飾**を説明する。

　const を付けていないメンバー関数を const なクラスのオブジェクトから呼び出せない理由は、メンバー関数がデータメンバーを変更しない保証がないからだ。その保証を付けるのが**メンバー関数の const 修飾**だ。

　メンバー関数は関数の引数のあと、関数の本体の前に const を書くことで const 修飾できる。

```
struct S
{
    void f() const
```

```
        { }
} ;

int main()
{
    S s ;
    s.f() ; // OK

    S const cs ;
    cs.f() ; // OK

}
```

const 修飾されたメンバー関数は const なクラスのオブジェクトからでも呼び出すことができる。

const 修飾されたメンバー関数と、const 修飾されていないメンバー関数が両方ある場合、クラスのオブジェクトの const の有無によって適切なメンバー関数が呼び出される。

```
struct S
{
    void f() { }        // 1
    void f() const { }  // 2
} ;

int main()
{
    S s ;
    s.f() ;      // 1

    S const cs ;
    cs.f() ;     // 2
}
```

そしてもう1つ重要なのは、const 修飾されたメンバー関数がデータメンバーへのリファレンスを返す場合、

```
struct S
{
    int data {} ;
    // データメンバーへのリファレンスを返す
    int & get()
    {
        return data ;
    }
} ;
```

const 修飾されたメンバー関数は自分のデータメンバーを変更できないので、データメンバーの値を変更可能なリファレンスを返すことはできない。そのため以下のようになる。

```cpp
struct S
{
    int data {} ;
    int & get()
    {
        return data ;
    }

    // const 版
    // const リファレンスを返すので変更不可
    int const & get() const
    {
        return data ;
    }
} ;
```

自作の 'array' の operator [] を const に対応させよう。'std::array' は const なリファレンスを const_reference というネストされた型名にしている。

```cpp
template < typename T, std::size_t N >
struct array
{
    T storage[N] ;

    using reference = T & ;
    using const_reference = T const & ;

    // 非const 版
    reference operator [] ( std::size_t i )
    {
        return storage[i] ;
    }
    // const 版
    const_reference operator [] ( std::size_t i ) const
    {
        return storage[i] ;
    }
} ;
```

これで const array にも対応できるようになった。

24.4　先頭と末尾の要素：front/back

メンバー関数 front は最初の要素へのリファレンスを返す。back は最後の要素へのリファレンスを
返す。

```cpp
int main()
{
    std::array<int, 5> a = {1,2,3,4,5} ;

    int & f = a.front() ;    // 1
    int & b = a.back() ;     // 5
}
```

front/back には reference を返すバージョンと const_reference を返すバージョンがある。

```cpp
template < typename T, std::size_t N >
struct array
{
    T storage[N] ;

    using reference = T & ;
    using const_reference = T const & ;

    reference front()
    { return storage[0] ; }
    const_reference front() const
    { return storage[0] ; }

    reference back()
    { return storage[N-1] ; }
    const_reference back() const
    { return storage[N-1] ; }

} ;
```

24.5　全要素に値を代入: fill

```
int main()
{
    std::array<int, 5> a = {1,2,3,4,5} ;
    a.fill(0) ;
    // a は{0,0,0,0,0}
}
```

すでにアルゴリズムで実装した 'std::fill' と同じだ。

```
template < typename T, std::size_t N >
struct array
{
    T storage[N] ;

    void fill( T const & u )
    {
        for ( std::size_t i = 0 ; i != N ; ++i )
        {
            storage[i] = u ;
        }
    }

} ;
```

しかし、せっかく std::fill があるのだから以下のように書きたい。

```
void fill( T const & u )
{
    std::fill( begin(), end(), u ) ;
}
```

残念ながらこれは動かない。なぜならば、自作の array はまだ begin()/end() とイテレーターに対応していないからだ。これは次の章で学ぶ。

第 25 章
array のイテレーター

25.1　イテレーターの中身

　自作の array をイテレーターに対応させる前に、まず 'std::array' のイテレーターについてひと通り調べよう。

　イテレーターは std::begin/std::end で取得する。

```cpp
int main()
{
    std::array<int, 5> a = {1,2,3,4,5} ;

    auto first = std::begin(a) ;
    auto last = std::end(a) ;
}
```

std::begin/std::end は何をしているのか見てみよう。

```cpp
namespace std
{
    template < typename C >
    auto begin( C & c )
    { return c.begin() ; }

    template < typename C >
    auto begin( C const & c )
    { return c.begin() ; }
```

```
    template < typename C >
    auto end( C & c )
    { return c.end() ;}

    template < typename C >
    auto end( C const & c )
    { return c.end() ;}
}
```

なんと、単に引数に対してメンバー関数 begin/end を呼び出してその結果を返しているだけだ。
さっそく確かめてみよう。

```
int main()
{
    std::array<int, 5> a = {1,2,3,4,5} ;

    auto iter = a.begin() ;
    std::cout << *iter ; // 1
    ++iter ;
    std::cout << *iter ; // 2
}
```

確かに動くようだ。
すると自作の array でイテレーターに対応する方法がわかってきた。

```
// イテレーターを表現するクラス
struct array_iterator { } ;

template < typename T, std::size_t N >
struct array
{
    // イテレーター型
    using iterator = array_iterator ;

    // イテレーターを返すメンバー関数
    iterator begin() ;
    iterator end() ;

    // その他のメンバー
} ;
```

　イテレーターに対応するには、おおむねこのような実装になるとみていいだろう。おそらく細かい部
分で微調整が必要になるが、いまはこれでよしとしよう。ではイテレーターが具体的に何をするかを見
ていこう。
　すでに学んだように、イテレーターは operator * で参照する要素の値を取得できる。また書き込み

もできる。

```
int main()
{
    std::array<int, 5> a = {1,2,3,4,5} ;

    auto iter = a.begin() ;
    int x = *iter ; // 1
    *iter = 0 ;
    // a は{0,2,3,4,5}
}
```

　問題を簡単にするために、これまでに作った自作の **array** で最初の要素にアクセスする方法を考え
てみよう

```
array<int, 5> a = {1,2,3,4,5} ;
int x = a[0] ; // 1
a[0] = 0 ;
```

　このことから考えると、先頭要素を指すイテレーターは **operator *** をオーバーロードして先頭要素
をリファレンスで返せばよい。

```
struct array_iterator_int_5_begin
{
    array<int, 5> & a ;

    array<int, 5>::reference operator *()
    {
        return a[0] ;
    }
} ;
```

　しかし、この実装では **array<int,5>** にしか対応できない。**array<int,7>** や **array<double,
10>** には対応できない。なぜなら、**array** に渡すテンプレート実引数が違うと、別の型になるか
らだ。
　array_iterator でさまざまな **array** を扱うにはどうすればいいのか。テンプレートを使う。

```
template < typename Array >
struct array_iterator_begin
{
    Array & a ;

    array_iterator_begin( Array & a )
        : a( a ) { }
```

```
    // エラー
    // Array::reference は型ではない
    Array::reference operator *()
    {
        return a[0] ;
    }
} ;
```

しかしなぜかエラーだとコンパイラーに怒られる。この理由を説明するのはとても難しい。気になる読者は近所の C++ グルに教えを請おう。ここでは答えだけを教える。

T::Y において、T がテンプレート引数に依存する名前で、Y がネストされた型名の場合、typename キーワードを付けなければならない。

```
template < typename T >
void f()
{
    // typename が必要
    typename T::Y x = 0 ;
}

struct S
{
    using Y = int ;
} ;

int main()
{
    // T = S
    // T::Y = int
    f<S>() ;
}
```

わかっただろうか。わからなくても無理はない。この問題を理解するにはテンプレートに対する深い理解が必要だ。理解した暁には読者は C++ グルとして崇拝されているだろう。

さしあたって必要なのは Array::reference の前に typename キーワードを付けることだ。

```
typename Array::reference
array_iterator_begin::operator * ()
{
    return a[0] ;
}
```

どうやら最初の要素を読み書きするイテレーターはできたようだ。array 側も実装して試してみよう。

array 側の実装にはまだ現時点では完全に理解できない黒魔術が必要だ。

```
template < typename T, std::size_t N >
struct array
{
    T storage[N] ;
    // 黒魔術 1: array
    using iterator = array_iterator_begin<array> ;
    iterator begin()
    // 黒魔術 2: *this
    // 黒魔術 3: iterator(*this)
    { return iterator(*this) ; }
} ;
```

黒魔術 1 は array_iterator_begin<array> の中にある。この array は array<T,N> と同じ意味になる。つまり全体としては、array_iterator_begin<array<T,N>> と書いたものと同じだ。クラステンプレートの中でクラス名を使うと、テンプレート実引数をそれぞれ指定したものと同じになる。

```
template < typename A, typename B, typename C >
struct S
{
    void f()
    {
        // S<A,B,C>と同じ
        S s ;
    }
} ;
```

黒魔術 2 は *this だ。*this はメンバー関数を呼んだクラスのオブジェクトへのリファレンスだ。

```
struct S
{
    int data {} ;
    // *this はメンバー関数が呼ばれた S のオブジェクト
    S & THIS() { return *this ; }
} ;

int main()
{
    S s1 ;

    s1.THIS().data = 123 ;
    // 123
    std::cout << s1.data ;
```

```
    S s2 ;
    s2.THIS().data = 456 ;
    // 456
    std::cout << s2.data ;
}
```

クラスのメンバー関数は対応するクラスのオブジェクトに対して呼ばれる。本来ならばクラスのオブジェクトをリファレンスで取るような形になる。

```
struct S
{
    int data {} ;
    void set(int x)
    {
        data = x ;
    }
} ;

int main()
{
    S object ;
    object.set(42) ;
}
```

というコードは、ほぼ同じことを以下のようにも書ける。

```
struct S
{
    int data {} ;
} ;

void set( S & object, int x )
{
    object.data = x ;
}

int main()
{
    S ojbect ;
    set( object, 42 ) ;
}
```

クラスの意義は変数と関数を結び付けることだ。このように変数と関数がバラバラではわかりにくいので、メンバー関数という形で object.set(...) のようにわかりやすく呼び出せるし、その際クラスSのオブジェクトは変数 object であることが文法上わかるので、わざわざ関数の実引数の形で書くこ

とは省略できるようにしている。

メンバー関数の中で、メンバー関数が呼ばれているクラスのオブジェクトを参照する方法が *this だ。

しかしなぜ *this なのか。もっとわかりやすいキーワードでもいいのではないか。なぜ * が付いているのか。この謎を理解するためには、これまたポインターの理解が必要になるが、それは次の章で学ぶ。

黒魔術 3 は iterator(*this) だ。クラス名に () や {} を続けると、コンストラクターを呼び出した結果のクラスの値を得ることができる。

```
struct S
{
    S() { }
    S( int ) { }
    S( int, int ) { }
} ;

int main()
{
    S a = S() ;
    S b = S(0) ;
    S c = S(1,2) ;

    S d = S{} ;
    S e = S{0} ;
    S f = S{1,2} ;
}
```

黒魔術の解説が長くなった。本題に戻ろう。

array_iterator_begin は先頭の要素しか扱えない。イテレーターで先頭以外の別の要素を扱う方法を思い出してみよう。

イテレーターは operator ++ で次の要素を参照する。operator -- で前の要素を参照する。

```
int main()
{
    std::array<int, 5> a = {1,2,3,4,5} ;

    auto iter = a.begin() ;
    *iter ; // 1
    ++iter ;
    *iter ; // 2
    --iter ;
    *iter ; // 1
}
```

この operator ++ と operator -- はイテレーターへのリファレンスを返す。なぜならば、以下の

ように書けるからだ。

```
*++iter ;
*++++iter ;
```

以上を踏まえて、自作の `array_iterator` の宣言を書いてみよう。

```
template < typename Array >
struct array_iterator
{
    Array & a ;

    array_iterator( Array & a )
        : a( a ) { }

    // 次の要素を指す
    array_iterator & operator ++() ;
    // 前の要素を指す
    array_iterator & operator --() ;

    // いま参照している要素へのリファレンスを返す
    Array::reference operator *() ;
} ;
```

イテレーターの実装で先頭の要素を参照するのは a[0] だった。その次の要素を参照するには a[1] だ。その次の要素は a[2] となり、その前の要素は a[1] だ。

```
array<int, 5> a = {1,2,3,4,5} ;

auto iter = a.begin() ; // 最初の要素
*iter ; // 1
++iter ; // 次の要素
*iter ; // 2
--iter ; // 前の要素、つまり最初の要素
*iter ; // 1
```

では最初の要素の前の要素や、最後の要素の次の要素を参照しようとするとどうなるのか。

```
auto first = a.begin() ;
--first ;
*first ; // 最初の前の要素？
auto last = a.end() ;
++last ; //
*last ; // 最後の次の要素？
```

これはエラーになる。このようなエラーを起こさないように務めるのはユーザーの責任で、イテレーター実装者の責任ではない。しかし、必要であればイテレーターの実装者はこのようなエラーを防ぐような実装もできる。それはあとの章で学ぶ。ここでは、こういう場合が起こることは考えなくてもよいとしよう。

これを考えていくと、イテレーターの実装をどうすればいいのかがわかってくる。

array_iterator の operator * は a[i] を返す。

```cpp
typename Array::reference array_iterator::operator *()
{
    return a[i] ;
}
```

i は std::size_t 型のデータメンバーで、イテレーターが現在参照している i 番目の要素を記録している。

ということは先ほどの array_iterator の宣言にはデータメンバー i を追加する修正が必要だ。

```cpp
template < typename Array >
struct array_iterator
{
    Array & a ;
    std::size_t i ;

    array_iterator( Array & a, std::size_t i )
        : a( a ), i(i) { }

    // いま参照している要素へのリファレンスを返す
    Array::reference operator *()
    {
        return a[i] ;
    }

    // その他のメンバー
} ;
```

そして、array 側にも新しい array_iterator への対応が必要になる。

```cpp
template < typename T, std::size_t N >
struct array
{
    using iterator = array_iterator<array> ;

    // 先頭要素のイテレーター
    iterator begin()
    {
        return array_iterator( *this, 0 ) ;
```

```
        }

        // 最後の次の要素へのイテレーター
        iterator end()
        {
            return array_iterator( *this, N ) ;
        }
    } ;
```

何度も書くように、インデックスは 0 から始まる。要素が N 個ある場合、最初の要素は 0 番目で、最後の要素は $N-1$ 番目だ。

インクリメント演算子 operator ++ にも対応しよう。

```
array_iterator & array_iterator::operator ++()
{
    ++i ;
    return *this ;
}
```

これで最低限のイテレーターは実装できた。さっそく試してみよう。

```
int main()
{
    array<int,5> a = {1,2,3,4,5} ;

    auto iter = a.begin() ;

    std::cout << *iter ; // 1
    ++iter ;
    std::cout << *iter ; // 2
}
```

実は operator ++ は 2 種類ある。前置演算子と後置演算子だ。

```
int main()
{
    int i = 0 ;

    // 前置
    std::cout << ++i ;  // 1
    // 後置
    std::cout << i++ ;  // 1
    std::cout << i ;    // 2
}
```

int 型では、前置 operator ++ はオペランドの値を 1 加算した値にする。後置 operator ++ はオペランドの値を 1 加算するが、式を評価した結果は前のオペランドの値になる。

```
++i ; // i+1
i++ ; // i、ただし i の値は i+1
```

後置 operator ++ のオーバーロードは以下のように書く。

```
struct IntLike
{
    int data {} ;

    // 前置
    IntLike & operator ++()
    {
        ++data ;
        return *this ;
    }
    // 後置
    IntLike operator ++(int)
    {
        IntLike copy = *this ;
        ++*this ;
        return copy ;
    }
} ;
```

このコードは慣れないとわかりにくいが、妥当な理由のあるコードだ。順番に説明しよう。
まず演算子オーバーロードの宣言だ。

```
// 前置
IntLike & operator ++() ;
// 後置
IntLike operator ++(int) ;
```

前置はリファレンスを返す。前置演算子の適用結果はさらに変更できるようにするためだ。

```
int main()
{
    int i { } ;

    ++++i ;
}
```

もちろん、リファレンスを返さない実装は可能だ。そもそも何も値を返さない void を使うことも可

能だ。

```
struct S
{
    void operator ++() { }
} ;
```

ただし、その場合 operator ++ に対して通常期待されるコードが書けなくなる。理由がない限り演算子の自然な挙動を目指すべきだ。

前置と後置は区別できる必要がある。C++ はその区別の方法として、int 型の仮引数を 1 つ取る operator ++ を後置演算子だと認識する文法を採用した。この int 型の実引数は前置と後置を区別するためだけのもので、値に意味はない。

```
struct S
{
    void operator ++( int x )
    {
        // 値に意味はない。
        std::cout << x ;
    }
} ;

int main()
{
    S s ;
    // 演算子としての使用
    s++ ;
    // メンバー関数としての使用
    s.operator++(123) ;
}
```

値に意味はないが、演算子として使用した場合、値は 0 になるというどうでもいい仕様がある。メンバー関数として使用すると好きな値を渡せるというこれまたどうでもいい仕様がある。テストには出ないので覚える必要はない。

前置は自然な挙動のためにリファレンスを返すが、後置はリファレンスではなくコピーした値を返す。

```
// 後置
IntLike IntLike::operator ++(int)
{
    // コピーを作る
    IntLike copy = *this ;
    // 演算子が呼ばれたオブジェクトをインクリメントする
    // 前置インクリメント演算子を呼んでいる
    ++*this ;
```

```
    // 値が変更されていないコピーを返す
    return copy ;
}
```

このように実装すると、後置として自然な挙動が実装できる。

`+++*this` は後置インクリメント演算子が呼ばれたオブジェクトに対して前置インクリメント演算子を使用している。わかりにくければ前置インクリメントと同じ処理を書いてもいい。

```
IntLike IntLike::operator ++(int)
{
    IntLike copy = *this ;
    // 同じ処理
    ++data ;
    return copy ;
}
```

IntLike のように簡単な処理であればこれでもいいが、もっと複雑な何行もある処理の場合は、すでに実装した前置インクリメントを呼び出した方が楽だ。コードの重複を省けるのでインクリメントの処理を変更するときに、2 箇所に同じ変更をしなくても済む。

以上を踏まえて、`array_iterator` に後置インクリメント演算子を実装しよう。

```
array_iterator array_iterator::operator ++(int)
{
    array_iterator copy = *this ;
    +++*this ;
    return copy ;
}
```

デクリメント演算子 `operator --` の実装はインクリメント演算子 `operator ++` と同じだ。ただ処理がインクリメントではなくデクリメントになっているだけだ。

```
// 前置
array_iterator & array_iterator::operator --()
{
    -- i ;
    return *this ;
}
// 後置
array_iterator array_iterator::operator --(int)
{
    array_iterator copy = *this ;
    --*this ;
    return copy ;
}
```

ここまでくればイテレーターに必要な操作はあと1つ。比較だ。

イテレーターは同じ要素を指している場合に等しい。つまり、オペレーター a と b が同じ要素を指しているならば、a == b は true で a != b は false だ。違う要素を指しているならば a == b は false で a != b は true だ。

```cpp
int main()
{
    std::array<int, 5> a = {1,2,3,4,5} ;

    auto a = a.begin() ;
    auto b = a.begin() ;

    // true
    bool b1 = (a == b) ;
    // false
    bool b2 = (a != b) ;
    ++a ;
    // false
    bool b3 = (a == b) ;
    // true
    bool b4 = (a != b) ;
}
```

イテレーターは比較ができるので、イテレーターが終端に到達するまでループを回すことができる。

```cpp
int main()
{
    std::array<int,5> a = {1,2,3,4,5} ;

            // 変数宣言
    for (   auto iter = std::begin(a),
            last = std::end(a) ;
            // 終了条件
            iter != last ;
            // ループごとの処理
            ++iter )
    {
        std::cout << *iter ;
    }
}
```

イテレーターは比較ができるので、各種アルゴリズムに渡すことができる。

array_iterator の比較は、単にデータメンバー i の比較でよい。

```cpp
bool array_iterator::operator ==( array_iterator const & right )
{
    return i == right.i ;
}
bool array_iterator::operator !=( array_iterator const & right )
{
    return i != right.i ;
}
```

これで自作の `array` と `array_iterator` はアルゴリズムに渡せるようになった。

```cpp
int main()
{
    array<int, 5> a = {1,2,3,4,5} ;

    std::for_each( std::begin(a), std::end(a),
        [](auto x){ std::cout << x ; } ) ;
}
```

25.2 残りのイテレーターの実装

`std::array` や `std::vector` のイテレーターはとても柔軟にできている。
例えばイテレーター `i` の参照する要素を3つ進めたい場合を考えよう。

```cpp
++i ; // 1
++i ; // 2
++i ; // 3
```

これは非効率的だ。もっと効率的なイテレーターの進め方として、`operator +=` がある。

```cpp
i += 3 ;
```

`i += n` はイテレーター `i` を `n` 回進める。
`operator +` もある。

```cpp
auto j = i + 3 ;
```

イテレーター `j` の値はイテレーター `i` を3つ進めた値になる。イテレーター `i` の値は変わらない。
実装は簡単だ。データメンバー `i` に対して同じ計算をする。

```
template < typename Array >
struct array_iterator
{
    Array & a ;
    std::size_t i ;

    array_iterator & operator += ( std::size_t n )
    {
        i += n ;
        return *this ;
    }

    array_iterator operator + ( std::size_t n ) const
    {
        auto copy = *this ;
        copy += n ;
        return copy ;
    }
} ;
```

operator + はオペランドの値を変更しないので const にできる。

同様に、operator -= と operator - もある。上を参考に自分で実装してみよう。

operator + によって任意の n 個先の要素を使うことができるようになったので、イテレーター i の n 個先の要素を参照したければ、以下のように *(i+n) も書ける。

```
int main()
{
    std::array<int, 5> a = {1,2,3,4,5} ;

    std::cout << a[3] ; // 4

    auto i = a.begin() ;

    std::cout << *(i + 3) ; // 4
}
```

カッコが必要なのは、演算子の評価順序の都合だ。*i + 3 は (*i) + 3 であり、i の指す要素に対して +3 される。*(i+3) は i の指す要素の 3 つ先の要素の値を読む。

イテレーター i の n 個先の要素を読み書きするのにいちいち *(i+n) と書くのは面倒なので、std::array や std::vector のイテレーターには operator [] がある。これを使うと i[n] と書ける。

```
int main()
{
    std::array<int, 5> a = {1,2,3,4,5} ;

    std::cout << a[3] ; // 4

    auto i = a.begin() ;

    std::cout << *(i + 3) ; // 4
}
```

operator [] の実装は文字どおり *(i+n) と同じことをするだけでよい。

```
template < typename Array >
struct array_iterator
{
    typename Array::reference
    operator [] ( std::size_t n ) const
    {
        return *( *this + n ) ;
    }

    // その他のメンバー
} ;
```

この operator [] は、array_iterator のデータメンバーを変更しないので const 修飾できる。

*this というのはこのイテレーターのオブジェクトなので、それに対してすでに実装済みの operator + を適用し、その結果に operator * を適用している。既存の実装を使わない場合、return 文は以下のようになる。

```
return a[i+n] ;
```

こちらの方が一見簡単なように見えるが、operator + や operator * の実装が複雑な場合、この方法では同じコードを複数の箇所に書かなければならず、コードを修正するときは同じ変更を複数の箇所に行わなければならない。すでに実装したメンバー関数は積極的に使って楽をしていこう。

イテレーターは大小比較ができる。

```
a <  b ;
a <= b ;
a >  b ;
a >= b ;
```

イテレーターの大小はどういう意味を持つのか。array のようにイテレーターが線形に順序のある要

素を参照している場合で、前の要素を参照しているイテレーターはあとの要素を参照しているイテレーターより小さい。

```cpp
int main()
{
    std::array<int, 5> a = {1,2,3,4,5} ;

    auto a = std::begin(a) ;
    auto b = a + 1 ;

    a <  b ; // true
    a <= b ; // true
    a >  b ; // false
    a >= b ; // false
}
```

自作の array の場合、単にデータメンバー i を比較する。

```cpp
template < typename Array >
struct array_iterator
{
    Array & a ;
    std::size_t i ;

    bool operator < ( array_iterator const & right ) const
    {
        return i < right.i ;
    }
}
```

残りの演算子も同様に実装できる。

25.3　const なイテレーター: const_iterator

std::array<T,N> は通常のイテレーターである std::array<T,N>::iterator のほかに、const なイテレーターである std::array<T,N>::const_iterator を提供している。

```cpp
int main()
{
    std::array<int,5> a = {1,2,3,4,5} ;

    // iterator
    std::array<int,5>::iterator iter = a.begin() ;
```

```
    // const_iterator
    std::array<int,5>::const_iterator const_iter = a.cbegin() ;
}
```

const_iterator は const iterator ではない。const_iterator とはそれ自体が型名だ。const というのは型名を修飾する別の機能だ。

そのため、const の有無の 2 種類の状態と、iterator, const_iterator の 2 つの型を掛け合わせた、以下の型が存在する。

- iterator
- const iterator
- const_iterator
- const const_iterator

```
int main()
{
    using Array = std::array<int,5> ;

    // iterator
    Array::iterator i ;
    // const iterator
    const Array::iterator c_i ;
    // const_iterator
    Array::const_iterator ci ;
    // const const_iterator
    const Array::const_iterator c_ci ;
}
```

const_iterator は iterator とは別の型だ。自作の array に実装するならば以下のようになる。

```
template < typename T, std::size_t N >
struct array
{
    using iterator       = array_iterator<array> ;
    using const_iterator = array_const_iterator<array> ;
} ;
```

それぞれの型に対して、const キーワードを付けた型とそうでない型が存在する。

const_iterator を得る方法はいくつかある。

320 第 25 章 array のイテレーター

- const な array の begin/end を呼び出す

```
int main()
{
    // const な array
    const std::array<int, 5> a = {1,2,3,4,5} ;

    // const_iterator
    auto i = a.begin() ;
}
```

- cbegin/cend を呼び出す

```
int main()
{
    std::array<int, 5> a = {1,2,3,4,5} ;

    // const_iterator
    auto i = a.cbegin() ;
}
```

- iterator から const_iterator への変換

```
int main()
{
    using Array = std::array<int,5> ;
    Array a = {1,2,3,4,5} ;

    // iterator
    Array::iterator i = a.begin() ;
    // iterator から const_iterator への変換
    Array::const_iterator j = i ;
}
```

const キーワードはすでに学んだように、オブジェクトの値を変更できないようにする機能だ。

なぜ const_iterator が存在するのか。const iterator ではだめなのか。その理由は、const iterator は値の変更ができないためだ。

```
int main()
{
    using Array = std::array<int,5> ;
    Array a = {1,2,3,4,5} ;
```

```
    // const iterator
    const Array::iterator iter = a.begin() ;

    // エラー
    // const なオブジェクトは変更できない
    ++iter ;

    // Ok
    // iter は変更していない
    auto next_iter = iter + 1 ;
}
```

const_iterator ならばイテレーター自体の変更はできる。イテレーターが参照する要素の変更はできない。

```
int main()
{
    using Array = std::array<int,5> ;
    Array a = {1,2,3,4,5} ;

    auto citer = a.begin() ;

    // OK
    // イテレーター自体の変更
    ++citer ;

    // OK
    // 要素を変更しない
    std::cout << *citer ;

    // エラー
    // 要素を変更している
    *citer = 0 ;
}
```

const const_iterator は const_iterator の const だ。const const_iterator は const iterator と同じく、イテレーター自体の変更ができない。

```
int main()
{
    using Array = std::array<int,5> ;
    Array a = {1,2,3,4,5} ;

    // const const_iterator
    auto const iter = a.begin() ;
```

```
    // エラー
    // const なオブジェクトは変更できない
    ++iter ;

    // OK
    // iter は変更していない
    auto next_iter = iter + 1 ;
}
```

auto const もしくは const auto を使うと、変数の型を自動で推定してくれるが、const が付くようになる。

const_iterator はどう実装するのか。まず array にネストされた型名 const_iterator を追加する。

```
template < typename T, std::size_t N >
struct array
{
    using iterator = array_iterator<array> ;
    using const_iterator = array_const_iterator<array> ;
} ;
```

array に const_iterator を返す cbegin/cend と、const array のときに const_iterator を返す begin/end を追加する。

```
template < typename T, std::size_t N >
struct array
{
    using iterator = array_iterator<array> ;
    using const_iterator = array_const_iterator<array> ;

    // const array のときに const_iterator を返す
    const_iterator begin() const
    { return const_iterator(*this, 0) ; }
    const_iterator end() const
    { return const_iterator(*this, N) ; }

    // 常にconst_iterator を返す
    const_iterator cbegin() const
    { return const_iterator(*this, 0) ; }
    const_iterator cend() const
    { return const_iterator(*this, N) ; }

    // その他のメンバー
} ;
```

あとは array_const_iterator<array> を実装する。その実装は array_iterator<array> とほぼ同じだ。

```
template < typename Array >
struct array_const_iterator
{
    Array const & a ;
    std::size_t i ;

    // コンストラクター
    array_const_iterator( Array const & a, std::size_t i )
        : a(a), i(i) { }
} ;
```

ただし、const_iterator は iterator から変換できるので、

```
int main()
{
    using Array = std::array<int,5> ;
    Array a = {1,2,3,4,5} ;

    // iterator
    auto i = a.begin() ;

    // iterator から const_iterator への変換
    Array::const_iterator j = i ;
}
```

これに対応するために、const_iterator のコンストラクターは iterator から変換するためのコンストラクターも持つ。

```
template < typename Array >
struct array_const_iterator
{
    Array const & a ;
    std::size_t i ;

    // array_iterator からの変換コンストラクター
    array_const_iterator( typename array_iterator<Array>::iterator const & iter )
        : a( iter.a ), i( iter.i ) { }
} ;
```

残りのメンバー関数は iterator とほぼ同じだ。

例えば operator ++ は完全に同じだ。

```
// iterator 版
array_iterator & array_iterator::operator++()
{
    ++i ;
    return *this ;
}
// const_iterator 版
array_const_iterator & array_const_iterator::operator ++()
{
    ++i ;
    return *this ;
}
```

operator * や operator [] は const なリファレンスを返す。

```
typename Array::const_reference operator *() const
{
    return a[i] ;
}

typename Array::const_reference operator []( std::size_t i ) const
{
    return *(*this + i) ;
}
```

このために、array クラスにもネストされた型名 const_reference を宣言しておく。

```
template < typename T, std::size_t N >
struct array
{
    using const_reference = T const & ;
} ;
```

残りは iterator の実装を参考に読者が自分で実装してみよう。

第 26 章

傲慢なエラー処理：
例外

26.1　例外を投げる

　std::array の実装方法はほとんど解説した。読者は std::array の実装方法を知り、確固たる自信の元に std::array を使えるようになった。ただし、1 つだけ問題がある。

　"std::array" のユーザーはあらかじめ設定した要素数を超える範囲の要素にアクセスすることができてしまう。

```
int main()
{
    // 妥当な要素はa[0]のみ
    std::array<int, 1> a = {1} ;

    // エラー、範囲外
    a[1000] = 0 ;
}
```

　array を自力で実装できる傲慢な読者としては、ユーザーごときが間違った使い方をできるのが許せない。間違いを起こした時点でエラーを発生させ、問題を知らしめ、対処できるようにしたい。

　operator [] に範囲外チェックを入れるのは簡単だ。問題は、エラーをユーザーに通知する方法がない。

```
reference array::operator [] ( std::size_t i )
{
    // 範囲外チェック
    if ( i >= size() )
    {
        // エラー検出
        // しかし何をreturn すればいいのだろう
    }

    return storage[i] ;
}
```

operator [] は伝統的にエラーチェックをしない要素アクセスをするものだ。

vector で一番最初に説明した要素アクセスの方法であるメンバー関数 at を覚えているだろうか。実はメンバー関数 at はエラーチェックをする。試してみよう。

```
int main()
{
    std::array<int, 1> a = {1} ;

    std::cout << a.at(1000) = 0 ;
}
```

以下が実行結果だ。

```
terminate called after throwing an instance of 'std::out_of_range'
  what():  array::at: __n (which is 1000) >= _Nm (which is 1)
```

何やらよくわからないがエラーのようだ。以下のような意味であることがわかる。

```
`std::out_of_range`がthrow されたあとに terminate が呼ばれた
  what(): array_at: __n(値は 1000) >= _Nm (値は 1)
```

どうやらエラーメッセージのようだ。わかりづらいメッセージだが、なんとなく言わんとすることはわかる。_Nm が array の要素数で、__n がメンバー関数 at に渡した実引数だ。要素数 _Nm よりも __n が大きい。

このエラー処理は、「例外」を使って行われる。

例外は通常の処理をすっ飛ばして特別なエラー処理をする機能だ。何もエラー処理をしない場合、プログラムは終了する。例外を発生させることを、「例外を投げる」という。

例外は文字どおり投げるという意味の throw キーワードを使い、何らかの値を投げる（throw）。

```cpp
// int 型の値 123 を投げる
throw 123 ;

// double 型の値 3.14を投げる
throw 3.14 ;

std::array<int, 5> value = {1,2,3,4,5} ;

// std::array<int,5>型の変数value の値を投げる
throw value ;
```

この例では、int 型、double 型、std::array<int,5>型の値を投げている。
一度例外が投げられると、通常の実行はすっ飛ばされる。
以下は 0 を入力すると例外を投げるプログラムだ。

```cpp
int main()
{
    // 0を入力するなよ、絶対するなよ
    std::cout << "Don't type 0. >"s ;

    int input {} ;
    std::cin >> input ;

    /// 入力が 0なら例外を投げる
    if ( input == 0 )
        throw 0 ;

    // 通常の処理
    std::cout << "Success!\n"s ;
}
```

このプログラムを実行すると、非 0 を入力した場合、"Success!\n" が出力される。0 を入力した場合、例外が投げられる。例外が投げられると、通常の実行はすっ飛ばされる。エラー処理はしていないので、プログラムは終了する。

std::array や std::vector のメンバー関数 at(n) は n が要素数を超える場合、例外を投げている。

```cpp
array::reference array::at( std::size_t n )
{
    if ( n >= size() )
        throw 何らかの値

    return storage[n] ;
}
```

投げる例外は、`std::out_of_range` というクラスの値だ。このクラスを完全に説明するのは現時点では難しいが、以下のように振る舞うと考えておこう。

```cpp
namespace std {

struct out_of_range
{
    // エラー内容の文字列を受け取るコンストラクター
    out_of_range( std::string const & ) ;
    // エラー内容の文字列を返すメンバー関数
    auto what() ;
} ;

}
```

とりあえず使ってみよう。

```cpp
int main()
{
    std::out_of_range err("I am error.") ;

    // I am error.
    std::cout << err.what() ;
}
```

コンストラクターでエラー内容を表現した文字列を受け取り、メンバー関数 what でエラー内容の文字列を取得する。

必要な情報はすべて学んだ。あとはメンバー関数 at を実装するだけだ。

```cpp
array::reference array::at( std::size_t n )
{
    if ( n >= size() )
        throw std::out_of_range("Error: Out of Range") ;

    return storage[n] ;
}
```

26.2 例外を捕まえる

現状では、エラーを発見して例外を投げたら即座にプログラムが終了してしまう。投げた例外を途中で捕まえて、プログラムを通常の実行に戻す機能がほしい。その機能が「例外のキャッチ」だ。

例外のキャッチには try キーワードと catch キーワードを使う。

```
try {
    // 例外を投げるコード
} catch( 型 名前 )
{
    エラー処理
}
```

try {}ブロックの中で投げられた例外は、catch で型が一致する場合にキャッチされる。例外がキャッチされた場合、catch のブロックが実行される。そして実行が再開される。

```
int main()
{

    try {
        throw 123 ; // int 型
    }
    // キャッチする
    catch( int e )
    {
        std::cout << e ;
    }

    // 実行される
    std::cout << "resumed.\n"s ;
}
```

catch の型と投げられた例外の型が一致しない場合は、キャッチしない。

```
int main()
{
    try {
        throw 3.14 ; // double 型
    }
    // キャッチしない
    catch( int e ) { }
```

```
    // 実行されない
    std::cout << "You won't read this.\n"s ;
}
```

catch は複数書くことができる。

```
int main()
{
    try {
        throw "error"s ; // std::string 型
    }
    // キャッチしない
    catch( int e ) { }
    // キャッチしない
    catch( double e ) { }
    // キャッチする
    catch( std::string & e )
    {
        std::cout << e ;
    }
}
```

try ブロックの中で投げられた例外は、たとえ複雑な関数呼び出しの奥底にある例外でもあますところなくキャッチされる。

```
void f()
{
    throw 123 ;
}

void g() { f() ; }
void h() { g() ; }


int main()
{
    try {
        h() ;
    }
    // キャッチされる
    catch( int e ) { }
}
```

関数 h は関数 g を呼び出し、関数 g は関数 f を呼び出し、関数 f は例外を投げる。このように複雑な関数呼び出しの結果として投げられる例外もキャッチできる。

すでに学んだように、`std::array<T>::at` に範囲外のインデックスを渡したときは `std::out_of_range` クラスが例外として投げられる。これをキャッチしてみよう。

```cpp
int main()
{
    std::array<int, 1> a = {0} ;

    try { a[1000] ; }
    catch( std::out_of_range & e )
    {
        // エラー内容を示す文字列
        std::cout << e.what() ;
    }
}
```

26.3　例外による巻き戻し

例外が投げられた場合、その例外が投げられた場所を囲む try ブロックと対応する catch に到達するまで、関数呼び出しが巻き戻される。これをスタックアンワインディング（stack unwinding）という。

```cpp
void f() { throw 0 ; }
void g() { f() ; }
void h() { g() ; }

int main()
{
    try { h() ; }
    catch( int e ) { }

}
```

この例では、関数 main が関数 h を呼び出し、その結果として最終的に関数 f の中で例外が投げられる。投げられた例外は関数呼び出しを巻き戻して関数 main の中の try ブロックまで到達し、対応する catch に捕まる。

もし関数 main を抜けてもなお対応する catch がない場合はどうなるのか。

```cpp
int main()
{
    throw 0 ;
    // 対応するcatchがない
}
```

その場合、std::terminate() という関数が呼ばれる。この関数が呼ばれた場合、プログラムは終了する。

```
int main()
{
    // プログラムは終了する
    std::terminate() ;
}
```

try ブロックはネストできる。その場合、対応する catch が見つかるまで巻き戻しが起こる。

```
void f()
{
    try { throw 0 ; }
    catch ( double e ) { }
}

int main()
{
    try { // try 1
        try { // try 2
            f() ;
        } catch( std::string & e ) { }
    } catch ( int e )
    {
        // ここで捕まる
    }
}
```

上のコードは複雑な try ブロックのネストが行われている。プログラムがどのように実行されるのかを考えてみよう。

まず関数 main が関数 f を呼び出す。関数 f は例外を投げる。関数 f の中の try ブロックは対応する catch がないので関数 main に巻き戻る。関数 main の内側の try ブロック、ソースコードでは // try 2 とコメントをしている try ブロックの catch には対応しない。さらに上の try ブロックに巻き戻る。// try 1 の try ブロックの catch は int 型なので、この catch に捕まる。

例外が投げられ、スタックアンワインディングによる巻き戻しが発生した場合、通常のプログラムの実行は行われない。例えば以下のプログラムは何も出力しない。

```
void f()
{
    throw 0 ;
    // 例外を投げたあとの実行
    std::cout << "function f\n"s ;
}
```

```cpp
void g()
{
    f() ;
    // 関数f を呼んだあとの実行
    std::cout << "function g\n"s ;
}

int main()
{
    g() ;
    // 関数g を呼んだあとの実行
    std::cout << "function main\n"s ;
}
```

スタックアンワインディング中に通常の実行は行われないが、変数の破棄は行われる。これはとても重要だ。変数が破棄されるとき、デストラクターが実行されるのを覚えているだろうか。

```cpp
struct Object
{
    std::string name ;
    // コンストラクター
    Object( std::string const & name ) : name(name)
    { std::cout << name << " is constructed.\n"s ; }

    // デストラクター
    ~Object()
    { std::cout << name << " is destructed.\n"s ; }
} ;

int main()
{
    // 変数obj が構築される
    Object obj("obj"s) ;

    // 変数obj が破棄される
}
```

実行結果

```
obj is constructed.
obj is destructed.
```

例外のスタックアンワインディングでは関数内の変数が破棄される。つまりデストラクターが実行される。

```
void f()
{
    Object obj("f"s) ;
    throw 0 ;
}

void g()
{
    Object obj("g"s) ;
    f() ;
}

int main()
{
    Object obj("main"s) ;

    try {
        g() ;
    } catch( int e )
    {
        std::cout << "caught.\n"s ;
    }

}
```

このプログラムを実行した結果は以下のようになる。

```
main is constructed.
g is constructed.
f is constructed.
f is destructed.
g is destructed.
caught.
main is destructed.
```

なぜこの順番に出力されるか考えてみよう。

1. プログラムの実行は関数 main から始まる。そのためまず main が構築される
2. 関数 main は関数 g を呼ぶ。g が構築される
3. 関数 g は関数 f を呼ぶ。f が構築される
4. 関数 f は例外を投げるので、f は破棄される
5. 関数 g に巻き戻ったが catch がないのでさらに巻き戻る。g が破棄される
6. 関数 main に巻き戻ったところ対応する catch があるのでスタックアンワインディングは停止する

7. `caught.` が出力される

8. `main` が破棄される

　例外が投げられると通常の実行は飛ばされるので、例外が投げられるかもしれない処理のあとに、例外の有無にかかわらず絶対に実行したい処理がある場合は、クラスのデストラクターに書くとよい。

　C++20 以降では、標準ライブラリに `std::scope_exit` が追加される予定だ。`std::scope_exit` は渡した関数オブジェクトをデストラクターで実行してくれる。

```
int f()
{
    auto ptr = new ;
    std::scope_exit e( [&]{ delete ptr ; } ) ;

    // 処理
}
```

　このように書くと、後続の処理で `return` で関数から戻ろうが、`throw` しようが、`delete ptr` が実行される。

第 27 章

ポインター

ポインターは難しいとよく言われる。世の中にはポインターのために C 言語と C++ を挫折し、ほかの軟弱な言語に逃げるプログラマーがいる。ポインターしか解説していない本が出版される。Joel Spolsky がエッセイを書く。

ポインターの理解は優秀なプログラマーとなるために必須である。ポインターを理解できない人間は優秀なプログラマーにはなれない。もし、本書を読んでポインターが理解できない場合、プログラマーには向いていないということだ。

ポインターを難しくしている原因には、意味上のポインターと、文法上のポインターと、ポインターの内部実装がある。いずれも難しいが、本書を読めばポインターは完全に理解できる。

27.1 意味上のポインター

27.1.1 リファレンスと同じ機能

ポインターはオブジェクトを参照するための機能だ。この点ではリファレンスと同じ機能を提供している。

リファレンスを覚えているだろうか。T 型へのリファレンスは T 型のオブジェクトそのものではなく、T 型のオブジェクトへの参照だ。リファレンスへの操作は、参照したオブジェクトへの操作になる。

```
int main()
{
    // int 型のオブジェクト
    int object = 0 ;

    // オブジェクトを変更
    object = 123 ;
```

```
    // 123
    std::cout << object ;

    // T 型へのリファレンス
    // object を参照する
    int & reference = object ;

    // object が変更される
    reference = 456 ;

    // 456
    std::cout << object ;

    // reference は object を参照している
    object = 789 ;

    // 参照する object の値
    // 789
    std::cout << reference ;
}
```

リファレンスは宣言と同時に初期化する。リファレンスの参照先をあとから変えることはできない。

```
int main()
{
    int x = 0 ;

    // r は x を参照する
    int & r = x ;

    int y = 1 ;

    // x に 1 が代入される
    r = y ;
}
```

最後の r = y ; はリファレンス r の参照先を y に変えるという意味ではない。リファレンス r の参照先に y の値を代入するという意味だ。

ポインターはリファレンスに似ている。並べてみるとほとんど同じ意味だ。

- T 型へのリファレンスは T 型のオブジェクトを参照する
- T 型へのポインターは T 型のオブジェクトを参照する

T 型へのリファレンス型が T & であるのに対し、T 型へのポインター型は T * だ。

```
// int へのリファレンス型
using ref_type = int & ;
// int へのポインター型
using ptr_type = int * ;
```

リファレンスの初期化は、単に参照したい変数名をそのまま書けばよかった。

```
int object { } ;
int & reference = object ;
```

ポインターの場合、参照したい変数名に、& を付ける必要がある。

```
int object { } ;
int * pointer = &object ;
```

リファレンスを経由してリファレンスが参照するオブジェクトを操作するには、単にリファレンス名を使えばよかった。

```
// 書き込み
reference = 0
// 読み込み
int read = reference ;
```

ポインターの場合、ポインター名に * を付ける必要がある。

```
// 書き込み
*pointer = 0 ;
// 読み込み
int read = *pointer ;
```

ポインター名をそのまま使った場合、それは参照先のオブジェクトの値ではなく、ポインターという値になる。

```
// オブジェクト
int object { } ;

// オブジェクトのポインター値で初期化
int * p1 = &object

// p1 のポインター値で代入
// つまりobject を参照する
int * p2 = p1 ;
```

このように比較すると、ポインターはリファレンスと同じ機能を提供していることがわかる。実際、リファレンスというのはポインターのシンタックスシュガーにすぎない。ポインターの機能を制限して、文法をわかりやすくしたものだ。

27.1.2 リファレンスと違う機能

リファレンスがポインターの機能制限版だというのであれば、ポインターにあってリファレンスにはない機能は何だろうか。代入と、何も参照しない状態だ。

27.1.3 代入

リファレンスは代入ができないが、ポインターは代入ができる。

```
int x { } ;
int y { } ;

int & reference = x ;
// x に y の値を代入
// リファレンスの参照先は変わらない
reference = y ;

int * pointer = &x ;
// pointer の参照先を y に変更
pointer = &y ;
```

27.1.4 何も参照しない状態

リファレンスは必ず初期化しなければならない。

```
// エラー、初期化されていない
int & reference ;
```

そのため、リファレンスは常にオブジェクトを参照している。
ポインターは初期化しなくてもよい。

```
int * pointer ;
```

この場合、具体的に何かを参照していない状態になる。この場合にポインターの値はどうなるかはわからない。初期化のない整数の値がわからないのと同じだ。

```
// 値はわからない
int data ;
```

わからない値の整数を読んだ結果は未定義だ。書くことはできる。

```
int main()
{
    // 値はわからない
    int data ;

    // 未定義
    std::cout << data ;

    // OK
    data = 0 ;
}
```

このプログラムは未定義動作を含むので、プログラム全体がどのように実行されるかも未定義だ。

そしてここからがポインターの恐ろしいところだが、ポインターの場合にもこのわからない値は発生する。わからない値を持ったポインターの参照先への読み書きは未定義の挙動を引き起こす。

```
int main()
{
    int * pointer ;

    // 未定義の挙動
    std::cout << *pointer ;

    // 未定義の挙動
    *pointer = 123 ;
}
```

なぜ未定義の挙動になるかというと、わからない値のポインターは、たまたまどこかの妥当なオブジェクトを参照してしまっているかもしれないからだ。

未定義の挙動は恐ろしい。未定義の挙動が発生した場合、何が起こっても文句は言えない。なぜならばその挙動は本来存在するはずがないのだから。上のプログラムはコンパイル時にエラーになるかもしれないし、実行時にエラーになるかもしれない。いや、もっとひどいことにはエラーにならないかもしれない。そして人生、宇宙、すべてのものの答えと、あろうことか答えに対する質問まで出力するかもしれない。

27.1.5 明示的に何も参照しないポインター: nullptr

ポインターを未初期化にしていると、よくわからない値になってしまう。そのため、何も参照していないことを明示的に示すためのポインターの値、null ポインター値がある。nullptr だ。

```
int * pointer = nullptr ;
```

`nullptr` はどんな型へのポインターに対しても、何も参照していない値となる。

```
// double へのポインター
double * p1 = nullptr ;

// std::string へのポインター
std::string * p2 = nullptr ;
```

C 言語と C++ では歴史的な理由で、`nullptr` のほかにも `NULL` も null ポインター値

```
int * pointer = NULL ;
```

C++ ではさらに歴史的な理由で、0 も null ポインター値として扱う。

```
int * pointer = 0 ;
```

ただし、null ポインター値が実際に 0 である保証はない。ポインターの値についてはあとで詳しく扱う。

27.1.6　無効な参照先の作り方

ポインターやリファレンスによって参照先が参照される時点では有効だったが、後に無効になる参照先を作ることができてしまう。

例えば以下のコードだ。

```
int * f()
{
    // 寿命は関数
    int variable {} ;

    return &variable ;
}

int main()
{
    int * ptr = f() ;
    // エラー
    int read = *ptr ;
}
```

このコードの問題は、関数 f の中の変数 variable の寿命は関数 f の中だけで、呼び出し元に戻ったときには寿命が尽きるというところにある。変数 variable へのポインターは変数 variable の寿命が尽きたあとも存在してしまうので、存在しないオブジェクトにポインター経由でアクセスしようとしてエラーになる。

同じ問題はリファレンスでも起きるが、ポインターの方がこの問題を起こしやすい。

```
int & f()
{
    int variable {} ;
    return variable ;
}
```

27.2　文法上のポインター

ポインターが難しいと言われる理由の1つに、ポインターの文法が難しい問題がある。

27.2.1　ポインターと const の関係

型としてのポインターは、ある型 T があるときに、T へのポインター型となる。

T へのポインター型は T * と書く。

```
// int へのポインター型
using t1 = int * ;
// double へのポインター型
using t2 = double * ;
// std::string へのポインター型
using t3 = std::string * ;
// std::array<int,5>へのポインター型
using t4 = std::array<int,5> * ;
// std::array<double,10>へのポインター型
using t5 = std::array<double,10> * ;
```

リファレンスや const も同じだ。

```
// int 型へのポインター型
using t1 = int * ;
// int 型へのリファレンス型
using t2 = int & ;
// どちらも同じconst な int 型
using t3 = const int ;
using t4 = int const ;
```

const int と int const は同じ型だ。この場合、const は int 型のあとに付いても前に付いても同じ意味になる。

すると当然の疑問が生じる。組み合わせるとどうなるのかということだ。

ポインター型へのリファレンス型はできる。

```
// int *型へのリファレンス
using type = int * & ;
```

リファレンス型へのポインター型はできない。

```
// エラー、できない
using error = int & * ;
```

理由は、リファレンスへのポインターというのは意味がないからだ。ポインターへのリファレンスは意味がある。

リファレンスからポインターの値を得るには、参照先のオブジェクトと同じく & を使う。

```
int data { } ;
int & ref = data ;
// &data と同じ
int * ptr = &ref ;
```

リファレンスは参照先のオブジェクトとまったく同じように振る舞うのでリファレンス自体のポインターの値を得ることはできない。

ポインターのリファレンスを得るのは、ポインター以外の値とまったく同じだ。

```
int * ptr = nullptr ;
// ptr を参照する
int * & ref = ptr ;

int data { } ;
// ptr の値が&data になる。
ref = &data ;
```

const とポインターの組み合わせは難しい。

まず型 T とその const 版がある。

```
using T = int ;
using const_T = const T ;
```

そして型 T とそのポインター版がある。

```
using T = int ;
using T_pointer = T * ;
```

これを組み合わせると、以下のようになる。

```
// 型T
using T = int ;
// どちらもconst な T
using const_T_1 = const T ;
using const_T_2 = T const ;
// T へのポインター
using T_pointer = T * ;

// どちらもconst な T へのポインター
using const_T_pointer_1 = const T * ;
using const_T_pointer_2 = T const * ;

// T への const なポインター
using T_const_pointer = T * const ;

// どちらもconst な T への const なポインター
using const_T_const_pointer_1 = const T * const ;
using const_T_const_pointer_2 = T const * const ;
```

順番に見ていこう。まずは組み合わせない型から。

```
using T = int ;
// どちらもconst な T
using const_T_1 = const T ;
using const_T_2 = T const ;
// T へのポインター
using T_pointer = T * ;
```

T はここでは int 型だ。T 型はどんな型でもよい。

const T と T const が同じ型であることを思い出せば、const_T_1 と const_T_2 は同じ型であることがわかるだろう。

T_pointer は T へのポインターだ。

次を見ていこう。

```
// どちらもconst な T へのポインター
using const_T_pointer_1 = const T * ;
using const_T_pointer_2 = T const * ;
```

これはどちらも同じ型だ。const な T へのポインターとなる。わかりにくければ以下のように書いてもよい。

```
// const な T
using const_T = const int ;
// const な T へのポインター
using const_T_pointer = const_T * ;
```

実際に使ってみよう。

```
int main()
{
    const int data = 123 ;
    // int const *でもよい
    const int * ptr = &data ;

    // 読み込み
    int read = *ptr ;
}
```

const な int へのポインターなので、このポインターの参照先を変更することはできない。ポインターは変更できる。

```
int main()
{
    const int x {} ;
    const int * ptr = &x ;

    // エラー
    // const な参照先を変更できない
    *ptr = 0 ;

    int y {} ;
    // OK
    // ポインターはconst ではないので値が変更できる
    ptr = &y ;
}
```

const なのは int であってポインターではない。const int *、もしくは int const *は参照先の int が const なので、参照先を変更することができない。ポインターは const ではないので、ポインターの値は変更できる。

const な T 型へのリファレンスで const ではない T 型のオブジェクトを参照できるように、const な T 型へのポインターから const ではない T 型のオブジェクトを参照できる。

```
int main()
{
    // const ではない
    int data { } ;

    // OK
    const int & ref = data ;
    // OK
    const int * ptr = &data ;
}
```

この場合、リファレンスやポインターは const int 扱いなので、リファレンスやポインターを経由して読むことはできるが変更はできない。

```
int main()
{
    int data = 123 ;
    const int * ptr = &data ;
    // エラー
    // 変更できない
    *ptr = 0 ;

    // 変更できる
    data = 0 ;
}
```

その次は const なポインターだ。

```
// T への const なポインター
using T_const_pointer = T * const ;
```

これはポインターが const なのであって、T は const ではない。したがってポインターを経由して参照先を変更することはできるが、ポインターの値自体は変更できない型だ。

```
int main()
{
    int data { } ;

    // const なポインター
    int * const ptr = &data ;

    // OK、参照先は変更できる
    *ptr = 1 ;
```

```
    // エラー、値は変更できない
    ptr = nullptr ;
}
```

最後は const な T への const なポインターだ。

```
// どちらもconst な T への const なポインター
using const_T_const_pointer_1 = const T * const ;
using const_T_const_pointer_2 = T const * const ;
```

これは const な T なので、ポインターを経由して参照先を変更できないし、const なポインターなのでポインターの値も変更できない。

```
int main()
{
    int data = 123 ;

    int const * const ptr = &data ;

    // OK、参照先は読める
    int read = *ptr ;
    // エラー、参照先は変更できない
    *ptr = 0 ;
    // エラー、ポインターは変更できない
    ptr = nullptr ;
}
```

27.2.2 ポインターのポインター

ポインター型というのは、「ある型 T へのポインター」という形で表現できる。この型 T にはどんな型でも使うことができる。ところで、ポインターというのは型だ。もし T がポインター型の場合はどうなるのだろう。

例えば、「T 型へのポインター型」で、型 T が「U 型へのポインター型」の場合、全体としては「U 型へのポインター型へのポインター型」になる。これは C++ の文法では U ** となる。

C++ のコードで確認しよう。

```
// 適当なU 型
using U = int ;
// ポインターとしてのT 型
using T = U * ;
// T 型へのポインター型
// つまりU 型へのポインター型へのポインター型
// つまりU **
using type = T * ;
```

具体的に書いてみよう。

```
int main()
{
    // int
    int x = 123 ;
    // int へのポインター
    int * p = &x ;
    // int へのポインターのポインター
    int ** pp = &p ;


    // 123
    // ポインターを経由したポインターを経由したx の読み込み
    int value1 = **pp ;

    int y = 456 ;
    // ポインターを経由した変数p の変更
    *pp = &y ;

    // 456
    // ポインターを経由したポインターを経由したy の読み込み
    int value2 = **pp ;
}
```

x は int だ。p は int へのポインターだ。ここまではいままでどおりだ。

pp は int ** という型で、「int へのポインターへのポインター」型だ。このポインターの値のためには「int へのポインターのポインター」が必要だ。変数 p のポインターは &p で得られる。この場合、変数 p は「int へのポインター」でなければならない。そうした場合、変数 p のポインターは「int へのポインターのポインター」型の値になる。

変数 pp は「int へのポインターのポインター」だ。変数 pp の参照先の変数 p を読み書きするには、*pp と書く。これはまだ「int へのポインター」だ。ここからさらに参照先の int 型のオブジェクトにアクセスするには、その結果にさらに * を書く。結果として **pp となる。

わかりにくければ変数に代入するとよい。

```
int main()
{
    int object { } ;

    int *  a = &object ;
    int ** b = &a ;

    // cとa は同じ値
    int * c = *pointer_to_pointer_to_object ;
```

```
    // object に 1 が代入される
    *c = 1 ;
    // object に 2 が代入される
    **b = 2 ;
}
```

リファレンスを使うという手もある。

```
int main()
{
    int object { } ;

    int *   a = &object ;
    int **  b = &a ;

    int & r1 = *a ;

    // object に 1 が代入される
    r1 = 1 ;

    int &r2 = **b ;

    // object に 2 が代入される
    r2 = 2 ;
}
```

「ポインターへのポインター」があるということは、「ポインターへのポインターへのポインター」もあるということだろうか。もちろんある。

```
// int へのポインターへのポインターへのポインター型
using type = int *** ;

// int へのポインターへのポインターへのポインターへのポインター型
// int ****
using pointer_to_type = type * ;
```

もちろん const も付けられる。

```
using type = int const * const * const * const ;
```

27.2.3 関数へのポインター

関数へのポインターを説明する前に、まず型としての関数を説明しなければならない。

関数にも型がある。例えば以下のような関数、

```cpp
int f( int ) ;
double g( double, double ) ;
```

の型は、

```cpp
using f_type = int ( int ) ;
using g_type = double ( double, double ) ;
```

となる。関数から関数名を取り除いたものが関数の型だ。すると関数へのポインター型は以下のようになる。

```cpp
using f_pointer = f_type * ;
using g_pointer = g_type * ;
```

さっそく試してみよう。

```cpp
// 実引数を出力して返す関数
int f( int x )
{
    std::cout << x ;
    return x ;
}

int main()
{
    using f_type = int ( int ) ;
    using f_pointer = f_type * ;

    f_pointer ptr = &f ;

    // 関数へのポインターを経由した関数呼び出し
    (*ptr)(123) ;
}
```

動くようだ。最後の関数呼び出しはまず参照先を得て (*ptr)、その後に関数呼び出し (123) をしている。これは面倒なので、C++ では特別に関数へのポインターはそのまま関数呼び出しすることができるようになっている。

```
// 関数へのポインターを経由した関数呼び出し
ptr(123) ;
```

ところで、変数 ptr の宣言を、f_pointer というエイリアス宣言を使わずに書くと、以下のように
なる。

```
// 適当な関数
int f( int ) { return 0 ; }

// 変数ptr の宣言
// int (int)へのポインター
int (*ptr)(int) = &f ;
```

なぜこうなるのか。これを完全に理解するためには C++ の宣言子（declarator）という文法の詳細
な理解が必要だ。

ここでは詳細を飛ばして重要な部分だけ伝えるが、型名のうちポインターであることを指定する * は、
名前にかかる。

```
// この*はname にかかる
int * name ;
```

つまり以下のような意味だ。

```
int (*name) ;
```

型名だけを指定する場合、名前が省略される。

```
// 名前が省略されている
using type = int * ;
```

つまり以下のような意味だ。

```
using type = int (*) ;
```

そのため、int * name(int) と書いた場合、これは「int 型の引数を取り、int 型へのポインター
を戻り値として返す関数」となる。

```
int * f( int ){ return nullptr ; }
```

27.2　文法上のポインター　　353

そうではなく、「int 型の引数を取り int 型の戻り値を返す関数へのポインター」を書きたい場合は、

```
using type = int (*)(int) ;
```

としなければならない。

変数の名前を入れる場所は以下のとおり。

```
using type =
int
( * // ポインター
// ここに変数が省略されている
)(int) ;
```

なので、

```
int (*ptr)(int) = nullptr ;
```

となる。あるいは以下のように書いてもいい。

```
using function_type = int (int) ;
using function_pointer_type = function_type * ;

function_pointer_type ptr = nullptr ;
```

関数へのポインターは型であり、値でもある。値であるということは、関数は引数として関数へのポインターを受け取ったり、関数へのポインターを返したりできるということだ。

さっそく書いてみよう。

```
int f( int x ) { return x ; }
using f_ptr = int (*) (int ) ;
// 関数へのポインターを引数に取り
// 関数へのポインターを戻り値として返す
// 関数g
f_ptr g( f_ptr p )
{
    p(0) ;
    return p ;
}

int main()
{
    g(&f) ;
}
```

これは動く。ところでこの関数 g へのポインターはどう書けばいいのだろうか。つまり、

```
auto ptr = &g ;
```

を auto を使わずに書くとどうなるのだろうか。

以下のようになる。

```
int (*(*ptr)(int (*)(int)))(int) = &g ;
```

なぜこうなるのか。分解すると以下のようになる。

```
int (* // 戻り値型前半
   (*ptr) // 変数名
   (// 関数の引数
       int (*)(int) // 引数としての関数へのポインター
   )// 関数の引数

)(int) // 戻り値の型後半

 = &g ; // 初期化子
```

これはわかりにくい。戻り値の型を後ろに書く文法を使うと少し読みやすくなる。

```
auto (*ptr)( int (*)(int) ) -> int (*)(int) = &g ;
```

これを分解すると以下のようになる。

```
auto // プレイスホルダー
(*ptr) // 変数名
( int (*)(int) ) // 引数
-> int (*)(int) // 戻り値の型
= &g ; // 初期化子
```

もちろん、これでもまだわかりにくいので、エイリアス宣言を使った方がよい。

```
using func_ptr = int(*)(int) ;

auto (*ptr)(func_ptr) -> func_ptr = &g ;
```

27.2.4 配列へのポインター

配列へのポインターについて学ぶ前に、配列の型について学ぶ必要がある。

配列の型は、要素の型を T、要素数を N とすると、T [N] となる。

```cpp
// 要素型int、要素数 5 の配列型
using int5 = int [5] ;
// 要素型double、要素数 10 の配列型
using double10 = double [10] ;
```

関数型と同じく、ポインター宣言子である * は名前に付く。

```cpp
// 要素型int、要素数 5 の配列へのポインター型
using pointer_to_array_type = int (*)[5] ;

int main()
{
    int a[5] ;
    pointer_to_array_type ptr = &a ;
}
```

エイリアス宣言を使わない変数の宣言は以下のようになる。

```cpp
int main()
{
    int a[5] ;
    int (*p)[5] = &a ;
}
```

配列とポインターは密接に関係している。そのため、配列名は配列の先頭要素へのポインターに暗黙に変換される。

```cpp
int main()
{
    int a[5] = {1,2,3,4,5} ;

    // &a[0]と同じ
    int * ptr = a ;
}
```

配列とポインターの関係については、ポインターの詳細で詳しく説明する。

27.2.5 ポインター型の作り方

T 型へのポインター型は T * で作ることができる。

ただし、T が int (int) のような関数型である場合は、int (*)(int) になる。配列型の場合は要素数 N まで必要で T (*)[N] になる。

エイリアス宣言で型に別名を付けると T * でよくなる。

```cpp
using function_type = int (int) ;
using pointer_to_function_type = function_type * ;
```

ポインターの型を書く際に、このようなことをいちいち考えるのは面倒だ。ここで必要なのは、ある型 T を受け取ったときに型 T * を得るような方法だ。ところで、物覚えのいい読者は前にも似たような文章を読んだことに気が付くだろう。そう、テンプレートだ。

テンプレートは型を引数化できる機能だ。いままではクラスや関数にしか使っていなかったが、実はエイリアス宣言にも使えるのだ。

```cpp
template < typename T >
using type = T ;
```

これは引数と同じ型になるエイリアステンプレートだ。使ってみよう。

```cpp
template < typename T > using type = T ;

// a は int
type<int> a = 123 ;
// b は double
type<double> b = 1.23 ;
// c は std::vector<int>
type<std::vector<int>> c = {1,2,3,4,5} ;
```

using type = int ; というエイリアス宣言があるとき type の型は int だ。エイリアス宣言は新しい type という型を作るわけではない。

同様に、上のエイリアステンプレート type による type<int> の型は int だ。新しい type<int> という型ができるわけではない。

もう少し複雑な使い方もしてみよう。

```cpp
// int
type<type<int>> a = 0 ;
// int
type<type<type<int>>> b = 0 ;
```

type<int> の型は int なので、それを引数に渡した type< type<int> > も int だ。type<T> をい

くつネストしようとも int になる。

```cpp
// std::vector<int>
std::vector< type<int> > a = {1,2,3,4,5} ;
// std::vector<int>
type<std::vector<type<int>>> b = {1,2,3,4,5} ;
```

type<int> は int なので、std::vector<type<int>> は std::vector<int> になる。それをさらに type<T> で囲んでも同じ型だ。

type<T> は面白いが何の役に立つのだろうか。type<T> は型として使える。つまり type<T> *はポインターとして機能するのだ。

```cpp
template < typename T > using type = T ;

// int *
type<int> * a = nullptr ;
// int (*)(int)
type<int(int)> * b = nullptr ;
// int (*) [5]
type<int [5]> * c = nullptr ;
```

type<int> * は int *型だ。type<int(int)> * は int(*)(int) 型だ。type<int [5]> * は int (*) [5] 型だ。これでもう * をどこに書くかという問題に悩まされることはなくなった。

しかしわざわざ type<T> * と書くのは依然として面倒だ。T 型は引数で受け取っているのだから、最初からポインターを返してどうだろうか。

```cpp
template < typename T >
using add_pointer_t = T * ;
```

さっそく試してみよう。

```cpp
// int *
add_pointer_t<int> a = nullptr ;
// int **
add_pointer_t<int *> b = nullptr ;
// int(*)(int)
add_pointer_t<int(int)> c = nullptr ;
// int(*)[5]
add_pointer_t<int [5]> d = nullptr ;
```

どうやら動くようだ。もっと複雑な例も試してみよう。

```cpp
// int **
add_pointer_t<add_pointer_t<int>> a = nullptr ;
```

358 第27章 ポインター

`add_pointer_t<int>` は `int *` なので、その型を `add_pointer_t<T>` で囲むとその型へのポインターになる。結果として `int **` になる。

ここで実装した `add_pointer_t<T>` は T がリファレンスのときにエラーになる。

```
template < typename T > using add_pointer_t = T * ;
// エラー
add_pointer_t<int &> ptr = nullptr ;
```

実は標準ライブラリにも `std::add_pointer_t<T>` があり、こちらはリファレンス `U &` を渡しても、`U *` になる。

```
// OK
// int *
std::add_pointer_t<int &> ptr = nullptr ;
```

標準ライブラリ `std::add_pointer_t<T>` は、T がリファレンス型の場合、リファレンスは剥がしてポインターを付与するという実装になっている。これをどうやって実装するかについてだが、まだ読者の知識では実装できない。テンプレートについて深く学ぶ必要がある。いまは標準ライブラリに頼っておこう。

標準ライブラリにはほかにも、ポインターを取り除く `std::remove_pointer_t<T>` もある。

```
// int
std::remove_pointer_t<int * > a = 0 ;
// int
std::remove_pointer_t<
    std::add_pointer_t<int>
    > b = 0 ;
```

27.2.6 クラスへのポインター

クラスへのポインターはいままでに学んだものと同じ文法だ。

```
struct C { } ;

int main()
{
    C object ;
    C * pointer = &object ;
}
```

ただし、ポインターを経由してメンバーにアクセスするのが曲者だ。
以下のようなメンバーにアクセスするコードがある。

```cpp
struct C
{
    int data_member ;
    void member_function() {}
} ;

int main()
{
    C object ;

    object.data_member = 0 ;
    object.member_function() ;
}
```

これをポインターを経由して書いてみよう。

以下のように書くとエラーだ。

```cpp
int main()
{
    C object ;
    C * pointer = &object ;

    // エラー
    *pointer.data_member = 0 ;
    // エラー
    *pointer.member_function() ;
}
```

この理由は演算子の優先順位の問題だ。上の式は以下のように解釈される。

```cpp
*(pointer.data_member) = 0 ;
*(pointer.member_function()) ;
```

ポインターを参照する演算子 * よりも、演算子ドット（'.'）の方が演算子の優先順位が高い。

このような式を可能にする変数 pointer とは以下のようなものだ。

```cpp
struct Pointer
{
    int data  = 42 ;
    int * data_member = &data ;
    int * member_function()
    {
        return &data ;
    }
} ;
```

```
int main()
{
    Pointer pointer ;

    *pointer.data_member = 0;
    *pointer.member_function() ;
}
```

pointer.data_member はポインターなのでそれに演算子 * を適用して参照した上で 0 を代入している。

pointer.member_function() は関数呼び出しで戻り値としてポインターを返すのでそれに演算子 * を適用している。

演算子 * を先にポインターの値である pointer に適用するには、括弧を使う。

```
(*pointer).data_member = 0 ;
(*pointer).member_function() ;
```

リファレンスを使ってポインターを参照した結果をリファレンスに束縛して使うこともできる。

```
C & ref = *pointer ;
ref.data_member = 0 ;
ref.member_function() ;
```

ただし、ポインターを介してクラスを扱う際に、毎回括弧を使ったりリファレンスを使ったりするのは面倒なので、簡単なシンタックスシュガーとして演算子 -> が用意されている。

```
pointer->data_member = 0 ;
pointer->member_function() ;
```

a->b は、(*(a)).b と同じ意味になる。そのため、上は以下のコードと同じ意味になる。

```
(*(pointer)).data_member = 0 ;
(*(pointer)).member_function() ;
```

27.2.7 this ポインター

メンバー関数はクラスのデータメンバーにアクセスできる。このときのデータメンバーはメンバー関数が呼ばれたクラスのオブジェクトのサブオブジェクトになる。

```
struct C
{
    int data { } ;

    void set( int n )
    {
        data = n ;
    }
} ;

int main()
{
    C a ;
    C b ;

    // a.data を変更
    a.set(1) ;
    // b.data を変更
    b.set(2) ;
}
```

すでに説明したように、メンバー関数が自分を呼び出したクラスのオブジェクトのサブオブジェクトを参照できるのは、クラスのオブジェクトへの参照を知っているからだ。内部的には以下のような隠し引数を持つコードが生成されたかのような挙動になる。

```
// コンパイラーが生成するコードのたとえ
struct C
{
    int data { } ;
} ;

// 隠し引数
void set( C & obj, int n )
{
    obj.data = n ;
}
```

つまり、メンバー関数は自分を呼び出したクラスのオブジェクトへの参照を知っている。その参照にアクセスする方法が this キーワードだ。

this キーワードはクラスのメンバー関数の中で使うと、メンバー関数を呼び出したクラスのオブジェクトへのポインターとして扱われる。

```
struct C
{
    int data { } ;

    void set( int n )
    {
        // このメンバー関数を呼び出したクラスのオブジェクトへのポインター
        C * pointer = this ;
        this->data = n ;
    }
} ;
```

先ほど、関数 C::set の中で data = n ; と書いたのは、this->data = n ; と書いたのと同じ意味になる。

this はリファレンスではなくてポインターだ。この理由は歴史的なものだ。本来ならばリファレンスの方がよいのだが、いまさら変更できないのでポインターになっている。わかりにくければリファレンスに束縛してもよい。

```
struct S
{
    void f()
    {
        auto & this_ref = *this ;
    }
} ;
```

const なメンバー関数の中では、this の型も const なクラス型へのポインターになる。

```
struct S
{
    void f()
    {
        // this の型は S *
        S * pointer = this ;
    }

    void f() const
    {
        // this の型は S const *
        S const * pointer = this ;
    }
} ;
```

この理由は、const なメンバー関数はクラスのオブジェクトへの参照として const なリファレンスを隠し引数として持つからだ。

```cpp
// コンパイラーが生成するコードのたとえ
struct S { } ;

// 非const なメンバー関数
void f( S & obj ) ;

// const なメンバー関数
void f( S const & obj ) ;
```

27.2.8 メンバーへのポインター

メンバーへのポインターはかなり文法的にややこしい。そもそも、通常のポインターとは概念でも実装でも異なる。

ここで取り扱うのはメンバーへのポインターという概念で、クラスのオブジェクトのサブオブジェクトへのポインターではない。サブオブジェクトへのポインターは通常のポインターと同じだ。

```cpp
struct Object
{
    // サブオブジェクト
    int subobject ;
} ;

int main()
{
    // クラスのオブジェクト
    Object object ;

    // サブオブジェクトへのポインター
    int * pointer = &object.subobject ;

    *pointer = 123 ;
    int read = object.subobject ;
}
```

メンバーへのポインターとは、クラスのデータメンバーやメンバー関数を参照するもので、クラスのオブジェクトとともに使うことでそのデータメンバーやメンバー関数を参照できるものだ。

細かい文法の解説はあとにして例を見せよう。

```
struct Object
{
    int data_member ;
    void member_function()
    { std::cout << data_member ; }
} ;

int main()
{
    // Object::data_member メンバーへのポインター
    int Object::* int_ptr = &Object::data_member ;
    // Object::member_function メンバーへのポインター
    void (Object::* func_ptr)() = &Object::member_function ;

    // クラスのオブジェクト
    Object object ;

    // object に対するメンバーポインターを介した参照
    object.*int_ptr = 123 ;
    // object に対するメンバーポインターを介した参照
    // 123
    (object.*func_ptr)() ;

    // 別のオブジェクト
    Object another_object ;
    another_object.data_member = 456 ;
    // 456
    (another_object.*func_ptr)() ;
}
```

　細かい文法はあとで学ぶとして、肝心の機能としてはこうだ。クラスのオブジェクトからは独立した
データメンバーやメンバー関数自体へのポインターを取得する。

```
struct Object
{
    int data_member ;
} ;

// メンバーへのポインター
int Object::*int_ptr = &Object::data_member ;
```

　このポインターをクラスのオブジェクトと組み合わせることで、ポインターが参照するクラスのメン
バーで、かつオブジェクトのサブオブジェクトの部分を参照できる。

```
    Object object ;

    // メンバーへのポインターをオブジェクトに適用してサブオブジェクトを参照する
    object.*int_ptr = 123 ;
```

では文法の説明に入ろう。

メンバーへのポインターは文法がややこしい。

あるクラス名 C の型名 T のメンバーへのポインター型は以下のようになる。

```
    型名 クラス名::*
    T C::*
```

以下のクラスの各データメンバーへの型はそれぞれコメントのとおりになる。

```
    struct ABC
    {
        // int ABC::*
        int x ;
        // int ABC::*
        int y ;
        // double ABC::*
        double d ;
        // int * ABC::*
        int * ptr ;
    } ;

    struct DEF
    {
        // ABC * DEF::*
        ABC * abc ;
    } ;
```

順を追って説明していこう。まずクラス ABC のメンバー、

```
    // int ABC::*
    int x ;
    // int ABC::*
    int y ;
```

このメンバーへのポインターの型はどちらも int ABC::* になる。データメンバーの型は int で、ク
ラス名が ABC なので、**型名 クラス名::*** に当てはめると int ABC::* になる。

```
    // double ABC::*
    double d ;
```

このメンバーへのポインターの型は double ABC::* になる。

最後のクラス ABC のメンバー、

```
// int * ABC::*
int * ptr ;
```

これが int * ABC::* になる理由も、最初に説明した**型名 クラス名**::* のルールに従っている。型名が int *、クラス名が ABC なので、int * ABC::* だ。

最後の例はクラス DEF のメンバーとしてクラス ABC のポインター型のメンバーだ。ABC DEF::* になる。

クラス名 C のメンバー名 M のメンバーへのポインターを得るには以下の文法を使う。

```
&クラス名::メンバー名
&C::M
```

具体的な例を見てみよう。

```
struct C
{
    int x = 1 ;
    int y = 2 ;
} ;

int main()
{
    int C::* x_ptr = &C::x ;
    int C::* y_ptr = &C::y ;

    C object ;

    // 1
    std::cout << object.*x_ptr ;
    // 2
    std::cout << object.*y_ptr ;
}
```

わかりづらければエイリアス宣言を使うとよい。

```
using type = int C::* ;
type x_ptr = &C::x ;
```

あるいは auto を使うという手もある。

```
// int C::*
auto x_ptr = &C::x ;
```

メンバー関数へのポインターは、メンバーへのポインターと関数へのポインターを組み合わせた複雑な文法となるので、とてもわかりづらい。

復習すると、int 型の引数を 1 つ受け取り int 型の戻り値を返す関数へのポインターの型は int (*)(int) だ。

```
int f(int) { return 0 ; }
int (*ptr)(int) = &f ;
```

この関数がクラス C のメンバー関数の場合、以下のようになる。

```
struct C
{
    int f(int) { return 0 ; }
} ;
```

ところで、メンバーへのポインターは**型名 クラス名::*** だった。この 2 つを組み合わせると、以下のように書ける。

```
struct C
{
    int f(int) { return 0 ; }
} ;

int main()
{
    // メンバー関数へのポインター
    int (C::*ptr)(int) = &C::f ;
    // クラスのオブジェクト
    C object ;

    // オブジェクトを指定したメンバー関数へのポインターを介した関数呼び出し
    (object.*ptr)( 123 ) ;
}
```

メンバー関数へのポインターは難しい。

関数 f の型は int (int) で、そのポインターの型は int (*)(int) だ。するとクラス名 C のメンバー関数 f へのポインターの型は、int (C::*)(int) になる。

メンバー関数へのポインター型の変数を宣言してその値を C::f へのポインターに初期化しているのが以下の行だ。

```
// メンバー関数へのポインター
int (C::*ptr)(int) = &C::f ;
```

この ptr を経由したメンバー関数 f の呼び出し方だが、まずクラスのオブジェクトが必要になるので作る。

```
C object ;
```

そして演算子の operator .* を使う。

```
(object.*ptr)(123) ;
```

object.*ptr を括弧で囲んでいるのは、演算子の優先順位のためだ。もしこれを以下のように書くと、

```
object.*ptr(123)
```

これは ptr(123) という式を評価した結果をメンバーへのポインターと解釈してクラスのオブジェクトを介して参照していることになる。例えば以下のようなコードだ。

```
struct C { int data { } ; } ;

auto ptr( int ) -> int C::*
{ return &C::data ; }

int main()
{
    C object ;
    object.*ptr(123) ;
}
```

演算子の優先順位の問題のために、(object.*ptr) と括弧で包んで先に評価させ、その後に関数呼び出し式である (123) を評価させる。

実は演算子 operator .* のほかに、operator ->* という演算子がある。

.* はクラスのオブジェクトがリファレンスの場合の演算子だが、->* はクラスのオブジェクトがポインターの場合の演算子だ。

```
struct C{ int data { } ; } ;

int main()
{
    auto data_ptr = &C::data ;
```

```
        C object ;
        auto c_ptr = &object ;

        c_ptr->*data_ptr = 123 ;
    }
```

演算子 a->b が (*(a)).b となるように、演算子 a->*b も (*(a)).*b と置き換えられるシンタック
スシュガーだ。
　上の例で、

```
    c_ptr->*object = 123 ;
```

は、以下と同じだ。

```
    (*(c_ptr)).*object = 123 ;
```

　.* や ->* の文法を覚えるのが面倒な場合、標準ライブラリに std::invoke(f, t1, ...) とい
う便利な関数が用意されている。
　f がデータメンバーへのポインターで、t1 がクラスのオブジェクトの場合、std::invoke(f, t1)
は以下のような関数になる。

```
    template < typename F, typename T1 >
    適切な戻り値の型 std::invoke( F f, T1 t1 )
    {
        return t1.*f ;
    }
```

なので以下のように書ける。

```
    struct C { int data { } ; } ;

    int main()
    {
        auto data_ptr = &C::data ;

        C object ;

        // どちらも同じ意味
        object.*data_ptr = 123 ;
        std::invoke( data_ptr, object ) = 123 ;
    }
```

便利なことに t1 がポインターの場合は、

```
template < typename F, typename T1 >
適切な戻り値の型 std::invoke( F f, T1 t1 )
{
    return (*(t1)).*f ;
}
```

という関数として振る舞う。そのため、リファレンスでもポインターでも気にせずに使うことができる。

```
C * c_ptr = &object ;

// どちらも同じ意味
c_ptr->*data_ptr = 123 ;
std::invoke( data_ptr, c_ptr ) = 123 ;
```

std::invoke がさらにすごいことに、メンバー関数へのポインターにも対応している。

std::invoke(f, t1, ...) で、f がメンバー関数へのポインターで、t1 がクラスのオブジェクトへのリファレンスで、... が関数呼び出しの際の引数の場合、以下のような関数として振る舞う。

```
template < typename F, typename T1,
    // まだ知らない機能
    typename ... Ts >
適切な戻り値の型
invoke( F f, T1 t1,
// まだ知らない機能
Ts ... ts )
{
    return (t1.*f)(ts...)
}
```

厳密にはこの宣言は間違っているのだが、まだ知らない機能を使っているので気にしなくてもよい。大事なことは、std::invoke の第三引数以降の実引数が、関数呼び出しの実引数として使われるということだ。

```
struct C
{
    int f0() { return 0 ; }
    int f1(int) { return 1 ; }
    int f2( int, int ) { return 2 ; }
} ;
```

```cpp
int main()
{
    C object ;

    // 同じ
    (object.*&C::f0)() ;
    std::invoke( &C::f0, object ) ;
    // 同じ
    (object.*&C::f1)(1) ;
    std::invoke( &C::f1, object, 1 ) ;
    // 同じ
    (object.*&C::f2)(1,2) ;
    std::invoke( &C::f2, object, 1,2 ) ;
}
```

この場合も、`object` が C へのリファレンスではなく、C へのポインターでも自動で認識していいように処理してくれる。

27.3　ポインターの内部実装

ポインターの意味上と文法上の解説は終えた。ここからはポインターの内部実装についてだ。ポインターの値とは外でもない、メモリー上のアドレスのことだ。

27.3.1　キロバイトとキビバイト

メモリーとアドレスについて解説する前に、キロバイト（Kilo byte）とキビバイト（Kibi byte）の違いについて解説する。

キロ（Kilo）というのは SI 接頭語で、1000^1 を意味する。1 キロは 1000 だ。SI 接頭語にはほかにもメガ（Mega, 1000^2）、ギガ（Giga, 1000^3）やテラ（Tera, 1000^4）などの接頭語もある。

長さ 1 キロメートルは 1000 メートルで、重さ 1 キログラムは 1000 グラムだ。

いま「この CPU のクロック周波数は 1GHz だ」と言ったとき、それは $1000^3\text{Hz} = 1000000000\text{Hz}$ のことだ。

しかし、メモリー容量だけは慣習的に 1000^n ではなく、1024^n を使う。

一般人が「このメモリーは 1KB だ」と言ったとき、それは 1024 バイトのことだ。1GB のメモリーは 1024^3 バイト = 1073741824 バイト だ。筆者が本書を執筆するのに使ったラップトップコンピューターは 32GB のメモリーを積んでいるがこれは 34359738368 バイトだ。

メモリーの容量が 10 進数ではなく 2 進数で数えられているのは、メモリーは 2 進数で扱うのがハードウェア的に都合がいいからだ。そのため、慣習的にキロは 1000^1 ではなく 1024^1 を意味するようになってしまった。

このため、IEEE 1541 では 10 進 SI 接頭語と対になる 2 進接頭語を定義した。

接頭語	値
キビ (kibi, Ki)	2^{10}
メビ (mebi, Mi)	2^{20}
ギビ (gibi, Gi)	2^{30}
テビ (tebi, Ti)	2^{40}
ペビ (pebi, Pi)	2^{50}
エクスビ (exbi, Ei)	2^{60}

本書では1KBは1000バイトで、1KiBが1024バイトを意味する。

27.3.2　メモリーとアドレス

コンピューターにはメモリーやストレージと呼ばれる記憶領域がある。情報の最小単位はすでに学んだようにビットだが、情報をビット単位で扱うのは不便なので、慣習的に複数の連続したビットを束ねたバイトという単位で扱っている。1バイトはほとんどのアーキテクチャで8ビットだ。メモリーは複数の連続したバイト列で成り立っている。

この連続したバイト列の中の任意の1バイトを指し示すのがアドレスだ。メモリーのバイト列の最初の1バイトのアドレスを0とし、次の1バイトアドレスを1とし、以降、その次を前のアドレスに1加えた値にしてみよう。

そのようなメモリーとアドレスのコンピューターでは、1バイトの符号なし整数で表現されたアドレスは、256バイトのメモリーの中の任意の1バイトをアドレスとして参照することができる。

これはとても抽象化された計算機で、現実の計算機はもっと複雑な実装になっている。しかしC++の規格としては、メモリーとはフラットな連続したバイト列であって、その任意の各バイトをアドレスから参照可能だという想定になっている。

アドレスが1バイトの符号なし整数で表現され、そのすべてのビットが使われる場合、256バイトの連続したメモリーをアドレス可能だ。

アドレスが2バイトならば、64KiBのメモリーをアドレス可能だ。

アドレスが4バイトならば、4GiBのメモリーをアドレス可能だ。

アドレスが8バイトならば、16EiBのメモリーをアドレス可能だ。

ポインターの値というのは、このアドレスの値のことだ。

27.3.3　ポインターのサイズ

ポインターの値というのはアドレスの値だ。ポインターの値を格納するのにもメモリーが必要だ。ではポインターのサイズは何バイトあるのだろう。

型Tのサイズを調べるにはsizeof(T)を使う。

```
template <typename T >
void print_size()
{
    std::cout << sizeof(T) << "\n"s ;
}
```

```cpp
int main()
{
    print_size<int *>() ;
    print_size<double *>() ;

    // ポインターへのポインター
    print_size<int **>() ;
}
```

筆者の環境でこのプログラムを実行した結果は以下のようになった。

```
8
8
8
```

どうやら筆者の環境ではポインターのサイズはすべて 8 バイトらしい。

27.3.4　ポインターの値

ポインターが 8 バイト、つまり 64 ビットの値であるならば、それを 8 バイトの符号なし整数として解釈した値はどうなるのだろう。

C++ にはすべてのポインターの値を格納できるサイズの符号なし整数型が用意されている。`std::uintptr_t` だ。

```cpp
int main()
{
    std::cout << sizeof( std::uintptr_t ) ;
}
```

筆者の環境でこのプログラムを実行した結果も 8 が出力される。

ポインターも `std::uintptr_t` も 8 バイトだ。ポインターのバイト列を `std::uintptr_t` として強引に解釈すれば、符号なし整数としての値を出力してみよう。

ある値 from のバイト列を、同じバイト数のある型 to の値として強引に解釈する C++20 で追加された標準ライブラリに、`std::bit_cast<to>(from)` がある。

```cpp
#include <bit>

int main()
{
    int data {} ;
    std::cout << std::bit_cast<std::uintptr_t>(&data) ;
}
```

このプログラムを何度か実行した結果、以下のような結果を得た。

```
$ make run
140725678382588
$ make run
140721510940268
$ make run
140731669632396
```

私の環境ではポインターの具体的な値は実行ごとに異なる。これは私の使っている OS が ASLR（Address Space Layout Randomization）を実装しているためだ。興味のある読者は調べてみるとよい。

この値は int 型の変数 data のポインターの整数としての値だ。このアドレスの場所に、int 型のオブジェクトの最初の 1 バイトがあり、その次の場所に次の 1 バイトがある。

筆者の環境では int 型は 4 バイトだ。

```
int main()
{
    std::cout << sizeof(int) ;
}
```

int 型のオブジェクトは 4 バイトの連続したメモリー上に構築されている。つまり、本質的には以下のようなコードと同等になる。

```
int main()
{
    std::byte data[4] ;
    std::cout << std::bit_cast<std::uintptr_t>(&data[0]) ;
}
```

std::byte というのは sizeof(std::byte) の結果が 1 になる、サイズが 1 バイトの符号なし整数型だ。

std::byte は C++ で 1 バイトの生の値を表現するために使うことができる。配列は連続したバイト列なので、4 バイトの int 型は、本質的には上のようなコードになる。ただし上のコードはアライメントという概念が欠けている。これについてはあとで説明する。

ところで、std::bit_cast は 2020 年に制定される国際標準規格 C++20 から入った。しかるに筆者がこの文章を書いているのは 2018 年だ。まだ C++20 を完全に実装した C++ コンパイラーは存在しない。この本が出版されてしばらくは、読者の手元にも C++20 コンパイラーは存在しないだろう。

27.3.5 std::bit_cast の実装

ないものは自分で実装すればいい。std::bit_cast に近いものを実装してみよう。

今回実装する bit_cast は以下のような関数テンプレートだ。

```
template < typename To, typename From >
To bit_cast( From const & from )
{
    // 値from のバイト列を To 型の値として解釈して返す。
}
```

bit_cast の実装にはポインターが必要だ。From の値を表現するバイト列への先頭のポインターを取り、バイト単位で To の値を表現するバイト列にコピーすればよい。

標準ライブラリにはそのような処理を行ってくれる std::memcpy(dest, src, n) がある。ポインター src から n バイトをポインター dest から n バイトに書き込む関数だ。

```
template < typename To, typename From >
To bit_cast( From const & from )
{
    To to ;
    std::memcpy( &to, &from, sizeof(To) ) ;
    return to ;
}
```

これで std::bit_cast の実装はできた。しかしこの実装は問題を std::memcpy にたらい回しにしただけだ。std::memcpy も実装できて初めて std::bit_cast を自前で実装できたと言える。

27.3.6 std::memcpy の実装

std::memcpy は C++ コンパイラーによって効率のよいコードに置き換えられる。そのため自分で実装した std::memcpy を標準ライブラリと同じ効率にすることは難しいが、機能的にはほとんど同じものを作ることができる。

memcpy の実装にはポインターの詳細な理解が必要だ。

std::memcpy 関数は以下のようになっている。

```
void * memcpy( void * dest, void const * src, std::size_t n )
{
    // src の先頭バイトから n バイトを
    // dest の先頭バイトからのバイト列にコピーし
    // dest を返す
}
```

見慣れない void * という型が出てきた。まずはこれについて学ぼう。

void 型

void は特別な型だ。void 型は何も値を持たない型という意味を持つ。例えば関数が戻り値を何も返さない場合、void 型を返す関数として宣言される。

```cpp
// 何も値を返さない関数
void f()
{
    // 何も値を返さない
    return ;
}
```

あらゆる値は void 型に変換することができる。変換した結果は、何も値を持たない。

```cpp
void f()
{
    return static_cast<void>(123) ;
}
```

C++17 では、void 型の変数は作れない。

```cpp
// エラー
void x ;
```

ところで、読者が本書を読むころには、C++ 規格では void 型の変数が作れるようになっているかもしれない。これは void 型だけ変数を作れないのが面倒だから作れるようになるだけで、具体的な値のない変数になる。

void * 型

void * 型は「void 型へのポインター型」だ。int * が「int 型へのポインター型」であるのと同じだ。

void * 型の値は、ある型 T へのポインター型から型 T という情報が消え去ったポインターの値だ。ポインターの値というのはアドレスで、アドレスというのは単なるバイト単位のメモリーを指す整数値だということを学んだ。void * 型は特定の型を意味しないポインター型だ。

ある型 T へのポインター型の値は、void * 型に変換できる。

```cpp
int main()
{
    int data { } ;

    // int *からvoid *への変換
    void * ptr = &data ;
}
```

void * 型の値 e から元の型 T へのポインターに変換するには static_cast<T *>(e) が必要だ。

```cpp
int main()
{
    int data { } ;
    void * void_ptr = &data ;

    int * int_ptr = static_cast<int *>(void_ptr) ;
}
```

もし static_cast<T *>(e) の e が T * として妥当なアドレスの値であれば、変換後も正しく動く。
T const * 型は void const * 型に変換できる。その逆変換もできる。

```cpp
int main()
{
    int data {} ;
    int const * int_const_ptr = &data ;
    void const * void_const_ptr = int_const_ptr ;
    int const * original = static_cast<int const *>(void_const_ptr) ;
}
```

ポインター間の型変換で const を消すことはできない。

memcpy は void * を使うことで、どんなポインターの値でも取れるようにしている。C++ にはテンプレートがあるので以下のように宣言してもよいのだが、

```cpp
template < typename Dest, typename Src >
Dest * memcpy( Dest * dest, Src const * src, std::size_t n ) ;
```

memcpy は C++ 以前からある C 言語ライブラリなので、こうなっている。

std::byte 型

void * 型はアドレスだけを意味するポインター型なので、参照することができない。memcpy の実装にはポインターを経由して参照先を 1 バイトずつ読み書きする必要がある。そのための型として std::byte がある。

std::byte 型は 1 バイトを表現するための型だ。sizeof(std::byte) の結果は 1 になる。

1 バイトというのは 10 進数で $0 \leq n \leq 255$ までの値を扱う。

std::byte はとても厳格に 1 バイトの符号なし整数として振る舞うので、普通の整数で初期化や代入をすることができない。

```cpp
// エラー
std::byte a = 123 ;
std::byte b(123) ;
```

```
    // これもエラー
    a = 123 ;
```

`std::byte` に具体的な値で初期化するには `{x}` を使う。

```
    std::byte a{123} ;
```

`std::byte` に値を代入するには `std::byte{x}` を使う

```
    std::byte a ;
    a = std::byte{123} ;
```

`static_cast<std::byte>(x)` や `std::byte(x)` はコンパイルできるが、使ってはならない。

```
    // 使ってはならない
    std::byte a = static_cast<std::byte>(123) ;
    std::byte b = std::byte(123) ;
```

なぜ使ってはならないかというと、範囲外の値を無理やり変換してしまうからだ。

```
    std::byte a = static_cast<std::byte>(256) ;
    std::byte b = std::byte(-1) ;
```

配列のメモリー上での表現

配列は要素型を表現するバイト列をメモリー上に連続して配置する。

例えば `int [3]` という配列があり、`sizeof(int)` が 4 の場合、全体で 12 バイトのメモリーが確保される。

```
    int data[3] = {1,2,3} ;
```

最初の 4 バイト（0 バイト目から 3 バイトまで）の領域は 0 番目の要素である `data[0]` で、その値は 1 だ。

次の 4 バイト（4 バイト目から 7 バイト目まで）の領域は 1 番目の要素である `data[1]` で、その値は 2 だ。

最後の 4 バイト（8 バイト目から 11 バイト目まで）の領域は 2 番目の要素である `data[2]` で、その値は 3 だ。

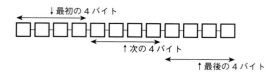

27.3 ポインターの内部実装 **379**

実際にアドレスの生の値を出力して確かめてみよう。

```cpp
// 生のアドレスを出力する関数
template < typename T >
void print_raw_address( T ptr )
{
    std::cout << std::bit_cast<std::uintptr_t>(ptr) << "\n"s ;
}

int main()
{
    int data[3] = {0,1,2} ;
    print_raw_address( &data[0] ) ;
    print_raw_address( &data[1] ) ;
    print_raw_address( &data[2] ) ;
}
```

このプログラムを筆者の環境で実行すると以下のように出力された。

```
140736120015884
140736120015888
140736120015892
```

筆者の環境では sizeof(int) は 4 だ。&data[0] の生のアドレスに 4 を足した値が &data[1] になっていることがわかる。

ポインターと整数の演算

ポインターと整数を加減算することができる。

ポインター T * に整数 n を足すと、ポインターのアドレスが sizeof(T) * n 加算される。この結果、ポインターは要素が配列のように配置された場合に n 個先の要素を指すようになる。

```cpp
template < typename T >
void print_raw_address( T ptr )
{
    std::cout << std::bit_cast<std::uintptr_t>(ptr) << "\n"s ;
}

int main()
{
    int a[4] = {0,1,2,3} ;

    // 0個目の要素へのポインター
    int * a0 = &a[0] ;
    print_raw_address( a0 ) ;
```

```
    // アドレスがsizeof(int) * 3加算される
    // a3 は 3 個目の要素へのポインター
    int * a3 = a0 + 3 ;
    print_raw_address( a3 ) ;

    // アドレスがsizeof(int) * 2減算される。
    // a1 は 1 個目の要素へのポインター
    int * a1 = a3 - 2 ;
    print_raw_address( a1 ) ;
}
```

これを筆者の環境で実行すると以下のように出力された。

```
140722117900224
140722117900236
140722117900228
```

最初の値が a0, 次の値が a3, 最後の値が a1 だ。

筆者の環境では sizeof(int) は 4 だ。すると a3 の値は a0 の値より 12 多い値になっているはずだ。実際にそうなっている。a1 は a3 に対して 8 少ない値になっているはずだ。実際にそうなっている。

いよいよ memcpy の実装

これまで学んできたことをすべて使い、ようやく memcpy が実装できる。

1. dest を std::byte *型に変換する
2. src を std::byte const *型に変換する
3. src の参照先から n バイトを dest の参照先にコピーする
4. dest を返す

```
void * memcpy( void * dest, void const * src, std::size_t n )
{
    // dest を std::byte *型に変換
    auto d = static_cast<std::byte *>(dest) ;
    // src を std::byte const *型に変換する
    auto s = static_cast<std::byte const *>(src) ;

    // src から n バイトコピーするので n バイト先のアドレスを得る
    auto last = s + n ;

    // n バイトコピーする
    while ( s != last )
    {
        *d = *s ;
```

```
        ++d ;
        ++s ;
    }

    // dest を返す
    return dest ;
}
```

memcpy の別の実装

ポインターは operator [] に対応している。

ポインター p と整数 i に対して p[i] と書いたとき、*(p + i) という意味になる。

```
int main()
{
    int a[5] = {0,1,2,3,4} ;
    int * p = &a[0] ;

    p[0] ; // 0
    p[2] ; // 2

    int * p2 = &p[2] ;
    p2[1] ; // 3
}
```

memcpy は operator [] を使って書くこともできる。

```
void * memcpy( void * dest, void const * src, std::size_t n )
{
    auto d = static_cast<std::byte *>(dest) ;
    auto s = static_cast<std::byte const *>(src) ;

    for ( std::size_t i = 0 ; i != n ; ++i )
    {
        d[i] = s[i] ;
    }

    return dest ;
}
```

27.3.7 データメンバーへのポインターの内部実装

データメンバーへのポインターの整数としての値は少し変わっている。

ポインターの生の値は、メモリー上で値を表現しているバイト列の先頭アドレスだ。

データメンバーへのポインターは、具体的なクラスのオブジェクトへのポインターやリファレンスがあって初めて意味がある。

```cpp
struct S { int x = 123 ; } ;

int main()
{
    int data = 123 ;
    int * ptr = &data ;
    // ptr 単体で参照できる
    int read1 = *ptr ;

    S object ;
    int S::* mem_ptr = &S::x ;
    // object と mem_ptr の 2 つで参照できる
    int read2 = object.*mem_ptr ;

}
```

配列が要素型のバイト列を連続して配置したメモリーレイアウトをしているように、クラスもデータメンバーを連続して配置したメモリーレイアウトをしている。

たとえば以下のようなクラス `Object` がある場合、

```cpp
struct Object
{
    int x ;
    int y ;
    int z ;
} ;
```

このクラスのサイズは `sizeof(Object)` だ。このクラスは `int` 型のサブオブジェクトを 3 つ持っているので、そのサイズは少なくとも `size(int)*3` はある。

実際に確かめてみよう。

```cpp
struct Object
{
    int x ;
    int y ;
    int z ;
} ;
```

```cpp
int main()
{
    std::cout << "sizeof(int): " << sizeof(int) << "\n"s ;

    std::cout << "sizeof(Object): " << sizeof(Object) << "\n"s ;
}
```

このプログラムを筆者の環境で実行すると以下のように出力された。

```
sizeof(int): 4
sizeof(Object): 12
```

int 型のサイズが 4 で、Object 型のサイズが 12 ということは、クラス Object には int 型のサブオブジェクトが 3 つ、隙間なく連続して配置されているということだ。すべてのクラスがこうではないが、今回の私の環境ではそうなっている。

全体で 12 バイトということは、配列 int [3] と同じように、最初の 4 バイトに x, y, z のどれかが、次の 4 バイトに残りのどちらかが、最後の 4 バイトに残りが配置されている。

データメンバーへのポインターというのは、このクラスのオブジェクトを表現するバイト列の先頭から何バイト目に配置されているかというオフセット値になっている。

具体的な値を見てみよう。

```cpp
template < typename T >
void print_raw_address( T ptr )
{
    std::cout << bit_cast<std::uintptr_t>(ptr) << "\n"s ;
}

struct Object
{
    int x ;
    int y ;
    int z ;
} ;

int main()
{
    print_raw_address( &Object::x ) ;
    print_raw_address( &Object::y ) ;
    print_raw_address( &Object::z ) ;
}
```

このプログラムを筆者の環境で実行すると以下のように出力される。

```
0
4
8
```

筆者の環境では、x はクラスの先頭アドレスからオフセット 0 バイトに、y はオフセット 4 バイトに、z はオフセット 8 バイトに配置されているようだ。

確かめてみよう。

```cpp
struct Object
{
    int x = 123 ;
    int y = 456 ;
    int z = 789 ;
} ;

int main()
{

    Object object ;

    // クラスのオブジェクトの先頭アドレス
    std::byte * start = bit_cast<std::byte *>(&object) ;
    // オフセット 0
    int * x = bit_cast<int *>(start + 0) ;
    // オフセット 4
    int * y = bit_cast<int *>(start + 4) ;
    // オフセット 8
    int * z = bit_cast<int *>(start + 8) ;

    std::cout << *x << *y << *z ;
}
```

筆者の環境では以下のように出力される

```
123456789
```

このプログラムの実行結果は環境によって変わる。読者の使っている環境でデータメンバーへのポインターが筆者の環境と同じように実装されているとは限らない。

第28章
イテレーター詳細

28.1　イテレーターとポインターの関係

　array のイテレーターの実装を振り返ろう。前回実装したイテレーターは、リファレンスとインデックスを使うものだった。

```cpp
template < Array >
struct array_iterator
{
    using reference = typename Array::reference ;

    Array & a ;
    std::size_t i ;

    array_iterator( Array * a, std::size_t i )
        : a(a), i(i) { }

    reference operator *() const
    { return a[i] ; }

    array_iterator & operator ++()
    {
        ++i ;
        return *this ;
    }
```

```
    reference operator [] ( std::size_t n )
    { return a[i + n] ; }
} ;
```

このコードは単にポインターをクラスで実装しているだけではないだろうか。ならば、ポインターで
イテレーターを実装することもできるのではないか。

```
template < typename Array >
struct array_iterator
{
    using pointer = typename Array::pointer ;
    using reference = typename Array::reference ;
    pointer p ;

    array_iterator( pointer p )
        : p(p) { }

    reference operator *()
    { return *p ; }

    array_iterator & operator ++()
    {
        ++p ;
        return *this ;
    }

    reference operator[] ( std::size_t n )
    { return p[n] ; }
} ;
```

このコードは本当にポインターをクラスで実装しているだけだ。ならばイテレータークラスの代わり
にポインターでもいいのではないだろうか。

```
template < typename T, std::size_t N >
struct array
{

    T storage[N] ;

    // ポインター
    using iterator = T * ;

    iterator begin()
    { return &storage[0] ;  }
```

```
        iterator end()
        { return begin() + N ; }
} ;
```

これは動く。そして実際の `std::array` の実装もこうなっている。

実はイテレーターはポインターを参考にして作られた。インクリメントで次の要素を参照、`operator *` で参照先の要素にアクセスといった操作は、すべてポインターの操作をより抽象化したものだ。

ポインターの操作をすべてサポートしたイテレーターは、ランダムアクセスイテレーターと呼ばれる。

28.2　イテレーターカテゴリー

イテレーターにはサポートしている操作に応じて以下のような種類が存在する。

- 入力イテレーター（Input Iterator）
- 出力イテレーター（Output Iterator）
- 前方イテレーター（Forward Iterator）
- 双方向イテレーター（Bidirectional Iterator）
- ランダムアクセスイテレーター（Random Access Iterator）

イテレーターの関係は以下のようになっている。

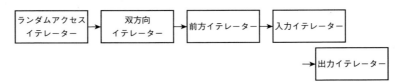

矢印 A → B は A が B であることを意味している。

ランダムアクセスイテレーターは双方向イテレーターのすべての操作をサポートする。故にランダムアクセスイテレーターは双方向イテレーターである。

同様に、双方向イテレーターは前方イテレーターである。前方イテレーターは入力イテレーター/出力イテレーターである。

A は B であることに加えて、追加の操作をサポートしている。

28.2.1　ランダムアクセスイテレーター

ランダムアクセスイテレーターは名前のとおりランダムアクセスができる。イテレーターが n 番目の要素を指すとき、n+m 番目の要素を指すことができる。m は負数でもよい。

```
template < typename RandomAccessIterator >
void f( RandomAccessIterator i, int n  )
{
    i + n ;
```

```
    i - n ;
    n + i ; // i+n と同じ
    n - i ; // n-i と同じ

    i + (-n) ; // i - n と同じ

    // i = i + n ; と同じ
    i += n ;
    // i = i - n ; と同じ
    i -= n ;
}
```

と書ける。n の型が符号付き整数型でよい。i + (-5) は i-5 と同じ意味だ。

イテレーター間の距離を計算したいときはイテレーター同士を引き算する。

```
template < typename RandomAccessIterator >
void f( RandomAccessIterator a, RandomAccessIterator b )
{
    b - a ; // a から b までの距離
    a - b ; // b から a までの距離
}
```

イテレーター間の距離は負数にもなる。

```
template < typename RandomAccessIterator >
void f( RandomAccessIterator a )
{
    auto b = a ;
    // b は a より 3 進んでいる
    ++b ; ++b ; ++b ;
    b - a ; // 3
    a - b ; // -3
}
```

イテレーター b は a より 3 進んでいるので、a から b までの距離である b - a は 3 になる。では b から a までの距離である a - b はどうなるかというと、−3 になる。b にとって a は 3 戻っているからだ。

イテレーター i の n 個先の要素を参照したい場合は、

```
template < typename RandomAccessIterator >
void f( RandomAccessIterator i, std::size_t n )
{
    // *(i + n) ; と同じ
    i[n] ;
}
```

と書ける。

ランダムアクセスイテレーターは大小比較ができる。

```cpp
template < typename RandomAccessIterator >
void f( RandomAccessIterator i, RandomAccessIterator j )
{
    i  <   j ;
    i  >   j ;
    i  <=  j ;
    i  >=  j ;
}
```

イテレーターの比較は、イテレーターが参照する要素の値の比較ではない。イテレーターが参照する要素の順番の比較だ。

n 番目の要素を参照するイテレーターは、n+1 番目の要素を参照するイテレーターより小さい。n-1 番目を参照するイテレーターより大きい。

```cpp
template < typename Iterator >
void f( Iterator i )
{
    // j は n+1番目を指す
    auto j = i + 1 ;

    i < j ; // true
    i > j ; // false
}
```

ここまでの操作はランダムアクセスイテレーターにしかできない。

双方向イテレーター以下のイテレーターができる比較は同値比較だけだ。

```cpp
template < typename Iterator >
void f( Iterator i, Iterator j )
{
    i == j ;
    i != j ;
}
```

イテレーターは同じ n 番目の要素を指しているときに等しいと比較される。

```cpp
template < typename Iterator >
void f( Iterator i )
{
    auto j = i ;
    i == j ;    // true
    ++j ;
```

390　第 28 章　イテレーター詳細

```
    i = j ;      // false
}
```

28.2.2　双方向イテレーター

双方向イテレーターは名前のとおり双方向のイテレーターの移動ができる。双方向というのはイテレーターが参照している n 番目の要素の n-1 番目の要素と n+1 番目の要素だ。

```cpp
template < typename BidirectionalIterator >
void f( BidirectionalIterator i )
{
    ++i ; // i+1
    --i ; // i-1

    // r1, r2 は変更する前の i の値
    auto r1 = i++ ;
    auto r2 = i-- ;
}
```

と書ける。この操作は前方イテレーターにはできない。

1 個ずつ移動できるのであれば、イテレーターを n 個進めることもできそうなものだ。実際、双方向イテレーターを以下のようにして n 個進めることができる。

```cpp
template < typename BidirectionalIterator >
BidirectionalIterator
nth_next( BidirectionalIterator iter, std::size_t n )
{
    for ( std::size_t i = 0 ; i != n ; ++i )
        ++iter ;
    return iter ;
}
```

確かにこれはできる。できるが、効率的ではない。双方向イテレーターが提供される場合というのは、ランダムアクセスが技術的に可能ではあるが非効率的な場合だ。具体的なデータ構造を出すと、例えばリンクリストがある。リンクリストに対するランダムアクセスは技術的に可能であるが非効率的だ。

28.2.3　前方イテレーター

前方イテレーターは前方にしか移動できない。イテレーターが 0 番目の要素を指しているならば 1 番目、1 番目の要素を指しているならば 2 番目に移動できる。

```
template < typename ForwardIterator >
void f( ForwardIterator i )
{
    ++i ;
}
```

　前方イテレーターにはマルチパス保証がある。イテレーターの指す要素を動かす前のイテレーターの値を保持しておき、保持した値を動かしたとき、2つのイテレーターは同一になるという保証だ。

```
template < typename ForwardIterator >
void f( ForwardIterator i )
{
    // 動かす前の値を保持
    auto prev = i ;
    // 次の要素を指す
    ++i ;
    // 動かす前の値も次の要素を指すようにする
    ++prev ;

    // true
    bool b = ( i == prev ) ;

    // r1, r2 は同じ要素を指す
    auto & r1 = *i ;
    auto & r2 = *prev ;
}
```

　入力イテレーター、出力イテレーターにはこの保証がない。

28.2.4　入力イテレーター

　入力イテレーターはイテレーターの比較、イテレーターの参照、イテレーターのインクリメントができる。

```
template < typename InputIterator >
void f( InputIterator i, InputIterator j )
{
    // 比較
    bool b1 = (i == j) ;
    bool b2 = (i != j) ;

    // 参照
    *i ;
    // (*i).m と同じ
    i->m ;
```

```
    // インクリメント
    ++i ;
    i++ ;
}
```

入力イテレーターの参照は、読み込みことしか保証されていない。

```
template < typename InputIterator >
void f( InputIterator i )
{
    // OK
    auto value = *i ;
    // エラー
    *i = value ;
}
```

書き込みは出力イテレーターの仕事だ。

28.2.5 出力イテレーター

出力イテレーターはイテレーターのインクリメントと、イテレーターの参照への代入ができる。

```
template < typename OutputIterator >
void f( OutputIterator i, typename OutputIterator::value_type v )
{
    // 参照への代入
    *i = v ;

    // インクリメント
    ++i ;
    i++ ;
}
```

出力イテレーターを参照した結果は定められていない。void かもしれない。したがって出力イテレーターの値を読むのは意味がない。

```
template < typename OutputIterator >
void f( OutputIterator i )
{
    // 意味がない
    auto value = *i ;
}
```

28.3 iterator_traits

イテレーターカテゴリーやイテレーターの参照する値を見分けるためのライブラリとして、`iterator_traits<T>` がある。これは以下のようになっている。

```cpp
namespace std {
template < typename T >
struct iterator
{
    using difference_type = ... ;
    using value_type = ... ;
    using pointer = ... ;
    using reference = ... ;
    using iterator_category = ... ;

} ;

}
```

`difference_type` はイテレーター同士の距離を指す数値だ。

```cpp
template < typename Iterator >
void f( Iterator i, Iterator j )
{
    // イテレーター同士の距離
    typename std::iterator_traits<Iterator>::difference_type diff = j - i ;
}
```

`value_type` はイテレーターの参照する値の型、`pointer` はそのポインター型、`reference` はそのリファレンス型だ。

```cpp
template < typename Iterator >
void f( Iterator i )
{
    // 値型
    typename std::iterator_traits<Iterator>::value_type v = *i ;
    // ポインター型
    typename std::iterator_traits<Iterator>::pointer p = &v ;
    // リファレンス型
    typename std::iterator_traits<Iterator>::reference r = v ;
}
```

`iterator_category` はイテレーターカテゴリーを示す型で、以下のようになっている。

```
namespace std {
struct input_iterator_tag { };
struct output_iterator_tag { };
struct forward_iterator_tag: public input_iterator_tag { };
struct bidirectional_iterator_tag: public forward_iterator_tag { };
struct random_access_iterator_tag: public bidirectional_iterator_tag { };
}
```

`forward_iterator_tag` 以降のコロン文字のあとに続くコードについては、いまは気にしなくてもよい。これは派生というまだ説明していないクラスの機能だ。

あるイテレーターがあるイテレーターカテゴリーを満たすかどうかを調べるには以下のようにする。

```
template < typename tag, typename Iterator >
constexpr bool is_category_of( )
{
    using iter_tag = typename std::iterator_traits<Iterator>::iterator_category ;
    return std::is_base_of_v< tag, iter_tag> ;
}

int main()
{
    using iterator = std::vector<int>::iterator ;
    bool b = is_category_of< std::forward_iterator_tag, iterator >() ;
    // vector のイテレーターはランダムアクセスイテレーターなので前方イテレーターでもある
    std::cout << b ;
}
```

このコードはまだ学んでいない C++ の機能をふんだんに使っているので、現時点で理解するのは難しい。

28.4 イテレーターカテゴリーの実例

イテレーターカテゴリーについて学んだので、イテレーターカテゴリーの実例について見ていこう。

28.4.1 出力イテレーター

前方イテレーター以上のイテレーターカテゴリーを満たすイテレーターはすべて、出力イテレーターとして使える。例えば `std::array` の内容を `std::vector` にコピーしたければ以下のように書ける。

```
int main()
{
    std::array<int, 5> a = {1,2,3,4,5} ;
    std::vector<int> v(5) ;

    std::copy( std::begin(a), std::end(a), std::begin(v) ) ;
}
```

`std::vector` のイテレーターは出力イテレーターとして振る舞う。
出力イテレーターの要件しか満たさないイテレーターは、例えば以下のようなものだ。

```
struct cout_iterator
{
// --- ボイラープレートコード
    // 出力イテレーターでは使わないのでvoidでいい
    using difference_type = void ;
    using value_type = void ;
    using reference = void ;
    using pointer = void ;
    // イテレーターカテゴリーは出力イテレーター
    using iterator_category = std::output_iterator_tag ;
    // 何もしない
    // 自分自身を返すだけ
    cout_iterator & operator *() { return *this ; }
    cout_iterator & operator ++() { return *this ; }
    cout_iterator & operator ++(int) { return *this ; }
// --- ボイラープレートコード

    // ここが肝心
    template < typename T >
    cout_iterator & operator =( T const & x )
    {
        std::cout << x ;
        return *this ;
    }
} ;
```

```
int main()
{
    std::vector<int> v = {1,2,3,4,5} ;
    cout_iterator out ;

    std::copy( std::begin(v), std::end(v), out ) ;
}
```

cout_iterator は *i = x; と書いたときに、値 x を std::cout で出力する。

cout_iterator は出力イテレーターの要件を満たすので std::copy に渡せる。std::copy はイテレーターを順番に *out = *i; のように実行するので、結果として値がすべて std::cout で出力される。

cout_iterator はとても便利なので、標準ライブラリには std::ostream_iterator<T> がある。

```
int main()
{
    std::vector<int> v = {1,2,3,4,5} ;
    std::ostream_iterator<int> out(std::cout) ;
    std::copy( std::begin(v), std::end(v), out ) ;
}
```

ostream_iterator は出力ストリーム (ostream) に対するイテレーターだ。コンストラクターに出力先の出力ストリームを渡すことで値を出力先に出力してくれる。今回は std::cout だ。

上のような出力イテレーターが operator = で以下のようなことをしていたらどうだろう。

```
template < typename Container >
struct back_inserter ;
{
    back_inserter( Container & c )
        : c(c) { }

    // その他のボイラープレートコード

    back_inserter & operator =( const typename Container::value_type & value )
    {
        c.push_back(value) ;
    }

    Container & c ;
} ;
```

```
template < typename Container >
void f( Container const & c )
{
    // c の全要素をコピーしたい
    std:vector< typename Container::value_type > temp ;
    auto out = back_inserter(temp) ;
    std::copy( std::begin(c), std::end(c), out ) ;
}
```

このコードが何をするかわかるだろうか。コンテナー c の全要素を出力イテレーターで出力する。出力イテレーターは渡された値 value を temp.push_back(value); する。その結果、temp は c のすべての要素を保持していることになる。

C++ の標準ライブラリには std::back_inserter がある。

```
int main()
{
    std::vector<int> v = {1,2,3,4,5} ;
    std::vector<int> temp ;
    auto out = std::back_inserter(temp) ;

    std::copy( std::begin(v), std::end(v), out ) ;
}
```

std::back_inserter(c) はコンテナー c に出力イテレーターとして渡された値を puch_back する。

ただし、std::back_inserter は古いライブラリなので、ここで示した方法とは少し違う実装がされている。

```
// 出力イテレーター
template < typename Container >
struct back_insert_iterator
{
    back_insert_iterator( Container & c )
        : c(&c) { }
    Container * c ;

    // その他のコード
} ;

// 出力イテレーターを返す関数
template < typename Container >
back_insert_iterator<Container> back_inserter( Container & c )
{
    return back_insert_iterator<Container>(c) ;
}
```

398　第 28 章　イテレーター詳細

　この理由は、C++17 以前の C++ ではクラスのコンストラクターからテンプレート実引数の推定ができなかったためだ。

```
template < typename T >
void f( T ) { }

template < typename T >
struct S
{
    S( T ) { }
} ;

int main()
{
    // f<int>と推定
    f(0) ;

    // S<int>と推定
    S s(0) ;
}
```

　C++17 以前の C++ では関数の実引数からテンプレート仮引数 T の型を推定することはできたが、クラスのコンストラクターから推定することはできなかった。C++17 以降は可能だ。

　std::cout に出力したり、コンテナーに push_back する実装のイテレーターは、マルチパス保証を満たさない。実装を見ればわかるように、イテレーターをコピーして別々にインクリメントした結果のイテレーターのオブジェクトに対する操作は同一ではないからだ。

28.4.2　入力イテレーター

　入力イテレーターの実例はどうか。

　std::cin から T 型を読み込む入力イテレーターの実装は以下のようになる。

```
template < typename T >
struct cin_iterator
{
// --- ボイラープレートコード
    using difference_type = std::ptrdiff_t ;
    using value_type = T ;
    using reference = T & ;
    using pointer = T * ;
    // イテレーターカテゴリーは入力イテレーター
    using iterator_category = std::input_iterator_tag ;
// --- ボイラープレートコード
```

```cpp
        // コンストラクター
        cin_iterator( bool fail = false )
            : fail(fail)
        { +++*this ; }

        // キャッシュした値を返す
        reference operator *()
        { return value ; }
        const reference operator *() const
        { return value ; }

        // 新しい値をキャッシュする
        cin_iterator & operator ++()
        {
            if ( !fail )
            {
                std::cin >> value ;
                fail = std::cin.fail() ;
            }
            return *this ;
        }

        // 後置インクリメント
        cin_iterator operator ++(int)
        {
            auto old = *this ;
            +++*this ;
            return old ;
        }

        // イテレーターの等価比較の状態
        bool fail ;
        // 値のキャッシュ
        value_type value ;
} ;

// 比較演算子
template < typename T >
bool operator ==( cin_iterator<T> const & l, cin_iterator<T> const & r )
{ return l.fail == r.fail ; }

template < typename T >
bool operator !=( cin_iterator<T> const & l, cin_iterator<T> const & r )
{ return !(l == r) ; }
```

以下のように使える。

```
int main()
{
    cin_iterator<int> input, fail(true) ;
    std::vector<int> buffer ;

    std::copy( input, fail, std::back_inserter(buffer) ) ;
}
```

実装としては、まずボイラープレートコード

```
using difference_type = std::ptrdiff_t ;
using value_type = T ;
using reference = T & ;
using pointer = T * ;
// イテレーターカテゴリーは入力イテレーター
using iterator_category = std::input_iterator_tag ;
```

difference_type はイテレーターの距離を表現する型で、通常は std::ptrdiff_t という型が使われる。これはポインターの距離を表現する型だ。

value_type は参照している要素の型、reference と pointer は要素に対するリファレンスとポインターだ。

iterator_category は今回は入力イテレーターなので std::input_iterator_tag になる。

データメンバーが2つ。

```
bool fail ;
value_type value ;
```

fail は std::cin が失敗状態のときに true になる。通常は false だ。std::cin が失敗状態かどうかは、メンバー関数 fail で確かめることができる。

```
int main()
{
    bool b = std::cin.fail() ;
}
```

std:cin が失敗状態になる理由はいくつかあるが、EOF が入力された場合や、指定した型の値を読み込めなかった場合、例えば int 型を読み込むのに入力が "abcd" のような文字列だった場合に true になる。

value は std::cin から読み込んだ値だ。

イテレーターから値を読み込むのは operator * の仕事だ。これは単に value を返す。

```
const reference operator *() const
{ return value ; }
```

入力イテレーターでは値の読み込みのみをサポートしている。書き込みはサポートしない。イテレーター i に対して *i は書けるが、*i = x とは書けない。

実際に std::cin から値を読み込むのは operator ++ で行われる。

```
cin_iterator & operator ++()
{
    // 失敗状態でなければ
    if ( !fail )
    {
        // 値を読み込む
        std::cin >> value ;
        // 失敗状態かどうかも調べる
        fail = std::cin.fail() ;
    }
    return *this ;
}
```

まず std::cin が失敗状態でないかどうかを確認する。失敗状態となった std::cin からは読み込めないからだ。失敗状態でなければ値を読み込み、失敗状態かどうかを確認する。結果の値は value に、失敗状態かどうかは fail に保持される。

後置インクリメントは前置インクリメントを呼び出すだけの汎用的な実装だ。

```
cin_iterator operator ++(int)
{
    // 元の値をコピーし
    auto old = *this ;
    // 次の値を読み込み
    ++*this ;
    // 元の値を返す
    return old ;
}
```

コンストラクターに true を渡すと、イテレーターを最初から失敗状態にしておく

```
cin_iterator( bool fail = false )
    : fail(fail)
{ ++*this ; }
```

コンストラクターは最初の値を読み込むために自分自身にインクリメントを呼び出す。

入力イテレーターは同値比較ができる。

```cpp
template < typename T >
bool operator ==( cin_iterator<T> const & l, cin_iterator<T> const & r )
{ return l.fail == r.fail ; }

template < typename T >
bool operator !=( cin_iterator<T> const & l, cin_iterator<T> const & r )
{ return !(l == r) ; }
```

イテレーターが同値比較できると、イテレーターが終了条件に達したかどうかの判定ができる。

```cpp
template < typename InputIterator >
void print( InputIterator iter, InputIterator end_iter )
{
    // 終了条件に達するまで
    while ( iter != end_iter )
    {   // 値を標準出力する
        std::cout << *iter ;
        ++iter ;
    }
}
```

このような関数 print に、vector の begin/end を渡すと、vector の要素をすべて標準出力する。

```cpp
int main()
{
    std::vector<int> v = {1,2,3,4,5} ;
    print( std::begin(v), std::end(v) ) ;
}
```

cin_iterator を渡した場合、失敗状態になるまで標準出力する。

```cpp
int main()
{
    cin_iterator iter, fail(true) ;
    print( iter, fail )
}
```

cin_iterator が比較するのは std::cin の失敗状態の有無だ。この比較によって、cin_iterator で標準入力から失敗するまで値を読み込み続けることができる。

このようなイテレーターは標準に std::istream_iterator<T> として存在する。

```
int main()
{
    std::istream_iterator<int> iter( std::cin ), end_iter ;
    std::vector<int> v ;

    std::copy( iter, end_iter, std::back_inserter(v) ) ;
}
```

標準ライブラリは読み込むストリームをコンストラクターで取る。何も指定しない場合は失敗状態になる。

28.4.3 前方イテレーター

前方イテレーター以上のイテレーターの例として、iota_iterator<T>を実装してみよう。

このイテレーターはT型の整数を保持し、operator * でリファレンスを返し、operator ++ でインクリメントする。

以下のように使える。

```
int main()
{
    iota_iterator iter(0) ;
    *iter ; // 0
    *++iter ; // 1
    *++iter ; // 2

    iota_iterator first(0), last(10) ;

    // 0123456789と出力される
    std::for_each( first, last,
        [](auto i){ std::cout << i ;}
    ) ;

    std::vector<int> v ;
    std::copy( first, last, std::back_inserter(v) ) ;
    // v は{0,1,2,3,4,5,6,7,8,9}
}
```

さっそく実装してみよう。まずはネストされた型名と初期化から。

```
template < typename T >
struct iota_iterator
{
    // イテレーター同士の距離を表現する型
    using difference_type = std::ptrdiff_t ;
```

```
    // 要素の型
    using value_type = T ;
    using reference = T & ;
    using const_reference = T const & ;
    using pointer = T * ;
    // イテレーターカテゴリーは前方イテレーター
    using iterator_category = std::forward_iterator_tag ;

    // 値を保持する
    T value ;

    // コンストラクター
    iota_iterator( T value = 0 )
        : value(value)
    { }

    // 残りのコード
} ;
```

これでイテレーターとしてオブジェクトを作ることができるようになる。コピーは自動的に生成されるので書く必要はない。

```
int main()
{
    // i(0)
    iota_iterator<int> i ;
    // iota_iterator<int>
    iota_iterator first(0), last(10) ;

    // last を i にコピー
    i = last ;
}
```

残りのコードも書いていこう。operator * は単に value を返すだけだ。

```
// 非const 版
reference        operator *() noexcept
{ return value ; }
// const 版
const_reference operator *() const noexcept
{ return value ; }
```

非 const 版と const 版があるのは、const な iota_iterator のオブジェクトからも使えるようにするためだ。

```
int main()
{
    // 非const なオブジェクト
    iota_iterator non_const(0) ;
    // 非const 版の operator *を呼び出す
    int value = *non_const ;
    // 変更できる
    *non_const = 1 ;

    // const なオブジェクト
    const iota_iterator immutable(0) ;
    // const 版の operator *を呼び出す
    int const_value = *immutable ;
    // 変更はできない
}
```

noexcept はこの関数は例外を外に投げないという宣言だ。今回、例外を投げる処理は使わないので、noexcept を指定できる。

operator ++ を実装しよう。

```
// 前置
iota_iterator & operator ++() noexcept
{
    ++value ;
    return *this ;
}
// 後置
iota_iterator   operator ++(int) noexcept
{
    auto temp = *this ;
    ++*this ;
    return temp ;
}
```

すでに説明したようにインクリメント演算子には前置後置の 2 種類が存在する。

```
++i ; // 前置
i++ ; // 後置
```

前置インクリメント演算子は引数を取らず、後置インクリメント演算子は区別のためだけに特に意味のない int 型の引数を取る。

インクリメント演算子も例外を投げないので noexcept を指定する。

インクリメント演算子はデータメンバーを変更するので const は指定しない。

最後は比較演算子だ。

```cpp
bool operator == ( iota_iterator const & i ) const noexcept
{
    return value == i.value ;
}
bool operator != ( iota_iterator const & i ) const noexcept
{
    return !(*this == i) ;
}
```

前方イテレーターがサポートする比較演算子は2つ、operator == と operator != だ。!= は == で実装してしまうとして、== は単に value を比較する。通常、イテレーターの比較は要素の値の比較ではなく、同じ要素を参照するイテレーターかどうかの比較になるが、iota_iterator の場合、vector や array のようなメモリー上に構築された要素は存在しないので、value の比較でよい。

前方イテレーターが提供される実例としては、前方リンクリストがある。

```cpp
template < typename T >
struct forward_link_list
{
    T value ;
    forward_link_list * next ;
} ;

int main()
{
    forward_link_list<int> list3{ 3, nullptr } ;
    forward_link_list<int> list2{ 2, &list3 } ;
    forward_link_list<int> list1{ 1, &list2 } ;
    forward_link_list<int> list0{ 0, &list1 } ;
}
```

この forward_link_list<T> というクラスは T 型の値を保持する value と、次のクラスのオブジェクトを参照するポインター next を持っている。このクラス list の次の要素は *(list.next) で、list の2つ次の要素は *(*list.next).next) だ。

このような forward_link_list<T> へのイテレーターの骨子は以下のように書ける。

```cpp
template < typename T >
struct iterator
{
    forward_link_list<T> * ptr ;

    T & operator *() noexcept
    {
        return ptr->value ;
    }
```

```cpp
    iterator & operator ++() noexcept
    {
        ptr = ptr->next ;
        return *this ;
    }
// 省略
} ;
```

前方リンクリストは vector や array のように要素の線形の集合を表現できる。n 番目の要素から n+1 番目の要素を返すことはできる。

```cpp
// n+1番目の要素を返す関数
template < typename T >
forward_link_list<T> & next( forward_link_list<T> & list ) noexcept
{
    // 次の要素
    return *list.next ;
}
```

ただし n-1 番目の要素を返すことはできない。その方法がないからだ。

前方イテレーターが入力/出力イテレーターと違う点は、マルチパス保証があることだ。イテレーターのコピーを使い回して複数回同じ要素をたどることができる。

```cpp
template < typename ForwardIterator >
void f( ForwardIterator first, ForwardIterator last )
{
    using vector_type = std::vector< typename ForwardIterator::value_type > ;

    // 全要素の値をv1 にコピー
    vector_type v1 ;
    for ( auto iter = first ; iter != last ; ++iter )
        v1.push_back( *iter ) ;

    // 全要素の値をv2 にコピー
    // イテレーターがもう一度使われる
    vector_type v2 ;
    for ( auto iter = first ; iter != last ; ++iter )
        v2.push_back( *iter ) ;

    // マルチパス保証があれば常にtrue
    bool b = v1 == v2 ;
}
```

前方イテレーター以上のイテレーターにはこのマルチパス保証がある。

28.4.4 双方向イテレーター

双方向イテレーターは n 番目の要素を指すイテレーターから n-1 番目を指すイテレーターを得られるイテレーターだ。n-1 番目を指すには operator -- を使う。

```
template < typename Iterator >
void f( Iterator i )
{
    ++i ; // n+1番目
    --i ; // n-1番目
}
```

iota_iterator を双方向イテレーターにするのは簡単だ。

```
template < typename T >
struct iota_iterator
{
    // イテレーターカテゴリー
    using iterator_category = std::bidirectional_iterator_tag ;

    iota_iterator & operator --() noexcept
    {
        --value ;
        return *this ;
    }
    iota_iterator   operator --(int) noexcept
    {
        auto temp = *this ;
        --*this ;
        return temp ;
    }

    // 省略
} ;
```

イテレーターカテゴリーは双方向イテレーターを表現する std::bidirectional_iterator_tag を指定する。

operator -- の実装は operator ++ の実装と要領は同じだ。

これで iota_iterator が双方向イテレーターになった。

双方向イテレーターが提供される実例としては、双方向リンクリストがある。前方リンクリストが前方の要素への参照を持つのに対し、双方向リンクリストは後方の要素への参照も持つ。

```cpp
template < typename T >
struct bidirectional_link_list
{
    T value ;

    bidirectional_link_list * next ;
    bidirectional_link_list * prev ;
} ;
```

双方向リンクリストに対するイテレーター操作の骨子は以下のようになる。

```cpp
template < typename T >
struct iterator
{
    // 前方 n+1
    iterator & operator ++() noexcept
    {
        ptr = ptr->next ;
        return *this ;
    }
    // 後方 n-1
    iterator & operator --() noexcept
    {
        ptr = ptr->prev ;
        return *this ;
    }
} ;
```

28.4.5　ランダムアクセスイテレーター

　ランダムアクセスイテレーターにできることは多い。すでにランダムアクセスイテレーターでできることは解説したので、iota_iterator を対応させていこう。

　イテレーターの参照する要素の移動の部分。

```cpp
template < typename T >
struct iota_iterator
{
    iota_iterator & operator += ( difference_type n )
    {
        value += n ;
        return *this ;
    }
```

```cpp
        iota_iterator operator + ( difference_type n ) const
        {
            auto temp = *this ;
            temp += n ;
            return *this ;
        }
        iota_iterator & operator -= ( difference_type n )
        {
            value -= n ;
            return *this ;
        }
        iota_iterator operator - ( difference_type n ) const
        {
            auto temp = *this ;
            temp -= n ;
            return *this ;
        }
        // 省略
} ;


// difference_type + iota_iterator の場合
template < typename T >
iota_iterator<T> operator +
(
    typename iota_iterator<T>::difference_type n,
    iota_iterator<T> const & i
)
{ return i + n ; }


template < typename T >
iota_iterator<T> operator -
(
    typename iota_iterator<T>::difference_type n,
    iota_iterator<T> const & i
)
{ return i - n ; }
```

　ランダムアクセスイテレーター i と difference_type n があるとき、i + n と n + i は同じ意味
だ。i + n はイテレーターのメンバー関数としても、クラス外のフリー関数としても実装できる。どち
らでも好きな方法で実装してよい。

参考に、クラス外のフリー関数として実装する場合は以下のようになる。

```cpp
template < typename T >
iota_iterator<T> operator +
(
    iota_iterator<T> i,
    typename iota_iterator<T>::difference_type n
)
{ return i + n ; }



template < typename T >
iota_iterator<T> operator -
(
    iota_iterator<T> i,
    typename iota_iterator<T>::difference_type n
)
{ return i - n ; }
```

n + iは必ずクラス外のフリー関数として実装しなければならない。クラスのメンバー関数として演算子のオーバーロードをする場合はオペランドが this になるからだ。

イテレーターの距離の実装は iota_iterator の場合、単に value の差だ。

メンバー関数として実装する場合は以下のとおり。

```cpp
template < typename T >
struct iota_iterator
{
    difference_type operator - ( iota_iterator const & i )
    {
        return value - i.value ;
    }
} ;
```

クラス外のフリー関数として実装する場合は以下のとおり。

```cpp
template < typename T >
typename iota_iterator<T>::difference_type
( iota_iterator<T> const & a, iota_iterator<T> const & b )
{
    return a.value - b.value ;
}
```

大小比較の実装も value を比較するだけだ。

```cpp
template < typename T >
struct iota_iterator
{
    bool operator < ( iota_iterator const & i ) const noexcept
    { return value < i.value ; }
    bool operator <= ( iota_iterator const & i ) const noexcept
    { return value <= i.value ; }
    bool operator > ( iota_iterator const & i ) const noexcept
    { return value > i.value ; }
    bool operator >= ( iota_iterator const & i ) const noexcept
    { return value >= i.value ; }
    // 省略
} ;
```

　ランダムアクセスイテレーターの実例としては、連続したメモリー上に構築された要素の集合に対するイテレーターがある。標準ライブラリでは、vector や array が該当する。

　vector や array の中身は連続したメモリー上に確保された要素で、要素の参照にはポインターか、ポインターとインデックスが用いられる。

```cpp
// array や vector のイテレーター
template < typename T >
struct iterator
{
    T * ptr ;

    T & operator * () { return *ptr ; }
    iterator & operator ++ () noexcept
    { ++ptr ; return *this ; }
    // その他のメンバー
} ;
```

　vector や array のイテレーターの実装は、ポインターとほぼ同じ処理をしている。その実装は上にあるように、単にポインターに処理をデリゲートするだけだ。

　そこで、C++ 標準ライブラリの実装によっては、vector や array の実装は単に生のポインターを返す。

```cpp
template < typename T, std::size_t N >
struct array
{
    T storage[N] ;

    T * begin() noexcept
    { return storage ; }
```

```
    T * end() noexcept
    { return storage + N ; }
} ;
```

イテレーターはクラスであり、そのネストされた型名に `value_type` や `difference_type` や `iterator_category` などの型がある。

```
template < typename Iterator >
// ネストされた型名を使う
typename Iterator::reference_type
get_value( Iterator i )
{
    return *i ;
}
```

`vector` や `array` のイテレーターが単に生のポインターを返す実装の場合、上のコードは動かない。

こういうときのために、`iterator_traits<T>` がある。もし T がポインターの場合は、ネストされた型名を都合のいいように宣言してくれる。

```
template < typename Iterator >
// ポインターにも対応
typename std::iterator_traits<Iterator>::reference_type
get_value( Iterator i )
{
    return *i ;
}
```

そのため、イテレーターのネストされた型名を使うときには、直接使うのではなく、一度 `iterator_traits` を経由して使うとよい。

414　第 28 章　イテレーター詳細

28.5　イテレーター操作

　イテレーターはそのまま使うこともできるが、一部の操作を簡単に行うための標準ライブラリがある。

28.5.1　advance(i, n): n 移動する

　イテレーター i を n 回移動したいとする。ランダムアクセスイテレーターならば以下のようにする。

```
i += n ;
```

　しかし前方イテレーターの場合、operator += は使えない。n 回 operator ++ を呼び出す必要がある。

```
for ( auto count = 0 ; count != n ; ++count )
    ++i ;
```

　双方向イテレーターの場合、n は負数の場合がある。n が負数の場合、n 回 operator -- を呼び出すことになる。

```
if ( n > 0 )
    for ( auto count = 0 ; count != n ; ++count )
        ++i ;
else
    for ( auto count = 0 count != n ; --count )
        --i ;
```

　双方向イテレーター用のコードはランダムアクセスイテレーターでも動くが非効率的だ。
　いま使っているイテレーターの種類を把握して適切な方法を選ぶコードを書くのは面倒だ。そこで標準ライブラリには、イテレーター i を n 回移動してくれる advance(i, n) がある。

```
// i を 1 前方に移動
std::advance(i, 1) ;
// i を 5 前方に移動
std::advance(i, 5) ;
// i を 5 後方に移動
std::advance(i, -5) ;
// i は移動しない
std::advance(i, 0) ;
```

　n が正数の場合は前方（i+1 の方向）に、n が負数の場合は後方（i-1 の方向）に、それぞれ n 回移動させる。

advance(i,n) は i 自体が書き換わる。

```
i ; // n 番目を指す
std::advance( i, 1 ) ;
i ; // n+1 番目を指す
```

28.5.2　distance(first, last): first から last までの距離

イテレーター first から last までの距離を求めたいとする。
ランダムアクセスイテレーターならば以下のようにする。

```
auto dist = last - first ;
```

それ以外のイテレーターならば、first が last と等しくなるまで operator ++ を呼び出す。

```
std::size_t dist = 0 ;
for ( auto iter = first ; iter != last ; ++iter )
    ++dist ;
```

これをやるのも面倒なので標準ライブラリがある。
distance(first, last) は first から last までの距離を返す。

```
// i から j までの距離を返す
auto dist = std::distance( i, j ) ;
```

ランダムアクセスイテレーターならば j - i と同じで、そうでなければ i が j と等しくなるまで operator ++ を呼び出す。
distance に渡したイテレーターは変更されない。

28.5.3　next/prev: 移動したイテレーターを返す

advance(i, n) はイテレーター i を変更してしまう。イテレーターを変更させずに移動後のイテレーターもほしい場合、以下のように書かなければならない。

```
template < typename Iterator >
void f( Iterator i )
{
    auto j = i ;
    std::advance( j, 3 ) ;
    // j は i より 3 前方に移動している
}
```

標準ライブラリの next/prev は、引数に渡したイテレーターを変更せず、移動後のイテレーターを
返してくれる。

```cpp
template < typename Iterator >
void f( Iterator i )
{
    auto j = std::next( i, 3 ) ;
    // j は i より 3 前方に移動している
}
```

prev はその逆だ。

```cpp
template < typename Iterator >
void f( Iterator i )
{
    auto j = std::prev( i, 3 ) ;
    // j は i より 3 後方に移動している
    // j は std::advance(i, 3)したあとのi と同じ値
}
```

next/prev に第二引数を渡さない場合、前後に 1 だけ移動する。

```cpp
template < typename Iterator >
void f( Iterator i )
{
    auto j = std::next(i) ;
    // j は++i したのと同じ値
    auto k = std::prev(i) ;
    // k は--i したのと同じ値
}
```

28.6 リバースイテレーター

イテレーターは要素を順番どおりにたどる。例えば以下は要素を順番に出力する関数テンプレート print だ。

```cpp
template < typename Iterator >
void print( Iterator first, Iterator last )
{
    for ( auto iter = first ; iter != last ; ++iter )
        std::cout << *iter ;
}
```

逆順に出力するにはどうすればいいのだろうか。

双方向イテレーター以上ならば逆順にたどることはできる。すると逆順に出力する関数テンプレート reverse_print は以下のように書ける。

```cpp
template < typename T >
void reverse_print( Iterator first, Iterator last )
{
    for ( auto iter = std::prev(last) ; iter != first ; --iter )
    {
        std::cout << *iter ;
    }
    // 最初の要素の出力
    std::cout << *iter ;
}
```

しかしイテレーターを正順にたどるか逆順にたどるかという違いだけで、本質的に同じアルゴリズム、同じコードを 2 度も書きたくはない。そういうときに役立つのがリバースイテレーターだ。

`std::reverse_iterator<Iterator>` はイテレーター Iterator に対するリバースイテレーターを提供する。リバースイテレーターはイテレーターのペア [first,last) を受け取り、last の 1 つ前の要素が先頭で first の要素が末尾になるような順番のイテレーターにしてくれる。

```cpp
int main()
{
    std::vector<int> v = {1,2,3,4,5} ;

    // std::reverse_iterator< std::vector<int>::iterator >
    std::reverse_iterator first{ std::end(v) } ;
    std::reverse_iterator last{ std::begin(v) } ;
```

```
    // 54321
    std::for_each( first, last,
        [](auto x ){ std::cout << x ; } ) ;
}
```

これで、print と reverse_print のような本質的に同じコードを重複して書かずに済む。

リバースイテレーターはとても便利なので、std::vector のような標準ライブラリのコンテナーには最初からネストされた型名としてリバースイテレーター ::reverse_iterator がある。リバースイテレーターを返す rbegin/rend もある。

```
int main()
{
    std::vector<int> v = {1,2,3,4,5} ;

    // std::vector<int>::reverse_iterator
    auto first = std::rbegin(v) ;
    auto last = std::rend(v) ;

    std::for_each( first, last,
        [](auto x ){ std::cout << x ; } ) ;
}
```

第 29 章

動的メモリー確保

29.1 概要

動的メモリー確保は任意のサイズのメモリーを確保できる機能だ。

例えば std::vector は任意個の要素を保持できる。

```
int main()
{
    int input { } ;
    std::vector<int> v ;
    while ( std::cin >> input )
    {
        v.push_back( input ) ;
    }
}
```

このプログラムは任意個の int 型の値を保持する。いくつ保持するかはコンパイル時にはわからないし、実行途中にもわからない。プログラムが終了するまで、実際にいくつ値を保持したのかはわからない。

このような事前にいくつの値を保持するかわからない状況では、動的メモリー確保を使う。

420   第 29 章　動的メモリー確保

29.2　malloc/free

malloc/free は C 言語から受け継いだ素朴な動的メモリー確保のライブラリだ。

```
namespace std {
    void *  malloc  ( std::size_t size ) ;
    void    free    ( void * ptr ) ;
}
```

malloc(n) は n バイトの生のメモリーを確保して、その先頭バイトへのポインターを返す。

```
// 5バイトのメモリーを確保
void * ptr = std::malloc( 5 ) ;
```

　これによって確保されるメモリーは、1 バイトごとのメモリーが配列のように連続したメモリーだ。型で書くと、std::byte [5] のようなものだ。
　確保したメモリーは free で解放するまで有効だ。free(ptr) は malloc が返したポインター ptr を解放する。その結果、メモリーはまた再び malloc によって再利用できるようになる。

```
// 5バイトの生のメモリーを確保
void * ptr = std::malloc( 5 ) ;
// 解放
std::free( ptr ) ;
// これ以降、ptr の値は無効
```

29.3　operator new/operator delete

　C++ の追加した生のメモリーを確保する方法が、operator new と operator delete だ。

```
// グローバル名前空間
void *  operator new    ( std::size_t size );
void    operator delete ( void * ptr ) ;
```

　使い方は malloc とほぼ同じだ。"operator new" までが名前なので少し混乱するが、通常の関数呼び出しと同じだ。

```
void * ptr = ::operator new( 5 ) ;
```

　グローバル名前空間であることを明示するために :: を使っている。
　operator new で確保したメモリーは、operator delete で解放するまで有効だ。

```
void * ptr = ::operator new( 5 ) ;
::operator delete ( ptr ) ;
```

29.4　生のバイト列を基本的な型の値として使う方法

int や double のような基本的な型は、生のバイト列のポインターを型変換するだけで使える。

1. 生のメモリーを確保
2. ポインターを型変換
3. 値を代入

```
int main()
{
    // 確保
    void * void_ptr = ::operator new( sizeof(int) ) ;
    // 型変換
    int * int_ptr = static_cast<int *>( void_ptr ) ;
    // 代入
    *int_ptr = 0 ;
    // 解放
    ::operator delete ( void_ptr ) ;
}
```

int 型のサイズは sizeof(int) バイトなので、sizeof(int) バイトのメモリーを確保する。void ＊型から int ＊型に型変換する。あとはポインターを経由して使うだけだ。

ポインターの文法がわかりにくい場合、リファレンスを使うこともできる。

```
int & int_ref = *int_ptr ;
```

malloc や operator new が返すメモリーの値は不定だ。なので、確保した生のメモリーへのポインターを、実際に使う型のポインターに型変換して、その値を参照しようとすると、結果は未定義だ。

```
int main()
{
    // ここまでは定義された挙動
    int * ptr = static_cast<int *>( ::operator new(sizeof(int)) ) ;
    // 未定義の挙動
    std::cout << *ptr ;
}
```

このプログラムを実行した結果、何が起こるかはわからない。

29.5 メモリー確保の失敗

　メモリー確保は失敗する可能性がある。現実のコンピューターは有限のリソースしか持たないために、メモリーも当然有限のリソースだ。

　`malloc` が失敗すると、`nullptr` が返される。`malloc` が失敗したかどうかを調べるには、戻り値を `nullptr` と比較すればよい。

```cpp
int main()
{
    void * ptr = std::malloc( 1 ) ;

    if ( ptr == nullptr ) {
        // メモリー確保失敗
    } else {
        // メモリー確保成功
    }
}
```

`operator new` が失敗すると、`std::bad_alloc` が投げられる。

```cpp
int main()
{
    try {
        void * ptr = ::operator new( 1 ) ;
        // メモリー確保成功
    } catch ( std::bad_alloc e )
    {
        // メモリー確保失敗
    }
}
```

　たいていの環境ではメモリー確保が失敗したときにできることは少ない。そのままプログラムを終了するのが最も適切な処理だ。というのも、ほとんどの処理にはメモリー確保が必要だからだ。

　例外の場合、`catch` しなければプログラムは終了する。`malloc` の場合、自分でメモリー確保が失敗したかどうかを調べてプログラムを終了しなければならない。プログラムを途中で強制的に終了するには、`std::abort` が使える。

```cpp
void f()
{
    void * ptr = malloc(1) ;
```

```
    // 失敗判定
    if ( ptr == nullptr )
        std::abort() ;

    // 成功
}
```

29.6　クラス型の値の構築

　動的に確保したメモリーを int や double のような基本的な型の値として使うには以下のように書けばよいことはすでに学んだ。

1. その型のサイズ分のメモリーを確保
2. ポインターを型変換
3. 適切な値を代入

より汎用的にテンプレートを使って書くと以下のようになる。

```
// 動的確保したメモリーをT型の値として使う
template < typename T >
void dynamic_allocate()
{
    // 1. その型のサイズ分のメモリーを確保
    void * ptr = ::operator new( sizeof(T) ) ;
    // 2. ポインターを型変換
    T * T_ptr = static_cast<T * >( ptr ) ;
    // 3. 適切な値を代入
    *T_ptr = T{} ;
    ::operator delete( ptr ) ;
}

int main()
{
    dynamic_allocate<int>() ;
    dynamic_allocate<double>() ;
}
```

この方法は、ほとんどのクラスには使えない。例えば std::vector<T> には使えない。

```
// エラー
dynamic_allocate< std::vector<int> >() ;
```

「ほとんどのクラス」と書いたからには、使えるクラスもあるということだ。例えば以下のようなクラスでは使える。

```cpp
struct Simple
{
    int i ;
    double d ;
} ;

int main()
{
    // 使える
    dynamic_allocate<Simple>() ;
}
```

なぜ Simple のようなクラスでは使えるのだろうか。std::vector<T> とはどう違うのか。この違いを厳密に解説するためには、とても長くて厳密な C++ の標準規格の理解が必要だ。とても難しいため、本書では解説しない。

クラスの値を使うためには、メモリー上にクラスのオブジェクトを構築する必要がある。クラスの構築にはコンストラクター呼び出し以外にも、そのメモリーをクラスのオブジェクトとして使うのに必要な何らかの初期化が含まれる。

```cpp
// sizeof(std::vector<int>)バイトのメモリーを確保し
// そのメモリー上にクラスのオブジェクトを構築
std::vector<int> v ;
```

生のメモリー上にクラスのような複雑な型を構築するには、new プレイスメントを使う。

```
new ( 生のポインター ) 型 new 初期化子
```

new 初期化子というのは () か {}で囲んだコンストラクターへの引数だ。引数がない場合は省略もできる。

例えば std::vector<int> 型を構築するには以下のようにする。

```cpp
// 生のメモリーを動的確保
void * ptr = ::operator new ( sizeof( std::vector<int> ) ) ;
// 生のメモリー上に型を構築
std::vector<int> * vector_ptr = new (ptr) std::vector<int>{} ;
```

こうすればクラスが適切にメモリー上に構築され、コンストラクターも呼ばれる。コンストラクターが呼ばれることを確かめてみよう。

```
struct Logger
{
    std::string name ;
    Logger( std::string name )
        : name( name )
    { std::cout << name << " is constructed.\n"s ; }
    ~Logger()
    { std::cout << name << " is destructed.\n"s ; }
} ;

int main()
{
    void * ptr = ::operator new ( sizeof( Logger ) ) ;
    Logger * logger_ptr = new (ptr) Logger{"Alice"s} ;
}
```

このプログラムを実行すると、"Alice is constructed."と出力される。

クラスのオブジェクトを適切に破棄するためには、デストラクターを呼ばなければならない。通常の変数ならば、変数が寿命を迎えたときに自動的にデストラクターが呼ばれてくれる。

```
int main()
{
    Logger Alice("Alice"s) ;
    {
        Logger Bob("Bob"s) ;
        // Bob の寿命はここまで
    }
    // Alice の寿命はここまで
}
```

このプログラムを実行すると、以下のように出力される。

```
Alice is constructed.
Bob is constructed.
Bob is destructed.
Alice is destructed.
```

動的に確保されるメモリー上に構築されたオブジェクトは自動的に破棄されてくれない。クラスのオブジェクトの場合デストラクターを呼び出さなければならないが、動的メモリー確保したメモリー上に構築したクラスのオブジェクトの場合は、明示的に呼び出さなければならない。

```
    // 動的メモリー確保
    void * raw_ptr = ::operator new( sizeof(Logger) ) ;
    // 構築
    Logger * logger_ptr = new(raw_ptr) Logger{ "Alice"s } ;
    // デストラクター呼び出し
    logger_ptr->~Logger() ;
    // 破棄
    ::operator delete( raw_ptr ) ;
```

このようにすれば、コンストラクター、デストラクターが適切に呼ばれる。また確保したメモリーも解放される。

29.7 new/delete

クラスのオブジェクトを動的確保するのに、生のメモリーの確保/解放と、クラスのオブジェクトの構築/破棄をすべて自前で行うのは面倒だ。幸い、確保と構築、破棄と解放を同時にやってくれる機能がある。new 式と delete 式だ。

```
new 型 new 初期化子
delete ポインター
```

new 式は生のメモリーを確保し、型のオブジェクトを構築し、そのオブジェクトへのポインターを返す。

```
int * int_ptr = new int{123} ;
std::vector<int> * vector_ptr = new std::vector<int>{} ;
```

delete 式は new 式で返されたポインターの指し示すオブジェクトを破棄し、生のメモリーを解放する。

```
delete int_ptr ;
delete vector_ptr ;
```

new 式がメモリーの確保に失敗すると、std::bad_alloc 例外を投げる。

```
int main()
{
    try {
        new int{0} ;
        // 確保成功
    } catch( std::bad_alloc e )
    {
```

```
        // 確保失敗
    }
}
```

29.8 配列版 new/delete

new 式は配列型を動的確保することもできる。

```
int * int_array_ptr =  new int[5]{1,2,3,4,5} ;
```

配列型を new 式で動的確保した場合、delete 式は通常の delete ではなく、delete[] を使わなけ
ればならない。

```
delete [] int_array_ptr ;
```

29.9 スマートポインター

クラスのオブジェクトの動的確保は、解放を明示的にしなければならないので間違いをしやすい。こ
の問題はクラスを使って解決できる。

クラスのコンストラクターで動的確保し、デストラクターで解放すればよいのだ。

```
template < typename T >
struct smart_ptr
{
    T * ptr ;
    // コンストラクターで構築
    smart_ptr()
        : ptr( new T{} )
    { }
    // デストラクターで破棄
    ~smart_ptr()
    { delete ptr ; }

    T & operator *() const noexcept
    { return *ptr ; }
} ;

int main()
{
    smart_ptr<int> ptr ;
    *ptr = 123 ;
```

```
        // 自動的に破棄される
    }
```

このクラスはさまざまな点で実用的ではない。例えばこのクラスはコピーできてしまう。

```
int main()
{
    smart_ptr<int> p1 ;
    // コピーされる
    auto p2 = p1 ;
    // p2 の寿命
    // エラー、p1 の寿命
}
```

　このコードの何がまずいかというと、smart_ptr::ptr がコピーされてしまうということだ。p2 が破棄されると、delete ptr が実行される。そのあとに p1 が破棄されるのだが、もう一度 delete ptr が実行されてしまうのだ。一度 delete を呼び出したポインターはもう無効になっているので、それ以上 delete を呼び出すことはできない。よってエラーになる。

　この問題を解決するには、まだ学んでいない C++ の機能がたくさん必要になる。この問題は必要な機能をすべて学び終えたあとの章で、もう一度挑戦することにしよう。

第 30 章
vector の実装：基礎

　クラス、ポインター、メモリー確保を学んだので、とうとうコンテナーの中でも一番有名な
std::vector を実装する用意ができた。しかしその前に、アロケーターについて学ぶ必要がある。

　std::vector は std::vector<T> のように要素の型 T を指定して使うので、以下のようになってい
ると思う読者もいるだろう。

```
namespace std {
    template < typename T >
    struct vector ;
}
```

実際には以下のようになっている。

```
namespace std {
    template < typename T, typename allocator = allocator<T> >
    struct vector ;
}
```

　std::allocator<T> というのは標準ライブラリのアロケーターだ。アロケーターは生のメモリーの
確保と解放をするライブラリだ。デフォルトで std::allocator<T> が渡されるので、普段ユーザーは
アロケーターを意識することはない。

　std::vector は malloc や operator new を直接使わずアロケーターを使ってメモリー確保を行う。

　アロケーターはテンプレートパラメーターで指定できる。何らかの理由で独自のメモリー確保を行い
たい場合、独自のアロケーターを実装してコンテナーに渡すことができる。

```
// 独自のアロケーター
template < typename T >
struct custom_allocator
{
    // ...
} ;


template < typename T >
using custom_vector = std::vector< T, custom_allocator<T> > ;

int main()
{
    custom_vector<int> v ;
    // 独自のアロケーターを使ったメモリー確保
    v.push_back(0) ;
}
```

30.1   std::allocator<T> の概要

std::allocator<T> は T 型を構築できる生のメモリーを確保するための以下のようになっている。

```
namespace std {
template<class T> class allocator {
    // ネストされた型名の宣言
    using value_type = T;
    using size_type = size_t;
    using difference_type = ptrdiff_t;
    using propagate_on_container_move_assignment = true_type;
    using is_always_equal = true_type;

    // コンストラクター
    // constexpr はまだ学んでいない
    constexpr allocator() noexcept;
    constexpr allocator(const allocator&) noexcept;
    template<class U> constexpr allocator(const allocator<U>&) noexcept;
    ~allocator();
    // コピー代入演算子
    allocator& operator=(const allocator&) = default;

    // ここが重要
    [[nodiscard]] T* allocate(size_t n);
    void deallocate(T* p, size_t n);
};
}
```

constexpr というキーワードがあるが、ここでは気にする必要はない。あとで学ぶ。

重要なのはメモリー確保をする allocate と、メモリー解放をする deallocate だ。

30.2　std::allocator<T> の使い方

標準ライブラリのアロケーター、std::allocator<T> は、T 型を構築できる生のメモリーの確保と解放をするライブラリだ。重要なメンバーは以下のとおり。

```
// メモリー確保
[[nodiscard]] T* allocate(size_t n);
// メモリー解放
void deallocate(T* p, size_t n);
```

allocate(n) は T 型の n 個の配列を構築できるだけの生のメモリーを確保してその先頭へのポインターを返す。

deallocate(p, n) は allocate(n) で確保されたメモリーを解放する。

```
int main()
{
    std::allocator<std::string> a ;
    // 生のメモリー確保
    // std::string [1]分のメモリーサイズ
    std::string * p = a.allocate(1) ;
    // メモリー解放
    a.deallocate( p, 1 ) ;
}
```

allocate には [[nodiscard]] という属性が付いている。これにより戻り値を無視すると警告が出る。

```
int main()
{
    std::allocator<int> a ;
    // 警告、戻り値が無視されている
    a.allocate(1) ;

    // OK
    int * p = a.allocate(1) ;
}
```

確保されるのが生のメモリーだということに注意したい。実際に T 型の値として使うには、new による構築が必要だ。

```cpp
int main()
{
    std::allocator<std::string> a ;
    // 生のメモリー確保
    // std::string [1]分のメモリーサイズ
    std::string * p = a.allocate(1) ;
    // 構築
    std::string * s = new(p) std::string("hello") ;
    // 明示的なデストラクター呼び出し
    s->~basic_string() ;
    // メモリー解放
    a.deallocate( p, 1 ) ;
}
```

このように書くのはとても面倒だ。特に std::string の明示的なデストラクター呼び出し s->~basic_string が面倒だ。なぜ s->~string ではだめなのか。

実は std::string は以下のようなクラステンプレートになっている。

```cpp
namespace std {
template <
    typename charT,
    typename traits    = char_traits<charT>,
    typename Allocator = allocator<charT>>
class basic_string
{
    // デストラクター
    ~basic_string() ;
} ;

}
```

本当のクラス名は basic_string なのだ。

普段は使っている std::string というのは、以下のようなエイリアスだ。

```cpp
namespace std {
using string = basic_string<char> ;
}
```

明示的なデストラクター呼び出しにエイリアスは使えないので、本当のクラス名である basic_string を直接指定しなければならない。

この問題はテンプレートで解決できる。

```
// 明示的なデストラクター呼び出しをする関数テンプレート
template < typename T >
void destroy_at( T * location )
{
    location->~T() ;
}
```

このようにテンプレートで書くことによって、クラス名を意識せずに破棄ができる。

```
// 破棄
destroy_at( s ) ;
```

このようなコードを書くのは面倒なので、標準ライブラリには `std::destroy_at` がある。また、これらをひっくるめたアロケーターを使うためのライブラリである `allocator_traits` がある。

30.3 std::allocator_traits<Alloc>

`std::allocator_traits<Alloc>` はアロケーター `Alloc` を簡単に使うためのライブラリだ。`allocator_traits<Alloc>` はアロケーターの型 `Alloc` を指定して使う。

```
std::allocator<int> a ;
int * p = a.allocate(1) ;
```

と書く代わりに、

```
std::allocator<int> a ;
int * p = std::allocator_traits< std::allocator<int> >::allocate( a, 1 ) ;
```

と書く。

これはとても使いづらいので、`allocator_traits` のエイリアスを書くとよい。

```
std::allocator<int> a ;
// エイリアス
using traits = std::allocator_traits< std::allocator<int> > ;
int * p = traits::allocate( a, 1 ) ;
```

これもまだ書きにくいので、`decltype` を使う。`decltype(expr)` は式 `expr` の型として使える機能だ。

```
// int 型
decltype(0) a ;
// double 型
decltype(0.0) b ;
// int 型
decltype( 1 + 1 ) c ;
// std::string 型
decltype( "hello"s ) c ;
```

decltype を使うと以下のように書ける。

```
std::allocator<int> a ;
// エイリアス
using traits = std::allocator_traits< decltype(a) > ;
int * p = traits::allocate( a, 1 ) ;
```

allocator_traits はアロケーターを使った生のメモリーの確保、解放と、そのメモリー上にオブジェクトを構築、破棄する機能を提供している。

```
int main()
{
    std::allocator<std::string> a ;
    // allocator_traits 型
    using traits = std::allocator_traits<decltype(a)> ;

    // 生のメモリー確保
    std::string * p = traits::allocate( a, 1 ) ;
    // 構築
    std::string * s = traits::construct( a, p, "hello") ;
    // 破棄
    traits::destroy( a, s ) ;
    // メモリー解放
    traits::deallocate( a, p, 1 ) ;
}
```

T 型の N 個の配列を構築するには、まず N 個の生のメモリーを確保し、

```
std::allocator<std::string> a ;
using traits = std::allocator_traits<decltype(a)> ;
std::string * p = traits::allocate( a, N ) ;
```

N 回の構築を行う。

```
for ( auto i = p, last = p + N ; i != last ; ++i )
{
    traits::construct( a, i, "hello" ) ;
}
```

破棄も N 回行う。

```
for ( auto i = p + N, first = p ; i != first ; --i )
{
    traits::destroy( a, i ) ;
}
```

生のメモリーを破棄する。

```
traits::deallocate( a, p, N ) ;
```

30.4　簡易 vector の概要

準備はできた。簡易的な vector を実装していこう。以下が本書で実装する簡易 vector だ。

```
template < typename T, typename Allocator = std::allocator<T> >
class vector
{
private :
    // データメンバー
public :
    // value_type などネストされた型名
    using value_type = T ;
    // コンストラクター
    vector( std::size_t n = 0, Allocator a = Allocator() ) ;
    // デストラクター
    ~vector() ;
    // コピー
    vector( const vector & x ) ;
    vector & operator =( const vector & x ) ;

    // 要素アクセス
    void push_back( const T & x ) ;
    T & operator []( std::size_t i ) noexcept ;

    // イテレーターアクセス
    iterator begin() noexcept ;
    iterator end() noexcept ;
} ;
```

これだけの簡易 vector でもかなり便利に使える。

例えば要素数を定めて配列のようにアクセスできる。

```
vector v(100) ;
for ( auto i = 0 ; i != 100 ; ++i )
    v[i] = i ;
```

イテレーターも使える。

```
std::for_each( std::begin(v), std::end(v),
    []( auto x ) { std::cout << x ; } ) ;
```

要素を際限なく追加できる。

```
std::copy(
    std::istream_iterator<int>(std::cin), std::istream_iterator<int>(),
    std::back_inserter(v) ) ;
```

30.5 class とアクセス指定

簡易 vector の概要では、まだ学んでいない機能が使われていた。class と public と private だ。

C++ のクラスにはアクセス指定がある。public:と private:だ。アクセス指定が書かれたあと、別のアクセス指定が現れるまでの間のメンバーは、アクセス指定の影響を受ける。

```
struct C
{
public :
    // public なメンバー
    int public_member1 ;
    int public_member2 ;
private :
    // private なメンバー
    int private_member1 ;
    int private_member2 ;
public :
    // 再びpublic なメンバー
    int public_member3 ;
} ;
```

public メンバーはクラスの外から使うことができる。

```cpp
struct C
{
public :
    int data_member ;
    void member_function() { }
} ;

int main()
{
    C c;
    // クラスの外から使う
    c.data_member = 0 ;
    c.member_function() ;
}
```

private メンバーはクラスの外から使うことができない。

```cpp
struct C
{
private :
    int data_member ;
    void member_function() ;
} ;

int main()
{
    C c ;
    // エラー
    c.data_member = 0 ;
    // エラー
    c.member_function() ;
}
```

コンストラクターもアクセス指定の対象になる。

```cpp
struct C
{
public :
    C(int) { }
private :
    C(double) { }
} ;
```

```
int main()
{
    // OK
    C pub(0) ;
    // エラー
    C pri(0.0) ;
}
```

この例では、C::C(int) は public メンバーなのでクラスの外から使えるが、C::C(double) は private メンバーなのでクラスの外からは使えない。

private メンバーはクラスの中から使うことができる。クラスの中であればどのアクセス指定のメンバーからでも使える。

```
struct C
{
public :
    void f()
    {
        // ここはクラスの中
        data_member = 0 ;
        member_function() ;
    }

private :
    int data_member ;
    void member_function() { }
} ;
```

private メンバーの目的はクラスの外から使ってほしくないメンバーを守ることだ。例えば以下のようにコンストラクターで new してデストラクターで delete するようなクラスがあるとする。

```
class dynamic_int
{
private :
    int * ptr ;
public :
    dynamic_int( int value = 0  )
        : ptr( new int(value) )
    { }
    ~dynamic_int()
    {
        delete ptr ;
    }
} ;
```

もし `dynamic_int::ptr` が public メンバーだった場合、以下のようなコードのコンパイルが通ってしまう。

```
int main()
{
    dynamic_int i ;
    delete i.ptr ;
    int obj{} ;
    i.ptr = &obj ;
}
```

このプログラムが `dynamic_int` のデストラクターを呼ぶと、`main` 関数のローカル変数のポインターに対して `delete` を呼び出してしまう。これは未定義の挙動となる。

外部から使われては困るメンバーを private メンバーにすることでこの問題はコンパイル時にエラーにでき、未然に回避できる。

クラスを定義するにはキーワードとして struct もしくは class を使う。

```
struct  foo { } ;
class   bar { } ;
```

違いはデフォルトのアクセス指定だ。

struct はデフォルトで public となる。

```
struct foo
{
    // public メンバー
    int member ;
} ;
```

class はデフォルトで private となる。

```
class bar
{
    // private メンバー
    int member ;
} ;
```

struct と class の違いはデフォルトのアクセス指定だけだ。アクセス指定を明示的に書く場合、違いはなくなる。

30.6　ネストされた型名

`std::vector` にはさまざまなネストされた型名がある。

```
int main()
{
    using vec = std::vector<int> ;
    vec v = {1,2,3} ;

    vec::value_type val = v[0] ;
    vec::iterator i = v.begin() ;
}
```

自作の簡易 `vector` で `std::vector` と同じようにネストされた型名を書いていこう。
要素型に関係するネストされた型名。

```
template < typename T, typename Allocator = std::allocator<T> >
class vector
{
public :
    using value_type          = T ;
    using pointer             = T *;
    using const_pointer       = const pointer;
    using reference           = value_type & ;
    using const_reference     = const value_type & ;
} ;
```

本物の `std::vector` とは少し異なるが、ほぼ同じだ。要素型が `value_type` で、あとは要素型のポインター、const ポインター、リファレンス、const リファレンスがそれぞれエイリアス宣言される。
アロケーター型も `allocator_type` としてエイリアス宣言される。

```
template < typename T, typename Allocator = std::allocator<T> >
class vector
{
public :
    using allocator_type = Allocator ;
} ;
```

`size_type` は要素数を表現する型だ。

```
void f( std::vector<int> & v )
{
    std::vector<int>::size_type s = v.size() ;
}
```

通常 `std::size_t` が使われる。

```
size_type = std::size_t ;
```

`difference_type` はイテレーターの `difference_type` と同じだ。これはイテレーター間の距離を表現する型だ。

```cpp
void f( std::vector<int> & v )
{
    auto i = v.begin() ;
    auto j = i + 3 ;

    // i と j の距離
    std::vector<int>::difference_type d = j - i ;
}
```

通常 `std::ptrdiff_t` が使われる。

```
difference_type = std::ptrdiff_t ;
```

イテレーターのエイリアス。

```cpp
using iterator                = pointer ;
using const_iterator          = const_pointer ;
using reverse_iterator        = std::reverse_iterator<iterator> ;
using const_reverse_iterator  = std::reverse_iterator<const_iterator> ;
```

今回実装する簡易 vector では、ポインター型をイテレーター型として使う。`std::vector` の実装がこのようになっている保証はない。

`reverse_iterator` と `const_reverse_iterator` はリバースイテレーターだ。

30.7　簡易 vector のデータメンバー

簡易 vector にはどのようなデータメンバーがあればいいのだろうか。以下の 4 つの情報を保持する必要がある。

1. 動的確保したストレージへのポインター
2. 現在有効な要素数
3. 動的確保したストレージのサイズ
4. アロケーター

これを素直に考えると、ポインター 1 つ、整数 2 つ、アロケーター 1 つの 4 つのデータメンバーになる。

```
template < typename T, typename Allocator = std::allocator<T> >
class vector
{
private :
    // 動的確保したストレージへのポインター
    pointer first = nullptr ;
    // 現在有効な要素数
    size_type valid_size = nullptr ;
    // 動的確保したストレージのサイズ
    size_type allocated_size = nullptr ;
    // アロケーターの値
    allocator_type alloc ;
} ;
```

確かに std::vector はこのようなデータメンバーでも実装できる。しかし多くの実装では以下のようなポインター 3 つとアロケーター 1 つになっている。

```
template < typename T, typename Allocator = std::allocator<T> >
class vector
{
private :
    // 先頭の要素へのポインター
    pointer first ;
    // 最後の要素の 1つ前方のポインター
    pointer last ;
    // 確保したストレージの終端
    pointer reserved_last ;
    // アロケーターの値
    allocator_type alloc ;
} ;
```

このように実装すると、現在有効な要素数は last - first で得られる。確保したストレージのサイズは reserved_last - first だ。ポインターで持つことによってポインターが必要な場面でポインターと整数の演算を必要としない。

効率的な実装は C++ が実行される環境によっても異なるので、すべての環境に最適な実装はない。

30.8 簡単なメンバー関数の実装

簡易 vector の簡単なメンバー関数を実装していく。ここでのサンプルコードはすべて簡易 vector のクラス定義の中に書いたかのように扱う。例えば

```
void f() { }
```

とある場合、これは、

```
template < typename T, typename Allocator = std::allocator<T> >
class vector
{
    // その他のメンバーすべて
public :
    void f() {}
} ;
```

のように書いたものとして考えよう。

30.8.1 イテレーター

簡易 vector は要素の集合を配列のように連続したストレージ上に構築された要素として保持する。したがってイテレーターは単にポインターを返すだけでよい。

まず通常のイテレーター

```
iterator begin() noexcept
{ return first ; }
iterator end() noexcept
{ return last ; }
```

これは簡単だ。iterator 型は実際には T * 型へのエイリアスだ。このメンバー関数は例外を投げないので noexcept を指定する。

vector のオブジェクトが const の場合、begin/end は const_iterator が返る。

```
int main()
{
    std::vector<int> v(1) ;
    // std::vector<int>::iterator
    auto i = v.begin() ;
    // OK、代入可能
    *i = 0 ;
    // const な vector へのリファレンス
    auto const & cv = v ;
```

```
    // std::vector<int>::const_iterator
    auto ci = cv.begin() ;
    // エラー
    // const_iterator を参照した先には代入できない
    *ci = 0 ;
}
```

これを実現するには、メンバー関数を const 修飾する。

```
struct Foo
{
    // 非const 版
    void f() {}
    // const 版
    void f() const { }
} ;

int main()
{
    // a は非 const なオブジェクト
    Foo a ;
    // 非const 版が呼ばれる
    a.f() ;
    // const なリファレンス
    const Foo & cref = a ;
    // const 版が呼ばれる
    cref.f() ;
}
```

すでに学んだように const 修飾は this ポインターを修飾する。オブジェクトの const 性によって、適切な方のメンバー関数が呼ばれてくれる。

簡易 vector での実装は単に const 修飾するだけだ。

```
iterator begin() const noexcept
{ return first ; }
iterator end() const noexcept
{ return last ; }
```

const ではない vector のオブジェクトから const_iterator がほしいときに、わざわざ const なリファレンスに変換するのは面倒なので、const_reference を返す cbegin/cend もある。

```
int main()
{
    std::vector<int> v(1) ;
    // std::vector<int>::const_iterator
```

```
    auto i = v.cbegin() ;
}
```

この実装はメンバー関数名以外同じだ。

```
const_iterator cbegin() const noexcept
{ return first ; }
const_iterator cend() const noexcept
{ return last ; }
```

std::vector にはリバースイテレーターを返すメンバー関数 rbegin/rend と crbegin/crend がある。

```
int main()
{
    std::vector<int> v = {1,2,3,4,5} ;

    // イテレーター
    auto i = v.begin() ;
    *i ; // 1

    // リバースイテレーター
    auto r = v.rbegin() ;
    *r ; // 5
}
```

begin に対する rbegin/rend の実装は以下のようになる。crbegin/crend は自分で実装してみよう。

```
reverse_iterator rbegin() noexcept
{ return reverse_iterator{ last } ; }
reverse_iterator rend() noexcept
{ return reverse_iterator{ first } ; }
```

return 文で T{e}という形の明示的な型変換を使っている。これには理由がある。
C++ では引数が1つしかないコンストラクターを**変換コンストラクター**として特別に扱う。
例えば以下は数値のように振る舞う Number クラスの例だ。

```
class Number
{
    Number( int i ) ;
    Number( double d ) ;
    Number( std::string s ) ;
} ;
```

この Number は初期値をコンストラクターで取る。そのとき、int 型、double 型、はては文字列で数値を表現した std::string 型まで取る。この 3 つのコンストラクターは引数が 1 つしかないため変換コンストラクターだ。

クラスは変換コンストラクターの引数の型から暗黙に型変換できる。

例えば Number クラスを引数に取る関数があると、

```
void print_number( Number n ) ;
```

変換コンストラクターの型の値を渡せる。

```
int main()
{
    // int 型から変換
    print_number( 123 ) ;
    // double 型から変換
    print_number( 3.14 ) ;
    // std::string 型から変換
    print_number( "3.14"s ) ;
}
```

int や double や std::string は Number ではないが、変換コンストラクターによって暗黙に型変換される。

戻り値として返すときにも変換できる。

```
// Number 型のゼロを返す
Number zero()
{
    // int 型から変換
    return 0 ;
}
```

しかし、場合によってはこのような暗黙の型変換を行いたくないこともある。そういう場合、コンストラクターに explicit キーワードを付けると、暗黙の変換を禁止させることができる。

```
class Number
{
    explicit Number( int i ) ;
    explicit Number( double d ) ;
    explicit Number( std::string s ) ;
} ;
```

実は std::reverse_iterator<Iterator> のコンストラクターにも explicit キーワードが付いている。

```
namespace std {
template< typename  Iterator >
class reverse_iterator
{
    constexpr explicit reverse_iterator(Iterator x);
    // ...
} ;
}
```

explicit キーワード付きの変換コンストラクターを持つクラスは、暗黙の型変換ができないので、明示的に型変換しなければならない。

30.8.2　容量確認

std::vector には容量を確認するメンバー関数がある。

```
int main()
{
    std::vector<int> v ;
    // true、要素数 0
    bool a = v.empty() ;
    v.push_back(0) ;
    // false、要素数非ゼロ
    bool b = v.empty() ;
    // 1、現在の要素数
    auto s = v.size() ;
    // 実装依存、追加の動的メモリー確保をせずに格納できる要素の最大数
    auto c = v.capacity() ;
}
```

さっそく実装していこう。

size は要素数を返す。イテレーターの距離を求めればよい。

```
size_type size() const noexcept
{
    return end() - begin() ;
}
```

イテレーターライブラリを使ってもよい。本物の std::vector では以下のように実装されている。

```
size_type size() const noexcept
{
    return std::distance( begin(), end() ) ;
}
```

empty は空であれば true、そうでなければ false を返す。「空」というのは要素数がゼロという意味だ。

```cpp
bool empty() const noexcept
{
    return size() == 0 ;
}
```

しかし size() == 0 というのは、begin() == end() ということだ。なぜならば要素数が 0 であれば、イテレーターのペアはどちらも終端のイテレーターを差しているからだ。本物の std::vector では以下のように実装されている。

```cpp
bool empty() const noexcept
{
    return begin() == end() ;
}
```

capacity は、追加の動的メモリー確保をせずに追加できる要素の最大数を返す。これを計算するには、動的確保したストレージの末尾の 1 つ次のポインターであるデータメンバーである reserved_last を使う。最初の要素へのポインターである first から reserved_last までの距離が答えだ。ポインターの距離はイテレーターと同じく引き算する。

```cpp
size_type capacity() const noexcept
{
    return reserved_last - first ;
}
```

30.8.3　要素アクセス

operator []

std::vector の operator [] 相当のものを簡易 vector にも実装しよう。

```cpp
int main()
{
    std::vector<int> v = {1,2,3,4,5} ;
    v[1] ; // 2
    v[3] ; // 4
}
```

operator [] は非 const 版と const 版の 2 種類がある。

```
reference operator []( size_type i )
{ return first[i] ; }
const_reference operator []( size_type i ) const
{ return first[i] ; }
```

at

メンバー関数 at(i) は operator [](i) と同じだが、範囲外のインデックスを指定した場合、std::out_of_range が例外として投げられる。

```
int main()
{
    try {
        // 有効なインデックスはv[0]からv[4]まで
        std::vector<int> v = {1,2,3,4,5} ;
        v[0] = 0 ; // OK
        v[3] = 0 ; // OK
        v[5] = 0 ; // エラー
    } catch( std::out_of_range e )
    {
        std::cout << e.what() ;
    }
}
```

実装はインデックスを size() と比較して、範囲外であれば std::out_of_range を throw する。operator [] と同じく、非 const 版と const 版がある。

```
reference at( size_type i )
{
    if ( i >= size() )
        throw std::out_of_range( "index is out of range." ) ;

    return first[i] ;
}
const_reference at( size_type i ) const
{
    if ( i >= size() )
        throw std::out_of_range( "index is out of range." ) ;

    return first[i] ;
}
```

front/back

`front()` は先頭要素へのリファレンスを返す。

`back()` は末尾の要素へのリファレンスを返す

```cpp
int main()
{
    std::vector<int> v = {1,2,3,4,5} ;
    v.front() ; // 1
    v.back() ;  // 5
}
```

これにも const 版と非 const 版がある。`vector` の `last` が最後の要素の次のポインターを指していることに注意。

```cpp
reference front()
{ return first ; }
const_reference front() const
{ return first ; }
reference back()
{ return last - 1 ; }
const_reference back() const
{ return last - 1 ; }
```

data

`data()` は先頭の要素へのポインターを返す。

```cpp
int main()
{
    std::vector<int> v = {1,2,3} ;
    int * ptr = v.data() ;
    *ptr ; // 1
}
```

実装は `first` を返すだけだ。

```cpp
pointer data() noexcept
{ return first ; }
const_pointer data() const noexcept
{ return first ; }
```

第 31 章

vector の実装：メモリー確保

31.1 メモリー確保と解放の起こるタイミング

std::vector はどこでメモリーを確保と解放しているのだろうか。

デフォルト構築すると空になる。

```cpp
int main()
{
    std::vector<int> v ;
    v.empty() ; // true
}
```

コンストラクターに要素数を渡すことができる。

```cpp
int main()
{
    std::vector<int> v(100) ;
    v.size() ; // 100
}
```

すると std::vector は指定した要素数の有効な要素を持つ。

コンストラクターに要素数と初期値を渡すことができる。

```cpp
int main()
{
    std::vector<int> v(100, 123) ;
    v[0] ; // 123
```

```
        v[12] ; // 123
        v[68] ; // 123
    }
```

すると、指定した要素数で、要素の値はすべて初期値になる。

vector のオブジェクトを構築したあとでも、メンバー関数 resize(size) で要素数を size 個にできる。

```
    int main()
    {
        std::vector<int> v ;
        v.resize(10) ;
        v.size() ; // 10
        // 減らす
        v.resize(5) ;
        v.size() ; // 5
    }
```

resize で要素数が増える場合、増えた要素の初期値も指定できる。

```
    int main()
    {
        std::vector<int> v ;
        v.resize(3, 123) ;
        // v は{123,123,123}
    }
```

resize で要素数が減る場合、末尾が削られる。

```
    int main()
    {
        std::vector<int> v = {1,2,3,4,5} ;
        v.resize(3) ;
        // v は{1,2,3}
    }
```

メンバー関数 push_back(value) を呼び出すと要素数が 1 増え、要素の末尾の要素が値 value になる。

```
    int main()
    {
        std::vector<int> v ;
        // v は{}
        v.push_back(1) ;
```

```
    // v は{1}
    v.push_back(2) ;
    // v は[1,2}
    v.push_back(3) ;
    // v は{1,2,3}
}
```

reserve(size) は少なくとも size 個の要素が追加の動的メモリー確保なしで追加できるようにメモリーを予約する。

```
int main()
{
    std::vector<int> v ;
    // 少なくとも3個の要素を追加できるように動的メモリー確保
    v.reserve(3) ;
    v.size() ; // 0
    v.capacity() ; // 3以上

    // 動的メモリー確保は発生しない
    v.push_back(1) ;
    v.push_back(2) ;
    v.push_back(3) ;
    // 動的メモリー確保が発生する可能性がある。
    v.push_back(3) ;
}
```

clear() は要素数を 0 にする。

```
int main()
{
    std::vector<int> v = {1,2,3} ;
    v.clear() ;
    v.size() ; // 0
}
```

この章ではここまでの実装をする。

31.2　デフォルトコンストラクター

簡易 vector のデフォルトコンストラクターは何もしない。

```
vector( ) { }
```

何もしなくてもポインターはすべて nullptr で初期化され、アロケーターもデフォルト構築されるからだ。

これで簡易 vector の変数を作れるようになった。ただしまだ何もできない。

```
int main()
{
    vector<int> v ;
    // まだ何もできない。
}
```

31.3　アロケーターを取るコンストラクター

std::vector のコンストラクターは最後の引数にアロケーターを取れる。

```
int main()
{
    std::allocator<int> alloc ;
    // 空
    std::vector<int> v1(alloc) ;
    // 要素数 5
    std::vector<int> v2(5, alloc) ;
    // 要素数 5 で初期値 123
    std::vector<int> v3(5, 123, alloc) ;
}
```

これを実装するには、アロケーターを取ってデータメンバーにコピーするコンストラクターを書く。

```
vector( const allocator_type & alloc ) noexcept
    : alloc( alloc )
{ }
```

ほかのコンストラクターはこのコンストラクターにまずデリゲートすればよい。

```
vector()
    : vector( allocator_type() )
{ }
```

31.4 要素数と初期値を取るコンストラクターの実装 455

```cpp
vector( size_type size, const allocator_type & alloc = allocator_type() )
    : vector( alloc )
{ /* 実装 */ }
vector( size_type size, const_reference value, const allocator_type & alloc =
allocator_type() )
    : vector( alloc )
{ /* 実装 */ }
```

31.4 要素数と初期値を取るコンストラクターの実装

要素数と初期値を取るコンストラクターは resize を使えば簡単に実装できる。

```cpp
vector( size_type size, const allocator_type & alloc )
    : vector( alloc )
{
    resize( size ) ;
}
vector( size_type size, const_reference value, const allocator_type & alloc )
    : vector( alloc )
{
    resize( size, value ) ;
}
```

しかしこれは実装を resize に丸投げしただけだ。resize の実装をする前に、実装を楽にするヘルパー関数を実装する。

31.5 ヘルパー関数

ここでは vector の実装を楽にするためのヘルパー関数をいくつか実装する。このヘルパー関数はユーザーから使うことは想定しないので、private メンバーにする。

```cpp
// 例
struct vector
{
private :
    // ユーザーからは使えないヘルパー関数
    void helper_function() ;
public :
    // ユーザーが使える関数
    void func()
    {
        // ヘルパー関数を使って実装
        helper_function() ;
```

456 第 31 章 vector の実装：メモリー確保

```
        }
    } ;
```

31.5.1 ネストされた型名 traits

アロケーターは allocator_traits を経由して使う。実際のコードはとても冗長になる。

```
template < typename Allocator >
void f( Allocator & alloc )
{
    std::allocator_traits<Allocator>::allocate( alloc, 1 ) ;
}
```

この問題はエイリアス名を使えば解決できる。

```
private :
    using traits = std::allocator_traits<allocator_type> ;

    template < typename Allocator >
    void f( Allocator & alloc )
    {
        traits::allocate( alloc, 1 ) ;
    }
```

31.5.2 allocate/deallocate

allocate(n) はアロケーターから n 個の要素を格納できる生のメモリーの動的確保をして先頭要素へのポインターを返す。

deallocate(ptr) はポインター ptr を解放する。

```
private:
    pointer allocate( size_type n )
    { return traits::allocate( alloc, n ) ; }
    void deallocate( )
    { traits::deallocate( alloc, first, capacity() ) ; }
```

31.5.3 construct/destroy

construct(ptr) は生のメモリーへのポインター ptr に vector の value_type 型の値をデフォルト構築する。

construct(ptr, value) は生のメモリーへのポインター ptr に値 value のオブジェクトを構築する。

```
    void construct( pointer ptr )
    { traits::construct( alloc, ptr ) ; }
    void construct( pointer ptr, const_reference value )
    { traits::construct( alloc, ptr, value ) ; }
    // ムーブ用
    void construct( pointer ptr, value_type && value )
    { traits::construct( alloc, ptr, std::move(value) ) ; }
```

ムーブ用の construct についてはまだ気にする必要はない。この理解には、まずムーブセマンティクスを学ぶ必要がある。

destroy(ptr) は ptr の指すオブジェクトを破棄する。

```
private :
    void destroy( pointer ptr )
    { traits::destroy( alloc, ptr ) ; }
```

31.5.4　destroy_until

destroy_until(rend) は、vector が保持する rbegin() からリバースイテレーター rend までの要素を破棄する。リバースイテレーターを使うので、要素の末尾から先頭に向けて順番に破棄される。なぜ末尾から先頭に向けて要素を破棄するかというと、C++ では値の破棄は構築の逆順で行われるという原則があるからだ。

```
private :
    void destroy_until( reverse_iterator rend )
    {
        for ( auto riter = rbegin() ; riter != rend ; ++riter, --last )
        {
            destroy( &*riter ) ;
        }
    }
```

&*riter はやや泥臭い方法だ。簡易 vector<T> の iterator は単なる T *だが、riter はリバースイテレーターなのでポインターではない。ポインターを取るために *riter でまず T &を得て、そこに & を適用することで T *を得ている。

破棄できたら有効な要素数を減らすために --last する。

31.6 clear

`clear()` はすべての要素を破棄する。

```
void clear() noexcept
{
    destroy_until( rend() ) ;
}
```

先ほど実装した `destroy_until(rend)` にリバースイテレーターの終端を渡せばすべての要素が破棄される。

31.7 デストラクター

ヘルパー関数を組み合わせることでデストラクターが実装できるようになった。
`std::vector` のデストラクターは、

1. 要素を末尾から先頭に向かう順番で破棄
2. 生のメモリーを解放する

この 2 つの処理はすでに実装した。デストラクターの実装は単にヘルパー関数を並べて呼び出すだけでよい。

```
~vector()
{
    // 1. 要素を末尾から先頭に向かう順番で破棄
    clear() ;
    // 2. 生のメモリーを解放する
    deallocate() ;
}
```

31.8 reserve の実装

`reserve` の実装は生の動的メモリーを確保してデータメンバーを適切に設定する。
ただし、いろいろと考慮すべきことが多い。
現在の `capacity` より小さい要素数が `reserve` された場合、無視してよい。

```
int main()
{
    // 要素数 5
    std::vector<int> v = {1,2,3,4,5} ;
```

```
    // 3個の要素を保持できるよう予約
    v.reserve( 3 ) ;
    // 無視する
}
```

すでに指定された要素数以上に予約されているからだ。

動的メモリー確保が行われていない場合、単に動的メモリー確保をすればよい。

```
int main()
{
    std::vector<int> v ;
    // おそらく動的メモリー確保
    v.reserve( 10000 ) ;
}
```

「おそらく」というのは、C++ の規格は vector のデフォルトコンストラクターが予約するストレージについて何も言及していないからだ。すでに要素数 10000 を超えるストレージが予約されている実装も規格準拠だ。本書で実装している vector は、デフォルトコンストラクターでは動的メモリー確保をしない実装になっている。

有効な要素が存在する場合、その要素の値は引き継がなければならない。

```
int main()
{
    // 要素数3
    std::vector<int> v = {1,2,3} ;
    // 1万個の要素を保持できるだけのメモリーを予約
    v.reserve( 10000 ) ;
    // v は{1,2,3}
}
```

つまり動的メモリー確保をしたあとに、既存の要素を新しいストレージにコピーしなければならないということだ。

まとめよう。

1. すでに指定された要素数以上に予約されているなら何もしない
2. まだ動的メモリー確保が行われていなければ動的メモリー確保をする
3. 有効な要素がある場合は新しいストレージにコピーする

古いストレージから新しいストレージに要素をコピーするとき、古いストレージと新しいストレージが一時的に同時に存在しなければならない。

疑似コード風に記述すると以下のようになる。

```
template < typename T >
void f()
{
    // すでに動的確保した古いストレージ
    auto old_ptr = new T ;

    // いま構築した新しいストレージ
    auto new_ptr = new T ;
    // 古いストレージから新しいストレージにコピー
    // *new_ptr = *old_ptr ;
    // 古いストレージを解放
    delete old_value ;
}
```

このとき、T 型がコピーの最中に例外を投げると、後続の `delete` が実行されなくなる。この問題に対処して例外安全にするために、C++20 に入る見込みの標準ライブラリ、`std::scope_exit` を使う。

```
template < typename T >
void f()
{
    // すでに動的確保した古いストレージ
    auto old_ptr = new T ;

    // いま構築した新しいストレージ
    auto new_ptr = new T ;

    // 関数f を抜けるときに古いストレージを解放する。
    std::scope_exit e( [&]{ delete old_ptr ; } ) ;

    // 古いストレージから新しいストレージにコピー
    // *new_ptr = *old_ptr ;

    // 変数e の破棄に伴って古いストレージが解放される
}
```

これを踏まえて `reserve` を実装する。

```
void reserve( size_type sz )
{
    // すでに指定された要素数以上に予約されているなら何もしない
    if ( sz <= capacity() )
        return ;

    // 動的メモリー確保をする
    auto ptr = allocate( sz ) ;
```

```
        // 古いストレージの情報を保存
        auto old_first = first ;
        auto old_last = last ;
        auto old_capacity = capacity() ;

        // 新しいストレージに差し替え
        first = ptr ;
        last = first ;
        reserved_last = first + sz ;

        // 例外安全のため
        // 関数を抜けるときに古いストレージを破棄する
        std::scope_exit e( [&]{
            traits::deallocate( alloc, old_first, old_capacity  ) ;
        } ) ;

        // 古いストレージから新しいストレージに要素をコピー構築
        // 実際にはムーブ構築
        for ( auto old_iter = old_first ; old_iter != old_last ; ++old_iter, ++last )
        {
            // このコピーの理解にはムーブセマンティクスの理解が必要
            construct( last, std::move(*old_iter) ) ;
        }

        // 新しいストレージにコピーし終えたので
        // 古いストレージの値は破棄
        for (    auto riter = reverse_iterator(old_last), rend = reverse_iterator(old_first
) ;
                riter != rend ; ++riter )
        {
            destroy( &*riter ) ;
        }
        // scope_exit によって自動的にストレージが破棄される
    }
```

　ここではまだ学んでいないムーブの概念が出てくる。これはムーブセマンティクスの章で詳しく学ぶ。

31.9 resize

`resize(sz)` は要素数を `sz` 個にする。

```
int main()
{
    // 要素数 0
    std::vector<int> v ;
    // 要素数 10
    v.resize(10) ;
    // 要素数 5
    v.resize(5)
    // 要素数変わらず
    v.resize(5)
}
```

`resize` は呼び出し前より要素数を増やすことも減らすこともある。また変わらないこともある。要素数が増える場合、増えた要素数の値はデフォルト構築された値になる。

```
struct X
{
    X() { std::cout << "default constructed.\n" ; }
} ;

int main()
{
    std::vector<X> v ;
    v.resize(5) ;
}
```

このプログラムを実行すると、`"default constructed.\n"` は 5 回標準出力される。

`resize(sz, value)` は `resize` を呼び出した結果要素が増える場合、その要素を `value` で初期化する。

```
int main()
{
    std::vector<int> v = {1,2,3} ;
    v.resize(5, 4) ;
    // v は{1,2,3,4,4}
}
```

要素数が減る場合、要素は末尾から順番に破棄されていく。

```cpp
struct X
{
    ~X()
    { std::cout << "destructed.\n"s ; }
} ;

int main()
{
    std::vector<X> v(5) ;
    v.resize(2) ;
    std::cout << "resized.\n"s ;
}
```

このプログラムを実行すると、以下のように出力される。

```
destructed.
destructed.
destructed.
resized.
destructed.
destructed.
```

　最初の v.resize(2) で、v[4]，v[3]，v[2] が書いた順番で破棄されていく。main 関数を抜けるときに残りの v[1]，v[0] が破棄される。

　resize(sz) を呼び出したときに sz が現在の要素数と等しい場合は何もしない。

```cpp
int main()
{
    // 要素数 5
    std::vector<int> v(5) ;
    v.resize(5) ; // 何もしない
}
```

　まとめると resize は以下のように動作する。

1. 現在の要素数より少なくリサイズする場合、末尾から要素を破棄する
2. 現在の要素数より大きくリサイズする場合、末尾に要素を追加する
3. 現在の要素数と等しくリサイズする場合、何もしない

実装しよう。

```cpp
void resize( size_type sz )
{
    // 現在の要素数より少ない
    if ( sz < size() )
    {
        auto diff = size() - sz ;
        destroy_until( rbegin() + diff ) ;
        last = first + sz ;
    }
    // 現在の要素数より大きい
    else if ( sz > size() )
    {
        reserve( sz ) ;
        for ( ; last != reserved_last ; ++last )
        {
            construct( last ) ;
        }
    }
}
```

要素を破棄する場合、破棄する要素数だけ末尾から順番に破棄する。

要素を増やす場合、reserve を呼び出してメモリーを予約してから、追加の要素を構築する。

sz == size() の場合は、どちらの if 文の条件にも引っかからないので、何もしない。

size(sz, value) は、追加の引数を取るほか、construct(iter) の部分が constrcut(iter, value) に変わるだけだ。

```cpp
void resize( size_type sz, const_reference value )
{
    // ...
            construct( iter, value ) ;
    // ...
}
```

これで自作の vector はある程度使えるようになった。コンストラクターで要素数を指定できるし、リサイズもできる。

```cpp
int main()
{
    vector<int> v(10, 1) ;
    v[2] = 99 ;
    v.resize(5) ;
    // v は{1,1,99,1,1}
}
```

31.10　push_back

push_back は vector の末尾に要素を追加する。

```cpp
int main()
{
    std::vector<int> v ;
    // v は{}
    v.push_back(1) ;
    // v は{1}
    v.push_back(2) ;
    // v は{1,2}
}
```

push_back の実装は、末尾の予約された未使用のストレージに値を構築する。もし予約された未使用のストレージがない場合は、新しく動的メモリー確保する。

追加の動的メモリー確保なしで保持できる要素の個数はすでに実装した capacity() で取得できる。push_back は要素を 1 つ追加するので、size() + 1 <= capacity() ならば追加の動的メモリー確保はいらない。逆に、size() + 1 > capacity() ならば追加の動的メモリー確保をしなければならない。追加の動的メモリー確保はすでに実装した reserve を使えばよい。

```cpp
void push_back( const_reference value )
{
    // 予約メモリーが足りなければ拡張
    if ( size() + 1 > capacity() )
    {
        // 1つだけ増やす
        reserve( size() + 1 ) ;
    }

    // 要素を末尾に追加
    construct( last, value ) ;
    // 有効な要素数を更新
    ++last ;
}
```

これは動く。ただし、効率的ではない。自作の vector を使った以下のような例を見てみよう。

```cpp
int main()
{
    // 要素数 10000
    vector<int> v(1000) ;
```

```
    // 10001個分のメモリーを確保する
    // 10000個の既存の要素をコピーする
    v.push_back(0) ;
    // 10002個分のメモリーを確保する
    // 10001個の既存の要素をコピーする
    v.push_back(0) ;
}
```

たった 1 つの要素を追加するのに、毎回動的メモリー確保と既存の全要素のコピーをしている。これは無駄だ。

std::vector は push_back で動的メモリー確保が必要な場合、size()+1 よりも多くメモリーを確保する。こうすると、push_back を呼び出すたびに毎回動的メモリー確保と全要素のコピーを行う必要がなくなるので、効率的になる。

ではどのくらい増やせばいいのか。10 個ずつ増やす戦略は以下のようになる。

```
void push_back( const_reference value )
{
    // 予約メモリーが足りなければ拡張
    if ( size() + 1 > capacity() )
    {
        // 10個増やす
        reserve( capacity() + 10 ) ;
    }
    construct( last, value ) ;
    ++last ;
}
```

しかしこの場合、以下のようなコードで効率が悪い。

```
int main()
{
    std::vector<int> v ;
    for ( auto i = 0 ; i != 10000 ; ++i )
    {
        v.push_back(i) ;
    }
}
```

10 個ずつ増やす戦略では、この場合に 1000 回の動的メモリー確保と全要素のコピーが発生する。

上のような場合、vector の利用者が事前に v.reserve(10000) とすれば効率的になる。しかし、コンパイル時に要素数がわからない場合、その手も使えない。

```cpp
int main()
{
    std::vector<int> inputs ;
    // 要素数は実行時にしかわからない
    // 10万個の入力が行われるかもしれない
    std::copy(
        std::ostream_iterator<int>(std::cin),
        std::ostream_iterator<int>(),
        std::back_inserter(inputs) ) ;
}
```

よくある実装は、現在のストレージサイズの2倍のストレージを確保する戦略だ。

```cpp
void push_back( const_reference value )
{
    // 予約メモリーが足りなければ拡張
    if ( size() + 1 > capacity() )
    {
        // 現在のストレージサイズ
        auto c = size() ;
        // 0の場合は1に
        if ( c == 0 )
            c = 1 ;
        else
            // それ以外の場合は2倍する
            c *= 2 ;

        reserve( c ) ;
    }
    construct( last, value ) ;
    ++last ;
}
```

size() は0を返す場合もあるということに注意。単に reserve(size()*2) としたのでは size() == 0 のときに動かない。

31.10.1　shrink_to_fit

shrink_to_fit() は vector が予約しているメモリーのサイズを実サイズに近づけるメンバー関数だ。

本書で実装してきた自作の vector は、push_back 時に予約しているメモリーがなければ、現在の要素数の2倍のメモリーを予約する実装だった。すると以下のようなコードで、

```
int main()
{
    vector<int> v ;
    std::copy( std::istream_iterator<int>(std::cin), std::istream_iterator<int>(),
        std::back_inserter(v) ) ;
}
```

ユーザーが 4 万個の int 型の値を入力した場合、65536 個の int 型の値を保持できるだけのメモリー
が確保されてしまい、差し引き sizeof(int) * 25536 バイトのメモリーが未使用のまま確保され続
けてしまう。

　メモリー要件の厳しい環境ではこのようなメモリーの浪費を避けたい。しかし、実行時にユーザーか
ら任意の個数の入力を受けるプログラムを書く場合には、push_back を使いたい。

　こういうとき、shrink_to_fit は vector が予約するメモリーを切り詰めて実サイズに近くする、
かもしれない。「かもしれない」というのは、C++ の標準規格は shrink_to_fit が必ずメモリーの予
約サイズを切り詰めるよう規定してはいないからだ。

　自作の vector では必ず切り詰める実装にしてみよう。

　まず予約するメモリーを切り詰めるとはどういうことか。現在予約しているメモリーで保持できる
最大の要素数は capacity() で得られる。実際に保持している要素数を返すのは size() だ。すると
size() == capacity() になるようにすればいい。

```
vector<int> v ;
// ...
v.shrink_to_fit() ;
v.size() == v.capacity() ; // true にする
```

　shrink_to_fit() を呼んだとき、すでに size() == capacity() が true である場合は、何もし
なくてもよい。

　それ以外の場合は、現在の有効な要素数分の新しいストレージを確保し、現在の値を新しいストレー
ジにコピーし、古いメモリーは破棄する。

```
void shrink_to_fit()
{
    // 何もする必要がない
    if ( size() == capacity() )
        return ;

    // 新しいストレージを確保
    auto ptr = allocate( size() ) ;
    // コピー
    auto current_size = size() ;
    for (   auto raw_ptr = ptr, iter = begin(), iter_end = end() ;
            iter != iter_end ; ++iter, ++raw_ptr )
    {
```

```
        construct( raw_ptr, *iter ) ;
    }
    // 破棄
    clear() ;
    deallocate() ;
    // 新しいストレージを使う
    first = ptr ;
    last = ptr + current_size ;
    reserved_last = last ;
}
```

この実装は reserve と似ている。

31.11   vector のその他のコンストラクター

31.11.1   イテレーターのペア

std::vector はイテレーターのペアを取り、その参照する値で要素を初期化できる。

```
int main()
{
    std::array<int, 5> a {1,2,3,4,5} ;
    std::vector<int> v( std::begin(a), std::end(a) ) ;
    // v は{1,2,3,4,5}
}
```

これはすでに実装したメンバー関数を使えば簡単に実装できる。

```
template < typename InputIterator >
vector( InputIterator first, InputIterator last, const Allocator & = Allocator() )
{
    reserve( std::distance( first, last ) ;
    for ( auto i = first ; i != last ; ++i )
    {
        push_back( *i ) ;
    }
}
```

31.11.2 初期化リスト

`std::vector` は配列のように初期化できる。

```cpp
int main()
{
    std::vector<int> v = {1,2,3} ;
}
```

このような初期化をリスト初期化と呼ぶ。

リスト初期化に対応するためには、`std::initializer_list<T>` を引数に取るコンストラクターを追加する。

```cpp
template < typename T, Allocator = std::allocator<T> >
{
// コンストラクター
vector( std::initializer_list<value_type> init, const Allocator & = Allocator() ) ;
    // 省略...
} ;
```

`std::initializer_list<T>` は T 型の要素を格納する標準ライブラリで、{a,b,c,...}のようなリスト初期化で構築することができる。

```cpp
std::initializer_list<int> init = {1,2,3,4,5} ;
```

`std::initializer_list` は begin/end によるイテレーターを提供しているので、すでに実装したコンストラクターにデリゲートすればよい。

```cpp
vector( std::initializer_list<value_type> init, const Allocator & alloc = Allocator()
) ;
    : vector( std::begin(init), std::end(init), alloc )
{ }
```

第 32 章

コピー

クラスにコピーを正しく実装するためには、まずコピーが何であるかを理解しなければならない。

32.1　普通のコピー

C++ を書くユーザーは、クラス型のオブジェクトを使うとき、クラスが普通の型（regular type）のように振る舞うことを期待している。この普通にはさまざまな意味がある。

int 型の変数をコピーするとき、コピー先の変数はコピー元の変数と等しくなる。

```
int source = 42 ;
int destination = source ;
```

この例では変数 destination は変数 source と等しくなる。source == destination は true となり、destination の値は 42 になる。

コピーの結果、コピー先の変数は値が書き換えられる。コピー元の変数は変わらない。上の例で、変数 source が勝手に別の値になることは「普通」はない。

我々が普通にコピーと認識しているものは、C++ の文法的にはコピー構築とコピー代入に分けることができる。

```
T source ;
// コピー構築
T a = source ;
T b(source) ;
T c{source}
```

```
T d ;
// コピー代入
d = source ;
```

　ユーザーは普通、コピー構築とコピー代入のコピーが両方とも同じ挙動をすると期待している。コピー構築とコピー代入のどちらか片方が使えるならば、もう片方も使えるべきで、そのコピーの挙動は同じであるべきだ。

　コピー代入にはコピーの普通に加えて、さらにユーザーが代入に期待する普通がある。

　代入式を評価した結果は、代入されるオブジェクトへの lvalue リファレンスになる。

```
int main()
{
    int x, y, z ;
    // x, y, zに 0 を代入
    x = y = z = 0 ;
}
```

　これはまず z = 0 が評価される。変数 z の値は 0 になり、式を評価した結果の値は z への lvalue リファレンスだ。なので、y = z = 0 というのは、y = (z=0) となる。z=0 については z であるので、y = z となる。ここでの z は 0 を代入されたあとの z なので、値は 0 だ。その結果変数 y の値は 0 になる。変数 x の場合も同様だ。

　以下のような例も見てみよう。

```
int main()
{
    int x ;
    (x = 0) = 1 ;
}
```

　これは (x = 0) の結果に 1 を代入している。x=0 の結果は x なので、x には 0 が代入されたあとに 1 が代入される。結果として x の値は 1 になる。

32.2　コピーコンストラクター

コピー構築の場合、コピーコンストラクターが呼ばれる。

```
struct Value
{
    // コピーコンストラクター
    X( const X & source )
    { }
} ;

int main()
{
    Value source ;
    // コピーコンストラクターを呼ぶ
    Value b = source ;
    Value c(source) ;
    Value d{source} ;
}
```

コピーコンストラクターは**クラス型への lvalue リファレンス型**を引数に取るコンストラクターだ。

```
struct X
{
    X( const X & source ) { }
} ;
```

引数は通常は const な lvalue リファレンス型だが、非 const な lvalue リファレンス型を引数に取るコンストラクターも**コピーコンストラクター**となる。

```
struct X
{
    X( X & source ) { }
} ;
```

ただし、非 const な lvalue リファレンス型を引数に取るコピーコンストラクターは通常は使わない。なぜならば、コピーの結果、コピー元が書き換えられるような挙動は不自然だからだ。

```
struct funny_number
{
    int n ;
    funny_number( int n = 0 )
        : n(n) { }
```

```
    funny_number( funny_number & source )
        : n( source.n )
    {
        source.n = 0 ;
    }
} ;

int main()
{
    funny_number a = 1 ;
    // コピー
    funny_number b = a ;
    // a == 0
    // b == 1
}
```

このおかしな `funny_number` のコピーコンストラクターはコピー元を 0 に書き換えてしまう。この
コードは完全に合法な C++ のコードだが、このようにコピーコンストラクターを実装するのはおすす
めできない。なぜならば、ユーザーはコピーについて上で示したような意味を普通だと想定しているた
め、普通から外れるような型はユーザーのあてが外れてしまうからだ。

32.3　コピー代入演算子

コピー代入演算子はクラス型への lvalue リファレンス型を引数に取る `operator =` のオーバーロー
ドだ。

```
struct X
{
    X & operator = ( const X & source )
    {
        return *this ;
    }
} ;
```

コピーコンストラクターと同じく、コピー代入演算子の引数は非 const な lvalue リファレンスで
もよい。ただし、ユーザーの期待する普通にはそぐわない結果になる。

コピー代入演算子の戻り値の型はクラス型への非 const な lvalue リファレンスでなくてもよい。
ただし、その場合もユーザーの期待にそぐわないことになる。

```
struct X
{
    void operator = ( const X & source ) { }
} ;
```

```
int main()
{
    X a, b, c ;
    // OK
    a = b ;
    // エラー
    a = b = c ;
}
```

a = b = c は、クラス X のコピー代入演算子の戻り値の型が void なので動かない。ユーザーは普通、これが動くことを期待している。ユーザーの普通の期待に答えるためにはクラスへの非 const な lvalue リファレンスを返さなければならない。

32.4　コピーの挙動

クラスのコピーは何をすればいいのだろうか。クラスにコピーコンストラクターとコピー代入演算子を書かない場合、デフォルトのコピーコンストラクター、コピー代入演算子が生成される。

デフォルトのコピーは、クラスのデータメンバーをそれぞれコピーする。

```
struct Point
{
    int x ;
    int y ;
    int z ;
} ;

int main()
{
    Point a{1,2,3} ;
    Point b = a ;
    Point c ;
    c = a ;
}
```

上記のコードは、以下のように書いたのと同じだ。

```
Point b{ a.x, a.y, a.z } ;
Point c ;
c.x = a.x ;
c.y = a.y ;
c.z = a.z ;
```

つまり、以下のようなコピーコンストラクターとコピー代入演算子を書いたのと同じだ。

```cpp
struct Point
{
    int x ;
    int y ;
    int z ;

    Point( const Point & r )
        : x(r.x), y(r.y), z(r.z)
    { }

    Point & operator = ( const Point & r )
    {
        x = r.x ;
        y = r.y ;
        z = r.z ;
    }
} ;
```

では std::vector のコピーはどうなるだろうか。

```cpp
int main()
{
    std::vector<int> v = {1,2,3,4,5} ;
    std::vector<int> w = v ;
    // w は{1,2,3,4,5}
}
```

std::vector をコピーした場合、その値がコピーされる。

自作の vector のコピーはどのように実装すればいいだろうか。デフォルトのコピーに任せてもいいのだろうか。デフォルトのコピーを使う場合、コピーコンストラクターは以下のように書いたものと同じだ。

```cpp
template < typename T, typename Allocator = std::allocator<T> >
class vector
{
    // ... その他のメンバー
private :
    pointer first = nullptr ;
    pointer last = nullptr ;
    pointer reserved_last = nullptr ;
    allocator_type alloc ;
```

```
public :
    // コピーコンストラクター
    vector( const vector & r )
        : first( r.first ), last( r.last ),
        , reserved_last( r.reserved_last ),
        , alloc( r.alloc )
    { }
} ;
```

これは問題だ。以下のコードを考える。

```
int main()
{
    vector<int> v{1} ;
    vector<int> w = v ;
    // w のデストラクターが呼ばれる
    // v のデストラクターが呼ばれる
}
```

w = v で、v のデータメンバーの値がそれぞれ w のデータメンバーにコピーされる。

main 関数を抜けるので、構築の逆順に変数が破棄される。この場合 w が先に破棄される。破棄にあたっては w のデストラクターが呼ばれる。

この場合、w のデストラクターは、

1. ポインター first が指すオブジェクトのデストラクターを呼び出す
2. ポインター first の指す生のストレージを解放

する。

次に v が破棄される。v のデストラクターは w のデストラクターとまったく同じことをする。ただし、ポインター first の指すオブジェクトはすでにデストラクターが呼び出されているし、ポインター first の指す生のストレージも解放されている。

すでにデストラクターを呼び出したオブジェクトに対してもう一度デストラクターを呼び出した場合の挙動は未定義だ。すでに解放したストレージを指すポインターに対してもう一度ストレージの解放した場合の挙動は未定義だ。したがって、このプログラムの挙動は未定義となる。

コピー代入も同じ問題を抱えている。しかも別の問題まである。例えば以下の例を見てみよう。

```
int main()
{
    vector<int> v = {1,2,3} ;
    vector<int> w = {4,5,6} ;
    w = v ;
}
```

変数 w はまず要素を保持するためのメモリーを動的確保する。その後、w に v が代入されるわけだ

が、このとき w が動的確保したメモリーを指すポインターの値が上書きされてしまう。w が破棄されるとき、w がもともと持っていた要素は破棄されなくなり、ストレージも解放されなくなる。

32.5　所有するクラス

この問題は「所有」という考え方を使うと解決できる。

問題を簡単にするために、以下のようなクラスを考えよう。

```cpp
template < typename T >
class own
{
private :
    T * ptr ;
public :
    own( )
        : ptr( new T )
    { }
    ~own()
    { delete ptr ; }

    T * get() const { return ptr ; }

} ;
```

このクラスはコンストラクターでテンプレートパラメーター T 型のオブジェクトを動的メモリー確保をし、デストラクターでメモリーの解放をする。

コピーコンストラクターとコピー代入演算子は定義していないので、デフォルトのコピーが使われる。

デフォルトのコピーを使うことを明示する方法もある。= default を使うのだ。

```cpp
class own
{
    // その他のメンバー
public :
    own( const own & ) = default ;
    own & operator =( const own & ) = default ;
}
```

コピーコンストラクター、コピー代入演算子となる宣言に = default を使うと、デフォルトのコピー実装を使うということを明示的に宣言したことになる。この文法はややわかりにくいが、こういうものだと思って覚えておこう。

このようなクラスを「デフォルトのコピー」でコピーしたとき、コピーされるのはポインターの値だ。ポインターが参照する先は同じだ。

この場合、クラスはポインターの参照するオブジェクトを所有していると考えることができる。ポインターの値をコピーするということは、所有権を共有するということだ。所有権を共有していることを考慮しないまま、クラスのオブジェクトが破棄されたときにポインターの参照先まで破棄してしまうと、所有したつもりになっているクラスのオブジェクトが出来上がってしまう。

普通の型のように振る舞うコピーを実装するには、コピーの際に所有権を共有しない実装をする。具体的には、コピーのときに新しく動的メモリー確保し、値をコピーするのだ。

コピーコンストラクターは以下のようになる。

```
own( const own & r )
    : ptr( new T( *r.ptr ) )
{ }
```

今回の場合、コピー代入演算子で動的メモリー確保をする必要はない。なぜならば、コピー代入演算子が呼ばれたということは、いずれかのコンストラクターがすでに呼ばれていて、動的メモリー確保はされているからだ。

```
own & operator = ( const own & r )
{
    *ptr = *r.ptr ;
    return *this ;
}
```

このコードには少し問題がある。変数は自分自身に代入ができるのだ。

```
// 1GB もの巨大なサイズのクラス
struct one_giga_byte { std::byte storage[1'000'000'000] ; }

int main()
{
    own<one_giga_byte> x ;
    // 1GB のコピーが発生
    x = x ;
}
```

自分自身に代入というのは少し奇妙だが、これは C++ では普通のことだ。クラス型はできるだけ普通に振る舞うべきだ。

普通のクラスは、自分自身への代入で特に何かをする必要はない。したがって、単に自分自身への代入が行われたことを判定したならば、コピーを行わないという処理でいい。

自分自身への代入を判定するには、コピー代入演算子の引数のリファレンスが指すオブジェクトのポインターが this ポインターと等しいかどうかを調べればよい。

```
own & operator = ( const own & r )
{
    // 自分自身への代入でなければ
    if ( this != &r )
    {
        // コピー処理
        *ptr = *r.ptr ;
    }
    return *this ;
}
```

32.6　own<U> から own<T> への変換

C++ では、int 型から long 型に、変換することができる。

```
int main()
{
    int a = 123 ;
    // 変換してコピー
    long b = a ;
}
```

これは厳密には変換であってコピーではないのだが、コピーによく似ている。

これと同じことを、own<T> でやるにはどうすればいいのだろうか。つまり own<int> から own<long> への変換だ。

```
int main()
{
    own<int> a ;
    *a.get() = 123 ;
    own<long> b = a ;
    *b.get() ; // long 型の 123
}
```

単に own<int> からの変換だけであれば、own<int> 型から変換するコンストラクターを書けばよい。

```
template < typename T >
class own
{
private :
    T * ptr ;
```

```
public :
    // 変換コンストラクター
    own( const own<int> & r )
        : ptr( new T(*r.get()) )
    { }
    // ...
}
```

このような自分自身以外の型の引数を1つだけ取るコンストラクターのことを、**変換コンストラク
ター**という。

しかしこれでは own<int> からの変換にしか対応できない。しかも int 型から変換できない型を使
うとエラーとなる。

```
// int 型から変換できない型
struct I_hate_int
{
    // デフォルトのデフォルトコンストラクター
    I_hate_int() = default ;
    // int からの変換コンストラクター
    I_hate_int(int) = delete ;
}

int main()
{
    // エラー
    own<I_hate_int> a ;
}
```

関数の宣言に = delete を書くと、その関数を消すことができる。「消す」というのは、その関数を
使った時点でプログラムがコンパイルエラーになるという意味だ。

この問題を解決するにはテンプレートを使う。

```
template < typename T >
class own
{
private :
    T * ptr ;
public :
    template < typename U >
    own( const own<U> & r )
        : ptr( new T(*r.get()) )
    { }
    // ...
}
```

こうすると任意の型 T, U について、U 型から T 型に変換構築できるのであれば、own<U> から
own<T> への変換構築ができる。

しかし、上のクラス I_hate_int 型は任意の型から変換できないので、この変換コンストラクターテ
ンプレートの存在は問題にならなならないのだろうか。心配御無用。テンプレートは具体的なテンプレー
ト実引数が与えられて初めてコードが生成される。実際に使わない限りは問題にならない。

```cpp
int main()
{
    // 問題なし
    own<I_hate_int> a ;
    // 問題なし
    own<int> b ;

    // エラー
    // 実際に使われた
    a = b ;
}
```

32.7　もう少し複雑な所有するクラス

同じく所有するクラスだが、もう少し複雑な例を考えよう。

```cpp
template < typename T >
class dynamic_array
{
private :
    T * first ;
    T * last ;
public :
    dynamic_array( std::size_t size = 0 )
        : first( new T[size]), last( first + size )
    { }
    ~dynamic_array()
    { delete[] first ; }

    T & operator [] ( std::size_t i )  const noexcept
    { return first[i] ; }
    std::size_t size() const noexcept
    { return last - first ; }
    T * begin() const noexcept
    { return first ; }
    T * end() const noexcept
    { return last ; }
} ;
```

```
int main()
{
    dynamic_array<int> a(10) ;
    a[0] = 1 ;
    a[1] = 2 ;
}
```

この dynamic_array<T> は T 型の動的な配列クラスだ。配列のサイズは実行時に指定できる。
このようなクラスのコピーはどうなるだろうか。

コピーコンストラクターは簡単だ。コピー元と同じサイズの配列を動的確保し、要素をコピーすれば
いいだけだ。

```
dynamic_array( const dynamic_array & r )
    : first( new T[r.size()]), last( first + r.size() )
{
    std::copy( r.begin(), r.end(), begin() ) ;
}
```

コピー代入演算子でも、場合によっては動的メモリー確保が必要になる。現在所有しているメモリー
とは異なるサイズのオブジェクトからコピーする場合だ。

```
int main()
{
    dynamic_array<int> a(5) ;
    dynamic_array<int> b(10) ;
    // a の所有するメモリーはサイズ不足
    a = b ;
}
```

コピー元よりコピー先の方がメモリーが多い場合、つまり b = a の場合は動的メモリー確保をしな
いという実装もできるが、その場合実際に確保したメモリーサイズと、クラスが認識しているメモリー
サイズが異なることになる。今回はサイズが違う場合は必ず動的メモリー確保をすることにしよう。

```
dynamic_array & operator == ( const dynamic_array & r )
{
    // 自分自身への代入ではない場合
    // かつ
    // サイズが違う場合
    if ( this != &r && size() != r.size() )
    {
        // コピー処理
    }
    return *this ;
}
```

new したメモリーは delete しなければならない。そこで、コピー代入演算子はまず自分の所有する
メモリーを delete してから new し、値をコピーすることになる。

```
dynamic_array & operator == ( const dynamic_array & r )
{
    if ( this != &r && size() != r.size() )
    {
        // コピー先が所有しているメモリーの解放
        delete first ;
        // コピー元と同じサイズの動的メモリー確保
        first = new T[r.size()] ;
        last = first + r.size() ;
        // コピー元の値をコピー
        std::copy( r.begin(), r.end(), begin() ) ;
    }
    return *this ;
}
```

32.8　vector のコピー

自作の vector のコピーを実装していこう。

32.8.1　コピーコンストラクター

std::vector では、アロケーターのコピーだけがちょっと特殊になっている。コンテナーのコ
ピーにあたってアロケーターをコピーすべきかどうかは、アロケーターの実装が選べるようになって
いる。このために、std::allocator_traits<allocator_type>::select_on_container_copy_
construction(alloc) を呼び出し、その戻り値でアロケーターを初期化する。std::allocator_
traits<allocator_type> という型については、すでに traits というエイリアスを宣言しているの
で、以下のようにする。

```
vector( const vector & r )
    // アロケーターのコピー
    : alloc( traits::select_on_container_copy_construction(r.alloc) )
{
    // コピー処理
}
```

残りのコピー処理を実装していこう。

1. コピー元の要素数を保持できるだけのストレージを確保
2. コピー元の要素をコピー構築

```cpp
vector( const vector & r )
    : alloc( traits::select_on_container_copy_construction( r.alloc ) )
{
    // コピー元の要素数を保持できるだけのストレージを確保
    reserve( r.size() ) ;
    // コピー元の要素をコピー構築
    // dest はコピー先
    // [src, last)はコピー元
    for (    auto dest = first, src = r.begin(), last = r.end() ;
            src != last ; ++dest, ++src )
    {
        construct( dest, *src ) ;
    }
    last = first + r.size() ;
}
```

32.8.2 コピー代入演算子

コピー代入演算子ではアロケーターのコピーをする必要はない。ただし自分自身への代入への対応が必要だ。そして、コピー代入のコピー先とコピー元の要素数が同じであるとは限らない。

コピー先とコピー元の要素数が同じである場合、単に要素にコピー代入をすればよい。

```cpp
int main()
{
    std::vector<int> v = {1,2,3} ;
    std::vector<int> w(3) ;
    w = v ;
}
```

これは単に以下のようなコードを実行したものと同じになる。

```cpp
w[0] = v[0] ;
w[1] = v[1] ;
w[2] = v[2] ;
```

要素数が違う場合、2通りの場合がある。

コピー先がコピー元の要素数以上の予約数を持っている場合、有効な要素についてはコピー代入され、それ以降の要素はコピー構築される。

```
int main()
{
    // 要素数 5
    std::vector<int> v = {1,2,3,4,5} ;
    // 要素数 3
    std::vector<int> w(3) ;
    // 予約数 5
    w.reserve(5) ;
    w = v ;
}
```

この場合、w[0]，w[1]，w[2] についてはそれぞれ v[0]，v[1]，v[2] からコピー代入される。
w[3]，w[4] はそれぞれ v[3]，v[4] からコピー構築される。

　コピー先がコピー元の要素数以上の予約数を持っていない場合、コピー元の要素数以上のストレージ
が予約される。

```
int main()
{
    std::vector<int> v = {1,2,3,4,5} ;
    // 予約数 2だとする。
    std::vector<int> w(2) ;
    // 古いストレージが破棄され
    // 新しいストレージが確保され
    // コピー構築される
    w = v ;
}
```

　このとき、コピー先の既存の要素をわざわざ新しいストレージにコピー構築する必要はない。なぜな
らば、既存の要素の値はもういらないからだ。
　まとめよう。

1. 自分自身への代入であれば何もしない
2. 要素数が同じならば要素ごとにコピー代入
3. それ以外の場合で、予約数が十分ならば有効な要素にはコピー代入、残りはコピー構築
4. それ以外の場合で、予約数が不十分ならば、現在の要素はすべて破棄して新たなストレージを確
   保してコピー構築

```
vector & operator = ( const vector & r )
{
    // 1. 自分自身への代入なら何もしない
    if ( this == &r )
        return *this ;
```

```cpp
    // 2. 要素数が同じならば
    if ( size() == r.size() )
    {   // 要素ごとにコピー代入
        std::copy( r.begin(), r.end(), begin() ) ;
    }
    // 3. それ以外の場合で
    else
        // 予約数が十分ならば、
        if ( capacity() >= r.size() )
        {
            // 有効な要素はコピー
            std::copy( r.begin(), r.begin() + r.size(), begin() ) ;
            // 残りはコピー構築
            for (   auto src_iter = r.begin() + r.size(), src_end = r.end() ;
                    src_iter != src_end ; ++src_iter, ++last )
            {
                construct( last, *src_iter ) ;
            }
        }
        // 4. 予約数が不十分ならば
        else
        {
            // 要素をすべて破棄
            destroy_all() ;
            // 予約
            reserve( r.size() ) ;
            // コピー構築
            for ( auto src_iter = r.begin(), src_end = r.end(), dest_iter = begin() ;
                src_iter != src_end ; ++src_iter, ++dest_iter, ++last )
            {
                construct( dest_iter, *src_iter ) ;
            }
        }
    return *this ;
}
```

第 33 章

ムーブ

33.1　ムーブの使い方

　ムーブ（move）とはコピー（copy）と対になる概念だ。ムーブはちょっと特殊なコピーと考えることもできる。コピーが値をコピー（複製）するのに対し、ムーブは値をムーブ（移動）させる。

　コピーの仕方を振り返ってみよう。コピーにはコピー構築とコピー代入がある。

```
T source ;
// コピー構築
T a = source ;
T b( source ) ;
T c{ source ) ;

T e ;
// コピー代入
e = source ;
```

コピーにはコピー先とコピー元がある。

```
std::vector<int> v = {1,2,3} ;
std::vector<int> destination = source ;
// destination は{1,2,3}
```

　一般にコピー後のコピー先の値はコピー元の値と等しくなることが期待されている。

　ムーブはコピーと似ている。コピーをするときに、ムーブ元の変数を source を std::move(source) のように標準ライブラリ std::move に渡してその戻り値をコピー元の値とすることでムーブになる。

490　第 33 章　ムーブ

ムーブにもコピーと同様にムーブ構築とムーブ代入がある。

```
T source ;
// ムーブ構築
T a = std::move(source) ;
T b( std::move(source) ) ;
T c{ std::move(source) ) ;

T e ;
// ムーブ代入
e = std::move(source) ;
```

ムーブにもムーブ先とムーブ元がある。

```
std::vector<int> v = {1,2,3} ;
// destination はムーブ先
// source はムーブ元
std::vector<int> destination = std::move(source) ;
// destination の値は{1,2,3}
// source の値はわからない
```

コピーと同じく、ムーブ後のムーブ先の値は、ムーブ前のムーブ元の値と等しくなる。
ムーブ後のムーブ元の値はわからない。なぜわからないかというと、値を移動しているからだ。
ムーブのコストはコピーとまったく同じか、コピーよりも低くなる。
ムーブはムーブ元の値をムーブ後に使わない場合に、コピーの代わりに使うことができる。

```
int main()
{
    std::vector<int> v ;

    std::vector<int> w = {1,2,3,4,5} ;
    // ムーブ
    v = std::move(w) ;
    // このあとw は使えない

    std::for_each( std::begin(v), std::end(v),
        []( auto x ){
            std::cout << x ;
        } ) ;
}
```

　実際には、上記のコードはムーブ後に変数 w を使っている。main 関数のスコープを抜けるときに w
が破棄されるが、そのときにデストラクターが実行される。
　C++ の標準ライブラリはムーブ後の状態について、その値は「妥当だが未規定の状態」になる。
なのでこの場合でもデストラクターを正常に呼び出すことはできる。このとき、w.size() が返す値

はわからない。ただし、`w.resize(n)` を呼び出すと n 個の要素を持つようになる。この結果、再び使うこともできるようになる。

```cpp
int main()
{
    std::vector<int> v ;
    std::vector<int> w = {1,2,3,4,5} ;
    v = std::move(w) ;
    // 要素数5
    w.resize(5) ;
    // 妥当に使える
    w[0] = 1 ;
}
```

33.2 ムーブの中身

ムーブはいったい何をしているのか。ムーブの実装方法を理解するためには、rvalue セマンティクスと値カテゴリーとテンプレートのフォワードリファレンスという難しい C++ の機能を理解しなければならない。この機能は次の章から解説するが、その機能を学ぶ動機づけにムーブが何をしているのかを具体的に学ぼう。

int や double といった単なるバイト列で表現された値だけで表現できる基本型のオブジェクトの場合、ムーブというのはコピーと何ら変わらない。単に値を表現するバイト列をコピーするだけだ。

```cpp
int a = 0 ;
// コピー
int b = a ;
// ムーブ
// 中身は単なるコピー
int c = std::move(a) ;
```

そのため、int や double のムーブでは、ムーブ後もムーブ元のオブジェクトをそのまま使うことができるし、値も変わらない。

```cpp
int a = 123
int b = std::move(a) ;
// 123
std::cout << a ;
a = 456 ;
```

生のポインターのムーブもコピーと同じだ。

492 第33章 ムーブ

```
int object { } ;
int * source = object ;
// 中身は単なるコピー
int * destination = std::move(source) ;
```

　クラスはどうか。クラスはデフォルトのコピーコンストラクターとコピー代入演算子を生成するように、デフォルトのムーブコンストラクターとムーブ代入演算子を生成する。これはコピーと同じく、メンバーごとにムーブを行う。
　以下のように書くと、

```
struct X
{
    int x ;
    int y ;
    int z ;
} ;

int main()
{
    X a{1,2,3} ;
    X b ;
    b = std::move(a) ;
}
```

以下のように書いたものとほぼ同じになる。

```
int main()
{
    X a{1,2,3} ;
    X b ;
    b.x = std::move(a.x) ;
    b.y = std::move(a.y) ;
    b.z = std::move(a.z) ;
}
```

　この場合のムーブは単なるコピーなので、実際には以下のように書くのと同じだ。

```
int main()
{
    X a{1,2,3} ;
    X b ;
    b = a ;
}
```

C++ の基本型とクラスのデフォルトのムーブの実装は、単なるコピーと同じだ。コピーと同じなのでムーブ後の値もそのまま使うことができる。

ではなぜコピーとムーブが区別され、ムーブ後のオブジェクトは使えないのか。C++ ではコピーとムーブが区別されているので、自作のクラスはコピーとムーブで別の実装をすることができる。

ムーブ後のオブジェクトは使えない状態になるということは、ムーブ後のオブジェクトの値はどうなってもいいということだ。

std::vector のようなクラスは動的メモリー確保をしてポインターでストレージを参照している。自作の vector にコピーを実装するときは、コピー先でも動的メモリー確保をして要素を 1 つずつコピーしなければならないことを学んだ。

とても簡単な、T 型の配列を確保する dynamic_array<T> を考えてみよう。

```cpp
template < typename T >
class dynamic_array
{
private :
    T * first ;
    T * last ;
public :
    dynamic_array( std::size_t size = 0 )
        : first( new T[size]), last( first + size )
    { }
    ~dynamic_array()
    { delete[] first ; }

    // コピーコンストラクター
    dynamic_array( const dynamic_array & r ) ;
} ;
```

このクラスのコピーコンストラクターの定義は以下のように書ける。

```cpp
template < typename T >
dynamic_array<T>::dynamic_array( const dynamic_array & r )
    : first( new T[r.size()] ), last( first + r.size() )
{
    std::copy( r.begin(), r.end(), begin() ) ;
}
```

これはコストがかかる。以下のようにすればコストがかからないがなぜできないのだろう。

```
  < typename T >
dynamic_array<T>::dynamic_array( const dynamic_array & r )
    : first( r.first ), last( r.last )
{
    // 何もしない
}
```

コピーの章でも学んだように、この実装ではコピー先とコピー元が同じポインターを所有してしまうために、デストラクターが実行されるときに同じポインターが2回 delete されてしまう。

```
int main()
{
    dynamic_array<int> source(10) ;
    dynamic_array<int> destination = source ;
    // destination に対してデストラクターが実行される
    // source に対してデストラクターが実行される
}
```

ならば、コピー元からポインターの所有権を奪ってしまえばいいのではないだろうか。

```
  < typename T >
dynamic_array<T>::dynamic_array( dynamic_array & r )
    : first( r.first ), last( r.last )
{
    // コピー元を変更
    r.first = nullptr ;
    r.last = nullptr ;
}
```

引数が const ではないことに注目しよう。リファレンス型の引数を変更するには、const にはできない。

このコピーコンストラクターはコピー元を変更する。delete 式は nullptr に対して適用した場合、何もしないことが保証されている。そのため、この場合にデストラクターで null ポインターのチェックは必要がない。

このコピーコンストラクターはとてもコストが低いが、このようなコピーの実装はユーザーが期待していない。この実装ではコピー後にコピー元が使えなくなってしまうからだ。

例えば、以下のコードが動かないとしたらどうだろう。

```
int main()
{
    std::vector<int> v = {1,2,3,4,5} ;
    std::vector<int> w = v ;

    // これがエラーだとしたら?
    v[0] = 0 ;
}
```

　C++ ではコピーはコピー元を変更しないという慣習がある。このような慣習はすべて C++ の標準規格で定められている。

　このため、C++ はコピーのほかにムーブを定めている。ムーブを使うにはムーブ元の変数 x を std::move(x) のようにしてコピーする。std::move はこのコピーはコピーではなくムーブしてもよいというヒントになる。

　ムーブを実装するためには、まず基礎知識として次の章で学ぶ rvalue リファレンス、値カテゴリー、テンプレートのフォワードリファレンスの深い理解が必要になる。

第34章

rvalue リファレンス

34.1 概要

いままで使っているリファレンスは、正式には lvalue リファレンスという名前がついている。これ
は lvalue へのリファレンスという意味だ。lvalue へのリファレンスがあるからには、lvalue では
ないリファレンスがあるということだ。C++ には rvalue へのリファレンスがある。これを rvalue
リファレンスという。

この章で説明する内容はとても難しい。完全に理解するためには、何度も読み直す必要があるだ
ろう。

34.2 rvalue リファレンスの宣言

T 型への lvalue 型リファレンス型は T & と書く。

```
T & lvalue_reference = ... ;
```

T 型への rvalue リファレンス型は T && と書く。

```
T && rvalue_reference = ... ;
```

lvalue リファレンスは lvalue で初期化する。rvalue リファレンスは rvalue で初期化する。
lvalue とは名前付きのオブジェクトや戻り値の型としての lvalue リファレンスのことだ。

```
int object { } ;
int & f() { return object ; }

int main()
{
    // lvalue リファレンス
    int & a = object ;
    int & b = f() ;
}
```

ここで、式 object や式 f() を評価した結果は lvalue だ。

rvalue とは、名前なしのオブジェクトや計算結果の一時オブジェクト、戻り値の型としての rvalue
リファレンスのことだ。

```
int && g() { return 0 ; }
int h() { return 0 ; }

int main()
{
    // rvalue リファレンス
    int && a = 0 ;
    int && b = 1 + 1 ;
    int && c = g() ;
    int && d = h() ;
}
```

ここで、式 0、式 1 + 1、式 g() を評価した結果は rvalue だ。

rvalue リファレンスを lvalue で初期化することはできない。

```
int object { } ;
int & f() { return object ; }

int main()
{
    // すべてエラー
    int && a = object ;
    int && b = f() ;
}
```

lvalue リファレンスを rvalue で初期化することはできない。

```
int && g() { return 0 ; }
int h() { return 0 ; }

int main()
{
    // すべてエラー
    int & a = 0 ;
    int & b = 1 + 1 ;
    int & c = g() ;
    int & d = h() ;
}
```

リファレンスを初期化することを、リファレンスはリファレンス先を束縛するという。lvalue リファレンスは lvalue を束縛する。rvalue リファレンスは rvalue を束縛する。

ただし、const な lvalue リファレンスは rvalue を束縛することができる。

```
int && g() { return 0 ; }

int main()
{
    // OK、const な lvalue リファレンス
    const int & a = 0 ;
    const int & b = 1 + 1 ;
    const int & c = g() ;
}
```

rvalue リファレンス自体は lvalue だ。なぜならば rvalue リファレンスはオブジェクトに名前を付けて束縛するからだ。

```
int main()
{
    // rvalue リファレンス
    int && a = 0 ;
    // OK、rvalue リファレンス a は lvalue
    int & b = a ;
    // エラー、rvalue リファレンス a は rvalue ではない
    int && b = a ;
}
```

34.3 値カテゴリー

lvalue と rvalue とは何か。もともと lvalue とは左辺値 (left-hand value)、rvalue とは右辺値 (right-hand value) という語源を持っている。これはまだ C 言語すらなかったはるか昔から存在する用語で、代入式の左辺に書くことができる値を lvalue、右辺に書くことができる値を rvalue と読んでいたことに由来する。

```
lvalue = rvalue ;
```

例えば、int 型の変数 x は代入式の左辺に書くことができるから lvalue、整数リテラル 0 は右辺に書くことができるから rvalue といった具合だ。

```
int x ;
x = 0 ;
```

C++ では lvalue と rvalue をこのような意味では使っていない。

lvalue と rvalue を理解するには、値カテゴリーを理解しなければならない。

1. 式 (expression) とは glvalue か rvalue である。
2. glvalue とは lvalue か xvalue である。
3. rvalue とは prvalue か xvalue である。

この関係を図示すると以下のようになる。

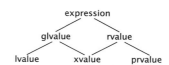

34.3.1 lvalue

lvalue はすでに説明したとおり名前付きのオブジェクトのことだ。

```
// lvalue
int object ;
int & ref = object ;
```

通常使うほとんどのオブジェクトは lvalue になる。

34.3.2 prvalue

prvalue は純粋な rvalue (pure rvalue) のことだ。つまり、名前なしのオブジェクトや計算結果の一時オブジェクトのことだ。

```
int f() { return 0 ; }

// prvalue
0 ;
1 + 1 ;
f() ;
```

ほとんどの prvalue は式を評価するときに自動的に生成され、自動的に破棄されるので、あまり意識することはない。

関数の戻り値の型がリファレンスではない場合、一時オブジェクトが生成される。

```
struct X { } ;
X f() ;
```

演算子も関数の一種なので、

```
auto result = x + y + z ;
```

のような式がある場合、まず x + y が評価され、その結果が一時オブジェクトとして返される。その一時オブジェクトを仮に temp とすると、temp + z が評価され、また一時オブジェクトが生成され、変数 result に代入される。

式文全体を評価し終わったあとに、一時オブジェクトは自動的に破棄される。

一時オブジェクトは自動的に生成され、自動的に破棄される。ここがとても重要な点だ。これは次の章で説明するムーブセマンティクスに関わってくる。

34.3.3　xvalue

xvalue とは寿命が尽きかけている lvalue (eXpiring lvalue) のことだ。xvalue は lvalue や prvalue から変換することで発生する。

xvalue となる値は以下のような場合だ。

● 戻り値の型がオブジェクトの型への rvalue リファレンスである関数の呼び出しの結果

```
int && f() { return 0 ; }

int main()
{
    // xvalue
    int && r = f() ;
}
```

- オブジェクトの型への rvalue リファレンスへのキャスト

```
int main()
{
    int object{} ;
    // xvalue
    int && r = static_cast<int &&>(object) ;
}
```

- xvalue 配列への添字操作

```
int main()
{
    int a[3] = {1,2,3} ;
    int && r = static_cast<int (&&)[3]>(a)[0] ;
}
```

xvalue 配列というのは配列のオブジェクトを配列への rvalue リファレンス型にキャストすると得られる。xvalue 配列への添字操作の結果は xvalue だ。

- xvalue なクラスのオブジェクトへのリファレンスではない非 static データメンバーへのアクセス

```
struct X { int data_member ; } ;

int main()
{
    X x{} ;
    int && r = static_cast<X &&>(x).data_member ;
}
```

- 式 .* で最初のオペランドが xvalue で次のオペランドがデータメンバーへのポインターの場合

```
struct X { int data_member ; } ;

int main()
{
    X x{} ;
    int && r = static_cast<X &&>(x).*&X::data_member ;
}
```

これも配列と似ていて、xvalue のクラスオブジェクトに対するメンバーへのポインター経由でのメンバーの参照結果は xvalue になるということだ。

重要なのは最初の2つだ。残りは覚える必要はない。重要なのは、xvalue とは、lvalue か prvalue から変換した結果発生するものだ。

34.3.4　rvalue

prvalue と xvalue を合わせて、rvalue という。rvalue リファレンスというのは、rvalue でしか初期化できない。rvalue というのは prvalue か xvalue のどちらかだ。

lvalue は xvalue に変換できるので、結果として rvalue に変換できることになる。

```
int main()
{
    // lvalue なオブジェクト
    int lvalue { } ;

    // OK、lvalue リファレンスは lvalue で初期化できる
    int & l_ref = lvalue ;

    // OK、rvalue リファレンスは rvalue で初期化できる
    // rvalue リファレンスにキャストした結果は rvalue
    int && r_ref = static_cast<int &&>(lvalue) ;
}
```

lvalue はそのままでは rvalue ではないが、xvalue に変換すれば rvalue になる。

prvalue はもともと rvalue である。

この性質は次の章で説明するムーブセマンティクスで利用する。

34.3.5　glvalue

glvalue は一般的な lvalue（generalized lvalue）という意味だ。glvalue とは、lvalue か xvalue のことだ。

lvalue から変換した xvalue はもともと lvalue だったのだから、glvalue となるのも自然だ。xvalue に変換した prvalue は glvalue になれる。

この性質はムーブセマンティクスで利用する。

34.4 rvalue リファレンスのライブラリ

34.4.1 std::move

std::move(e) は値 e を xvalue にするための標準ライブラリだ。std::move(e) は値 e の型 T への rvalue リファレンス型にキャストしてくれるので、xvalue になる。そして xvalue は rvalue だ。

```
int main()
{
    int lvalue { } ;
    int && r = std::move(lvalue) ;
}
```

これは以下のように書いたものと同じようになる。

```
int main()
{
    int lvalue { } ;
    int && r = static_cast<int &&>(lvalue) ;
}
```

34.4.2 std::move の実装

std:move(e) の実装は少し難しい。根本的には、式 e のリファレンスではない型 T に対して、static_cast<T &&>(e) をしているだけだ。

すると以下のような実装だろうか。

```
template < typename T >
T && move( T & t ) noexcept
{
    return static_cast<T &&>(t) ;
}
```

この実装は lvalue を xvalue に変換することはできるが、rvalue（prvalue と xvalue）を xvalue に変換することはできない。

```
int main()
{
    // エラー、prvalue を変換できない
    int && r1 = move(0) ;

    int lvalue { } ;
    // エラー、xvalue を xvalue に変換できない
```

```
    int && r2 = move(move(lvalue)) ;
}
```

　rvalue は rvalue リファレンスで受け取れるので、lvalue リファレンスを関数の引数として受け取る move のほかに、rvalue リファレンスを関数の引数として受け取る move を書くとよい。

　すると以下のように書けるだろうか。

```
// lvalue リファレンス
template < typename T >
T && move( T & t ) noexcept
{
    return static_cast<T &&>(t) ;
}

// rvalue リファレンス
template < typename T >
T && move( T && t ) noexcept
{
    return static_cast<T &&>(t) ;
}
```

　しかしこれでは関数の本体の中身がまったく同じ関数が 2 つできてしまう。もっと複雑な関数を書くときにこのようなコードの重複があると、ソースコードの修正が難しくなる。せっかくテンプレートを使っているのにこれでは意味がない。

34.4.3　フォワーディングリファレンス

　C++ のテンプレートはコードの重複を省くためにある。そのため、C++ ではテンプレートパラメーターへの rvalue リファレンスを関数の仮引数として取る場合を、フォワーディングリファレンス（forwarding reference）として、特別に lvalue でも rvalue でも受け取れるようにしている。

```
// T &&はフォワーディングリファレンス
template < typename T >
void f( T && t ) ;
```

　このような関数テンプレートの仮引数 t に実引数として rvalue を渡すと、T は rvalue の型となり、結果として t の型は T && になる。

```
// T は int
f(0) ;
```

　もし実引数として型 U の lvalue を渡すと、テンプレートパラメーター T が U & となる。そして、テンプレートパラメーター T に対するリファレンス宣言子（&, &&）は単に無視される。

```
    int lvalue{} ;
    // T は int &
    // T &&はint &
    f(lvalue) ;
```

　ここで、関数テンプレート f のテンプレートパラメーター T は int &となる。この T にリファレンス宣言子を T &や T &&のように使っても、単に無視されて、T &となる。

```
    template < typename T >
    void f( T && t )
    {
        using A = T & ;
        using B = T && ;
    }

    int main()
    {
        // prvalue
        f(0) ;
        int lvalue{} ;
        // lvalue
        f(lvalue) ;
    }
```

　f(0) は prvalue を渡している。この場合、T の型は int となる。A は int &、B は int &&となる。
　f(lvalue) は lvalue を渡している。この場合、T の型は int &となる。この場合の T に &や &&を付けても無視される。なので、A, B の型はどちらも int &になる。
　したがって、以下のように書くと move は lvalue も rvalue も受け取ることができる。

```
    // lvalue も rvalue も受け取ることができる move
    template < typename T >
    T && move( T && t ) noexcept
    {
        return static_cast<T &&>(t) ;
    }
```

　ただし、この実装にはまだ問題がある。この move に lvalue を渡した場合、lvalue の型を U とすると、テンプレートパラメーター T は U &になる。

```
    U lvalue{} ;
    // T は U &
    move( lvalue ) ;
```

テンプレートパラメーター名 T がリファレンスのとき、T にリファレンス宣言子 && を付けても単に無視されることを考えると、上の move に int & 型の lvalue が実引数として渡されたときは、以下のように書いたものと等しくなる。

```
int & move( int & t ) noexcept
{
    return static_cast<int &>(t) ;
}
```

move(e) は e が lvalue であれ rvalue であれ、xvalue にする関数だ。そのためには、rvalue リファレンスにキャストしなければならない。テンプレートではフォーワーディングリファレンスという例外的な仕組みによって lvalue も rvalue も T && で受け取れるが、lvalue を受け取ったときには T && が lvalue リファレンスになってしまうのでは、xvalue にキャストできない。

この問題は別のライブラリによって解決できる。

34.4.4　std::remove_reference_t

std::remove_reference_t<T> は T 型からリファレンス型を除去してくれるライブラリだ。

```
int main()
{
    // int
    using A = std::remove_reference_t<int> ;
    // int
    using B = std::remove_reference_t<int &> ;
    // int
    using C = std::remove_reference_t<int &&> ;
}
```

ということは、これとリファレンス宣言子を組み合わせると、どのような型がテンプレート実引数に渡されても rvalue リファレンスにできる。

```
template < typename T >
void f()
{
    using RT = std::remove_reference_t<T> && ;
}
```

add_pointer_t/remove_pointer_t があるように、remove_reference_t にも対となるリファレンスを追加するライブラリが存在する。ただしリファレンスには lvalue リファレンスと rvalue リファレンスがあるので、それぞれ std::add_lvalue_reference_t<T>、std::add_rvalue_reference_t<T> となっている。

508 第34章 rvalue リファレンス

```cpp
int main()
{
    // int &
    using A = std::add_lvalue_reference_t<int> ;
    // int &&
    using B = std::add_rvalue_reference_t<int> ;
}
```

34.4.5 std::move の正しい実装

std::remove_reference_t<T> を使うと、move は以下のように書ける。

```cpp
template < typename T >
std::remove_reference_t<T> && move( T && t ) noexcept
{
    return static_cast< std::remove_reference_t<T> && >(t) ;
}
```

34.4.6 std::forward

テンプレートパラメーターに rvalue リファレンス宣言子を使うと lvalue も rvalue も受け取れる。

```cpp
template < typename T >
void f( T && t ) { }

int main()
{
    int lvalue{} ;
    f(lvalue) ;
    f(0) ;
}
```

この関数 f から別の関数 g に値を渡したい場合を考えよう。

```cpp
template < typename T >
void g( T && t ) { }

template < typename T >
void f( T && t )
{
    g(t) ;
}
```

このとき、関数 f に渡されたものが lvalue でも rvalue でも、関数 g に渡される値は lvalue になってしまう。

なぜならば、名前付きの rvalue リファレンスに束縛されたオブジェクトは lvalue だからだ。

```cpp
int main()
{
    // 名前付きのrvalue リファレンス
    int && rvalue_ref = 0 ;
    // これはlvalue
    int & lvalue_ref = rvalue_ref ;
}
```

なので、g(t) の t は lvalue となる。

ここで rvalue を渡すのは簡単だ。std::move を使えばいい。

```cpp
template < typename T >
void f( T && t )
{
    g( std::move(t) ) ;
}
```

ただし、これは t が lvalue のときも問答無用で xvalue にしてしまう。

t が lvalue ならば lvalue として、rvalue ならば xvalue として、渡された値カテゴリーのまま別の関数に渡したい場合、std::forward<T>(t) が使える。

```cpp
template < typename T >
void f( T && t )
{
    g( std::forward<T>(t) ) ;
}
```

std::forward<T>(t) の T にはテンプレートパラメーター名を書く。こうすると、t が lvalue ならば lvalue リファレンス、rvalue ならば rvalue リファレンスが戻り値として返される。

std::forward の実装は以下のとおりだ。

```cpp
template<class T>
constexpr
T &&
forward(remove_reference_t<T>& t) noexcept
{ return static_cast<T&&>(t) ; }
```

```
template<class T>
constexpr
T &&
forward(remove_reference_t<T>&& t) noexcept
{ return static_cast<T&&>(t) ; }
```

　もし `std::forward<T>(t)` に lvalue が渡された場合、上の forward が呼ばれる。その場合、T は
lvalue リファレンスになっているはずなので rvalue リファレンス宣言子は無視され、lvalue リファ
レンスが戻り値の型になる。

　rvalue が渡された場合、rvalue リファレンスが戻り値の型になる。

第 35 章

ムーブの実装

ムーブ（move）とはコピー（copy）と対になる概念だ。ムーブというのはやや特殊なコピーとみなすこともできる。

ムーブの使い方とその内部の挙動についてはムーブの章で説明した。

実際に自作のクラスでムーブを実装するには、rvalue リファレンスの章で説明した rvalue リファレンス、値カテゴリー、テンプレートのフォワードリファレンスの詳細な理解が必要になる。

まだこの 2 つの章を読んでいない読者はこの章を理解する準備ができていない。一度だけしか読んでいない読者は完全に理解はできないだろうから、この章を読んだ後にもう一度立ち返って読み直すべきだ。

この章ではサンプルコードの簡略化のために、メンバー関数の定義をあたかもクラスの中で書いたかのように扱う。

例えば、

```
template < typename T >
struct S { T x ; } ;
```

があり、このクラス S<T> のコンストラクターを続いて

```
S( T const & x ) : x(x) { }
```

と書くことがある。これは実際には間違いで、正しくは以下のように書かなければならない。

```
template < typename T >
struct S
{
    T x ;
    // 宣言
    S( T const & ) ;
} ;
// 定義
template < typename T >
S<T>::S( T const & x ) : x(x) { }
```

この章では煩わしいので簡略した書き方を使う。

35.1　コピーとムーブの判別

ムーブはムーブ元のオブジェクトを無効にする可能性がある。そのためムーブはムーブをしても安全な場合にしか行われない。

コピーはコピーコンストラクターとコピー代入演算子で実装する。

コピーは lvalue リファレンスを取る。通常は const な lvalue リファレンス型を使う。

```
struct X
{
    // コピーコンストラクター
    X( const X & ) ;
    // コピー代入演算子
    X & operator = ( const X & ) ;
} ;
```

ムーブはムーブコンストラクターとムーブ代入演算子で実装する。

ムーブは rvalue リファレンスを取る。

```
struct X
{
    // ムーブコンストラクター
    X( X && ) ;
    // ムーブ代入演算子
    X & operator = ( X && ) ;
} ;
```

コピーとムーブの区別は lvalue/rvalue リファレンスで行われる。なぜこれで動くのかというと、rvalue リファレンスで束縛できる値は、

1. 無名の一時オブジェクト（prvalue）
2. 明示的に rvalue リファレンスにキャストされたオブジェクト（xvalue）

のどちらかだからだ。

```cpp
void f( const int & )
{
    std::cout << "lvalue\n"s ;
}
void f( int && )
{
    std::cout << "rvalue\n"s ;
}

int main()
{
    int object { } ;

    f( object ) ; // lvalue
    f( object + object ) ; // rvalue
    f( []{ return object ; }() ) ; // rvalue
    f( std::move(object) ) ; // rvalue
}
```

変数名を書いた式 object を評価した結果は lvalue なので lvalue と表示される。

変数を演算子+で加算する式 object + object を評価した結果は prvalue なので rvalue と表示される。

戻り値の型が int 型のラムダ式を呼び出す式 []{ return 0 ; }() を評価した結果は prvalue なので rvalue と表示される。

std::move(object) を評価した結果は xvalue なので rvalue と表示される。

prvalue は無名の一時オブジェクトなので、その値はすぐに破棄される。どうせ破棄されるのであれば、所有権を横取りしてもよい。

xvalue はユーザーが明示的に rvalue リファレンスにキャストした値だ。明示的に rvalue リファレンスにキャストしたということは、ユーザーはその値について、それ以降興味がないという意思を示したことになる。なので、そのような値からは所有権を横取りしてもよい。

特殊なルールとして、関数のローカル変数をオペランドに指定した return 文はムーブをする可能性がある。

```cpp
std::vector<int> f()
{
    std::vector<int> v ;
    v.push_back(1) ;
    v.push_back(2) ;
    v.push_back(3) ;
```

```
    // ムーブをする可能性がある
    return v ;
}
```

これは関数のローカル変数は return 文が実行されたときには無効になるので、特別に存在するルールだ。そもそも、関数の return 文はコピーもムーブもしない可能性がある。

```
int main()
{
    // 先ほどの関数f
    auto v = f() ;
}
```

C++ コンパイラーは以下のようにコードを変形することも許されているからだ。

```
int main()
{
    std::vector<int> v ;
    v.push_back(1) ;
    v.push_back(2) ;
    v.push_back(3) ;
}
```

35.2　ムーブの実装

以下のようなクラスにムーブを実装しよう。

```
template < typename T >
class dynamic_array
{
private :
    T * first ;
    T * last ;
public :
    dynamic_array( std::size_t size = 0 )
        : first( new T[size]), last( first + size )
    { }
    ~dynamic_array()
    { delete[] first ; }
} ;
```

ムーブは所有権の移動だ。所有権の移動は、単にポインターをコピーするだけで済む。

```
dynamic_array<int> source(10) ;
// ムーブ
dynamic_array<int> destination = std::move(source) ;
```

具体的な処理としては、

1. ムーブ先へ所有権の移動
2. ムーブ元の所有権の放棄

となる。

```
// 1．ムーブ先へ所有権の移動
destination.first = source.first ;
destination.last = source.last ;
// 2．ムーブ元の所有権の放棄
source.first = nullptr ;
source.last = nullptr ;
```

とするのと同じだ。ストレージの所有権を source から destination に移動している。移動後、source の破棄に伴ってストレージが delete されないために、source のポインターの値は nullptr にする。移動後の source はもうストレージを所有していない。

35.2.1　ムーブコンストラクター

ムーブコンストラクターは以下のように実装できる。

```
dynamic_array( dynamic_array && r )
    // ムーブ先へ所有権の移動
    : first( r.first ), last( r.last )
{
    // ムーブ元の所有権の放棄
    r.first = nullptr ;
    r.last = nullptr ;
}
```

35.2.2　ムーブ代入演算子

ムーブ代入の場合、すでにクラスのオブジェクトは構築されている。つまりムーブ先のクラスのオブジェクトはすでにストレージを所有しているかもしれない。

```
dynamic_array<int> source(10) ;
dynamic_array<int> destination(10) ;
// destination はすでにストレージを所有
destination = std::move(source) ;
```

516 第35章 ムーブの実装

そのため、ムーブ代入演算子はまず自身が所有しているストレージを解放する必要がある。そのため、処理は以下のようになる。

1. ムーブ先の所有権の解放
2. ムーブ先へ所有権の移動
3. ムーブ元の所有権の放棄

```
// 1. ムーブ先の所有権の解放
delete destination.first ;
// 2. ムーブ先へ所有権の移動
destination.first = source.first ;
destination.last = source.last ;
// 3. ムーブ元の所有権の放棄
source.first = nullptr ;
source.last = nullptr ;
```

ただし、この実装は自分自身へのムーブ代入に対応できない。

```
destination = std::move( destination ) ;
```

これは意図的なものだ。
一般的なムーブ代入、つまり、

```
a = std::move(b) ;
```

というコードでムーブが実行された場合、変数 b はその後使えない状態になる。もし b が a と同じである場合、b が使えない状態になるということは a も使えない状態になることはやむを得ないのが普通の挙動だ。

普通の挙動がコピー代入と異なるのは、歴史的経緯やムーブという破壊的な操作の性質から来るものだ。

C++ の標準ライブラリは自分自身へのムーブ代入後のオブジェクトの状態について、「有効だが未規定の状態」としている。

たとえば、現在の主要な C++ の実装では、std::vector で自分自身へのムーブ代入を行うと clear() が呼び出される。

```
int main()
{
    std::vector<int> v = {1,2,3,4,5} ;
    v = std::move(v) ;
    v.size() ; // 0
}
```

ムーブ代入でも、コピー代入のように何もしない実装にすることもできる。しかし、C++ ではさまざまな議論の結果、ムーブ代入は自己代入を積極的に何もしない挙動にはしないということになっている。

自分自身へのムーブ代入は誤りである。

自分自身へのムーブ代入がうっかり発生する場合は、エイリアシングによるものだ。

```cpp
template < typename T >
void moving( T & a, T & b )
{
    a = std::move(b) ;
}
```

このコードが以下のように呼ばれた場合、変数 a, b ともに同じオブジェクトを指しているので、自分自身へのムーブ代入になる。

```cpp
int main()
{
    std::vector<int> v = {1,2,3,} ;
    moving( v, v ) ;
}
```

そのため、素性のわからない間接参照を挟むオブジェクトをムーブ代入するときは、自分自身へのムーブ代入の回避が必要になる。

そのための方法は 2 つある。

1 つはポインターを比較することだ。

```cpp
template < typename T >
void moving( T & a, T & b )
{
    if ( &a != &b )
        a = std::move(b) ;
}
```

ただしこれは追加の比較が入るのでパフォーマンスに影響を与える。

もう 1 つは、ユーザーにエイリアシングを起こさないことを求めることだ。

```cpp
// 仕様
// この関数のa, bに同じオブジェクトを渡してはならない
// 渡した場合の挙動は未定義
template < typename T >
void moving( T & a, T & b )
{
    a = std::move(b) ;
}
```

518 第35章 ムーブの実装

これはつまり、ユーザーに責任を押し付けるということだ。

ムーブ代入演算子は以下のように実装できる。

```cpp
dynamic_array & operator = ( dynamic_array && r )
{
    // ムーブ先のストレージの解放
    delete first ;

    // ムーブ先へ所有権の移動
    first = r.first ;
    last = r.last ;
    // ムーブ元の所有権の放棄
    r.first = nullptr ;
    r.last = nullptr ;

    return *this ;
}
```

35.3　デフォルトのムーブ

クラスがムーブを実装しない場合、デフォルトのムーブが暗黙に定義される。

```cpp
struct X
{
    int i {} ;
    std::vector<int> v ;
} ;

int main()
{
    X a ;
    X b ;
    b = std::move(a) ;
}
```

デフォルトのムーブはクラスのメンバーをそれぞれムーブする。

```cpp
b.i = std::move(a.i) ;
b.v = std::move(a.v) ;
```

デフォルトのコピーと似ている。

35.4 コピーの禁止

　型によっては、コピーという概念が存在しないものがある。

　例えばコピー不可能なシステムのリソースを扱うクラスだ。

　具体的にはファイル、スレッド、プロセス、ネットワークソケットといったリソースだ。このような
リソースを管理するクラスを作ったとして、いったいコピーをどうすればいいのだろうか。

　コピーできないクラスは`deleted`定義を使ってコピーコンストラクターとコピー代入演算子を消す
ことができる。

　`deleted`定義は関数の本体`{...}`の代わりに`= delete`を書く。`deleted`定義されている関数を使
うとエラーとなる。

```
struct X
{
    // コピーコンストラクター
    X( const X & ) = delete ;
    // コピー代入演算子
    X & operator = ( const X & ) = delete ;

    // デフォルトコンストラクター
    X() { }
    // ムーブコンストラクター
    X ( X && ) { }
    // ムーブ代入演算子
    X & operator = ( X && ) { }
} ;
```

　このようなクラス`X`は、コピーできない。

```
int main()
{
    // デフォルト構築できる
    X a ;
    // エラー、コピーできない
    X b = a ;
    b = a ;
    // OK、ムーブはできる。
    X c = std::move(a) ;
}
```

　クラス`X`はコピーコンスラクターとコピー代入演算子が`deleted`定義されているために、コピーを
することができない。

　コピーやムーブが禁止されている型をデータメンバーに持つクラスは、デフォルトのコピーやムーブ
ができなくなる。

```
// コピーできない型
struct Uncopyable
{
    Uncopyable(){}
    Uncopyable( const Uncopyable & ) = delete ;
    Uncopyable & operator = ( const Uncopyable & ) = delete ;
} ;

// デフォルトのコピーができない
struct X
{
    Uncopyable member ;
} ;
```

deleted 定義を使えばムーブも禁止できる。ただし、ムーブを禁止するというのは現実的にはあまり実用性がない。というのも、コピーはムーブでもあるので、コピーを提供している型はムーブとしてコピーを行えばムーブも提供できることになる。

35.5　5 原則

C++ には「5 原則」という作法がある。
5 原則とは、

1. コピーコンストラクター
2. コピー代入演算子
3. ムーブコンストラクター
4. ムーブ代入演算子
5. デストラクター

このうちの 1 つを独自に定義したならば、残りの 4 つも定義すべきである。

というものだ。

なぜか。コピーやムーブを独自に定義するということは、デフォルトのコピーやムーブでは足りない何らかの処理をしたいはずだ。その処理には、たいていの場合何らかの破棄の処理が必要で、するとデストラクターも定義しなければならない。

同様に、デストラクターで何らかの独自の処理をするということは、コピーやムーブでも何らかの処理をしたいはずだ。

第36章
スマートポインター

この章では、コピーできないがムーブできる型として、スマートポインターを説明する。

ストレージを動的確保した場合、解放しなければならない。

```cpp
void f()
{
    int * ptr = new int(0) ;
    delete * ptr ;
}
```

これを正しく行うのは難しい。というのも、動的確保を複数する場合、動的確保が失敗する可能性があるからだ。

```cpp
void f()
{
    int * p1 = new int(0) ;
    int * p2 = new int(1) ;

    delete p2 ;
    delete p1 ;
}
```

この何気ない一見問題のなさそうなコードには問題がある。もし new int(1) が失敗した場合、例外が投げられ、そのまま関数 f の実行は終わってしまう。後続の delete は実行されない。

そのような場合にスマートポインターが使える。スマートポインターはポインターの解放とムーブを代わりに行ってくれる便利なライブラリだ。

36.1 unique_ptr

std::unique_ptr<T> は以下のように使う。

```
auto ptr = std::make_unique<型>( 初期化コンストラクターへの引数 )
```

具体的には以下のようになる。

```
void f()
{
    // std::unique_ptr<int>
    auto p1 = std::make_unique< int >( 0 ) ;
    auto p2 = std::make_unique< int >( 1 ) ;
}
```

delete がないが問題はない。delete は unique_ptr のデストラクターが自動で呼んでくれるからだ。

p2 の動的確保が失敗した場合でも問題はない。

unique_ptr はポインターとほぼ同じように使うことができる。例えばポインターが参照するオブジェクトを間接的に使いたい場合は operator * を使う。

```
int main()
{
    auto p = std::make_unique< int >( 0 ) ;

    *p = 123 ;
    std::cout << *p ;
}
```

メンバーにアクセスするときには operator -> も使える。

```
int main()
{
    auto p = std::make_unique< std::vector<int> > () ;
    p->push_back(0) ;
}
```

unique_ptr はたいへん便利なのであらゆる箇所で生のポインターの代わりに使うべきだが、古い関数に生のポインターを渡さなければならない場合などは unique_ptr を渡せない。そのような場合のために unique_ptr、生のポインターを得る方法がある。メンバー関数 get だ。

```
// 古臭い時代遅れの生ポインターを引数に取る関数
void old_outdated_ugly_function( int * ptr ) ;

int main()
{
    auto ptr = std::make_unique<int>(0) ;
    old_outdated_ugly_function( ptr.get() ) ;
}
```

ただし get を使うときは生のポインターを使う期間が unique_ptr の寿命の期間内でなければならない。

以下のような場合は使えない。

```
// 前回渡したポインターの参照する値と
// 今回渡したポインターの参照する値が
// 等しい場合にtrue を返す
int * last_ptr ;
bool is_equal_to_last_ptr( int * ptr )
{
    if ( last_ptr == nullptr )
        last_ptr = ptr ;

    bool b =  *ptr == *last_ptr ;
    last_ptr = ptr ;
    return b ;
}

void f()
{
    auto p = std::make_unique<int>(0) ;
    is_equal_to_last_ptr( p.get() ) ;
}

int main()
{
    f() ;
    // エラー
    f() ;
}
```

これは関数 f が unique_ptr の寿命の期間を超えてポインターを保持して参照しているからだ。

unique_ptr はコピーができない。

524 第36章 スマートポインター

```cpp
int main()
{
    auto p = std::make_unique<int>(0) ;
    // エラー、コピーはできない
    auto q = p ;
}
```

これはポインターの値をコピーして、ポインターの所有権を持つオブジェクトが複数存在することを防ぐためだ。

ムーブはできる。

```cpp
int main()
{
    auto p = std::make_unique<int>(0) ;
    auto q = std::move(p) ;
}
```

ムーブしたあとの変数 p はポインターの所有権を持たない。

unique_ptr の実装はとても簡単だ。例えば簡易的なものならば1ページに収まるほどのコード量で書ける。

```cpp
template < typename T >
class unique_ptr
{
    T * ptr = nullptr ;
public :
    unique_ptr() { }
    explicit unique_ptr( T * ptr )
        : ptr( ptr ) { }
    ~unique_ptr()
    { delete ptr ; }

    // コピーは禁止
    unique_ptr( const unique_ptr & ) = delete ;
    unique_ptr & operator =( const unique_ptr & ) = delete ;

    // ムーブ
    unique_ptr( unique_ptr && r )
        : ptr( r.ptr )
    { r.ptr = nullptr ; }
    unique_ptr & operator = ( unique_ptr && r )
    {
        delete ptr ;
        ptr = r.ptr ;
        r.ptr = nullptr ;
```

```
    }

    T & operator * () noexcept { return *ptr ; }
    T * operator ->() noexcept { return ptr ; }
    T * get() noexcept { return ptr ; }
} ;
```

コンストラクターでポインターを受け取り、デストラクターで破棄する。コピーは禁止。ムーブは所有権を移動。特に解説するまでもなくコードを読むだけでいいほどの単純な実装だ。

現実の unique_ptr はもう少し便利な機能を提供しているので、実装はもう少し複雑になっているが、基本的な実装としては変わらない。

36.2   shared_ptr

unique_ptr は便利だがコピーができない。コピーができないのは unique_ptr がポインターの所有権を排他的に独占するからだ。これはどうにもならないが、コピーしたいものはコピーしたい。

そこで、コピーができるスマートポインターとして shared_ptr がある。

unique_ptr<T> は make_unique<T>(...) で作るように、shared_ptr<T> は std::make_shared<T>(...) で作る。

```
int main()
{
    auto p = std::make_shared<int>(0) ;
}
```

unique_ptr と同じようにポインターのように使うことができる。

shared_ptr はコピーができる。

```
auto p1 = std::make_shared<int>(0) ;
auto p2 = p1 ;
auto p3 = p1 ;
```

しかも、コピーはすべて同じポインターを持っている。例えば以下のようにすると、

```
*p3 = 123 ;
```

*p1, *p2, *p3 はいずれも 123 になる。

これはどれも同じポインターの値を保持しているためだ。p1.get(), p2.get(), p3.get() はすべて同じポインターの値を返す。

shared_ptr は本当に何も考えずに気軽にコピーしてもよい。例えば以下のような本当に汚いコードですら動く。

```
    std::shared_ptr<int> last_ptr ;

    bool is_equal_to_last_ptr( std::shared_ptr<int> ptr )
    {
        if ( last_ptr == nullptr )
            last_ptr = ptr ;

        bool b = *last_ptr == *ptr ;
        last_ptr = ptr ;
        return b ;
    }

    int main()
    {
        auto p1 = std::make_shared<int>(1) ;
        auto p2 = std::make_shared<int>(2) ;

        // true
        is_equal_to_last_ptr( p1 ) ;
        // false
        is_equal_to_last_ptr( p2 ) ;
        *p2 = 1 ;
        // true
        is_equal_to_last_ptr( p1 ) ;
    }
```

　shared_ptr はコピーされたすべての shared_ptr のオブジェクトが同じポインターを共有する。ポインターを所有する最後の shared_ptr のオブジェクトが破棄されたときに、ポインターが delete される。

　そのため、shared_ptr を使うときは、ポインターが有効なオブジェクトを指すかどうかを気にしなくてよい。そのポインターを所有する shared_ptr のオブジェクトが1つでも生き残っている限り、ポインターは有効になっている。

　shared_ptr はどうやって実装されているのだろうか。shared_ptr<T> は T へのポインターのほかに、現在何個の shared_ptr のオブジェクトがポインターを所有しているのかを数えるカウンターへのポインターを持っている。

```
    template < typename T >
    class shared_ptr
    {
        T * ptr ;
        std::size_t * count ;
    } ;
```

　shared_ptr が初めて作られるとき、このカウンター用にストレージが動的確保され、値が1になる。

```
explicit shared_ptr( T * ptr )
    : ptr( ptr ), count( new std::size_t(1) )
{ }
```

コピーされるとき、カウンターがインクリメントされる。

```
shared_ptr( const shared_ptr & r )
    : ptr( r.ptr ), count( r.count )
{
    ++*count ;
}
```

デストラクターでは、カウンターがデクリメントされる。そしてカウンターがゼロの場合、ポインターが delete される。

```
~shared_ptr()
{
    // カウンターが妥当なポインターを指しているかどうか確認
    if ( count == nullptr )
        return ;

    // デクリメント
    --*count ;
    // 所有者が0ならば
    if ( *count == 0 )
    {   // 解放する
        delete ptr ;
        ptr = nullptr ;
        delete count ;
        count = nullptr ;
    }
}
```

全体としては少し長いが、以下のようになる。

```
template < typename T >
class shared_ptr
{
    T * ptr = nullptr ;
    std::size_t * count = nullptr ;

    void release()
    {
        if ( count == nullptr )
            return ;
```

```
        --*count ;
        if ( *count == 0 )
        {
            delete ptr ;
            ptr = nullptr ;
            delete count ;
            count = nullptr ;
        }
    }
public :

    shared_ptr() { }
    explicit shared_ptr( T * ptr )
        : ptr(ptr), count( new std::size_t(1) )
    { }
    ~shared_ptr()
    {
        release() ;
    }

    shared_ptr( const shared_ptr & r )
        : ptr( r.ptr ), count( r.count )
    {
        ++*count ;
    }
    shared_ptr & operator =( const shared_ptr & r )
    {
        if ( this == &r )
            return *this ;

        release() ;
        ptr = r.ptr ;
        count = r.count ;
        ++*count ;
    }

    shared_ptr( shared_ptr && r )
        : ptr(r.ptr), count(r.count)
    {
        r.ptr = nullptr ;
        r.count = nullptr ;
    }

    shared_ptr & operator =( shared_ptr && r )
    {
        release() ;
        ptr = r.ptr ;
```

```
        count = r.count ;
        r.ptr = nullptr ;
        r.count = nullptr ;
    }

    T & operator * () noexcept { return *ptr ; }
    T * operator ->() noexcept { return ptr ; }
    T * get() noexcept { return ptr ; }
} ;
```

　これはとても簡易的な shared_ptr の実装だ。本物の std::shared_ptr はもっと複雑で、もっと
高度な機能を提供している。

第 37 章

自作の数値クラスで
演算をムーブに対応する方法

　自作の数値計算をするクラスを実装するとしよう。無限精度整数、ベクトル、行列など、自作のクラスで実装したい数値と演算は世の中にたくさんある。

　そのとき、数値の状態を表現するためにストレージを動的確保するとしよう。ここでは例のため、とても簡単な整数型を考える。

```cpp
class Integer
{
    int * ptr ;
} ;
```

37.1　基本の実装

まずは基本となるコンストラクターとデストラクター、コピー、ムーブを実装しよう。

```cpp
struct Integer
{
    int * ptr ;
public :
    explicit Integer( int value = 0 )
        : ptr ( new int(value) ) { }
    ~Integer( )
    { delete ptr ; }
```

```
    // コピー
    Integer( const Integer & r )
        : ptr( new int( *r.ptr ) ) { }
    Integer & operator = ( const Integer & r )
    {
        if ( this != &r )
            *ptr = *r.ptr ;
        return *this ;
    }

    // ムーブ
    Integer( Integer && r )
        : ptr( r.ptr )
    { r.ptr = nullptr ; }
    Integer operator =( Integer && r )
    {
        delete ptr ;
        ptr = r.ptr ;
        r.ptr = nullptr ;
        return *this ;
    }
} ;
```

コンストラクターは動的確保をする。デストラクターは解放する。コピーは動的確保をする。ムーブは所有権の移動をする。とてもよくあるクラスの実装だ。

実用的には `std::unique_ptr<int>` を使うべきだが、低級な処理を説明するためにあえて生のポインターを使っている。

今回のコピー代入演算子は単に値をコピーしているが、コピー元とコピー先で確保したストレージのサイズが異なるような型、たとえば無限精度整数や動的なサイズのベクトルや行列などの場合は、コピー代入演算子でもコピー先のストレージを破棄してコピー元と同じサイズのストレージを確保するなどの処理が必要な場合もある。

```
// 行列クラス
class matrix
{
    // オブジェクトごとにサイズが異なる
    unique_ptr<double> ptr ;
    std::size_t rows ;
    std::size_t columns ;
public :
    // コピー代入演算子
    matrix & operator = ( const matrix & r )
    {
        // 自分自身への代入
        if ( this == &r )
            return *this ;
```

```
        // 行列のサイズが同じかどうか確認
        if ( rows == r.rows && columns == r.columns )
        {
            // コピー元の行列の値をコピー先にコピー
            // コピー先のストレージはそのまま使える
        }
        else
        {
            // コピー先のストレージを解放
            // コピー先はコピー元の行列サイズと同じストレージを確保
            // 値をコピー
        }
    }
} ;
```

37.2 複合代入演算子

複合代入演算子というのは、operator += や operator -= のような演算子だ。これはコピー代入演算子と同じように実装できる。違いは代入の結果、演算をするだけだ。

クラス Integer の場合、演算の結果ストレージのサイズが変わるということはないので、愚直な実装で済む。

```
Integer & operator +=( const Integer & r )
{
    *ptr += *r.ptr ;
    return *this ;
}

Integer & operator -=( const Integer & r )
{
    *ptr -= *r.ptr ;
    return *this ;
}
```

複合代入演算子をムーブ代入演算子として実装する理由は、通常はない。

37.3 単項演算子

演算を表現するクラスでオーバーロードしたい単項演算子には operator + と operator - がある。特に operator - は実用上の意味があるので実装してみよう。

```
Integer a(10) ;
auto b = -a ;
// これは二項演算子 operator +の結果に
// 単項演算子operator -を適用
auto c = -(a + a) ;
```

*this が lvalue の場合の単項演算子の実装は以下のようになる。

```
Integer operator -() const
{
    Integer result( -*ptr ) ;
    return result ;
}

// operator +()の実装は省略
```

単項演算子 operator - は *this を書き換えない。負数にした値のコピーを返す。

変数 result は return 文のあとは使われないので、return std::move(result) と書くこともできる。しかし、そのように書く必要はない。というのも return 文は特別な扱いを受けているので、関数の中の変数を return した場合、自動でムーブが行われるからだ。もちろん、std::move を明示的に書いてもよい。

単項演算子 operator - は *this が lvalue のときには上のように実装するしかない。しかしこの実装は非効率的だ。なぜならば、コードを読めばわかるように、追加の一時変数が生成され、追加の動的メモリー確保が行われるからだ。

そのため、もしクラス Integer がコピーしか実装していない場合、

```
Integer a ;
auto b = -a ;
```

というコードは、

```
Integer a ;
auto b = a ;
b.make_it_negative() ;
```

のような現在の値をそのまま負数にするメンバー関数 make_it_negative を実装して使った方が効率がよくなる。

```
class Integer
{
    int * ptr ;
public :
    void make_it_negative()
    {
        *ptr = -*ptr ;
    }
} ;
```

幸い、クラス Integer はムーブコンストラクターを実装しているので、

```
auto b = -a ;
```

というコードは、式 -a によって生成された一時オブジェクトが変数 b にムーブされる。

しかし、

```
auto c = -(a + a) ;
```

というコードは依然として非効率的になる。まだ二項演算子 operator + は実装していないが、これは、

```
auto temp1 = a + a ;
auto temp2 = -temp1 ;
auto c = temp2 ;
```

になるからだ。すると以下のように書いた方が効率がよくなる。

```
Integer a ;
auto c = a ;
c += a ;
c.make_it_negative() ;
```

こんなコードを書くのは面倒だ。単に -(a+a) と書いて効率的に動いてほしい。そのために単項演算子 operator - をムーブに対応させる。

単項演算子はクラスのメンバー関数として実装する。

```
class Integer
{
public ;
    Integer operator -() const ;
} ;
```

これが非メンバー関数ならば、単に rvalue リファレンスを取ればよい。

```
Integer negate( Integer && object ) ;
```

メンバー関数の場合、object に相当するのは *this だ。

```
class Integer
{
public :
    // *this が object に相当する
    Integer negate() ;
} ;
```

this がポインターになっているのは歴史的な都合で、本来はリファレンスになっているべきだった。メンバー関数は以下のような隠し引数があるものとして考えるとよい。

```
class Integer
{
public :
    // 隠し引数
    Integer negate( Integer & THIS )
    {
        Integer * this = &THIS ;
    }
} ;
```

もちろん、このような隠し引数 THIS を C++ のプログラムから参照する方法はない。あくまでも参考のためのコードだ。

メンバー関数を const 修飾するというのは、

```
class Integer
{
public :
    Integer negate() const ;
} ;
```

この隠し引数を const 修飾するのと同じだ。

```
class Integer
{
public :
    Integer negate( const Integer & THIS )
    {
        const Integer * this = &THIS ;
        // ...
```

これによって const 修飾の有無でメンバー関数を呼び分けられる。

```cpp
struct X
{
    void f() ;
    void f() const ;
} ;

int main()
{
    X x ;
    x.f() ; // 非const
    const X & cx = x ;
    cx.f() ; // const
}
```

C++ には const 修飾と同様に、「リファレンス修飾」という機能がある。これを使えば隠し引数に lvalue/rvalue リファレンスの修飾ができる。

```cpp
struct X
{
    // lvalue リファレンス修飾子
    void f() & ;
    // rvalue リファレンス修飾子
    void f() && ;
} ;

int main()
{
    X lvalue ;
    // lvalue リファレンス
    lvalue.f() ;
    // rvalue リファレンス
    std::move(lvalue).f() ;
}
```

これは実質的以下のような隠し引数があるものと考えてよい。もちろん隠し引数を使うことはできない。

```
struct X
{
    // lvalue リファレンス
    void f( X & THIS )
    {
        X * this = &THIS ;
    }
    void f( X && THIS )
    {
        X * this = &THIS ;
    }
} ;
```

void f() && のメンバー関数の中では、*this は lvalue だ。rvalue リファレンスの変数は lvalue であることを思い出そう。

```
void f( int & ) ;
void f( int && ) ;

int main()
{
    int lvalue {} ;
    int && rvalue = std::move(lvalue) ;
    // int &を呼び出す
    // rvalue リファレンスの変数は lvalue
    f( rvalue ) ;
}
```

クラスでメンバー関数にリファレンス修飾子を書かなかった場合、lvalue リファレンス修飾子を書いたものとみなされる。

```
struct X
{
    // lvalue リファレンス
    void f() ;
} ;
```

もしメンバー関数にリファレンス修飾子を書いた場合、同じ名前のすべてのメンバー関数にリファレンス修飾子を書かなければならない。

```
struct X
{
    // エラー、リファレンス修飾子がない
    void f() ;
    void f() & ;
```

```
    // OK、リファレンス修飾子がある
    void g() & ;
    void g() && ;

    // OK リファレンス修飾子を使っていない
    // デフォルトでlvalue リファレンス修飾子
    void h() ;
} ;
```

リファレンス修飾子を使い、*this が lvalue と rvalue の場合で実装を分けることができる。

```
class Integer
{
    int * ptr ;
public :
    // lvalue 版
    Integer operator -() const &
    {
        auto result = ( -*ptr ) ;
        return result ;
    }
    // rvalue 版
    Integer operator -() &&
    {
        auto result = std::move(*this) ;
        *result.ptr = -*result.ptr ;
        return result ;
    }
} ;
```

rvalue リファレンス修飾子を使った単項演算子 operator -の実装は、*this 自身が rvalue であるので、自分自身をムーブしている。ムーブ以降、this->ptr は nullptr になる。なぜならば、Integer のムーブ代入演算子がそのような実装になっているからだ。

```
/// 上で示したのと同じムーブ代入演算子の抜粋
Integer operator =( Integer && r )
{
    delete ptr ;
    ptr = r.ptr ;
    // ムーブ元のポインターをnullptr にする
    r.ptr = nullptr ;
    return *this ;
}
```

37.4 二項演算子

せっかく数値を表現するクラスなのだから二項演算子を使った演算がしたい。

```
int main()
{
    Integer a(1) ;
    Integer b(2) ;
    Integer c = a + b ;
}
```

これをどうやって実装するのかというと、operator +演算子のオーバーロードで実装する。
演算子のオーバーロードはメンバー関数による方法と、非メンバー関数による方法がある。

```
struct X
{
    // メンバー関数
    X operator +( const X & r ) ;
} ;

// 非メンバー関数
X operator +( const X & l, const X & r ) ;
```

operator =のような特殊な演算子以外は、どちらの方法で書いてもいい。メンバー関数として書いた場合、第一引数は *this に、第二引数が関数の引数 r になる。
　例えば以下のようなコードで、

```
X a ;
X b ;
a + b ;
```

メンバー関数の場合、*this は a、r は b になる。
　非メンバー関数の場合、l は a は、r は b になる。

37.4.1 ムーブしない実装

　二項演算子のオペランドがどちらも lvalue であった場合はムーブができないので、引数は const な lvalue リファレンスで受け取り、prvalue を返す。
　メンバー関数の場合の実装は以下のようになる。

```
class Integer
{
    int * ptr ;
public :
    // 省略...

    Integer operator +( const Integer & r ) const
    { return Integer( *ptr + *r.ptr ) ; }
} ;
```

非メンバー関数の場合は、`Integer::ptr` が private メンバーであることが問題になる。

```
Integer operator + ( const Integer & l, const Integer & r )
{
    // エラー、Integer::ptr は private メンバー
    return Integer( *l.ptr + *r.ptr ) ;
}
```

これを解決するための方法はいくつかある。

1. クラスのメンバー関数として処理を実装し、そのメンバー関数を呼び出す方法

```
class Integer
{
    int * ptr ;
public :
    Integer plus( const Integer & r ) const
    { return Integer( *ptr + r.ptr ) ; }
} ;

Integer operator + ( const Integer & l, const Integer & r )
{
    return l.plus( r ) ;
}
```

2. friend 宣言する方法

クラスが別のクラスや関数を friend 宣言すると、その関数はクラスの private なメンバーを使えるようになる。

```
class X
{
    int member ;
    // friend 宣言
    friend int get_member( const X & ) ;
```

```
} ;

int get_member( const X & obj )
{
    // OK、friend なので使える
    return obj.member ;
}
```

これを使うと、以下のように friend 宣言すれば、動かなかった非メンバー関数による operator +
のオーバーロードが動くようになる。

```
class Integer
{
    friend Integer operator +( const Integer &, const Integer & ) ;
} ;
```

37.4.2　ムーブをしたくなる状況

上の二項演算子の実装だけで、クラス Integer は加算ができるようになった。ただし、効率がよく
ない。

例えば以下のようなコードを考えよう。

```
Integer a ;
auto b = a + a + a ;
```

これはどのように評価されるかというと、a+a+a は、(a+a)+a となり、(a+a) を評価した結果の一
時オブジェクトが生成され、その一時オブジェクトを仮に temp と呼ぶと、temp+a される。

結果として、以下のようなコードと同じになる。

```
Integer a ;
auto temp = a + a ;
auto b = temp + a ;
```

ムーブを実装していない場合、以下のように書いた方が効率がよくなる。

```
Integer a ;
auto b = a ;
b += a ;
b += a ;
```

このようなコードは面倒だ。できれば a + a + a と書きたい。

二項演算子は operator + だけではない。

```
auto result = a + b - c * d / e ;
```

のようなコードも書きたい。これを効率化のために、

```
auto result = a;
a += b ;
auto temp = c ;
temp *= d ;
temp /= e ;
result -= temp ;
```

のように書かなければならないとしたら悲惨だ。

a+a+a のような式が効率的に動くためには、二項演算子で lvalue/rvalue リファレンスを取り、rvalue リファレンスの場合はムーブするコードを書く。rvalue からは所有権を横取りしてもよいからだ。

二項演算子は引数が 2 つあり、それぞれに lvalue/rvalue があるので、4 通りのオーバーロードを書かなければならない。

非メンバー関数で実装するには、以下のように宣言を書く。

```
class Integer
{
    friend integer operator + ( const Integer & l, const Integer & r ) ;
    friend integer operator + ( Integer && l, const Integer & r ) ;
    friend integer operator + ( const Integer & l, Integer && r ) ;
    friend integer operator + ( Integer && l, Integer && r ) ;
} ;

// lvalue + lvalue
Integer operator + ( const Integer & l, const Integer & r ) ;
// rvalue + lvalue
Integer operator + ( Integer && l, const Integer & r ) ;
// lvalue + rvalue
Integer operator + ( const Integer & l, Integer && r ) ;
// rvalue + rvalue
Integer operator + ( Integer && l, Integer && r ) ;
```

具体的な実装としては、まず rvalue リファレンスで束縛したリファレンスを関数のローカル変数にムーブしたあとで、その変数を return する。

第一引数が rvalue の場合は、以下のようになる。

```
Integer operator + ( Integer && l, const Integer & r )
{
    auto result = std::move(l) ;
    result += r ;
    return result ;
}
```

第一引数は rvalue なので、ムーブしてもよい。

先ほども説明したように、'return 文' が関数のローカル変数を返すときは自動でムーブしてくれる。もちろん 'return std::move(result)' と書いてもよい。

第二引数が rvalue の場合は、ムーブすべきオブジェクトが第二引数になる。

```
Integer operator + ( const Integer & l, Integer && r )
{
    auto result = std::move(r) ;
    result += l ;
    return result ;
}
```

この実装はすべてに使えるわけではない。加算の場合は、一般に交換法則を満たすことが期待できる。つまり、

$$a + b = b + a$$

であることが期待できるが、除算演算子 operator / は交換法則を満たさない。今回の Integer のような簡単な作りのクラスならば実装できるが、クラスの実装と演算次第では第二引数のみが rvalue の場合にはムーブできない場合もあるだろう。そういう場合には実装しなくてもよい。実装できないものは実装しないのが正しい。

第一引数、第二引数のいずれかが rvalue であるときにムーブする演算子のオーバーロードを両方とも実装した場合、両方の引数が rvalue である場合のオーバーロードも実装しなければならない。

第一引数、第二引数が両方共 rvalue である場合というのは、例えば以下のような場合だ。

```
Integer a ;
auto b = (a + a) + (a + a) ;
```

a+a を評価した結果は rvalue だ。この式では rvalue と rvalue を operator + に渡しているので、引数は両方とも rvalue になる。

もし、rvalue + lvalue と lvalue + rvalue に対応する演算子しかオーバーロードしていない場合、関数呼び出しが曖昧になってしまう。そこで、rvalue + rvalue の演算子オーバーロードも書く。

```
Integer operator +( Integer && l, Integer && r )
{
    return std::move(l) + r ;
} ;
```

この実装は単に rvalue + lvalue の演算子オーバーロードに実際の処理を丸投げしている。変数 r はここでは lvalue だ。何度も言うように rvalue を束縛した rvalue リファレンスの変数は lvalue だ。ここでは第一引数をムーブし、第二引数は lvalue として扱っている。

メンバー関数で実装する場合、二項演算子の第一引数は *this、第二引数がメンバー関数の第一引数になる。

```
class Integer
{
public :
    // lvalue + lvalue
    Integer operator + ( const Integer & r ) const & ;
    // rvalue + lvalue
    Integer operator + ( const Integer & r ) && ;
    // lvalue + rvalue
    Integer operator + ( Integer && r ) const & ;
    // rvalue + rvalue
    Integer operator + ( Integer && r ) && ;
} ;
```

a + b のとき、*this が a、r が b だ。あとの実装は非メンバー関数の場合と変わらない。

例えばメンバー関数で rvalue + lvalue の実装は以下のようになる。

```
Integer Integer::operator +( const Integer & r ) &&
{
    auto result = std::move(*this) ;
    result += r ;
    return result ;
}
```

第 38 章
文字列

38.1　はじめに

とうとう文字列を学ぶべきときがやってきた。文字列自体は最初から使ってきた。

```
auto s = "hello"s ;
```

これは文字列の表面的な使い方だけだ。しかも、本書ではこれまで文字列に日本語を使ってこなかった。これには理由がある。たとえば、

```
int main()
{
    std::cout << "こんにちは"s ;
}
```

のようなコードが動くかどうかは実装依存だからだ。試しにコンパイルして実行してみよう。もし画面に「こんにちは」と表示されたのであれば、どうやら読者の環境はこのコードで日本語を出力、表示できるようだ。

38.2　基本ソース文字セット

C++ では、基本ソース文字セットと呼ばれる文字がある。C++ のソースコードで安全に使うことができる文字だ。ラテンアルファベットの大文字小文字、記号、制御文字からなる文字セットで、96 文字ある。

空白文字、水平タブ、垂直タブ、フォームフィード、改行の 5 文字と、印字可能な以下の 91 文字だ。

```
a b c d e f g h i j k l m n o p q r s t u v w x y z
A B C D E F G H I J K L M N O P Q R S T U V W X Y Z
0 1 2 3 4 5 6 7 8 9
_ { } [ ] # ( ) < > % : ; . ? * + - / ^ & | ~ ! = , \ " '
```

38.3　基本実行文字セット

基本実行文字セットは基本ソース文字セットにアラート、バックスペース、キャリッジリターン、null 文字を加えたものだ。

null 文字は整数の 0 に等しいという特別な特徴を持つ文字だ。

38.4　文字を表現する方法

文字をコンピューターで扱うには、ビット列で文字を表現できなければならない。C++ でアドレス可能な最小単位はバイトなので、文字というのはバイト列で表現する。

38.4.1　ASCII

ASCII はとても広く普及した文字のエンコード方法だ。ASCII では 7 ビットの整数値で 1 文字を表現する。

C++ の基本実行文字セットは特定の文字エンコードであると規定されてはいないが、ASCII を参考にしている。ただし ASCII には基本実行文字セットにはない、ダラーサイン（$）、アットマーク（@）、バッククオート（'）といくつかの制御文字がある。

38.4.2　Unicode

Unicode、もしくは ISO/IEC 10646（Universal Coded Character Set, UCS）は文字のコードポイントを定める規格だ。

Unicode は当初、16bit の符号なし整数値でコードポイントを表現する規格であった。この当時、1 コードポイントは 1 文字であり 16bit であった。

そのような当初の目論見はすぐに破綻し、いまでは 1 コードポイントは 21bit 弱（U+0000 から U+10FFFF）であり、1 コードポイントは 1 文字を意味しないようになった。複数のコードポイントを組み合わせて 1 文字が表現されることもあるからだ。

Unicode はコードポイントについて定めた規格であり、バイト列で文字を表現する規格ではない。Unicode を元にしたバイト列によって文字を表現するエンコード方式に、UTF–8, UTF–16, UTF–32 が存在する。

UTF–16

UTF–16 は 16bit の符号なし整数値によって Unicode のコードポイントを表現するエンコード方式だ。まだ Unicode が 16bit のコードポイントですべての文字を表現すると考えていたころに考案され

た UCS–2 が元になっている。

その後、Unicode のコードポイントが 21bit 弱に拡張されたので、UCS–2 から UTF–16 が考案された。

UTF–16 は 16bit を 1 単位とした符号なし整数で 21bit 弱のコードポイントを表現するために、1 単位で表現できないコードポイントを、サロゲートペアと呼ばれる連続した 2 単位で表現する。

そのため、UTF–16 の任意の 1 単位を切り出すと、それは 1 つのコードポイントを表現するサロゲートペアの片方である可能性があり、文字として壊れてしまう可能性がある。

UTF–32

UTF–32 は 32bit の符号なし整数値によって Unicode のコードポイントを表現するエンコード方式だ。UTF–32 の 1 単位は 32bit 符号なし整数なので、Unicode の任意の 1 コードポイントを表現できる。

ただし問題は、Unicode ではもはや 1 コードポイントは 1 文字ではないということだ。したがって UTF–32 の 1 単位は 1 文字ではない。

UTF–32 の 1 単位は 1 コードポイントだが、UTF–32 の任意の 1 単位を切り出すことはできない。連続した複数のコードポイントによって表現された 1 文字が壊れる可能性があるからだ。

エンディアンの問題

UTF–16 と UTF–32 は 1 単位が複数のバイトからなるエンコード方式だ。複数バイトからなる整数にはエンディアン（Endian）の問題がある。

エンディアンとは複数の連続したバイト列の順序のことだ。

1 バイトが 8bit の環境で 2 バイトの符号なし整数を考えよう。C++ には 16bit 符号なし整数型である std::uint16_t がある。

```cpp
std::uint16_t value = 0b00000001'00000010 ;
```

2 バイトの符号なし整数である value の 2 つの連続したバイトの上位桁を表現するバイトを上位バイト、下位桁を表現するバイトを下位バイトと呼ぶ。上のコードは上位バイトに 1、下位バイトに 2 が表現されている。このバイト列を直接見てみよう。

```cpp
// byte 表示用の関数
void print( std::byte x )
{
    std::cout << static_cast<unsigned int>(x) ;
}

int main()
{
    // 上位バイトに 1
    // 下位バイトに 2
    std::uint16_t value = 0b00000001'00000010 ;
```

```
    // 2バイトの配列
    std::byte rep[2] ;

    // バイト列をコピー
    std::memcpy( rep, &value, 2 ) ;

    // 上位バイト
    print( rep[0] ) ;
    // 下位バイト
    print( rep[1] ) ;
}
```

筆者の環境では "21" と表示される。これはつまり、2 つのバイトのうち、下位バイトの方が先に配置されているということだ。

世の中にはリトルエンディアン（Little Endian）とビッグエンディアン（Big Endian）がある。これは複数バイトの順序の違いだ。

リトルエンディアンは下位バイトから配置する。

ビッグエンディアンは上位バイトから配置する。

リトルエンディアン環境では、上のプログラムは "21" と表示する。ビッグエンディアン環境では、"12" と表示する。

エンディアンの存在により、UTF–16 と UTF–32 は 2 つのバイト列表現が存在することになる。

UTF–8

UTF–8 は最も後発の Unicode のコードポイントの文字エンコードだ。

UTF–8 は 8bit を 1 単位とし、1 単位から 4 単位までの連続した単位列によって Unicode の 1 コードポイントを表現する。

UTF–8 が 1 単位だけでコードポイントを表現するとき、下位 7bit は ASCII の文字の値に等しい。その点で UTF–8 は ASCII と互換性がある。

これにより従来 ASCII を使っていたコードやシステムとの親和性が高く、普及した。

UTF–8 は現在最も普及している文字コードだ。

38.5 OS

C++ プログラムが実行できる OS としては以下のようなものがある。

- GNU/Linux
- Android
- FreeBSD
- DragonflyBSD
- OpenBSD
- NetBSD

- Apple macOS
- Apple iOS
- Microsoft Windows

このほかにも OS はさまざまあるが、情報を得るだけでも NDA を結ぶ必要がある表に出てこない OS であったり、実験的すぎたりして、C++ を学習する環境としては不適切だ。

このうち、Microsoft Windows を除く OS は UTF–8 を使用している。

Microsoft Windows は UTF–16 を使用している。ただし、この状況は Microsoft Windows は最近 UTF–8 ロケールを実装したので将来的に変わるだろう。

38.6 リテラル

38.6.1 通常の文字リテラル

通常の文字リテラルは単一引用符で 1 つの文字を囲む。

```
'a'
'b'
'c'
```

通常の文字リテラルの型は char だ。

```
char a = 'a' ;
char b = 'b' ;
char c = 'c' ;
```

文字リテラルには以下のようなエスケープシーケンスがある。これは一部の印字不可能な文字や、文法上の理由で直接リテラルの中に書くことができない文字を書けるようにするための代替手段だ。

意味	リテラル
改行	\n
水平タブ	\t
垂直タブ	\v
バックスペース	\b
キャリッジリターン	\r
フォームフィード	\f
アラート	\a
バックスラッシュ	\
疑問符	\?
単一引用符	\'
二重引用符	\"

これを使えば、単一引用符の文字リテラルは

```
char c = '\'' ;
```

と書ける。エスケープシーケンスにはバックスラッシュを使うため、文字リテラルのなかでバックスラッシュを使うには、エスケープシーケンスが必要だ。

```
char c = '\\' ;
```

通常の文字がどのような文字エンコードを使っているかは実装定義だ。

そのほかにも文字の数値を直接指定するエスケープシーケンスとして、8 進数エスケープシーケンスと 16 進数エスケープシーケンスがある。

```
char oct = '\101' ;
char hex = '\x41' ;
```

このコードは、8 進数で 101、16 進数で 41 になる何らかの文字を表現している。もし通常の文字リテラルが ASCII か UTF–8 でエンコードされている場合、この文字は A になる。

38.6.2　ユニバーサルキャラクター名

文字リテラルには特殊なエスケープシーケンスであるユニバーサルキャラクター名（Universal Character name）を使うことができる。

```
\uNNNN
\UNNNNNNNN
```

文法は\u に続いて 16 進数を 4 文字書くとこれは Unicode コードポイントにおける U+0000NNNN になる。\U に続いて 16 進数を 8 文字書くと、これは Unicode コードポイントにおける U+NNNNNNNN になる。

38.6.3　通常の文字列リテラル

通常の文字列リテラルは二重引用符で文字列を囲む。

```
"abc" ;
"hello" ;
"This is a pen." ;
```

通常の文字列リテラルの型は const な文字型の配列になる。具体的な型としては const char [n] になる。n は文字列のサイズだ。通常の文字列リテラルの中の文字が基本実行文字だけであれば、書かれている文字数 +1 になる。しかし、この文字数というのも難しい。

文字列リテラルが連続している場合、1つにまとめられる。

```
auto s = "abc" "def" ;
```

というコードは、

```
auto s = "abcdef" ;
```

と書くのと同じだ。

文字列リテラルの中のエスケープシーケンスは対応する文字になる。

```
"\n" ;
```

という通常の文字列リテラルは、バックスラッシュとラテンアルファベット n ではなく、改行文字 1 文字になる。

通常の文字列リテラルは末尾に null 文字（\0）が付与される。このために、配列のサイズは文字数 +1 になる。

具体的な例では、"abc" という通常の文字列リテラルの型は const char [4] になる。これは以下のような配列に等しい。

```
const char s[4] = {'a', 'b', 'c', '\0'} ;
```

"hello" の型は const char [6] になる。

```
const char s[6] = {'h', 'e', 'l', 'l', 'o', '\0' } ;
```

char 型の配列の初期化に通常の文字列リテラルを使うことができる。

```
char s[6] = "hello" ;
```

配列の添字を書かない場合、文字列リテラルのサイズになる。

```
// char [6]
char s[] = "hello" ;
```

また、文字列リテラルは配列であるので、先頭要素へのポインターに暗黙に型変換される。

```
const char * p = "hello" ;
```

文字列リテラルを auto で変数の初期化子に書くと、型はポインターになる。

```
// const char *
auto pointer = "hello" ;
```

decltype(auto) という auto と似ているがあまり暗黙の型変換を行わない別のキーワードを使うと、配列へのリファレンス型になる。

```
// const char (&) [6]
decltype(auto) reference = "hello" ;
```

38.7 ワイド文字

ワイド文字リテラルとワイド文字列リテラルはリテラルにエンコードプレフィックス L を付ける。

```
// ワイド文字リテラル
L'A' ;
// ワイド文字列リテラル
L"hello" ;
```

ワイド文字リテラルの型は wchar_t、ワイド文字列リテラルの型は const wchar_t [n] になる。

```
wchar_t c = L'A' ;
const wchar_t (&ref)[6] = L"hello" ;
```

ワイド文字は失敗した機能だ。まだ Unicode が 16bit で世界中の文字を表現できるという妄想にとらわれていたころに提案された時代遅れの実装不可能な機能だ。

C++ の規格では、「ワイド文字は wchar_t 型のオブジェクト 1 つがシステムがサポートする任意の 1 文字を表現可能である」と規定している。そのような文字エンコード方式はいまだかつて存在していない。Unicode の 1 コードポイントは 1 文字を意味しないので、UTF–32 を使ってもワイド文字の規定を満たすことはできない。そのため、現在規格準拠の方法でワイド文字を実装している C++ コンパイラーは存在しない。

Microsoft Windows はワイド文字を UTF–16 で表現している。それ以外の主要な OS は UTF–32 を使っている。

38.8 UTF–8/UTF–16/UTF–32

UTF–8 の文字型は char8_t でエンコードプレフィクスは u8。

UTF–16 の文字型は char16_t でエンコードプレフィクスは u。

UTF–32 の文字型は char32_t でエンコードプレフィクスは U。

```
char8_t  utf8  = u8'a' ;
char16_t utf16 = u'あ' ;
char32_t utf32 = U'あ' ;
```

UTF–8 文字型である char8_t は UTF–8 の 1 単位なので、UTF–8 の 1 単位で表現できる文字しか表現できない。

UTF–8/UTF–16/UTF–32 の文字列リテラルは、それぞれの const な文字型の配列になる。エンコードプレフィクスは文字リテラルと同じだ。

```
// char8_t [6]
char8_t s1[] = u8"hello" ;
// char16_t [6]
char16_t s2[] = u"hello" ;
// char32_t [6]
char32_t s3[] = U"hello" ;
```

"いろは" をそれぞれの文字列リテラルで表現すると以下のようになる。

```
// char8_t [10]
char8_t s1[] = u8"いろは" ;
// char16_t [4]
char16_t s2[] = u"いろは" ;
// char32_t [4]
char32_t s3[] = U"いろは" ;
```

これは以下のように書くのと同じだ。

```
char8_t s1[10] = { 0xe3, 0x81, 0x84, 0xe3, 0x82, 0x8d, 0xe3, 0x81, 0xaf, 0x0 } ;
char16_t s2[4] = { 0x3044, 0x308d, 0x306f, 0x0 } ;
char32_t s3[4] = { 0x3044, 0x308d, 0x306f, 0x0 } ;
```

文字 'い' の Unicode コードポイントは U+3044 で、これは UTF–16/UTF–32 では 1 単位で表現できるが、UTF–8 では 3 単位で 0xe3, 0x81, 0x84 のように表現する。

臼（うす U+81FC）の別字である𦥑（うす U+26951）のコードポイントは 16bit 符号なし整数で表現できないので、UTF–16 ではサロゲートペアを使って 2 単位表現される。UTF–8 では 4 単位を使って表現される。

以下のコードは、

```
char8_t  s1[] = u8"𦥑" ;
char16_t s2[] = u"𦥑" ;
char32_t s3[] = U"𦥑" ;
```

以下のように解釈される。

```
char8_t  s1[5] = { 0xf0, 0xa6, 0xa5, 0x91, 0x0 } ;
char16_t s2[2] = { 0xd85a, 0xdd51, 0x0 } ;
char32_t s3[2] = { 0x26951, 0x0 } ;
```

文字 'が' は Unicode コードポイントでは結合済みコードポイントの U+304C で表現できるが、コードポイント U+304B（HIRAGANA LETTER KA）のあとに直ちに続いて、コードポイント U+3099（COMBINING KATAKANA–HIRAGANA VOICED SOUND MARK）を使って表現してもよい。

```
// u8"\u304C"
char8_t ga1[] = u8"が" ;
// u8"\u304B\u3099"
char8_t ga2[] = u8"か\u3099" ;
```

これは以下のコードと等しい。

```
char8_t ga1[4] = { 0xe3, 0x81, 0x8c, 0x0 } ;
char8_t ga2[7] = { 0xe3, 0x81, 0x8b, 0xe3, 0x82, 0x99, 0x0 } ;
```

変数 ga1，ga2 はどちらも Unicode として正しい「が」という 1 文字の表現だ。Unicode では複数のコードポイントで 1 文字を表現することもあるし、意味的に表示的に同じ文字に対して複数の表現方法がある。

Apple macOS は Unicode の正規化として一般的な NFC（Canonical Composition）ではなく Normalization Form D（NFD）を使っているので、濁点や半濁点は必ず分解される。Apple macOS では u8"\u304B\u3099" が一般的な表現で、それ以外の環境では u8"\u304C" が一般的な表現だ。しかし、どちらも意味上は同じ表現だ。

Unicode の奇妙で面白い例は枚挙に暇がない。ここでは日本語を扱う際によくある注意点を説明したが、ほかにも絵文字、デーヴァナーガリー（ヒンディー語、マラーティー語、ネパール語）、モンゴル文字、アラビア文字、ヘブライ文字など扱いの難しい文字がたくさんある。

重要な点をまとめると、

- 文字型の 1 つのオブジェクトは 1 文字ではない
- 1 コードポイントは 1 文字ではない

38.9 生文字列リテラル

エスケープシーケンスは文法上の理由で直接ソースコード上に記述することができない文字を文字リテラルと文字列リテラルに記述できる機能だ。

```
u8"\n は改行文字" ;
```

しかしエスケープシーケンスがあるために、バックスラッシュを普通に使うには、\ と書かなければならない。例えば上の文字列リテラルを改行文字に続いて「は改行文字」ではなく、本当に「\n は改行文字」という文字列にしたい場合、以下のように書かなければならない。

```
u8"\\n は改行文字" ;
```

また、単一引用符 ' や二重引用符 " もエスケープシーケンスが必要だ。

```
u8"\'は単一引用符" ;
u8"\"は二重引用符" ;
```

また、以下のような内容の文字列をリテラルとして書きたい場合、

```
foo
bar
baz
```

以下のように書かなければならない。

```
"foo\nbar\nbaz" ;
```

このようなわかりにくい記述ではなく、ソースコードに書いたままの文字列を文字列として扱いたい。そのための機能が生文字列リテラル（Raw String Literal）だ。

生文字列リテラルは以下のような文法で書く。

```
R"(...)"
```

例えば以下のように書くと、

```
R"(foo
bar
baz)" ;
```

558　第 38 章　文字列

以下のような文字列リテラルと同じ意味になる。

```
"foo\nbar\nbaz" ;
```

エスケープシーケンスも書いたままに文字列となる。

```
R"(
'は単一引用符
"は二重引用符
\n は改行文字
)" ;
```

これは以下の文字列リテラルと同じ意味だ。

```
"\n'は単一引用符\n"は二重引用符\n\n は改行文字\n"
```

38.10　文字列の表現方法

　文字列というのは文字型の配列で表現される。文字列を表現するには、配列の先頭へのポインターと配列のサイズが必要になる。

38.10.1　null 終端文字列

　C++ の文字列リテラルは、末尾に null 文字が付与された const な文字型への配列だ。

```
"abc" ;
```

という文字列リテラルは型とその値としては

```
const char st[4] = { 'a', 'b', 'c', '\0' } ;
```

になる。

　null 終端文字列とは C 言語から使われている文字列の表現方法だ。文字型の配列の末尾に null 文字を番兵として配置することで文字列の終端を表現している。C 言語では文字列は文字型へのポインターとして表現される。ポインターが指す配列のサイズはわからないが、妥当な文字列は null 終端されているので、ポインターをインクリメントしていけばいずれ null 文字が現れる。そこが文字列の終わりだ。これによって文字列のサイズもわかる。

例えば、以下は C 言語でよく書かれる典型的文字列を処理する関数だ。

```
void process_string( const char * str )
{
    // str が指す配列のサイズを取得
    auto str_size = std:strlen( str ) ;
    // 残りの処理
}
```

std::strlen はポインターが指し示す null 終端された配列の null 文字を除くサイズを返す。以下のような実装だ。

```
std::size_t strlen( const char * s )
{
    auto i = s ;
    while ( *i != '\0' )
    { ++i ; }
    return i - s ;
}
```

ここで言う「文字列のサイズ」とは、ポインターが指し示す文字型の配列の要素数であって、文字数ではない。

null 終端文字列は文字型へのポインター 1 つだけなので取り回しがよい。ただし、文字列のサイズは実行時に文字列の先頭から末尾までイテレートして計算しなければならない。これは文字列の長さに比例したオーダー $O(N)$ の処理量がかかる。

38.10.2　std::basic_string

いままで文字列の型として使ってきた std::string は、実はクラステンプレートで実装されている。

```
namespace std {
    template<
        typename charT,
        typename traits = char_traits<charT>,
        typename Allocator = allocator<charT>
    >
    class basic_string ;
}
```

テンプレートパラメーターのうち、charT が文字型、traits は文字を処理するための補助的なライブラリ、Allocator がアロケーターだ。

これに対し、以下のようなエイリアスが存在する。

```
namespace std {
    using string   = basic_string<char> ;
    using u8string = basic_string<char8_t> ;
    using u16string = basic_string<char16_t> ;
    using u32string = basic_string<char32_t> ;
    using wstring  = basic_string<wchar_t> ;
}
```

それぞれの文字型に対応した basic_string のクラスだ。

これに対して、ユーザー定義リテラルという機能を使い、文字列リテラルのサフィックスに s を付けることで、文字列リテラルを対応する basic_string のクラス型に変換できる。

```
// string
auto str    = "hello"s ;
// u8string
auto u8str  = u8"hello"s ;
// u16string
auto u16str = u"hello"s ;
// u32string
auto u32str = U"hello"s ;
// wstring
auto wstr   = L"hello"s ;
```

ユーザー定義リテラルの詳細については本書では詳しく説明しないが、演算子のオーバーロードと同じだ。演算子をオーバーロードするようにリテラル演算子をオーバーロードする。

```
std::string operator ""s( const char * ptr, std::size_t n )
{ return std::string( ptr, n ) ; }
std::u8string operator ""s( const char8_t * ptr, std::size_t n )
{ return std::u8string( ptr, n ) ; }
std::u16string operator ""s( const char16_t * ptr, std::size_t n )
{ return std::u16string( ptr, n ) ; }
std::u32string operator ""s( const char32_t * ptr, std::size_t n )
{ return std::u32string( ptr, n ) ; }
std::wstring operator ""s( const wchar_t * ptr, std::size_t n )
{ return std::wstring( ptr, n ) ; }
```

ユーザー定義リテラルを正しく実装するには複雑なルールがある。例えばユーザー定義のサフィックス名はアンダースコア1つから始まっていなければならないなどだ。

```
// OK
int operator "" _abc( unsigned long long int ) ;
// エラー、アンダースコア 1 つから始まっていない
int operator ""abc( unsigned long long int ) ;
```

これは将来の拡張のためにアンダースコアから始まらないサフィックス名を C++ 規格が予約しているためだ。

basic_string による文字列の表現方法は、文字型配列の先頭要素へのポインター、文字型配列のサイズ、アロケーターだ。

```
template <
    typename charT,
    typename traits = char_traits<charT>,
    typename Allocator = allocator<charT>
>
class basic_string
{
    charT * ptr ;
    std::size_t size ;
    Allocator alloc ;
} ;
```

あるいは、配列のサイズを表現するために、配列の最後の要素の 1 つ次のポインターを使っているかもしれない。

```
    charT * ptr ;
    charT * last ;
    Allocator alloc ;
```

std::vector と同じで、どちらの方が効率がいいかはアーキテクチャにより異なる。

basic_string は文字列を表現するためのストレージを所有するクラスだ。コンストラクターでストレージを動的確保し、デストラクターで解放する。

```
int main()
{
    // 少なくともchar [5]を格納できるだけのストレージを動的確保する
    std::string hello("hello") ;
    // hello が破棄される
    // デストラクターはストレージを解放する
}
```

コピーはストレージの動的確保、ムーブはストレージの所有権の移動になる。

```
int main()
{
    std::string s1 = "hello" ;
    // コピー、動的確保
    std::string s2 = s1 ;
    // ムーブ、所有権の移動
    std::string s3 = std::move(s1) ;
}
```

38.10.3 std::basic_string_view

basic_string_view はストレージを所有しないクラスだ。以下のような宣言になる。

```
namespace std {
    template <
        typename charT,
        typename traits = char_traits<charT>
    >
    class basic_string_view ;
}
```

その実装は文字型へのポインター 2 つか、文字型へのポインター 1 つと配列のサイズを保持する整数型になる。

```
charT * first ;
charT * last ;
```

もしくは、

```
charT * first ;
std::size_t size ;
```

basic_string_view には basic_string と対になる各文字型に対する特殊化がある。

```
namespace std {
    using string_view    = basic_string_view<char> ;
    using u8string_view  = basic_string_view<char8_t> ;
    using u16string_view = basic_string_view<char16_t> ;
    using u32string_view = basic_string_view<char32_t> ;
    using wstring_view   = basic_string_view<wchar_t> ;
}
```

さらに、各 basic_string に対するユーザー定義リテラルサフィックス sv がある。

```
// string_view
auto str    = "hello"sv ;
// u8string_view
auto u8str  = u8"hello"sv ;
// u16string_view
auto u16str = u"hello"sv ;
// u32string_view
auto u32str = U"hello"sv ;
// wstring_view
auto wstr   = L"hello"sv ;
```

basic_string_view は文字列が null 終端文字列と basic_string のどちらで表現されていても問題なく受け取るためのクラスだ。この 2 つの文字列の表現を別々に使う場合、文字列を受け取る関数は、

```
void process_string( const char * s )
{
    // 文字列に対する処理
}

void process_string( const std::string & s )
{
    // 文字列に対する上と同じ処理
}

int main()
{
    auto null_terminated_string = "hello" ;
    auto basic_string = "hello"s ;

    // const char *
    process_string( null_terminated_string ) ;
    // const std::string &
    process_string( basic_string ) ;
}
```

のようにほとんど同じ関数を 2 つ書かなければならない。basic_string_view を使えば、

```
void process_string( std::string_view s )
{
    // 文字列に対する処理
}
```

```
int main()
{
    auto null_terminated_string = "hello" ;
    auto basic_string = "hello"s ;

    // どちらも同じ関数を呼ぶ
    process_string( null_terminated_string ) ;
    process_string( basic_string ) ;
}
```

のように、どちらの文字列表現を使っても1つの関数を書くだけで済む。

`basic_string_view` はストレージを所有しないので関数の引数として使うときはリファレンスで取る必要はない。

```
// リファレンスで取る必要はない
void f( const std::string_view & ref )
// これでいい
void g( std::string_view obj ) ;
```

38.11　文字列の操作

38.11.1　null 終端文字列の操作

null 終端文字列は文字列の先頭となる文字型へのポインター型のオブジェクト1つで表現されるので、文字型の配列のサイズを取得するにも、いちいち null 文字が見つかるまでポインターをインクリメントしていく必要がある。この処理をやってくれるのが `std::strlen` だ。

```
void f( const char * ptr )
{
    auto size = std::strlen( ptr ) ;
}
```

文字列リテラルの型は const な文字型の配列なので、文字列を変更することができない。

```
const char * ptr = "abc" ;
// エラー
ptr[0] = 'x' ;
```

文字型への配列ならば変更できる。

```
int main()
{
    char s[] = "abc" ;
    s[0] = 'x' ;
    // s は{'x','b','c','\0'}
}
```

文字の長さを短くしたい場合は、終端を null 文字にする。

```
int main()
{
    char s[] = "abc" ;
    s[1] = '\0' ;
    // s は{'a','\0', 'c','\0'}
}
```

この変数 s の型は char [4] だが、null 終端文字列としてのサイズは 1 だ。

文字列のサイズを長くするには、当然大きな配列が必要になる。

```
int main()
{
    char s[10] = "abc" ;
    s[3] = 'd' ;
    s[4] = 'e' ;
    s[5] = 'f' ;
    s[6] = '\0' ;
}
```

このコードで、変数 s は最終的に "abcdef" という文字列になる。最後の null 文字による終端を忘れてはならない。

ここで、配列 s の要素数は 7 以上でなければならない。最終的な null 終端文字列を表現するには最低でも char [7] が必要だからだ。

例えば 2 つの null 終端文字列を結合する場合で、どちらも const であったり、十分なサイズがなかった場合、2 つの文字列を保持できるサイズのメモリーを確保して、コピーしなければならない。

```
// s1, s2 を結合して使う関数
void concat_str( const char * s1, const char * s2 )
{
    // 2つの文字列のサイズの合計 + null 文字
    auto size = std::strlen( s1 ) + std::strlen( s2 ) + 1 ;
    // 文字列を保持するメモリーを確保する
    char * ptr = new char[size] ;
```

```
        char * i = ptr ;
        // s1 をコピー
        while ( *s1 != '\0' )
        {
            *i = *s1 ;
            ++i ; ++s1 ;
        }
        // s2 をコピー
        while ( *s2 != '\0' )
        {
            *i = *s2 ;
            ++i ; ++s2 ;
        }
        // null 終端する
        *i = '\0' ;

        // 結合した文字列を使う

        // 使い終わったのでメモリーを解放する
        delete[] ptr ;
    }
```

C 言語の標準ライブラリには null 終端文字列を扱うためのライブラリが多数ある。C 言語の標準ライブラリを使えば、上のコードは以下のように書ける。

```
    void concat_str( const char * s1, const char * s2 )
    {
        auto size = std::strlen( s1 ) + std::strlen( s2 ) + 1 ;
        char * ptr = new char[size] ;

        // s1 を ptr にコピー
        std::strcpy( ptr, s1 ) ;
        // ptr と s2 を結合
        std::strcat( ptr, s2 ) ;

        delete[] ptr ;
    }
```

38.11.2 basic_string の操作

basic_string はストレージを所有するクラスだ。ストレージの解放と確保を自動でやってくれる上に、便利な操作がたくさんある。

例えば上の concat_str を basic_string で実装すると以下のようになる。

```
void concat_str( const char *  s1, const char * s2 )
{
    std::string s = s1 ;
    s += s2 ;

    // s を使う
    // s は自動的に破棄される
}
```

C++ の作法に従って、引数 s1, s2 を null 終端文字列文字型ではなく、basic_string_view にすると以下のようになる。

```
void concat_str( std::string_view s1, std::string_view s2 )
{
    std::string s = s1 ;
    s += s2 ;

    // s を使う
    // s は自動的に破棄される
}
```

初期化

basic_string は null 終端文字列、basic_string_view、basic_string で初期化、代入できる。

```
// null 終端文字列
std::string s1("hello") ;
// basic_string_view
std::string s2("hello"sv) ;
// basic_string
std::string s3("hello"s) ;
```

結合

basic_string は operator + で文字列を結合できる。

```
// "foobar"
auto s = "foo"s + "bar"s ;
```

operator += は第一オペランドを書き換える。

```
auto s = "foo"s ;
s += "bar"s ;
// s は"foobar"
```

basic_string::append(s) というメンバー関数もある。

```
auto s = "foo"s ;
s.append("bar"sv) ;
// s は"foobar"
```

イテレーター

basic_string にはイテレーターがある。イテレーターの取得方法は std::vector と同じだ。

```
int main()
{
    auto s = "hello"s ;
    for ( auto i = s.begin() ; i != s.end() ; ++i )
    {
        std::cout << *i ;
    }
}
```

これは以下のようにも書ける。

```
for ( auto i = std::begin(s) ; i != std::end(s) ; ++i )
{
    std::cout << *i ;
}
```

部分文字列の検索

イテレーターがあるので、basic_string は汎用的なアルゴリズムに渡すことができる。例えばある文字列がその一部の別の文字列を含むかどうかを調べる場合、以下のように書ける。

```
int main()
{
    auto text = "quick brown fox jumps over the lazy dog."s ;
    auto word = "fox"s ;

    auto i = std::search( std::begin(text), std::end(text), std::begin(word), std::end
(word) ) ;

    if ( i != std::end(text) )
        std::cout << "fox found!\n"sv ;
    else
        std::cout << "no fox...\n"sv ;
}
```

イテレーターを使うのは煩わしいが、C++20 では Range ライブラリが追加され、以下のように書ける予定だ。

```
auto r = std::ranges::search( text, word ) ;
if ( !std::ranges::empty(r) )
    // ...
```

名前空間を省くと、!empty(search(text, word)) になるが、これでもまだわかりづらい。そこで basic_string::find がある。これは <algorithm> の std::find とは別物で、文字列から部分文字列を探し、その部分文字列に一致する文字へのインデックスを返す。

```
int main()
{
    auto text = "quick brown fox jumps over the lazy dog."s ;

    // 12
    auto fox = text.find("fox"sv) ;
    // 32
    auto dog = text.find("dog"sv) ;
}
```

文字列 "fox" に一致する部分文字列の先頭 'f' の文字型の値へのインデックスは 12 で、"dog" の 'd' は 36 だ。この結果は、上のソースコードに使っている文字が 1 文字につき 1 文字型の値を使うためだ。通常は文字数と連続した文字型の要素へのインデックスは等しくならない。

例えば以下のコードを実行すると、

```
int main()
{
    auto text = u8"すばしっこい茶色の狐がノロマな犬を飛び越した。"s ;

    auto fox = text.find(u8"狐"sv) ;
    auto dog = text.find(u8"犬"sv) ;

    std::cout << "fox: "sv << fox << "\n"sv
            << "dog: "sv << dog ;
}
```

以下のように出力される。

```
fox: 27
dog: 45
```

もし部分文字列が見つからない場合、basic_string::npos が返る。npos は "no position" という意味で、-1 と等しい。

570　第 38 章　文字列

```
int main()
{
    auto text = "quick brown fox jumps over the lazy dog."s ;

    // 見つからない場合はnpos が返る。
    auto index = text.find("abc"sv) ;

    // 見つからなかった判定
    if ( index != std::string::npos )
        // 見つかった
        std::cout << "found." ;
    else
        // 見つからなかった
        std::cout << "not found." ;
}
```

　この場合、変数 text に文字列 "abc" はないので、npos が返る。npos が返ったかどうかは npos と比較すればわかる。npos は −1 と等しいので、以下のようにも書ける。

```
if ( index != -1 )
    // ...
```

　find の亜種として、rfind がある。
　find は最初の部分文字列を見つけるが、rfind は最後の部分文字列を見つける。

```
int main()
{
    auto text = "word word word"s ;

    // 0
    auto first = text.find("word"sv) ;
    // 10
    auto last = text.rfind("word"sv) ;
}
```

　find は最初に一致した部分文字列の先頭へのインデックスを返すので、この場合 0 が返る。rfind は最後に見つかった部分文字列の先頭へのインデックスを返すので、この場合 10 になる。
　C++20 では、starts_with/ends_with という 2 つの便利なメンバー関数が追加される。
　starts_with(str) は文字列が部分文字列 str で始まっている場合に true を返す。そうでない場合は false を返す。

```
int main()
{
    auto text = "aa bb cc"s ;

    // true
    bool b1 = text.starts_with("a"sv) ;
    bool b2 = text.starts_with("aa"sv) ;
    bool b3 = text.starts_with("aa "sv) ;

    // false
    bool b4 = text.starts_with("b"sv) ;
    bool b5 = text.starts_with("aaa"sv) ;
}
```

ends_with(str) は文字列が部分文字列 str で終わっている場合に true を返す。そうでない場合は false を返す。

```
int main()
{
    auto text = "aa bb cc"s ;

    // true
    bool b1 = text.ends_with("c"sv) ;
    bool b2 = text.ends_with("cc"sv) ;
    bool b3 = text.ends_with(" cc "sv) ;

    // false
    bool b4 = text.ends_with("b"sv) ;
    bool b5 = text.ends_with("ccc"sv) ;
}
```

その他のメンバー関数

size, empty, resize, capacity, reserve, shrink_to_fit, clear といったおなじみのメンバー関数もある。

```
int main()
{
    std::string s ;
    s.size() ;
    s.resize(10) ;
    s.clear() ;
}
```

文字列の挿入

文字列の挿入は insert(pos, str) で行える。

pos は挿入場所へのインデックスで、str は挿入する文字列だ。

文字列の先頭や末尾への挿入は以下のようになる。

```
int main()
{
    auto text = "cat"s ;
    text.insert( 0, "long "sv ) ;
    // text は"long cat"
    text.insert( text.size(), " is loong."sv ) ;
    // text は"long cat is loong."
}
```

末尾への挿入は文字列の結合と同じ効果だ。

インデックスで中間に挿入するのは以下のとおり。

```
int main()
{
    auto text = "big cat"s ;
    text.insert( text.find("cat"sv), "fat "sv ) ;
    // text は"big fat cat"
}
```

これは text.find("cat"sv) でまず部分文字列 "cat" の先頭へのインデックスを探し、そこに文字列 "fat " を挿入している。結果として変数 text は "big fat cat" となる。

部分文字列の削除

文字列から部分文字列を削除するには erase(pos, n) を使う。pos は削除すべき先頭のインデックスで、n は削除すべきインデックス数だ。

```
int main()
{
    auto text = "dirty cat"s ;
    auto dirty = "dirty "sv ;
    text.erase( 0, dirty.size() ) ;
    // text は"cat"
}
```

このプログラムは文字列 "dirty cat" から "dirty " を削除し、"cat" にする。

```
int main()
{
    auto text = "big fat cat"s ;
    auto fat = "fat "sv ;
    text.erase( text.find(fat), fat.size() ) ;
    // text は"big cat"
}
```

このプログラムは文字列 "big fat cat" から部分文字列 "fat" を検索し、その先頭から変数 fat の
サイズ文の部分文字列を削除する。結果として変数 text は "big cat" になる。

先頭から末尾までを削除すると、clear() と同じ意味になる。

```
int main()
{
    auto text = "abc"s ;
    text.erase( 0, text.size() ) ;
    // text.empty() == true
}
```

部分文字列の置換

replace(pos, n1, str) を使うと、文字列のインデックス pos から n1 個までの文字型の値を、文
字列 str で置き換える。

```
int main()
{
    auto text = "ugly cat"s ;
    auto ugly = "ugly"sv ;
    auto pretty = "pretty"sv ;
    text.replace( text.find(ugly), ugly.size(), pretty ) ;
    // text は"pretty cat"
}
```

このコードは、文字列 text から部分文字列 "ugly" を探し、その先頭へのインデックスと文字
列 "ugly" のサイズを指定することで、部分文字列"ugly"を、文字列 pretty の値である"pretty" に
置換する。結果として text は"pretty cat" になる。

その他の推奨できない操作

basic_string にはこのほかにさまざまな、現代では推奨できない操作がある。

例えば operator [] で文字列をインデックスでアクセスできる。これは基本実行文字セットに対し
ては動く。

```
int main()
{
    auto text = "abc"s ;
    // 'a'
    std::cout << text[0] ;
    // 'b'
    std::cout << text[1] ;

    text[0] = 'x' ;
    // text は"xbc"
}
```

これは、basic_string が設計された時代は、1 文字型は 1 文字を表現できるという前提があったからだ。

現代の文字列の表現方法である Unicode と UTF によるエンコードではこの前提が成り立たない。例えば、最もよく使われている UTF–8 の場合、以下のようになる。

```
int main()
{
    auto text = u8"いろは"s ;
    // 0xe3
    auto c = text[0] ;
}
```

text のインデックス 0 にあたる文字型の値は u8'い' ではない。UTF–8 は文字「い」を文字型 1 つで表現できないからだ。u8"いろは"という UTF–8 文字列リテラルはすでに学んだように、以下のように表現される。

```
// u8"いろは"
char8_t iroha[10] = { 0xe3, 0x81, 0x84, 0xe3, 0x82, 0x8d, 0xe3, 0x81, 0xaf, 0x0 } ;
```

文字「い」を UTF–8 で表現するためには、char8_t 型の値が 3 つ必要で、0xe3, 0x81, 0x84 というシーケンスでなければならない。そのため、個々の文字型の値をインデックスでアクセスしても意味がない。また、size() は文字数を返すのではなく、インデックス数を返す。

basic_string にはリバースイテレーターを返す rbegin/rend もあるが、Unicode でエンコードされた文字列では、複数の値のシーケンスで 1 文字を表現しているため、単に値単位で逆順のイテレートすることは、技術的には可能だが、意味的には壊れてしまう。

basic_string には最初に発見したいずれかの文字へのインデックスを返す find_first_of がある。

```
int main()
{
    auto text = "quick brown fox jumps over the lazy dog."s ;
    // 3
    auto i = text.find_first_of("abc"sv) ;
}
```

i は 3 になる。なぜならば、`find_first_of("abc"sv)` は a, b, c のうちいずれかの文字である最初のインデックスを返すからだ。

この機能は Unicode では使えない。というのも 1 文字型で 1 文字を表現できないからだ。

38.11.3 basic_string_view の操作

`basic_string_view` は `basic_string` とほぼ同じ操作が行える。ただし、`basic_string_view` は書き換えることができないので、一部の操作が使えない。`append`, `insert`, `erase`, `replace` は使えない。`basic_string_view` 同士の `operator +` もない。

C++20 では、文字列の先頭と末尾を指定したインデックス数分削ることはできる。

先頭を削るには `remove_prefix(i)` を使う。

```
int main()
{
    auto text = "quick brown fox jumps over the lazy dog." ;
    text.remove_prefix( "quick "sv.size() ) ;
    // text は"brown fox jumps over the lazy dog."
    text.remove_prefix( "brown"sv.size() ) ;
    // text は"fox jumps over the lazy dog."
}
```

末尾を削るには `remove_suffix(i)` を使う。

```
int main()
{
    auto text = "quick brown fox jumps over the lazy dog." ;
    text.remove_suffix( " dog."sv.size() ) ;
    // text は"quick brown fox jumps over the lazy"
    text.remove_suffix( " lazy".sv.size() ) ;
    // text は"quick brown fox jumps over the"
}
```

第 39 章

乱数

乱数はプログラミングにおいてよく使う。例えば 6 面ダイスをプログラムで実装するには、1, 2, 3, 4, 5, 6 までのいずれかの目を出す。

```
$ ./dice
1
5
$ ./dice
3
5 1 6
$ ./dice
10
5 1 6 6 1 6 6 2 4 2
```

このプログラム dice は標準入力から整数型の値 n を取り、1, 2, 3, 4, 5, 6 のいずれかをそれぞれ $\frac{1}{6}$ の確率で n 個出力する。

まずこの dice プログラムを作ることを目標に C++ の乱数アルゴリズムである <random> の使い方を学んでいく。

39.1 疑似乱数

コンピューターで使われる乱数のほとんどは疑似乱数と呼ばれる方法で生成されている。さまざまなアルゴリズムがあるが、とても簡単に理解できる疑似乱数のアルゴリズムに、線形合同法（Linear congruential generator）がある。

線形合同法ではいまの乱数を X_n、次の乱数を X_{n+1} とすると、X_{n+1} は以下のように求められる。

$$X_{n+1} = (a \times X_n + c) \bmod m$$

たとえば $a = 3, c = 5, m = 2^{sizeof(std::uint32_t) \times 8}$ の場合で、$X_0 = 0$ のとき、

$$X_0 = 0$$
$$X_1 = 3 \times 0 + 5 \bmod 2^{32} - 1 = 5$$
$$X_2 = 3 \times X_1 + 5 \bmod 2^{32} - 1 = 20$$
$$X_3 = 3 \times X_2 + 5 \bmod 2^{32} - 1 = 65$$

「これはぜんぜん乱数ではない。予測可能じゃないか」と考えるかもしれない。しかし中でどのように乱数が生成されているかわからなければ、外部からは乱数のように見える。これが擬似乱数の考え方だ。

39.2　乱数エンジン

乱数エンジンは生の乱数を生成するライブラリだ。クラスで実装されている。

乱数エンジンはメンバー関数 `min()` で最小値を、メンバー関数 `max()` で最大値を、`operator()` で最小値から最大値の間の乱数を返す。

```cpp
template < typename Engine >
void f( Engine & e )
{
    // 最小値
    auto a = e.min() ;
    // 最大値
    auto b = e.max() ;
    // 乱数
    auto r1 = e() ;
    // 次の乱数
    auto r2 = e() ;
}
```

乱数エンジンのオブジェクト `e` は `operator()` を呼び出すたび、つまり `e()` をするたびに変更される。これは疑似乱数のための内部状態を更新するためだ。そのため、乱数エンジンは `const` では新しい乱数を作るのに使えない。

標準ライブラリはデフォルトの乱数エンジンとして `std::default_random_engine` を提供している。

以下のプログラムはデフォルトの乱数エンジンから乱数を 10 個出力する。

```cpp
int main()
{
    // 乱数エンジン
    std::default_random_engine e ;
```

```
    for ( int i = 0 ; i != 10 ; ++i )
    {
        // 乱数を出力
        std::cout << e() << "\n"sv ;
    }
}
```

標準ライブラリの提供する乱数エンジンにはさまざまなものがあるが、本書ではもう 1 つ、メルセン
ヌツイスターというアルゴリズムを実装した乱数エンジンを紹介する。std::mt19937 だ。

std::mt19937 を使うには、st::default_random_engine を置き換えるだけでいい。

```
int main()
{
    std::mt19937 e ;
    for ( int i = 0 ; i != 10 ; ++i )
    {
        std::cout << e() << "\n"sv ;
    }
}
```

メルセンヌツイスターはとても優秀な乱数エンジンだ。乱数が必要な多くの場面では、メルセンヌツ
イスターを使っておけばまず問題はない。

では乱数エンジンを使って、生の乱数を標準入力で得た個数だけ出力するプログラムを書いてみ
よう。

```
int main()
{
    // 乱数エンジン
    std::mt19937 e ;

    // 標準入力からn を得る
    unsigned n {} ;
    std::cin >> n ;
    // n 個出力
    for ( unsigned int i = 0 ; i != n ; ++i )
    {
        std::cout << e() << " "sv ;
    }
}
```

実行結果は以下のようになる。

```
$ dice
10
3499211612 581869302 3890346734 3586334585 545404204 4161255391 3922919429 949333985
2715962298 1323567403
```

乱数エンジンで生成されるのは生の乱数だ。これは通常、32bit 符号なし整数とか 64bit 符号なし整数で表現できる全範囲の値として生成される。これは実際に必要な乱数とは値の範囲が違う。実際に必要な乱数とは、例えば 6 面ダイスの場合は、int 型で 1, 2, 3, 4, 5, 6 のいずれかの値がそれぞれ $\frac{1}{6}$ の確率で出てほしい。

39.3　乱数分布

乱数分布とは生の乱数を望みの範囲の乱数に加工するためのライブラリだ。クラスで実装されている。

乱数分布ライブラリにもさまざまなものがあるが、6 面ダイスのプログラムを実装するのに使うのは std::uniform_int_distribution<T> だ。

この乱数分布ライブラリは、T にほしい乱数の整数型を指定する。コンストラクター引数を 2 つ取るので、1 つ目の引数に最小値、2 つ目の引数に最大値を指定する。

```
std::uniform_int_distribution<int> d(a, b) ;
```

この乱数分布クラスの変数 d は、$a \leq r \leq b$ までの範囲の int 型の乱数 r を作り出す。

6 面ダイスを作るには、d(a, b) を d(1, 6) にすればよい。

```
std::uniform_int_distribution<int> d(1, 6) ;
```

乱数分布クラスのオブジェクト d を作ったならば、operator() に乱数エンジンのオブジェクトを引数に渡すことで乱数が作れる。乱数エンジンのオブジェクトを e とすると、d(e) だ。

```
template < typename Engine, typename Distribution >
void f( Engine & e, Distribution d)
{
    // 乱数
    auto r1 = d(e) ;
    // 次の乱数
    auto r2 = d(e) ;
    // 次の乱数
    auto r3 = d(e) ;
}
```

以上の知識を利用して、プログラム dice を作ってみよう。

```cpp
int main()
{
    // 乱数エンジン
    std::mt19937 e ;
    // 乱数分布
    std::uniform_int_distribution<int> d(1, 6) ;

    // 入力を処理
    unsigned n {} ;
    std::cin >> n ;
    for ( unsigned int i = 0 ; i != n ; ++i )
    {
        // 乱数出力
        std::cout << d(e) << " "sv ;
    }
}
```

さっそく実行してみよう。

```
$ ./dice
5
5 1 6 6 1
$ ./dice
10
5 1 6 6 1 6 6 2 4 2
$ ./dice
20
5 1 6 6 1 6 6 2 4 2 1 4 2 2 4 6 6 6 6 6
```

この場合、乱数値は正の整数しか生成しないので、型を int ではなく unsigned int にすることもできる。

```cpp
std::uniform_int_distribution<unsigned int> d( 1, 6 ) ;
```

ただし、乱数の結果の型を unsigned int にすると、生成した乱数を使うときに負数が出てくるような計算で問題になる。例えば 6 面ダイスを 2 回振り、1 回目の出目から 2 回目の出目を引き算するコードを書いてみよう。

```cpp
int main()
{
    std::mt19937 e ;
    std::uniform_int_distribution<unsigned int> d( 1, 6 ) ;
    auto a = d(e) ; // 1回目
    auto b = d(e) ; // 2回目
```

```
    auto result = a - b ; // 結果
    std::cout << result ;
}
```

もし 2 回目の出目の方が 1 回目の出目より大きかった場合、結果は負数になってしまうが、unsigned int 型は負数を表現できない。

そのため、通常は符号付きの整数型を使った方が安全だ。

また、分布クラスのテンプレートパラメーターにはデフォルトテンプレート実引数が指定されているので、デフォルトでよければ省略することもできる。

```
// std::uniform_int_distribution<int>と同じ
std:uniform_int_distribution d( 1, 6 ) ;
```

ところで、上のコードは動くのだが、別のプログラムを実行しても毎回同じ出力になる。これでは実用的な 6 面ダイスプログラムとは言えない。プログラムの実行ごとに結果を買えたい場合、シードを設定する。

39.4　シード

線形合同法を思い出してみよう。線形合同法で次の乱数 X_{n+1} を計算するには、いまの乱数 X_n に対して $X_{n+1} = (a \times X_n + c) \bmod m$ という計算をする。

線形合同法とは現在の乱数値を内部状態として持ち、そこに計算を加えることで次の乱数を作り出すのだ。

一般化すると、疑似乱数は内部状態 S_n を持ち、計算を加える関数 $f(x)$ を適用することで、次の内部状態 $S_{n+1} = f(S_n)$ を作り出すのだ。単純な線形合同法の場合、内部状態がそのまま乱数の値になるが、複雑な疑似乱数アルゴリズムでは、内部状態から乱数を求めるのにさらに計算を加えるものもある。

乱数エンジンをデフォルト初期化すると、この内部状態もデフォルト初期化される。そのため、いままで使っていた乱数は、プログラムの実行ごとに同じ乱数列を作り出すのだ。

疑似乱数の内部状態の初期状態を設定するための値をシード（seed）という。シードを設定するには、std::seed_seq というクラスのオブジェクトを乱数エンジンのコンストラクターに渡す。

```
int main()
{
    std::seed_seq s{124} ;
    std::mt19937 e(s) ;
    std::cout << e() ;
}
```

std::seed_seq s({n}) の n の値を変更し、異なるシード値が異なる生の乱数を生成しているのを確かめよう。

シード値は乱数エンジンのメンバー関数 seed(s) でも渡すことができる。

```cpp
int main()
{
    std::seed_seq s{123} ;
    // シード値を設定
    std::mt19937 e(s) ;
    // 乱数を生成
    // 内部状態が変わる
    auto r1 = e() ;
    // シード値を設定
    e.seed(s) ;
    // 乱数を生成
    auto r2 = e() ;
    // 同じシード値による乱数は同じ値になる
    // r1 == r2
}
```

r1 == r2 になるのは、同じシード値を渡して内部状態を設定しているからだ。

std::seed_seq には複数の符号なし 32bit 整数を渡すことができる。= {n1, n2, n3,...} のように初期化することもできるし、イテレーターを使って (first, last) のように設定することもできる。

```cpp
int main()
{
    std::seed_seq s1 = {1,2,3,4,5} ;

    std::vector<std::uint32_t> v = {1,2,3,4,5} ;
    std::seed_seq s2( std::begin(v), std::end(v) ) ;
}
```

乱数エンジンをコピーすると、その内部状態もコピーされる。これを利用して、乱数を保存しておくこともできる。

```cpp
int main()
{
    std::mt19937 e1 ;
    // 2回乱数を生成
    e1() ; e1() ;
    // コピー、内部状態もコピーされる
    std::mt19937 e2 = e1 ;
    // true
    bool b1 = e1() == e2() ;
    // true
    bool b2 = e1() == e2() ;
}
```

乱数エンジン e1, e2 は同じ状態を持っているので、同じ回数乱数生成をすると、同じ乱数列が生成される。

39.5　予測不可能な乱数

シード値を設定すれば乱数エンジンに異なった乱数列を生成させることができる。しかし、シード値はどうやって生成すればいいのだろうか。シード値をデフォルト初期化した乱数エンジンで生成しても意味がない。なぜならば初期状態はプログラムの実行ごとに同じだからだ。

```cpp
int main()
{
    std::mt19937 e1 ;
    std::seed_seq s = { e1(), e1(), e1() } ;
    // 意味がない
    std::mt19937 e2(s) ;
}
```

内部状態を更新するのではない、本当に予測不可能な乱数を生成するには、ハードウェアの支援が必要だ。例えば放射性同位体がいつ放射性崩壊を起こすかは予測不可能だ。したがって放射線量を計測するガイガーカウンターの値は予測不可能だ。コンピューターにガイガーカウンターが取り付けられていれば、その値を読むことによって予測不可能な値を得ることができる。ほかにもコンピューターにはさまざまな予測不可能な値を得る方法がある。std::random_device はそのような実装依存のコンピューターの支援を受け、予測不可能な乱数を生成する乱数エンジンだ。

```cpp
int main()
{
    std::random_device rd ;
    for ( int i = 0 ; i != 10 ; ++i )
        std::cout << rd() << " "sv ;
}
```

std::random_device を使えば、std::seed_seq を予測不可能な値で初期化できる。

```cpp
// 予測不可能な乱数エンジン
std::random_device rd ;
// シード値
std::seed_seq s = { rd(), rd(), rd() } ;
// シード値を指定して初期化
std::mt19937 e(s) ;
```

39.6　十分なシード値の量

`std::seed_seq` の初期化では 32bit 符号なし整数をいくつでも指定できる。

```
std::random_device rd ;
std::seed_seq s = { rd(), rd(), rd(), ...} ;
```

ではいくつの値を渡せばいいのだろうかということは、初期化する乱数エンジンの内部状態のサイズによって異なってくる。現在、C++ 標準規格には乱数エンジンを適切に初期化する簡単な方法がない。1 つの目安としては、乱数エンジンのオブジェクトサイズがある。

```
int main()
{
    std::cout << sizeof(std::mt19937) ;
}
```

これを筆者の環境で実行すると、5000 と出力された。つまり筆者の使っている C++ 実装の `std::mt19937` のオブジェクトサイズは 5000 バイトだということだ。

`std::random_device` は `unsigned int` 型の乱数を返す。筆者の環境では `sizeof(unsigned int) == 4` になる。すると 5000 ÷ 4 = 1250 となる。とすると安全のためには、`std::seed_seq` には `std::random_device` の乱数を 1250 個渡すべきだろう。

```
std::random_device rd ;
std::seed_seq s = { rd(), rd(), rd(), ... /* 残り 1247個のrd() */ } ;
std::mt19937 e( s ) ;
```

筆者の環境では `sizeof(std::default_random_engine) == 8` であった。すると 2 個でよいことになる。

```
std::random_device rd ;
std::seed_seq s = { rd(), rd() } ;
std::default_random_engine e(s) ;
```

C++ 標準規格にはいずれ、乱数エンジンを予測不可能なシード値で適切に初期化する簡単な方法が追加されるはずだ。

39.7 乱数分布ライブラリ

生の乱数は使いづらい。生の乱数というのは n ビットの整数値だ。それに対して、我々が使いたい実用的な乱数というのは以下のようなものだ。

- コイントスの結果
- 6面ダイスを振った結果
- 当選確率 1% のくじ引きの結果
- 浮動小数点数 0.0 から 1.0 の範囲の値

コイントスの結果は表か裏かの2値になる。いま、n ビットの整数値 r のすべてのビットが等しく乱数ビットであるならば、2値の乱数は単に r & 0b1 で得られる。

では6面ダイスはどうか。6面ダイスは $1 \leq r \leq 6$ までの6通りの状態を持つ乱数が必要だ。6通りの状態を表現するには、少なくとも3ビットの乱数が必要になる計算だ。しかし、3ビットの乱数は実際には多すぎる。3ビットの乱数で表現できるのは $2^3 = 8$ 通りの状態だ。したがって、r & 0x111 というわけにはいかない。

巷には間違った乱数の分布方法として、$a \leq n \leq b$ の範囲の乱数 n を生の乱数 r から得るために、以下のような計算式を用いる方法が蔓延している。

$$n = r \bmod |b - a| + a$$

この間違った計算式を使うと、6面ダイスの乱数値 n は生の乱数 r（$0 \leq r$）から以下のように C++ で計算できる。

```cpp
template < typename Engine >
int dice( Engine & e )
{
    auto r = e() ;
    auto n = r % 6 + 1 ;
    return n ;
}
```

剰余を使って値を $0 \leq n \leq 5$ までの範囲にし、そこに1を加えることで $1 \leq n \leq 6$ にしようというものだ。残念ながら、この方法は偏った6面ダイスを作ってしまう。なぜか。

生の乱数 r には3ビット以上の情報が必要だ。コンピューターは整数をビット列で表現するのですべてのビットが等しく乱数の場合、n ビットの乱数値は 2^n 個の状態を持つ。これを $0 \leq r \leq 2^n - 1$ に割り振った符号なし整数にしたとする。r が3ビットの場合、その値の範囲は $0 \leq r \leq 7$ だ。

上のコードでは、0から5まではそのまま1から6になる。剰余のため、6と7はそれぞれ1と2になる。すべての取り得る乱数を書き出してみよう。

生の乱数	ダイス目
0	1
1	2
2	3
3	4
4	5
5	6
6	1
7	2

するとこの 6 面ダイスは 1, 2 の出目の確率が $\frac{2}{8}$ で、3, 4, 5, 6 の出目の確率が $\frac{1}{8}$ になる。

よりビット数の大きな生の乱数を使ってもこの問題は解決しない。ビット数を増やせば増やすほど、偏りを減らすことはできるが、偏りは絶対になくならない。理由は、6 の素因数 3 は 2 で割り切れないためだ。

では $1 \leq n \leq 6$ までの乱数を得るにはどうするのかというと以下のようなアルゴリズムで分布を行う。

1. 3bit の生の乱数 r を得る
2. r が $0 \leq r \leq 5$ なら 'r+1' が分布された乱数
3. それ以外の場合、1. に戻る

これを実装すると以下のようになる。

```cpp
template < typename Engine >
auto dice( Engine & e )
{
    // ループを実行する
    while (true)
    {
        // 3bit の生の乱数を得る
        auto r = e() & 0b111 ;
        // 0-5なら乱数分布終わり
        if ( r <= 5 )
            return r + 1 ;
        // それ以外ならば振り直し
    }
}
```

この関数の実行時間は確率的に決まる。この実装はとても非効率的に見えるが、これ以外に公平に 2 で割り切れない素因数を含む状態数の乱数を生成する方法はない。

このコードは 1 回の乱数生成をキャッシュして複数回の 3bit の乱数を切り出すなどの処理をすれば、乱数生成にコストがかかる場合、その分高速化できる。

39.8　分布クラス

分布クラスには共通の機能がある。本書ではすべてを解説しないが、重要な機能を解説する。

まず標準ライブラリの分布クラスに共通する機能を説明する。

分布クラスはオブジェクトを作り、そのオブジェクトを乱数エンジンと組み合わせて使う。その際、コンストラクターの引数で細かい設定を指定する。

```
distribution_type d( /* 設定 */ ) ;
```

分布クラスは operator () を呼び出して乱数を分布させる。その際、引数には乱数エンジンへの非 const なリファレンスを指定する

```
template < typename Engine, typename Distribution >
void f( Engine & e, Distribution & d )
{
    auto r = d(e) ;
}
```

r が分布された乱数。乱数エンジン e と乱数分布 d は乱数を生成したので内部状態が変更される。

分布クラスはメンバー関数 min と max で分布する乱数の最小値、最大値が得られる。

```
template < typename Distribution >
void f( Distribution & d )
{
    auto a = d.min() ;
    auto b = d.max() ;
}
```

分布クラスは構築時の実引数を同名のメンバー関数で取得することができる。

例えば、std::uniform_int_distribution(a, b) の場合、構築時に渡した a, b を引数の名前でメンバー関数として取得できる。

```
std::uniform_int_distribution d( 1, 6 ) ;
d.a() ; // 1
d.b() ; // 6
```

分布クラスは内部状態のリセットができる。

分布クラスは内部的に乱数値をキャッシュしている可能性がある。例えば乱数値が 0 か 1 である場合、1 bit の乱数しか必要ない。ここで渡した乱数エンジンが 2 bit 以上の乱数を生成できるのであれば、乱数値をキャッシュしておいて、1 bit ずつ切り出して使うという最適化が考えられる。

しかしこの場合、同じ乱数エンジンを渡したのに、結果が違うということが起こり得る。

```
int main()
{
    std::uniform_int_distribution a( 1, 6 ) ;
    std::uniform_int_distribution b( 1, 6 ) ;

    std::mt19937 x ;

    // 乱数を生成
    // a は内部に乱数をキャッシュするかもしれない。
    a( x ) ;

    // y は x と同じ内部状態を持つ
    // つまり生成する生の乱数は同じ
    std::mt19937 y = x ;

    auto r1 = a( x ) ;
    auto r2 = b( y ) ;

    // r1 == r2 である保証はない

}
```

このような場合に、内部状態をリセットするメンバー関数 reset を呼び出せば、同じ内部状態になることが保証される。

```
// 内部状態をリセット
a.reset() ;
// true
auto bool = ( a(x) == b(y) ) ;
```

また、この内部状態を取り出すこともできる。内部状態はネストされた型名 param_type で保持できる。内部状態を取り出すにはメンバー関数 param() を呼び出す。分布クラスのコンストラクターにこの param_type の値を渡すと、同じ内部状態の分布クラスを作り出すことができる。またメンバー関数 param(parm) で param_type の値を渡して内部状態を設定することも可能だ。

```
template < typename Distribution >
void f( Distribution & d )
{
    // 内部状態の取り出し
    // Distribution::param_type 型
    auto p = d.param() ;

    // d と同じ内部状態を持つ変数
    Distribution same_d( p ) ;
```

```
        Distribution other ;
        // 既存の変数の内部状態を変更
        other.param( p ) ;
    }
```

39.9 一様分布 (Uniform Distribution)

一様分布とは乱数の取り得る状態がすべて等しい確率で出現する乱数のことだ。

39.9.1 整数の一様分布 (std::uniform_int_distribution<IntType>)

uniform_int_distribution<IntType> は整数型の乱数 i, $a \le i \le b$ を以下の定数離散確率関数に従って分布させる。

$$P(i \,|\, a, b) = 1/(b - a + 1) \,.$$

変数の宣言:

```
    std::uniform_int_distribution<IntType> d( a, b ) ;
```

IntType は整数型でデフォルトは int、a は最小値、b は最大値。ただし $a \le b$。
エンジンも含めた使い方は以下のとおり。

```
template < typename Engine >
void f( Engine & e )
{
    std::uniform_int_distribution d(1, 10) ;
    d.a() ; // 1
    d.b() ; // 10

    // 1から10までの範囲の乱数
    auto r = d(e) ;
}
```

値の範囲には負数も使える。

```
    std::uniform_int_distribution d( -3, 3 ) ;
```

この分布は、$-3, -2, -1, 0, 1, 2, 3$ のいずれかをそれぞれ $\frac{1}{7}$ の等しい確率で返す。

39.9.2 浮動小数点数の一様分布 (uniform_real_distribution<RealType>)

uniform_real_distribution<RealType> は浮動小数点数型の乱数 x, $a \leq x < b$ を以下の定数確率密度関数に従って分布させる。

$$p(x \mid a, b) = 1/(b - a) .$$

a == b のときは未定義となる。

変数の宣言:

```
std::uniform_real_distribution<RealType> d( a, b ) ;
```

RealType は浮動小数点数型でデフォルトは double、a は最小値、b は最大値。値の範囲は $a \leq b$ かつ $b - a \leq$ 'RealType' 型の最大値。

エンジンも含めた使い方は以下のとおり。

```
template < typename Engine >
void f( Engine & e )
{
    std::uniform_real_distribution d(0.0, 1.0 ) ;
    d.a() ; // 0.0
    d.b() ; // 1.0

    // 0.0から1.0までの範囲の乱数
    auto r = d(e) ;
}
```

浮動小数点数の難しいところは、整数と違って値の範囲の状態が多いことだ。例えば 0.0 と 1.0 の間には 0.5 もあるし、0.01 もあるし 0.001 もある。浮動小数点数の実装が表現できる状態はとても多い。uniform_real_distribution は指定された値の範囲で浮動小数点数が表現できるすべての値のうちから乱数を生成してくれる。そのため読者は難しいことを考える必要はない。

39.10 ベルヌーイ分布 (Bernoulli distributions)

ベルヌーイ分布 (bernoulli distribution) とは、ベルヌーイ試行 (bernoulli trial) に関する分布だ。ベルヌーイとは数学者ヤコブ・ベルヌーイ (Jacob Bernoulli, 1655–1705) に由来する。ヤコブ・ベルヌーイは西洋数学史上、ジェロラモ・カルダーノ (Gerolamo Cardano, 1501–1576) に続く二人目の、数学的に乱数をまともに文章に書き残した数学者で、現在の統計の基礎を切り開いた人物だ。西洋数学史において乱数と統計の研究は遅れた。この理由は主に宗教的なもので、運命とは神の決定したもうことであり、人の子の及ぶところではないとする考え方が一般的だった。そのため、まともな数学者は乱数を研究しなかった。ヤコブ・ベルヌーイの乱数に関する論文も、けっきょく本人は完成させることができず、論文完成に息子が着手しようとするも、これまた乱数はまともな数学者の取り組むべきと

ころではないという周囲の圧力のために断念するなどの興味深い歴史がある。

39.10.1　ベルヌーイ試行

ベルヌーイ試行とは、独立した試行で結果が 2 種類のものだ。

「独立した試行」というのは、試行結果が前回の試行に影響されないことをいう。例えばコイントスの結果は表と裏だが、前回のコイントスの結果は今回のコイントスに影響しない。

結果が 2 種類というのは、試行をした結果、2 種類の結果のうちのどちらか一方が出ることを言う。成功/失敗、表/裏、勝ち/負け、true/false など、なんでもいい。数学的には成功/失敗を使うが、C++ では true/false で表現する。

ベルヌーイ試行において、確率 p が成功する確率である場合、確率 $q = 1 - p$ が失敗の確率だ。

- $p = 1$ の場合、必ず成功する。失敗しない
- $p = 0$ の場合、必ず失敗する。成功しない
- $p = 0.5$ の場合、成功と失敗は同じ確率になる
- $p = 0.4$ の場合、$\frac{2}{5}$ の確率で成功し、$\frac{3}{5}$ の確率で失敗する

具体的なベルヌーイ試行の例を挙げると、

- コイントスの結果、表か、裏か
- 6 面ダイスを振って 6 が出るか、6 以外が出るか
- 6 面ダイスを振って 5, 6 が出るか、1, 2, 3, 4 が出るか
- 確率 1% で当たるくじ引きの結果がアタリか、ハズレか
- 赤玉と白玉が多数入ったツボの中身をよくかき混ぜ、玉を 1 つだけ取り出し、戻す。引いた玉の色が赤か、白か

このような結果を 2 種類に分けることができ、そのうちのどちらか一方だけが結果として出る、かつ 1 回 1 回が独立した試行をベルヌーイ試行と呼ぶ。

ベルヌーイ分布を使うと、一様分布ではない 2 値（true/false）の確率的な結果について乱数で得ることができる。例えば、ビデオゲームで宝箱を開けると 32% の確率でアイテムが入っており、68% の確率で空っぽであるとする。これを一様分布で実装すると、以下のようになる。

```cpp
// 宝箱にアイテムが入っている場合true を返す
template < typename Engine >
bool open_chest( Engine & e )
{
    // 1から100までの整数の乱数を生成する
    std::uniform_int_distribution d(1, 100) ;
    // 32以下ならアイテムが入っている
    // 33以上ならば空っぽ
    return d(e) <= 32 ;
}
```

39.10 ベルヌーイ分布 (Bernoulli distributions) 593

このようなコードを書くのは間違いの元だ。確率 32% というのは 32.0/100.0 という double 型の値で表現できる。この値だけ指定して、残りはライブラリに任せたい。そのようなときに使うのがベルヌーイ分布だ。

39.10.2 ベルヌーイ分布 (std::bernoulli_distribution)

ベルヌーイ分布 (bernoulli distribution) は 1 回のベルヌーイ試行の結果を乱数として返す。
std::bernoulli_distribution は bool 型の乱数 b を以下の離散確率関数に従って分布する。

$$P(b\,|\,p) = \begin{cases} p & \text{if } b = true\text{, or} \\ 1 - p & \text{if } b = false. \end{cases}$$

確率 p で true が、確率 $1 - p$ で false が返る。

変数の宣言:

```
std::bernoulli_distribution d( p ) ;
```

p は double 型で、値の範囲は $0 \leq p \leq 1$。

使い方:

```
int main()
{
    std::bernoulli_distribution d( 0.5 ) ;
    d.p() ; // 0.5 ;

    std::mt19937 e ;
    // 乱数生成
    d(e) ;
}
```

bernoulli_distribution はテンプレートクラスではない。生成する乱数の型は bool だ。p は double 型で確率 p のことだ。値の範囲は $0 \leq p \leq 1$。

例えば前述の 32% の確率でアイテムが入っている宝箱を実装するには以下のようになる。

```
template < typename Engine >
bool open_chest( Engine & e )
{
    std::bernoulli_distribution d( 32.0 / 100.0 )
    return d(e) ;
}
```

この関数 open_chest は確率 32% で true を、確率 68% で false を返す。
本当にそうだろうか。確かめてみよう。

594　第 39 章　乱数

　32% の確率で true になり、68% の確率で false になっているかどうかを確かめるには、大量の乱
数を生成して true/false をカウントし、それぞれ乱数を生成した数で割って割合を見ればよい。

```cpp
int main()
{
    // 試行回数
    const int trial_count = 100 ;

    std::mt19937 e ;
    std::bernoulli_distribution d( 32.0 / 100.0 ) ;

    std::array<int, 2> result{} ;
    for ( int i = 0 ; i != trial_count ; ++i )
        // bool から int への変換は
        // false が 0, true が 1
        ++result[ d(e) ] ;

    std::cout << "false: "sv << double(result[0]) / double(trial_count) * 100.0 << "%\
n"sv
        << "true : "sv << double(result[1]) / double(trial_count) * 100.0 << "%\n"sv ;
}
```

　これを実行してみると、筆者の環境では、

```
false: 72%
true : 28%
```

と出力された。少し違う。乱数なので試行回数が少なすぎる場合は、大きく偏ることもある。では試行
回数を増やしてみよう。変数 trial_count が試行回数だ。
　200 回試行すると、

```
false: 72.5%
true : 27.5%
```

まだダメだ。1000 回試行してみよう。

```
false: 68.5%
true : 31.5%
```

　だいぶ近くなった。
　ちなみに、このままどんどん 1 万回、10 万回と試行回数を増やしていっても、精度はそれほど上が
らない。このことはヤコブ・ベルヌーイの研究と関わってくる。
　std::bernoulli_distribution のコンストラクターに与える double 型の確率 p の範囲は $0.0 \leq p \leq 1.0$ だ。

$p = 1.0$ ならば常に true, $p = 0.0$ なら常に false、$p = 0.5$ ならば true/false が一様分布する。

39.10.3　二項分布 (std::binomial_distribution<IntType>)

二項分布（binomial distribution）は確率 p で成功するベルヌーイ試行を t 回行ったときに成功した回数 i を乱数として返す。

具体的に例えると、100 回コイントスをした結果出た表の数だ。コイントスは表と裏とそれぞれ 50% ずつの確率で出す。表を成功（true）とすると、つまり、$p = 0.5$ のベルヌーイ試行だ。100 回コイントスをするというのは $t = 100$ だ。つまり、100 回コイントスをした結果出た表の数というのは、100 回ベルヌーイ試行した結果の成功数になる。この結果は、期待値としては 50 だが、ここで生成するのは乱数なので、50 回出るわけではない。運が悪ければ 1 回も表が出ないこともあり得る。

6 面ダイスを 60 回振った結果出た 1 の目の回数もそうだ。この場合、$p = \frac{1}{6}$ のベルヌーイ試行を $t = 60$ 回行うことになる。期待値は 10 だ。成功を 2, 3 の目が出た回数と考えることもできる。この場合期待値は 20 だ。

確率 1% で当たるくじを 100 回引いた場合もそうだ。この場合、$p = 0.01$ で $t = 100$ になる。期待値は 1 なので、1 回当たることが平均的に期待できる。ちなみに、実際に 100 回くじ引きをして 1 回でも当たる確率は約 63% だ。

std::binomial_distribution<IntType> は IntType 型の乱数 $i \geq 0$ を以下の離散確率関数に従って分布する。

$$P(i\,|\,t,p) = \binom{t}{i} \cdot p^i \cdot (1-p)^{t-i} \,.$$

変数の宣言:

```
std::binomial_distribution<IntType> d( t, p ) ;
```

IntType は整数型でデフォルトは int だ。t は IntType 型の整数値で、値の範囲は $0 \leq t$ だ。p は double 型の値で確率を指定する。p の値の範囲は $0 \leq p \leq 1$ だ。

使い方:

```
int main()
{
    std::binomial_distribution d( 1, 0.5 ) ;
    d.t() ; // 1
    d.p() ; // 0.5

    std::mt19937 e ;
    // 乱数生成
    d(e) ;
}
```

596　第 39 章　乱数

100 回コイントスをした結果、表が出た回数を乱数で得る関数 `coinflips100` は以下のように書ける。

```
template < typename Engine >
auto coinflips100( Engine & e )
{
    // t == 100, p == 0.5
    std::binomial_distribution d( 100, 0.5 ) ;
    return d(e) ;
}
```

100 回のベルヌーイ試行をするので $t = 100$ で、ベルヌーイ試行の成功確率は $p = \frac{1}{2} = 0.5$ になる。これを 10 回ぐらい呼んでみよう。

```
int main()
{
    std::mt19937 e ;
    for ( int i = 0 ; i != 10 ; ++i )
        std::cout << coinflips100( e ) << ", "sv ;
}
```

筆者の環境では結果は以下のようになった。

```
53, 54, 43, 56, 51, 50, 45, 48, 49, 47,
```

期待値は 50 なので、50 前後の乱数が出やすい。

6 面ダイスを 60 回振った結果出た 1 の目の合計を乱数で返す関数 `roll_for_one` は以下のようになる。

```
template < typename Engine >
auto roll_for_one( Engine & e )
{
    // t == 60, p == 1.0/ 6.0
    std::binomial_distribution d( 60, 1.0 / 6.0 ) ;
    return d(e) ;
}
```

60 回のベルヌーイ試行をするので $t = 60$ で、ベルヌーイ試行の確率は 6 面ダイスの 1 の目が出る確率なので、$p = \frac{1}{6}$ になる。

確率 1% で当たるくじを 100 回引いた結果アタリの回数を返す関数 `lootbox` は以下のように実装できる。

```
template < typename Engine >
auto lootbox( Engine & e )
{
    // t == 100, p = 0.01
    std::binomial_distribution d( 100, 1.0 / 100.0 ) ;
    return d(e) ;
}
```

この関数を 10 回呼び出してみると結果は以下のようになる。

```
1, 0, 2, 1, 0, 0, 0, 0, 1, 3,
```

確率 1% で当たるくじを 100 回引くと、複数回当たることもあれば、1 回も当たらないこともある。期待値は 1 だが、期待値というのは平均的に期待できる結果でしかない。読者諸君もくじ引きをするときは確率に気を付けよう。たとえくじが毎回公平であったとしても、確率は無記憶性なのだ。「もう 90 回くじを引いたからあと 10 回引けば当たるはず」という考え方は通用しない。

39.10.4 幾何分布 (std::geometric_distribution)

幾何分布（geometric distribution）とは、確率 p で成功するベルヌーイ試行を初めて成功するまで行った回数を乱数として分布する。

具体的な例で例えると、

- コイントスを表が出るまで行った回数
- 6 面ダイスを 1 の目が出るまで振った回数
- 確率 1% で当たるくじ引きをアタリが出るまで引いた回数

コイントスの例で考えよう。コイントス 1 回をベルヌーイ試行とし、成功を表とする。表が出るまでコイントスをしてみよう。コイントスを何回する必要があるだろうか。運がよければ 1 回で表が出るので 1 回だ。運が悪ければ、5 回コイントスをしても全部裏なこともあるだろう。100 回コイントスをして表が一度も出ないことは、確率的にはあり得る。ただしその確率は $\frac{1}{2^{100}}$ なので、およそあり得ない確率ではある。

std::geometric_distribution<IntType> は IntType 型の乱数 $i, i \geq 0$ を以下の離散確率関数に従って分布する。

$$P(i \,|\, p) = p \cdot (1-p)^i \,.$$

変数の宣言:

```
std::geometric_distribution<IntType> d( p ) ;
```

IntType は整数型でデフォルトは int、p は確率で値の範囲は $0 < p < 1$ だ。p の値の範囲に注意すること。0 と 1 であってはならない。幾何分布は成功するまでベルヌーイ試行した回数を返すので、

$p = 0$ の場合、必ず失敗するベルヌーイ試行になり意味がない。$p = 1$ のときは必ず成功するベルヌーイ試行であり、やはり意味がない。

geometric_distribution の生成する乱数の範囲にも注意が必要だ。生成される乱数 i の範囲は $i \geq 0$ だ。0 もあり得る。0 ということは、最初のベルヌーイ試行が成功したということだ。1 は 2 回目のベルヌーイ試行が成功したということだ。幾何分布はベルヌーイ試行が初めて成功するまでのベルヌーイ試行の回数を返すので、成功したベルヌーイ試行は回数に含めない。

使い方:

```cpp
int main()
{
    // p == 0.5
    std::geometric_distribution d( 0.5 ) ;
    d.p() ; // 0.5 ;

    std::mt19937 e ;
    d(e) ;
}
```

コイントスを表が出るまで繰り返し、その合計回数を乱数で返す関数 try_coinflips を書いてみよう。

```cpp
template < typename Engine >
auto try_coinflips( Engine & e )
{
    std::geometric_distribution d( 0.5 ) ;
    return d(e) + 1;
}
```

最後に +1 しているのは、この文脈では表を出したときのコイントスも数えるからだ。つまり成功したベルヌーイ試行も回数に数えるので、幾何分布の生成する乱数より 1 多い数になる。

10 回呼び出してみたところ、以下のような戻り値を返した。

```
1, 3, 6, 1, 1, 2, 1, 8, 9, 5,
```

運がよければ 1 回で表が出るが、運が悪ければ 9 回かかる。もちろんもっとかかる可能性もある。

6 面ダイスを 1 の目が出るまで振り、その合計回数を返す関数 try_rolls を書いてみよう。

```cpp
template < typename Engine >
auto try_rolls( Engine & e )
{
    std::geometric_distribution d( 1.0 / 6.0 ) ;
    return d(e) + 1;
}
```

これも 10 回呼び出してみると筆者の環境では以下のようになった。

```
1, 10, 20, 2, 3, 5, 2, 28, 31, 19,
```

6 面ダイスを振ると、運がよければ 1 回で 1 の目が出るが、運が悪いと何十回も振る必要がある。

確率 1% のくじを初めて当たるまで引き続け、くじを引いた回数を返す関数 `try_lootboxes` も書いてみよう。

```
template < typename Engine >
unsigned int try_lootboxes( Engine & e )
{
    std::geometric_distribution d( 1.0 / 100.0 ) ;
    return d(e) + 1;
}
```

10 回呼び出してみよう。

```
15, 180, 346, 25, 37, 79, 21, 493, 562, 342,
```

確率 1% のくじを当てるには、運が悪いと何百回も引かなければならない。

39.10.5　負の二項分布 (std::negative_binomial_distribution)

負の二項分布（negative binomial distribution）は幾何分布に似ている。幾何分布がベルヌーイ試行が 1 回成功するまでに行ったベルヌーイ試行の回数を乱数として分布するのに対し、負の二項分布はベルヌーイ試行が k 回成功するまでに行ったベルヌーイ試行の回数を乱数として分布する。

負の二項分布を具体的な例で考えよう。

- コイントスを、10 回、表が出るまで行った回数
- 6 面ダイスを、10 回、1 の目が出るまで振った回数
- 確率 1% で当たるくじ引きを、10 回、アタリが出るまで引いた回数

幾何分布は負の二項分布で表現することもできる。

- コイントスを、1 回、表が出るまで行った回数
- 6 面ダイスを、1 回、1 の目が出るまで振った回数
- 確率 1% で当たるくじ引きを、1 回、アタリが出るまで引いた回数

`std::negative_binomial_distribution<IntType>` は IntType 型の乱数 $i, i \geq 0$ を以下の離散確率関数に従って分布する。

$$P(i \mid k, p) = \binom{k + i - 1}{i} \cdot p^k \cdot (1 - p)^i .$$

$p = 1$ のときの $P(i \mid k, p)$ は未定義だ。

変数の宣言:

```
std::negative_binomial_distribution<IntType> d( k, p ) ;
```

IntType は整数型でデフォルトは int、k は IntType 型の値 $0 < k$ で成功させるベルヌーイ試行の回数、p は double 型の確率 $- < p \leq 1$ だ。

使い方:

```
int main()
{
    // k == 1, p == 0.5
    std::negative_binomial_distribution d( 1, 0.5 ) ;
    d.k() ; // 1
    d.p() ; // 0.5

    std::mt19937 e ;
    d(e) ;
}
```

幾何分布と同じく、負の二項分布が生成する乱数 i は k 回のベルヌーイ試行を成功させるまでに失敗したベルヌーイ試行の数を返す。

例えば、コイントスで 10 回表が出るまでに失敗したコイントスの数を返す。コイントスがベルヌーイ試行で、表が成功だ。成功したベルヌーイ試行の数は返さない。そのため、結果の乱数は 10 以下、時には 0 であることもあり得る。0 というのは 10 回コイントスをしたらすべて表になったので 1 回もベルヌーイ試行が失敗しなかった場合だ。

コイントスを 10 回表が出るまでに行ったコイントスの回数を返す関数 count_10_coinflips は以下のように書く。

```
// 10回表が出るまでに行ったコイントスの数
// 表が出たコイントスも含める
template < typename Engine >
auto count_10_coinflips( Engine & e )
{
    std::negative_binomial_distribution d( 10, 0.5 ) ;
    return d(e) + 10 ;
}
```

最後に +10 しているのは、この関数は成功も含めたコイントスの回数を返すからだ。10 回表が出るまでに失敗した、つまり裏になったコイントス回数がほしければ、そのままの値を使えばいい。

```
// 10回表が出るまでに行った失敗したコイントスの数
// 表が出たコイントスは含めない
template < typename Engine >
auto count_failed_coinflips_until_10_heads( Engine & e )
{
    std::negative_binomial_distribution d( 10, 0.5 ) ;
    return d(e) ;
}
```

参考までに、n 回表が出るまでに行ったコイントスの回数を乱数で返す関数 count_n_coinflips は以下のとおり。

```
template < typename Engine >
auto count_n_coinflips( unsigned int n, Engine & e )
{
    std::negative_binomial_distribution d( n, 0.5 ) ;
    return d(e) + n ;
}
```

6 面ダイスを 10 回、1 の目が出るまで振った回数を乱数で返す関数 count_10_rolls は以下のとおり。

```
template < typename Engine >
auto count_10_rolls( Engine & e )
{
    std::negative_binomial_distribution d( 10, 1.0/6.0 ) ;
    return d(e) + 10 ;
}
```

確率 1% のくじを 10 回当てるまでくじを引いた回数を返す関数 count_10_lootboxes は以下のとおり。

```
template < typename Engine >
auto count_10_lootboxes( Engine & e )
{
    std::negative_binomial_distribution d( 10, 0.01 ) ;
    return d(e) + 10 ;
}
```

39.11 ポアソン分布

ポアソン分布（Poisson distribution）とは、シメオン・ドニ・ポアソン（Siméon Denis Poisson 1781–1840）が 1837 年に発表した論文、「刑事民事の判決における確率の調査」で初めて公開されたものだ。この論文でポアソンは、ある国における冤罪の数について、ある時間間隔における冤罪の発生数を乱数とし、そのような乱数の分布について考察した。その結果がポアソン分布だ。

ある時間間隔に発生する離散的な事象の多くがポアソン分布に従う。例えば以下は具体的な例だ。

- 1 年間に発生する冤罪の数
- 1 ヶ月に発生する交通事故の数
- 1 年間で地球に飛来する隕石の数
- 1 時間である放射性同位体が放射性崩壊する回数

冤罪や交通事故の発生件数は乱数ではないように考えるかもしれない。しかし、結果的にみれば乱数のように振る舞っている。1 ヶ月に発生する交通事故が 10 件であったとする。これは平均すると約 3 日に 1 回交通事故が起こっていることになるが、実際に 3 日に 1 回交通事故が起こったわけではない。交通事故の発生は離散的で、1 日に複数件起こることもあれば、1 週間無事故のときもある。なので 3 日に 1 回交通規制を敷いても交通事故を防ぐことはできない。

ポアソン分布に従う乱数の特徴としてもう 1 つ、無記憶性というものがある。3 日間に 1 件の割合で交通事故が起こっているとしよう。その場合、常にいまから 3 日以内に 1 件の交通事故が起きることが期待できるだけであって、3 日以内に必ず起こるわけではない。そして、2 日待ったから明日交通事故が起こるというわけでもない。交通事故が起こる確率は常にいまから 3 日間につき 1 件だ。ポアソン分布は無記憶性なので、すでに 2 日間待っているという過去は未来に影響しない。

具体的な C++ ライブラリのポアソン分布の使い方としては、ある所定の時間に平均して起こる事象の回数 mean を指定すると、その所定の時間に起こった事象が乱数で返される。

39.11.1 ポアソン分布 (poisson_distribution)

ポアソン分布の std::poisson_distribution<T> は整数型 T の乱数 i, $i \geq 0$ を以下の離散確率関数に従って分布する。

$$P(i\,|\,\mu) = \frac{e^{-\mu}\mu^i}{i!}\,.$$

ここで μ を mean とする。$\mu > 0$ ではない場合未定義だ。

変数の宣言:

```
std::poisson_distribution<T> d( mean ) ;
```

T は整数型でデフォルトは int、mean は RealType 型。μ と同じで浮動小数点数型の値で所定の時間に平均して発生する事象の回数だ。値の範囲は $0 < mean$。

使い方:

```
int main()
{
    std::poisson_distribution d( 1.0 ) ;
    d.mean() ; // 1.0

    std::mt19937 e ;
    d(e) ;
}
```

ポアソン分布が生成する乱数は 0 以上の事象が発生した回数となる。

例えば、1 ヶ月に交通事故が平均して 10 件発生するとする。1 ヶ月に発生した交通事故の件数は平均が 10 件になるように増減するはずだ。1 ヶ月の交通事故の発生件数を乱数で返す関数 `traffic_accidents` は以下のようになる。

```
template < typename Engine >
auto traffic_accidents( Engine & e )
{
    std::poisson_distribution d(10.0) ;
    return d(e) ;
}
```

これを 10 回呼び出すと以下のような乱数列が生成された。

```
14, 6, 11, 8, 8, 14, 7, 16, 12, 17,
```

だいぶばらつきがある。ポアソン分布とはこういうものだ。離散的に起こる事象を乱数として取ると、このようにばらつく。現実でも、1 ヶ月に交通事故が平均して 10 件起きている場合、20 件起きる月や無事故の月が存在する可能性があるのだ。

これを合計すると 113 となり、10 で割って平均を取ると、10.0 に近い値になる。もっと多くの乱数を生成して平均を取るとより近くなる。

39.11.2　指数分布 (std::exponential_distribution<RealType>)

指数分布（exponential distribution）とは、ポアソン分布に従う事象が起こる時間間隔の分布だ。ポアソン分布がある時間間隔における事象の発生回数の分布であることを思い出そう。ポアソン分布による乱数は例えば、

- 1 ヶ月に平均して 10 件発生する交通事故がある 1 ヶ月に発生した件数

が乱数だった。1 ヶ月が時間間隔で、交通事故が事象だ。10 件が平均だ。

抽象的に書くと、

- 時間間隔に平均して N 回発生する事象があるとき、ある時間間隔における事象発生の回数

の分布だ。

指数分布では具体的には以下のようになる。

- 1ヶ月に平均して 10 件発生する交通事故が発生してから、次の交通事故が発生するまでの時間間隔

ポアソン分布に従う離散的な事象のある時間間隔における平均の発生回数が与えられているとする。例えば上の場合、交通事故が事象で、「1ヶ月」が時間間隔で、「平均して 10 件」が平均の発生回数だ。平均して約 3 日に 1 件ほど発生していることになる。ところでいままさに交通事故が発生したとする。このとき、次の交通事故が発生するまでの時間間隔はどのくらいだろうか。平均すると約 3 日に 1 件だが、交通事故は離散的な事象なので、1 時間後にまた起きるかもしれないし、1 週間交通事故が起こらないかもしれない。長期的に統計を取ると月に平均して 10 件発生している場合、次の交通事故が発生するまでの時間間隔を集計して平均すると約 3 日に 1 件発生する確率になる。

指数分布が扱うのはこの次の交通事故が発生するまでの時間間隔だ。抽象的にもう一度書くと、ポアソン分布に従う離散的な事象の平均回数が与えられている場合に、ある事象から次の事象が発生するまでの時間間隔を分布する。

`std::exponential_distribution<RealType>` は浮動小数点型 `RealType` の乱数 $x \geq 0$ を以下の確率密度関数に従って分布させる。

$$p(x \mid \lambda) = \lambda e^{-\lambda x} .$$

変数の宣言:

```
std::exponential_distribution<RealType> d( lambda ) ;
```

`RealType` は浮動小数点数型でデフォルトは `double`、`lambda` は `RealType` 型。ポアソン分布の `mean` と同じで、ある時間間隔における事象の発生回数だ。値の範囲は $0 < lambda$。

`std::exponential_distribution` の生成する乱数は 1.0 のとき、ある時間間隔に等しくなる。0.5 なら半分の時間間隔、2.0 なら 2 倍の時間間隔だ。

使い方:

```
int main()
{
    std::exponential_distribution d( 1.0 ) ;
    d.lambda() ; // 1.0 ;

    std::mt19937 e ;
    d(e) ;
}
```

1ヶ月に 10 件の交通事故がポアソン分布に従って発生する場合に、ある交通事故から次の交通事故までの時間間隔の乱数を日数で得る関数 `until_next_traffic_accident` は以下のように書く。

```cpp
template < typename Engine >
auto until_next_traffic_accident( Engine & e )
{
    std::exponential_distribution d(10.0) ;
    return d(e) * 30.0 ;
}
```

ある時間間隔に 10 回起こるので、`lambda` には 10.0 を指定する。ここでは簡単のために 1ヶ月を 30 日とする。結果の乱数は 1.0 がある時間間隔に等しいので、つまり 1.0 は 30 日に等しい。結果に 30.0 を掛けることで日数を計算する。

この関数を 10 回呼び出すと以下のようになった。

```
0.436732, 5.40559, 10.4085, 0.749364, 1.10523, 2.37705, 0.626176, 14.8351, 16.932,
10.2976,
```

早いときは 1 日も立たずして次の交通事故が起きるが、遅いときは 10 日を超えてもなかなか交通事故が起きない。平均すると 3 日に 1 件交通事故が起きる確率の乱数が生成される。

39.11.3 ガンマ分布 (std::gamma_distribution<RealType>)

`std::gamma_distribution<RealType>` は浮動小数点数型の乱数 $x > 0$ を以下の確率密度関数に従って分布する。

$$p(x \mid \alpha, \beta) = \frac{e^{-x/\beta}}{\beta^\alpha \cdot \Gamma(\alpha)} \cdot x^{\alpha-1} \,.$$

α を `alpha`、β を `beta` とする。

変数の宣言:

```cpp
std::gamma_distribution<RealType> d( alpha, beta ) ;
```

`RealType` は浮動小数点数型でデフォルトは `double`。`alpha`, `beta` は `RealType` 型。値の範囲は $0 < alpha, 0 < beta$。

使い方:

```cpp
int main()
{
    std::gamma_distribution d( 1.0, 1.0 ) ;
    d.alpha() ; // 1.0
    d.beta() ; // 1.0
```

```
        std::mt19937 e ;
        d(e) ;
    }
```

39.11.4　ウェイブル分布 (std::weibull_distribution<RealType>)

std::weibull_distribution<RealType> は浮動小数点数型の乱数 $x > 0$ を以下の確率密度関数に従って分布する。

$$p(x \mid a, b) = \frac{a}{b} \cdot \left(\frac{x}{b}\right)^{a-1} \cdot \exp\left(-\left(\frac{x}{b}\right)^a\right) \ .$$

変数の宣言:

```
    std::weibull_distribution<RealType> d( a, b ) ;
```

RealType は浮動小数点数型でデフォルトは double。a, b は RealType 型。値の範囲は $0 < a$, $0 < b$。

使い方:

```
    int main()
    {
        std::weibull_distribution d( 1.0, 1.0 ) ;
        d.a() ; // 1.0
        d.b() ; // 1.0

        std::mt19937 e ;
        d(e) ;
    }
```

39.12　極値分布 (std::extreme_value_distribution<RealType>)

std::extreme_value_distribution<RealType> は浮動小数点数型の乱数 x を以下の確率密度関数に従って分布する。

$$p(x \mid a, b) = \frac{1}{b} \cdot \exp\left(\frac{a - x}{b} - \exp\left(\frac{a - x}{b}\right)\right) \ .$$

極値分布 (extreme value distribution) は、ガンベル I 型 (Gumbel Type I)、対数ウェイブル (log-Weibull)、フィッシャー＝ティペット I 型 (Fisher-Tippett Type I) という名前の分布と呼ばれることもある。

変数の宣言:

```
std::extreme_value_distribution<RealType> d( a, b ) ;
```

RealType は浮動小数点数型でデフォルトは double。a, b は RealType 型。値の範囲は $0 < b$。

使い方:

```
int main()
{
    std::extreme_value_distribution d( 1.0, 1.0 ) ;
    d.a() ; // 1.0
    d.b() ; // 1.0

    std::mt19937 e ;
    d(e) ;
}
```

39.13　正規分布

39.13.1　正規分布 (std::normal_distribution<RealType>)

std::normal_distribution<RealType> は浮動小数点数型の乱数 x を以下の確率密度関数に従って分布する。

$$(x \mid \mu, \sigma) = \frac{1}{\sigma\sqrt{2\pi}} \cdot \exp\left(-\frac{(x-\mu)^2}{2\sigma^2}\right) .$$

分布パラメーターのうちの μ と σ は、それぞれ分布の平均 (mean)、標準偏差 (standard deviation) とも呼ばれている。

変数の宣言:

```
std::normal_distribution<RealType> d( mean, stddev ) ;
```

RealType は浮動小数点数型でデフォルトは double。mean, stddev は浮動小数点数型。mean は平均。stddev は標準偏差で値の範囲は $0 < stddev$。

使い方:

```
int main()
{
    std::mt19937 e ;
    std::normal_distribution d( 0.0, 1.0 ) ;
    d.mean() ; // 0.0
    d.stddev() ; // 1.0
```

```
    for ( int i = 0 ; i != 10 ; ++i )
    {
        std::cout << d(e) << ", "sv ;
    }
}
```

39.13.2   対数正規分布 (std::lognormal_distribution<RealType>)

std::lognormal_distribution<RealType> は浮動小数点数の乱数 $x > 0$ を以下の確率密度関数に従って分布する。

$$p(x \,|\, m, s) = \frac{1}{sx\sqrt{2\pi}} \cdot \exp\left(-\frac{(\ln x - m)^2}{2s^2}\right) .$$

変数の宣言:

```
std::lognormal_distribution<RealType> d( m, s ) ;
```

RealType は浮動小数点数型でデフォルトは double。m, s は RealType 型。値の範囲は $0 < s$。

使い方:

```
int main()
{
    std::mt19937 e ;
    std::lognormal_distribution d( 0.0, 1.0 ) ;
    d.m() ; // 0.0
    d.s() ; // 1.0

    for ( int i = 0 ; i != 10 ; ++i )
    {
        std::cout << d(e) << ", "sv ;
    }
}
```

39.13.3   カイ二乗分布 (std::chi_squared_distribution<RealType>)

std::chi_squared_distribution<RealType> は浮動小数点数型の乱数 $x > 0$ を以下の確率密度関数に従って分布する。

$$p(x \,|\, n) = \frac{x^{(n/2)-1} \cdot e^{-x/2}}{\Gamma(n/2) \cdot 2^{n/2}} .$$

変数の宣言:

```
std::chi_squared_distribution<RealType> d( n ) ;
```

RealType は浮動小数点数型でデフォルトは double。n は RealType 型。値の範囲は $0 < n$。

使い方:

```
int main()
{
    std::mt19937 e ;
    std::chi_squared_distribution d( 1.0 ) ;
    d.n() ; // 1.0

    for ( int i = 0 ; i != 10 ; ++i )
    {
        std::cout << d(e) << ", "sv ;
    }
}
```

39.13.4 コーシー分布 (std::cauchy_distribution<RealType>)

std::cauchy_distribution<RealType> は浮動小数点数型の乱数 x を以下の確率密度関数に従って分布する。

$$p(x \mid a, b) = \left(\pi b \left(1 + \left(\frac{x-a}{b} \right)^2 \right) \right)^{-1} .$$

変数の宣言:

```
std::cauchy_distribution<RealType> d( a, b ) ;
```

RealType は浮動小数点数型でデフォルトは double。a, b は RealType 型。値の範囲は $0 < b$。

使い方:

```
int main()
{
    std::mt19937 e ;
    std::chi_squared_distribution d( 0.0, 1.0 ) ;
    d.a() ; // 0.0
    d.b() ; // 1.0

    for ( int i = 0 ; i != 10 ; ++i )
    {
        std::cout << d(e) << ", "sv ;
```

```
      }
  }
```

39.13.5 フィッシャーの F 分布 (std::fisher_f_distribution<RealType>)

フィッシャーの F 分布（Fisher's F-distribution）の名前は数学者サー・ロナルド・エイルマー・フィッシャー（Sir Ronald Aylmer Fisher）に由来する。

`std::fisher_f_distribution<RealType>` は浮動小数点数の乱数 $x > 0$ を以下の関数密度関数に従って分布する。

$$p(x \mid m, n) = \frac{\Gamma\big((m+n)/2\big)}{\Gamma(m/2)\,\Gamma(n/2)} \cdot \left(\frac{m}{n}\right)^{m/2} \cdot x^{(m/2)-1} \cdot \left(1 + \frac{mx}{n}\right)^{-(m+n)/2}.$$

変数の宣言:

```
    std::fisher_f_distribution<RealType> d( m, n ) ;
```

RealType は浮動小数点数型でデフォルトは dobule。m, n は RealType 型。値の範囲は $0 < m$ かつ $0 < n$。

使い方:

```
    int main()
    {
        std::fisher_f_distribution d( 1.0 ) ;
        d.n() ; // 1.0

        std::mt19937 e ;
        d(e) ;
    }
```

39.13.6 スチューデントの t 分布 (std::student_t_distribution<RealType>)

スチューデントの t 分布（Student's t-distribution）はウィリアム・シーリー・ゴセット（William Sealy Gosset）によって考案された。当時、ウィリアムはギネス醸造所で働いていたが、ギネスは従業員に科学論文を発表することを禁じていたために、ウィリアムはスチューデントという偽名で発表した。

`std::student_t_distribution<RealType>` は浮動小数点数型の乱数 x を以下の確率密度関数に従って分布する。

$$p(x \mid n) = \frac{1}{\sqrt{n\pi}} \cdot \frac{\Gamma\big((n+1)/2\big)}{\Gamma(n/2)} \cdot \left(1 + \frac{x^2}{n}\right)^{-(n+1)/2}.$$

変数の宣言:

```
std::student_t_distribution<RealType> d( n ) ;
```

RealType は浮動小数点数型でデフォルトは double。n は RealType 型で、値の範囲は $0 < n$。

使い方:

```
int main()
{
    std::student_t_distribution d( 1.0 ) ;
    d.n() ; // 1.0

    std::mt19937 e ;
    d(e) ;
}
```

39.14　サンプリング分布 (sampling distributions)

サンプリング分布（sampling distributions）とは、標本から分布の特徴がわかっている場合に、その特徴を指定することにより、望みの分布を作り出す分布のことだ。

39.14.1　離散分布 (std::discrete_distribution<IntType>)

簡単な説明

離散分布（discrete distribution）は整数型の乱数 $i, 0 \leq i < n$ を返す分布だ。例えば $n = 10$ ならば、$0, 1, 2, 3, 4, 5, 6, 7, 8, 9$ の 10 個のうちのいずれかの整数値を乱数として返す。この際、乱数値として取りうる整数値 1 つ 1 つに、確率を設定できる。確率は $p_0, \cdots, p_{n-1}$ で設定し、p_0 が 0 の確率, p_1 が 1 の確率...p_{n-1} が n の確率となる。それぞれの乱数 i は確率 $\frac{p_i}{S}$ で出現する。このとき S とはすべての確率の合計、つまり $S = p_0 + \cdots + p_{n-1}$ となる。確率 p_i は double 型で与える。

たとえば、{1.0, 1.0, 1.0} という確率群を渡した場合、離散分布は $0, 1, 2$ のいずれかの乱数をそれぞれ $\frac{1.0}{3.0}$ の確率で返す。

もし、{1.0, 2.0, 3.0}という確率群を渡した場合、離散分布は $0, 1, 2$ のいずれかの乱数を返す。その時の確率は、1 が $\frac{1}{6}$、2 が $\frac{1}{3}$、3 が $\frac{1}{2}$ だ。

例えば公平な 6 面ダイスを作りたい場合、{1.0, 1.0, 1.0, 1.0, 1.0, 1.0} を指定すると $0 \leq i \leq 5$ までの 6 個の乱数 i がそれぞれ $\frac{1}{6}$ の確率で生成される。この結果に +1 すると $1 \leq i \leq 6$ の乱数を得ることができる。

6 の目だけ 2 倍高い確率で出るイカサマ 6 面ダイスを作りたい場合、{1.0, 1.0, 1.0, 1.0, 1.0, 2.0} を指定すると、0 から 4 までの 5 つの目は $\frac{1}{7}$ の確率で出現し、5 だけは $\frac{2}{7}$ の確率で出る乱数を作ることができる。

S はすべての確率の合計で、それぞれの値は $\frac{p_i}{S}$ の確率で出る。なので、以下はすべて分布だ。

```
{1.0, 1.0, 1.0, 1.0, 1.0, 2.0}
{0.1, 0.1, 0.1, 0.1, 0.1, 0.2}
{2.0, 2.0, 2.0, 2.0, 2.0, 4.0}
```

数学的な説明

std::discrete_distribution<IntType> は整数型の乱数 $i, 0 \leq i < n$ を以下の離散確率関数に従って分布する。

$$P(i \,|\, p_0, \cdots, p_{n-1}) = p_i \;.$$

別に指定のない場合、分布パラメーターは $p_k = w_k/S$ for $k = 0, \cdots, n-1$ として計算され、このとき値 w_k は、一般に**ウエイト**（weight）と呼ばれていて、値は非負数、非 NaN、非無限でなければならない。さらに、以下の関係が成り立たねばならない。$0 < S = w_0 + \cdots + w_{n-1}$。

変数の宣言

std::discrete_distribution の変数を宣言するには 3 つの方法がある。いずれも double 型の値を n 個渡すための方法だ。

● イテレーターのペア

変数の宣言:

```
std::discrete_distribution<IntType> d( firstW, lastW ) ;
```

IntType は整数型でデフォルトは int、[firstW, lastW) はイテレーターのペアで、double 型に変換可能な値を参照している。

利用例:

```
int main()
{
    std::array ps = {1.0, 2.0, 3.0} ;
    std::discrete_distribution d( std::begin(ps), std::end(ps) );

    std::mt19937 e ;
    d(e)
}
```

● 初期化リスト

利用例:

```
std::discrete_distribution<IntType> d( {...} ) ;
std::discrete_distribution<IntType> d = {...} ;
```

... には double 型の浮動小数点数を指定する

利用例:

```cpp
int main()
{
    std::discrete_distribution d( { 1.0, 2.0, 3.0 } );
    // もしくは
    // ... d = { 1.0, 2.0, 3.0 } ;

    std::mt19937 e ;
    d(e)
}
```

● 個数、デルタ、関数

このコンストラクターは以下のように宣言されている。

```cpp
template<class UnaryOperation>
discrete_distribution(
    size_t nw,
    double xmin, double xmax,
    UnaryOperation fw
);
```

UnaryOperation は 1 つの実引数を取る関数オブジェクトで戻り値の型は double 型に変換できること。さらに、double 型は UnaryOperation の引数に変換可能なこと。もし $nw = 0$ の場合は、$n = 1$ とする。それ以外の場合、$n = nw$ とする。このとき、$0 < \delta = (xmax - xmin)/n$ となる関係が満たされなければならない。

もし $nw = 0$ ならば $w_0 = 1$。それ以外の場合、$k = 0, \cdots, n-1$ に対して、$w_k = fw(xmin + k \cdot \delta + \delta/2)$ とする。fw は n 回を超えて呼ばれることはない。

```cpp
int main()
{
    std::discrete_distribution d( 5, 0.0, 1.0, [](auto x){
        std::cout << x << '\n' ;
        if ( x < 0.3 )
            x = 0.3 ;
        if ( x > 0.8 )
            x = 0.8 ;
        return x ;
    } );
}
```

このdは、

```
std::discrete_distribution d = {0.3, 0.3, 0.5, 0.7, 0.8 } ;
```

と初期化されたものと同じように初期化される。

初期化パラメーターの確認

std::discrete_distribution の内部状態はメンバー関数 probabilities で取得できる。戻り値
の型は std::vector<double>で、指定した確率群が要素になっている。

```
int main()
{
    std::discrete_distribution d = { 1.0, 2.0, 3.0 } ;
    auto v = d.probabilities() ;
    // v は{1.0, 2.0, 3.0}
}
```

応用例

以下は 6 の目が 2 倍の確率で出るイカサマ 6 面ダイスの実装だ。

```
template < typename Engine >
int roll_dice( Engine & e )
{
    std::discrete_distribution d = { 1.0, 1.0, 1.0, 1.0, 1.0, 2.0 } ;
    return d(e) + 1 ;
}
```

39.14.2   区分定数分布 (std::piecewise_constant_distribution<RealType>)

簡単な説明

区分定数分布（piecewise constant distribution）とは、区分と、区分ごとの確率を指定し、いずれ
かの区分の範囲の値に一様分布させる分布だ。ここでいう確率は、密度、あるいはウエイトともいう。

1 つの区分は double 型の値 2 つ b_i, b_{i+1} で与える。このとき区分の乱数 x の範囲は $[b_i, b_{i+1})$、もし
くは $b_i \leq x < b_{i+1}$ だ。n 個の値を指定すると、$n-1$ 個の区分を指定したことになる。

例えば{0.0, 1.0}という 2 つの double 型の値を使って 1 つの区分を与えた場合、これは $0.0 \leq$
$x < 1.0$ という値の範囲の区分である。{0.0, 1.0, 2.0}という 3 つの double 型の値は 2 つの区分
になり、それぞれ $0.0 \leq x < 1.0, 1.0 \leq x < 2.0$ になる。

一般に、n 個の double 型の値 $b_0, \cdots, b_n$ で $n-1$ 個の区分を表現する。このとき、$b_i < b_{i+1}$ が
$i = 0, \cdots, n-1$ までの i について成り立たなければならない。つまり区分を指定する double 型の値
は、後続の値より小さくなければならないということだ。

以下は正しい区分の指定だ。

```
{1.0, 2.0, 100.0, 999.999}
{-1.0, 1.0, 2.0}
{-5.0, -4.0, -3.1}
```

以下は正しくない区分の指定だ。

```
{1.0, 0.0}
```

これは $b_0 > b_1$ なので正しくない。

それぞれの区分 $[b_i, b_{i+1})$ に対して確率 p_i を double 型で指定する。n 個の b_i によって $n-1$ 個の区分を指定し、それぞれに対して 1 つずつ確率を設定するので、確率の数は $n-1$ 個だ。

例えば {0.0, 1.0} という 1 つの区分と {1.0} という 1 つの確率を与えた場合、$0.0 \leq x < 1.0$ の範囲の乱数 x が生成される。

{0.0, 1.0, 10.0} という 2 つの区分と、{1.0, 2.0} という 2 つの確率を与えた場合、$\frac{1}{3}$ の確率で $0.0 \leq x < 1.0$ の範囲に一様分布した乱数になり、$\frac{2}{3}$ の確率で $1.0 \leq x < 10.0$ の範囲に一様分布した乱数になる。

数学的な説明

std::piecewise_constant_distribution<RealType> は浮動小数点数型の乱数 x, $b_0 \leq x < b_n$ を以下の確率密度関数に従って、それぞれの部分区間 (subinterval) $[b_i, b_{i+1})$ の間で一様に分布させる。

$$p(x \mid b_0, \cdots, b_n, \rho_0, \cdots, \rho_{n-1}) = \rho_i, \text{ for } b_i \leq x < b_{i+1}.$$

この分布の区間境界 (interval boundaries) ともいう $n+1$ 分布パラメーター b_i はすべての $i = 0, \cdots, n-1$ に対して関係 $b_i < b_{i+1}$ を満たさねばならない。別途指定なき場合、残りの n 分布パラメーターは以下のように計算される。

$$\rho_k = \frac{w_k}{S \cdot (b_{k+1} - b_k)} \text{ for } k = 0, \cdots, n-1,$$

一般にウエイト (weight) と呼ばれている値 w_k は、非負数、非 NaN、非無限でなければならない。さらに、以下の関係を満たさなければならない。

$$0 < S = w_0 + \cdots + w_{n-1}$$

変数の宣言

std::piecewise_constant_distribution では、double 型の値の集合を 2 つ渡す必要がある。1 つは区間を指定するための N 個の double 型に変換可能な値で、もう 1 つは区間ごとの確率を指定するための $N-1$ 個の double 型に変換可能な値だ。

- **イテレーターによる指定**
  イテレーターで区間と確率を指定するコンストラクターは以下のとおり。

```
template<class InputIteratorB, class InputIteratorW>
piecewise_constant_distribution(
    InputIteratorB firstB, InputIteratorB lastB,
    InputIteratorW firstW
) ;
```

[firstB, lastB) は区間を指定するための N 個の値を参照する入力イテレーターのペアだ。firstW はそれぞれの区間の確率を指定する $N-1$ 個の値を参照する入力イテレーターの先頭だ。lastW がないのは、確率の個数は $N-1$ 個であるとわかっているからだ。

もし [firstB, lastB) のサイズが 1 以下の場合、区間は [0.0, 1.0) になり、確率は $\frac{1}{1}$ になる。

利用例:

```
int main()
{
    std::array bs = {-1.0, 1.0, 2.0 } ;
    std::array ps = { 1.0, 5.0 } ;
    std::piecewise_constant_distribution d( std::begin(bs), std::end(bs), std::begin(
ps) ) ;

    std::mt19937 e ;
    d(e) ;
}
```

bs は区間を指定する値の集合、ps は区間ごとの確率だ。
区間は [-1.0, 1.0) と [1.0, 2.0) の 2 つ。確率はそれぞれ $\frac{1}{6}$、$\frac{5}{6}$ だ。
区間を表現する値が足りない場合は以下のとおり。

```
int main()
{
    // 区間を指定すべき値が足りない
    std::array bs = { 1.0 } ;
    std::array ps = { 1.0, 5.0 } ;
    // 引数は無視される。
    // 区間は [0.0, 1.0), 確率は 100%
    std::piecewise_constant_distribution d( std::begin(bs), std::end(bs), std::begin(
ps) ) ;
}
```

● 初期化リストと関数オブジェクトによる指定

初期化リストと関数を指定するコンストラクターは以下のとおり。

```
template<class UnaryOperation>
piecewise_constant_distribution(
    initializer_list<RealType> bl,
    UnaryOperation fw
);
```

イテレーターのペアと同じく、区間は [bl.begin(), bl.end()) で指定する。
確率は $k = 0, \cdots, n-1$ について、$w_k = \mathtt{fw}\big((b_{k+1} + b_k)/2\big)$ とする。
bl.size() が 1 以下の場合、区間は [0.0, 1.0) になり、確率は $\frac{1}{1}$ になる。

利用例:

```
int main()
{
    std::piecewise_constant_distribution d(
        {1.0, 2.0, 3.0, 4.0, 5.0},
        []( auto x )
        { return x ; }
    ) ;
}
```

この場合、区間は [1.0, 2.0), [2.0, 3.0), [3.0, 4.0), [4.0, 5.0) の 4 個になり、確率は {1.5, 2.5, 3.5, 4.5} となる。

● 区間数、最小、最大、関数オブジェクトによる指定
コンストラクターの宣言:

```
template<class UnaryOperation>
piecewise_constant_distribution(
    size_t nw,
    RealType xmin, RealType xmax,
    UnaryOperation fw
);
```

nw は区間数、xmin は最小値、xmax は最大値、fw は関数オブジェクトで、double 型から変換できる型の実引数を取り、double 型に変換可能な戻り値を返す。
$nw = 0$ の場合、区間の個数 n は 1 になる。それ以外の場合、$n = nw$ となる。このとき関係、$0 < \delta = (\mathtt{xmax} - \mathtt{xmin})/n$ が成り立たなければならない。

$$\text{Let} \quad b_k = \mathtt{xmin} + k \cdot \delta \quad \text{for } k = 0, \cdots, n,$$
$$\text{and} \quad w_k = \mathtt{fw}(b_k + \delta/2) \quad \text{for.}$$

$k = 0, \cdots, n-1$ において、区間は $b_k = \mathtt{xmin} + k \cdot \delta$ for $k = 0, \cdots, n$ とし、確率は $w_k = \mathtt{fw}(b_k + \delta/2)$ とする。

利用例:

```
int main()
{
    std::piecewise_constant_distribution d( 5, 1.0, 5.0,
        []( auto x ) { return x ; } ) ;
}
```

　この場合、区間の集合は{1.0, 1.8, 2.6, 3.4, 4.2, 5.0}となり、確率は{1.4, 2.2, 3.0, 3.8, 4.6}となる。

内部状態の取得

　std::piecewise_constant_distributionの内部状態は、メンバー関数intervalsとdensitiesで得ることができる。

```
template<class RealType = double>
class piecewise_constant_distribution {
public :
    vector<result_type> intervals() const;
    vector<result_type> densities() const;
} ;
```

　intervalsは区間、densitiesは確率を返す。

```
int main()
{
    auto bs = { 1.0, 2.0, 3.0 } ;
    auto ps = { 1.0, 2.0 } ;
    std::piecewise_constant_distribution d( std::begin(bs), std::end(bs), std::begin(
ps) ) ;

    // {1.0, 2.0, 3.0}
    auto intervals = d.intervals() ;
    // {0.333333, 0.666667}
    auto densities = d.densities() ;
}
```

　densities()の結果が正規化されているのは、ユーザーが指定した確率はw_kだが、ここで返すのはp_kだからだ。

39.14.3 区分線形分布 (std::piecewise_linear_distribution<RealType>)

簡単な説明

区分線形分布（piecewise linear distribution）は区分定数分布と同じく、区間と確率（またの名を密度、ウエイト）を指定する。

区間の指定は区分定数分布と同じだ。内部境界の集合で指定する。例えば{1.0, 2.0, 3.0}は2つの区間 [1.0, 2.0) と [2.0, 3.0) を指定する。

区分線形分布における確率は、区間に対してではなく、内部境界に対して指定する。指定した全区間における値の出現確率は、内部境界から内部境界に向かって指定した確率の差の方向に線形に増加、もしくは減少する。

例えば区分{0.0, 1.0}と確率{1.0, 2.0}を指定した場合、これは1つの区間 [0.0, 1.0) について、内部境界0.0の確率は$\frac{1}{3}$、内部境界1.0の確率は$\frac{2}{3}$とし、$0.0 \leq x < 1.0$の範囲の乱数xを生成する。内部境界区間の範囲に注意。1.0未満なので、1.0は出ない。

そして、区間の間の値は、区間を区切る2つの内部境界の確率の差によって、線形に増加、もしくは減少する。例えば値0.25が出る確率は$\frac{1.25}{3}$、0.5が出る確率は$\frac{1.5}{3}$、値1.75が出る確率は$\frac{1.75}{3}$だ。

区分{0.0, 1.0, 2.0}と確率{1.0, 2.0, 1.0}の場合、2つの区間 [0.0, 1.0) と [1.0, 2.0) の範囲について、0.0 から 1.0 に向かう区間についての確率は$\frac{1}{4}$から$\frac{1}{2}$に増加し、1.0 から 2.0 に向かう区間についての確率は$\frac{1}{2}$から$\frac{1}{4}$に減少する。

結果として、乱数値の分布をグラフに描画すると、1.0が最も出やすく、その前後±1.0の範囲で徐々に減少していく山のようなグラフになる。

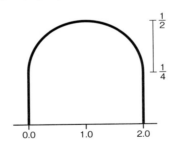

数学的な説明

std::piecewise_linear_distribution<RealType>は乱数 x, $b_0 \leq x < b_n$ を以下の確率密度関数に従って分布する。

$$p(x \mid b_0, \cdots, b_n, \rho_0, \cdots, \rho_n) = \rho_i \cdot \frac{b_{i+1} - x}{b_{i+1} - b_i} + \rho_{i+1} \cdot \frac{x - b_i}{b_{i+1} - b_i}, \text{ for } b_i \leq x < b_{i+1}.$$

一般に**内部境界**とも呼ばれる $n+1$ 分布パラメーター b_i は $i = 0, \cdots, n-1$ において関係 $b_i < b_{i+1}$ for $i = 0, \cdots, n-1$ を満たさねばならない。別記する場合を除いて、残りの $n+1$ パラメーターは $k = 0, \cdots, n$ において $\rho_k = w_k/S$ と計算される。このとき w_k は一般に境界におけるウエイト（weight at boundaries）と呼ばれ、非負数、非NaN、非無限でなければならない。さらに、以下の関係が成り

620　第39章　乱数

立たねばならない。

$$0 < S = \frac{1}{2} \cdot \sum_{k=0}^{n-1} (w_k + w_{k+1}) \cdot (b_{k+1} - b_k) \; .$$

変数の宣言

`piecewise_linear_distribution` は区間と確率を指定するために n 個の `double` 型に変換可能な値を指定する必要がある。

● イテレーターによる指定

```
template<class InputIteratorB, class InputIteratorW>
piecewise_linear_distribution(
    InputIteratorB firstB, InputIteratorB lastB,
    InputIteratorW firstW );
```

`[firstB, lastB)` は区間、`firstW` から区間数までのイテレーターが確率。

`firstB == lastB` もしくは `++firstB == lastB` の場合、つまり内部境界が 1 個以下で、空の場合、区間数は 1 つで `[0.0, 1.0)` の範囲、確率は `{0.0, 1.0}` となる。

使い方:

```
int main()
{
    auto bs = { 0.0, 1.0, 2.0 } ;
    auto ps = { 1.0, 2.0, 1.0 } ;
    std::piecewise_linear_distribution d( std::begin(bs), std::end(bs), std::begin(ps)
 ) ;

    std::mt19937 e ;
    d(e) ;
}
```

空の場合。

```
int main()
{
    auto bs = { 0.0 } ;
    auto ps = { 0.0 } ;
    std::piecewise_linear_distribution d( std::begin(bs), std::end(bs), std::begin(ps)
 ) ;
}
```

これは以下のコードと同じだ。

39.14 サンプリング分布 (sampling distributions) 621

```cpp
int main()
{
    auto bs = { 0.0, 1.0 } ;
    auto ps = { 0.0, 1.0 } ;
    std::piecewise_linear_distribution d( std::begin(bs), std::end(bs), std::begin(ps)
) ;
}
```

● 初期化リストと関数オブジェクトによる指定

```cpp
template<class UnaryOperation>
piecewise_linear_distribution(
    initializer_list<RealType> bl,
    UnaryOperation fw
);
```

区間を指定する内部境界は [bl.begin(), bl.end())、内部境界 b_k に対する確率 w_k は $k = 0, \cdots, n$ について、$w_k = \mathtt{fw}(b_k)$ とする。

内部境界が 1 個以下の場合はイテレーターの場合と同じ。

使い方:

```cpp
int main()
{
    std::piecewise_linear_distribution d(
        {0.0, 1.0, 2.0},
        [](auto x){ return x ; }
    ) ;
}
```

これは以下のコード同じだ。

```cpp
int main()
{
    auto bs = { 0.0, 1.0, 2.0 } ;
    auto ps = { 0.0, 1.0, 2.0 } ;
    std::piecewise_linear_distribution d( std::begin(bs), std::end(bs), std::begin(ps)
) ;
}
```

- 個数、最小値、最大値、関数オブジェクトによる指定

```
template<class UnaryOperation>
piecewise_linear_distribution(
    size_t nw,
    RealType xmin, RealType xmax,
    UnaryOperation fw
);
```

nw が個数、xmin が最小値、xmax が最大値、fw が関数オブジェクト。

関数オブジェクト fw は double 型から変換できる実引数を 1 つだけ取り、戻り値の型は double 型に変換できること。

nw $= 0$ ならば空であり、イテレーターの場合と同じ。

関係 $0 < \delta = (\mathtt{xmax} - \mathtt{xmin})/n$ が成り立つこと。

内部境界 b_k は $k = 0, \cdots, n$ について $b_k = \mathtt{xmin} + k \cdot \delta$ とする。確率 w_k は $k = 0, \cdots, n$ について $w_k = \mathtt{fw}(b_k)$ とする。

使い方:

```
int main()
{
    std::piecewise_linear_distribution d(
        5,
        1.0, 5.0,
        [](auto x){ return x ;}
    ) ;
}
```

上のコードは以下のコードと同じだ。

```
int main()
{
    auto params = { 1.8, 2.6, 3.4, 4.2, 5.0, 5.8 } ;
    std::piecewise_linear_distribution d( std::begin(params), std::end(params), std::
begin(params) ) ;
}
```

第40章

C プリプロセッサー

　C プリプロセッサーは C++ が C 言語から受け継いだ機能だ。C プリプロセッサーはソースコード
を C++ としてパースする前に、テキストをトークン単位で変形する処理のことだ。この処理はソース
ファイルを C++ としてパースする前処理として行われる。C プリプロセッサーは C++ ではなく別言
語として認識すべきで、そもそもプログラミング言語ではなくマクロ言語だ。

　C++ では C プリプロセッサーが広く使われており、今後もしばらくは使われるだろう。読者が
C++ で書かれた既存のコードを読むとき、C プリプロセッサーは避けて通れない。C プリプロセッ
サーはいずれ廃止したい機能ではあるが、C++ はいまだに廃止できていない。

　C プリプロセッサーはプリプロセッシングディレクティブ（preprocessing directive）を認識し、トー
クン列を処理する。ディレクティブはソースファイルの文頭に文字#から始まり、改行文字で終わる。
#とディレクティブの間に空白文字を入れてもよい。

```
#define NOSPACE
#    define SPACE
```

40.1　#include ディレクティブ

　#include は指定したファイルの内容をその場に挿入する。本質的にはコピペだ。C++ で
は #include はライブラリを利用するのに使われる。

　#include は以下のいずれかの文法を持つ。

```
#include <ヘッダーファイルパス> 改行文字
#include "ヘッダーファイルパス" 改行文字
```

#include は指定したファイルパスのファイルの内容をその場所に挿入する。このファイルをヘッダーファイルという。<> によるファイルパスは、標準ライブラリやシステムのヘッダーファイルを格納したディレクトリーからヘッダーファイルを探す。"" によるファイルパスは、システム以外のディレクトリーからもヘッダーファイルを探す。例えばカレントディレクトリーなどだ。

例えば、以下のようなヘッダーファイル foo.h があり、

```
// foo.h
foo foo foo
```

以下のようなソースファイル bar.cpp がある場合、

```
// bar.cpp

#include "foo.h"

// end bar.cpp
```

bar.cpp を C プリプロセッサーにかけると、以下のようなソースファイルが出力される。

```
// bar.cpp

// foo.h
foo foo foo

// end bar.h
```

このソースファイルは C++ のソースファイルとしてはエラーとなるが、C プリプロセッサーは単純にトークン列で分割したテキストファイルとしてソースファイルを処理するため、C プリプロセッサーとしてはエラーにはならない。

冒頭で述べたように、#include の本質はコンパイラーによるコピペである。あるテキストファイルの内容をその場に挿入するコピペ機能を提供する。

#include は、ほかの言語でモジュール、import などと呼ばれている機能を簡易的に提供する。C++ の標準ライブラリを使うには、<iostream> や <string> や <vector> のようなヘッダーファイルを #include する必要がある。

```
// iostream ライブラリを使う
#include <iostream>
// string ライブラリを使う
#include <string>

int main()
{
```

```
    // <string>のライブラリ
    std::string s("hello") ;
    // iostream のライブラリ
    std::cout << s ;
}
```

すでに述べたように #include はファイルの内容をその場に挿入するだけであり、ほかの言語にある
モジュールのための高級な機能ではない。本書を執筆時点で規格策定中の C++20 では、より高級なモ
ジュール機能を追加する予定がある。

同じヘッダーファイルを複数回 #include すると、当然複数回挿入される。

以下のような val.h を、

```
// val.h
inline int val ;
```

以下のように複数回 #include すると、

```
#include "val.h"
#include "val.h"
```

以下のように置換される。

```
// val.h
inline int val ;
// val.h
inline int val ;
```

これは val の定義が重複しているためエラーとなる。

しかし、ヘッダーファイルを一度しか #include しないようにするのは困難だ。なぜならば、ヘッ
ダーファイルはほかのヘッダーファイルから間接的に #include されることもあるからだ。

```
// lib_f.h

#include "val.h"

int f() ;
```

```
// lib_g.h

#include "val.h"

int g() ;
```

626 第 40 章 C プリプロセッサー

```cpp
// main.cpp

#include "lib_f.h"
#include "lib_g.h"

int main()
{
    int result = f() + g() ;
}
```

この main.cpp を C プリプロセッサーにかけると以下のように置換される。

```cpp
// main.cpp

// lib_f.h

// val.h
inline int val ;

int f() ;

// lib_g.h

// val.h
inline int val ;

int g() ;

int main()
{
    int result = f() + g() ;
}
```

これは val の定義が重複しているためエラーとなる。

この問題に対処するためには、複数回 #include されると困るヘッダーファイルでは、インクルードガード（include guard）と呼ばれている方法を使う。

```cpp
// val.h

#ifndef INCLUDE_GUARD_HEADER_VAL_H
#define INCLUDE_GUARD_HEADER_VAL_H

inline int val ;

#endif
```

このように記述した `val.h` を複数回 `#include` しても、最初の `ifndef` のみがコンパイル対象になるため、問題は起こらない。

インクルードガードは以下の様式を持つ。

```
#ifndef 十分にユニークなマクロ名
#define 十分にユニークなマクロ名

// 重複してコンパイルされたくないコードをここに書く

#endif
```

十分にユニークなマクロ名は全ソースファイル中で衝突しないそのヘッダーに固有のマクロ名を使う。慣習的に推奨される方法としてはすべて大文字を使い、十分に長いマクロ名にすることだ。

40.2 #define

`#define` はマクロ置換を行う。マクロにはオブジェクト風マクロ（object–like macro）と関数風マクロ（function–like macro）がある。風というのは、マクロはオブジェクトでも関数でもないからだ。ただ、文法上オブジェクトや関数の似ているだけで、実態はトークン列の愚直な置換だ。

40.2.1 オブジェクト風マクロ

オブジェクト風マクロの文法は以下のとおり。

```
#define マクロ名 置換リスト　改行文字
```

`#define` 以降の行では、マクロ名が置換リストに置き換わる。

```
#define ONE             1
#define ONE_PLUS_ONE    ONE + ONE
#define GNU GNU's is NOT UNIX

ONE
ONE_PLUS_ONE
```

これをプリプロセスすると以下のソースコードになる。

```
1
1 + 1
```

マクロ名 `ONE` は `1` に置換される。

マクロ名 `ONE_PLUS_ONE` は `ONE + ONE` に置換される。置換された結果に別のマクロ名があれば、そのマクロ名も置換される。

628 第40章 Cプリプロセッサー

あるマクロ名を置換した結果、そのマクロ名が現れても再帰的に置換されることはない。

```
#define GNU GNU's NOT UNIX!

GNU
```

これは以下のように置換される。

```
GNU's NOT UNIX!
```

マクロ名 GNU を展開するとトークン 'GNU' が現れるが、これは置換されたマクロ名と同じなので、再帰的に置換されることはない。

40.2.2　関数風マクロ

関数風マクロの文法は以下のとおり。

```
#define  マクロ名（ 識別子リスト ） 置換リスト  改行文字
```

関数風マクロはあたかも関数のように記述できる。関数風マクロに実引数として渡したトークン列は、置換リスト内で仮引数としての識別子で参照できる。

```
#define NO_ARGUMENT()           No argument
#define ONE_ARGUMENT( ARG )     begin ARG end
#define MAKE_IT_DOUBLE( ARG )   ONE_ARGUMENT( ARG ARG )

NO_ARGUMENT()
ONE_ARGUMENT( foo bar )
MAKE_IT_DOUBLE( foo bar )
```

これは以下のように置換される。

```
No argument
begin foo bar end
begin foo bar foo bar end
```

複数の引数を取るマクロへの実引数は、カンマで区切られたトークン列を渡す。

```
#define TWO( A, B ) A B
#define THREE( A, B, C ) C B A

TWO( 1 2, 3 4 )
THREE( 1, 2, 3 )
```

これは以下のように置換される。

```
1 2 3 4
3 2 1
```

ただし、括弧で囲まれたトークン列の中にあるカンマは、マクロの実引数の区切りとはみなされない。

```
#define MACRO( A ) A

MACRO( (a,b) )
```

これは以下のように置換される。

```
(a,b)
```

40.2.3　__VA_ARGS__ (可変長引数マクロ)

#define の識別子リストを... だけにしたマクロは、可変長引数マクロになる。このときマクロの実引数のトークン列は、置換リストの中で __VA_ARGS__ として参照できる。

```
#define MACRO(...) __VA_ARGS__

MACRO( You can write , and ,, or even ,,,, )
```

これは以下のように置換される。

```
You can write , and ,, or even ,,,,
```

カンマも含めてすべてのトークン列がそのまま __VA_ARGS__ で参照できる。

可変長引数マクロの識別子リストに仮引数と... を書いたマクロの置換リストでは、仮引数の数だけの実引数は仮引数で参照され、残りが __VA_ARGS__ で参照される。

```
#define MACRO( X, Y, Z, ... ) X Y Z and __VA_ARGS__

MACRO( 1,2,3,4,5,6 )
```

これは以下のように置換される

```
1 2 3 and 4,5,6
```

X, Y, Z にそれぞれ 1, 2, 3 が入り、__VA_ARGS__ には 4, 5, 6 が入る。

40.2.4 __VA_OPT__

__VA_OPT__は可変長引数マクロで__VA_ARGS__にトークン列が渡されたかどうかで置換結果を変えることができる。

__VA_OPT__は可変引数マクロの置換リストでのみ使える。__VA_OPT__(content)は__VA_ARGS__にトークンがない場合はトークンなしに置換され、トークンがある場合はトークン列 content に置換される。

```
#define MACRO( X, ... ) f( X __VA_OPT__(,) __VA_ARGS__ )

MACRO(1)
MACRO(1,2)
```

これは以下のように置換される。

```
f( 1 )
f( 1, 2 )
```

MACRO(1) は X が 1 になり、__VA_ARGS__にはトークンがないので、__VA_OPT__(,)は空に置換される。結果として f(1) となる。

MACRO(1,2) は、X が 1 になり、__VA_ARGS__にはトークン 2 が入るので、__VA_OPT__(,)は , に置換される。結果として f(1,2) となる。

__VA_OPT__は__VA_ARGS__に実引数となるトークン列がなければ空に置換されるので、このようにトークン列の有無によってカンマなどの文法上必須のトークン列の有無を切り替えたい場合に使うことができる。

40.2.5 #演算子

\#はマクロ実引数を文字列リテラルにする。

\#は関数風マクロの置換リストの中のみで使うことができる。\#は関数風マクロの仮引数の識別子の直前に書くことができる。\#が直前に書かれた識別子は、マクロ実引数のトークン列の文字列リテラルになる。

```
#define STRING( X ) # X

STRING( hello )
STRING( hello world )
```

これは以下のように置換される。

```
"hello"
"hello world"
```

また、可変長マクロと組み合わせた場合、

```
#define STRING( ... ) # __VA_ARGS__

STRING()
STRING( hello,world )
```

以下のように置換される。

```
""
"hello,world"
```

40.2.6 ##演算子

##はマクロ実引数の結合を行う。

##は関数風マクロの置換リストの中にしか書けない。##は両端にマクロの仮引数の識別子を書かなければならない。##は両端の識別子の参照するマクロ実引数のトークン列を結合した置換を行う。

```
#define CONCAT( A, B ) A ## B

CONCAT( foo, bar )
CONCAT( aaa bbb, ccc ddd)
```

これは以下のように置換される。

```
foobar
aaa bbbccc ddd
```

結合した結果のトークンはさらにマクロ置換の対象となる。

```
#define CONCAT( A, B ) A ## B
#define FOOBAR hello

CONCAT( FOO, BAR )
```

これは以下のように置換される。

```
hello
```

CONCAT(FOO,BAR)はFOOBARに置換され、FOOBARという名前のマクロ名があるためにさらにhelloに置換される。

40.2.7　複数行の置換リスト

`#define` ディレクティブの置換リストは複数行に渡って書くことができない。これは文法上の制約によるものだ。`#define` ディレクティブは改行文字で終端される。

しかし、関数やクラスを生成するような複雑なマクロは、複数行に分けて書きたい。

```
#define LIST_NAME2( PREFIX, TYPE ) PREFIX ## TYPE
#define LIST_NAME( TYPE ) LIST_NAME2( list_, TYPE )

#define DEFINE_LIST( TYPE ) struct LIST_NAME(TYPE){TYPE value ;LIST_NAME(TYPE) * prev
;LIST_NAME(TYPE) * next ;} ;

DEFINE_LIST(int)
DEFINE_LIST(double)
```

この場合、行末にバックスラッシュに続けて改行を書くと、バックスラッシュと改行がプリプロセッサーによって削除される。

上の例は以下のように、プリプロセッサーとしては比較的わかりやすく書くことができる。

```
#define LIST_NAME2( PREFIX, TYPE ) PREFIX ## TYPE
#define LIST_NAME( TYPE ) LIST_NAME2( list_, TYPE )

#define DEFINE_LIST( TYPE )\
struct LIST_NAME(TYPE)\
{\
    TYPE value ;\
    LIST_NAME(TYPE) * prev ;\
    LIST_NAME(TYPE) * next ;\
} ;

DEFINE_LIST(int)
DEFINE_LIST(double)
```

C++ ではテンプレートがあるために、このようなマクロを書く必要はない。

40.2.8　#undef ディレクティブ

`#undef` はそれ以前に定義されたマクロを削除する。

```
#define FOO BAR
FOO
#undef FOO
FOO
```

これは以下のように置換される。

```
BAR
FOO
```

40.3　条件付きソースファイル選択

`#if`, `#elif`, `#else`, `#endif`, `#ifdef`, `#ifndef` は条件付きのソースファイルの選択（conditional inclusion）を行う。これは条件付きコンパイルに近い機能を提供する。

40.3.1　プリプロセッサーの定数式

プリプロセッサーで使える条件式は、C++ の条件式と比べてだいぶ制限がある。基本的には整数定数式で、`true`, `false` が使えるほか、`123`, `1+1`, `1 == 1`, `1 < 1` のような式も使える。ただし、識別子はすべてマクロ名として置換できるものは置換され、置換できない識別子は、`true`, `false` 以外はキーワードも含めてすべて 0 に置換される。

したがって、プリプロセッサーで以下のように書くと、

```
#if UNDEFINED
#endif
```

以下のように書いたものと同じになる。

```
#if 0
#endif
```

プリプロセッサーであるので、C++ としての `constexpr` 変数や `constexpr` 関数も使えない。

```
constexpr int x = 1 ;

#if x
hello
#endif
```

これは以下のように置換される。

```
constexpr int x = 1 ;
```

プリプロセッサーは C++ の文法と意味を理解しない。単にトークン列として処理する。
以下の例はエラーになる。

```
constexpr int f() { return 1 ; }

#if f()
#endif
```

なぜならば、0()は整数定数式として合法なコードではないからだ。何度も言うように、プリプロ
セッサーはC++の文法と意味を理解しない。

プリプロセッサーの定数式では、特殊なマクロ風の式を使うことができる。defined
と__has_includeだ。

definedは以下の文法を持つ。

```
defined 識別子
defined ( 識別子 )
```

definedは識別子がそれ以前の行で#defineでマクロとして定義されていて#undefで取り消され
ていない場合1になり、それ以外の場合0になる。

```
// #if 0
#if defined MACRO
#endif

#define MACRO

// #if 1
#if defined MACRO
#endif

#undef MACRO

// #if 0
#if defined MACRO
#endif
```

__has_includeは以下の文法を持つ。

```
__has_include ( < ヘッダーファイル名 > )
__has_include ( " ヘッダーファイル名 " )
__has_include ( 文字列リテラル )
__has_include ( < マクロ > )
```

1番目と2番目は、指定されたヘッダーファイル名がシステムに存在する場合1に、そうでない場合
0になる。

```
// <filesystem>の存在を確認してから#include する
#if __has_include(<filesystem>)
#    include <filesystem>
#endif

// "mylibrary.h"の存在を確認してから#include する
#if __has_include("mylibrary.h")
#    include "mylibrary.h"
#endif
```

3番目と4番目は、1番目と2番目が適用できない場合に初めて考慮される。その場合、まず通常通りにプリプロセッサーのマクロ置換が行われる。

```
#define STDIO "stdio.h"

#if __has_include( STDIO )
#endif

#define STDLIB stdlib.h

#if __has_include( <STDLIB> )
#endif
```

40.3.2　#if ディレクティブ

#if ディレクティブは以下の文法を持つ。

```
#if 定数式 改行文字

#endif
```

もし定数式がゼロの場合、#if と #endif で囲まれたトークン列は処理されない。定数式が非ゼロの場合、処理される。

```
#if 0
This line will be skipped.
#endif

#if 1
This line will be processed.
#endif
```

これをプリプロセスすると以下のようになる。

```
This line will be processed.
```

#if 0 は処理されないので、#endif までのトークン列は消える。

40.3.3 #elif ディレクティブ

#elif ディレクティブは、C++ でいう else if に相当する。

```
#elif 定数式 改行文字
```

#elif ディレクティブは #if ディレクティブと #endif ディレクティブの間に複数書くことができる。#elif のある #if が処理される場合、#if から #elif の間のトークン列が処理される、#if が処理されない場合、#elif が #if と同じように定数式を評価して処理されるかどうかが判断される。#elif が処理される場合、処理されるトークン列は次の #elif もしくは #endif までの間のトークン列になる。

以下の例は、すべて YES のトークンがある行のみ処理される。

```
#if 1
YES
#elif 1
NO
#endif

#if 0
NO
#elif 1
YES
#endif

#if 0
NO
#elif 1
YES
#elif 1
NO
#endif

#if 0
NO
#elif 0
NO
#elif 1
YES
#endif
```

プリプロセスした結果は以下のとおり。

```
YES
YES
YES
YES
```

40.3.4 #else ディレクティブ

#else ディレクティブは C++ でいう else に相当する。

#else ディレクティブは #if ディレクティブと #endif ディレクティブの間に書くことができる。もし #if と #elif ディレクティブが処理されない場合で #else ディレクティブがある場合、#else から #endif までのトークン列が処理される。

以下の例は、YES のトークンがある行のみ処理される。

```
#if 1
YES
#else
NO
#endif

#if 0
NO
#else
YES
#endif

#if 0
NO
#elif 1
YES
#else
NO
#endif
```

40.3.5 #ifdef, #ifndef ディレクティブ

```
#ifdef 識別子
#ifndef 識別子
```

は、それぞれ以下と同じ意味になる。

638　第 40 章　C プリプロセッサー

```
#if defined 識別子
#if !defined 識別子
```

例、

```
#ifdef MACRO
#endif

// 上と同じ
#if defined MACRO
#endif


#ifndef MACRO
#endif

// 上と同じ
#if !defined MACRO
#endif
```

40.4　#line ディレクティブ

　#line ディレクティブはディレクティブの次の行の行番号と、ソースファイル名を変更する。これは人間が使うのではなく、ツールによって生成されることを想定した機能だ。

　以下の文法の #line ディレクティブは、#line ディレクティブの次の行の行番号をあたかも数値で指定した行番号であるかのように振る舞わせる。

```
#line 数値 改行文字
```

　数値として 0 もしくは 2147483647 より大きい数を指定した場合の挙動は未定義となる。

　以下の例はコンパイルエラーになるが、コンパイルエラーメッセージはあたかも 102 行目に問題があるかのように表示される。

```
// 1行目
// 2行目
#line 100 // 3行目
// 100行目
// 101行目
ill-formed line // 102行目
```

　以下の例は 999 を出力するコードだ。

```
#include <iostream>
int main()
{
#line 999
    std::cout << __LINE__ ;
}
```

　以下の文法の#lineディレクティブは、次の行の行番号を数値にした上で、ソースファイル名をソースファイル名にする。

#line 数値 "ソースファイル名" 改行文字

　例、

```
#line 42 "answer.cpp"
```

　以下の文法の#lineディレクティブは、プリプロセッサートークン列をプリプロセスし、上の2つの文法のいずれかに合致させる。

#line プリプロセッサートークン列 改行文字

　例、

```
#define LINE_NUMBER 123
#line LINE_NUMBER
```

40.5　#error ディレクティブ

　#errorディレクティブはコンパイルエラーを引き起こす。

```
#error 改行文字
#error トークン列 改行文字
```

　#errorによるコンパイラーのエラーメッセージには#errorのトークン列を含む。

　#errorの利用例としては、#ifと組み合わせるものがある。以下の例はCHAR_BITが8でなければコンパイルエラーになるソースファイルだ。

```
#include <climits>

#if CHAR_BIT != 8
#error CHAR_BIT != 8 implementation is not supported.
#endif
```

#if が処理されなければ、その中にある #error も処理されないので、コンパイルエラーにはならない。

40.6   #pragma

#pragma ディレクティブは実装依存の処理を行う。#pragma はコンパイラー独自の拡張機能を追加する文法として使われている。

文法は以下のとおり。

#pragma プリプロセッサートークン列 改行文字

C++ では属性が追加されたために、#pragma を使う必要はほとんどなくなっている。

40.7   Null ディレクティブ

Null ディレクティブとは何もしないプリプロセッサーディレクティブだ。

改行文字

つまり、単に # とだけ書いた行はエラーにはならない。

40.8   定義済みマクロ名

いくつかのマクロ名がプリプロセッサーによってあらかじめ定義されている。

マクロ名	値	意味
__cplusplus	201703L	C++17 時点での値
		将来の規格で増やされる
__DATE__	"Mmm dd yyyy"	ソースファイルがプリプロセスされた日付
		Mmm は月、dd は日、yyyy は年
		月の文字列は asctime が生成するものと同じ
		日が 1 桁の場合、dd の最初の文字は空白文字
__FILE__	文字列リテラル	ソースファイルの名前の文字列リテラル
__LINE__	整数リテラル	ソースファイルの現在の行番号
__STDC_HOSTED__	整数リテラル	ホスト実装の場合 1
		フリースタンディング実装の場合 0
__STDCPP_DEFAULT_NEW_ALIGNMENT__	整数リテラル	アライメント

第 41 章
分割コンパイル

これまで、プログラムは 1 つのソースファイルから作っていた。プログラムは複数のソースファイルから作ることもできる。ソースファイルを複数に分割することで、ソースファイルの管理がしやすくなったり、プログラムのビルド時間の短縮にもつながる。

41.0.1　ソースファイルとコンパイル

ソースファイルを分割すると、C++ の書き方にも注意が必要になる。だがその前に、複数のソースファイルをコンパイルして 1 つのプログラムにする方法を学ぶ。

41.0.2　単一のソースファイルのコンパイル

C++ のソースファイルをコンパイルして実行可能ファイルを作る方法をいま一度おさらいをしよう。source.cpp という名前のソースファイルがあるとき、ここから program という名前の実行可能ファイルを作るには、

```
$ g++ -o program source.cpp
```

としていた。毎回このコマンドを入力するのは面倒なので、Makefile を以下のように書いていた。

```
program: source.cpp
    g++ $< -o $@
```

41.0.3 ヘッダーファイルはコピペ

すでに、ソースファイルのほかにヘッダーファイルというファイルも使っている。ヘッダーファイルはソースファイルではない。コンパイル前にソースファイルにコピペされるだけのものだ。

例えば以下のような内容の `header.h` というヘッダーファイルがあるとして、

```
// header.h
++i ;
```

`source.cpp` が以下のようであるとき、

```
int main()
{
    int i = 0 ;
#include "header.h"
#include "header.h"
#include "header.h"
    int result = i ;
}
```

`source.cpp` をコンパイルすると、まずヘッダーファイルが以下のように展開される。

```
int main()
{
    int i = 0 ;
// header.h
++i ;
// header.h
++i ;
// header.h
++i ;
    int result = i ;
}
```

ヘッダーファイルとはこれだけのものだ。コンパイラーが `#include` された場所に、ヘッダーファイルの中身を愚直にコピペするだけだ。

41.0.4 複数のソースファイルのコンパイル

2つのソースファイル、`foo.cpp` と `bar.cpp` からなるプログラムをコンパイルするには、

```
$ g++ -o program foo.cpp bar.cpp
```

とする。

41.1 オブジェクトファイル

単にソースファイルを分割したいだけならば、GCC に分割したソースファイルをすべて指定すればよい。しかしその場合、複数あるソースファイルの 1 つだけを編集した場合でも、すべてのソースファイルをコンパイルしなければならない。

C++ では伝統的に、ソースファイルを部分的にコンパイルしてオブジェクトファイルを生成し、オブジェクトファイルをリンクしてプログラムを生成する方法がある。

ソースファイルをオブジェクトファイルにコンパイルするのは**コンパイラー**、オブジェクトファイルをプログラムにリンクするのは**リンカー**の仕事だ。

GCC では C++ コンパイラーの名前は `g++` で、リンカーの名前は `ld` だ。ただし、C++ のオブジェクトファイルをリンクするのにリンカーを直接使うことはない。`g++` は `ld` を適切に呼び出してくれるからだ。

ソースファイル `source.cpp` をコンパイルしてオブジェクトファイルを生成するには、`-c` オプションを使う。

```
$ g++ -c source.cpp
```

生成されるオブジェクトファイルの名前はソースファイルの名前の拡張子を `.o` に置き換えたものになる。上のコマンドを実行した結果、オブジェクトファイル `source.o` が生成される。

生成したオブジェクトファイルは、`g++` の入力として使うことで、リンクしてプログラムにすることができる。`g++` は裏でリンカー `ld` を適切に呼び出してくれる。

```
$ g++ -o program source.o
```

オブジェクトファイル名を別の名前にしたい場合は、`-o object-file-name` オプションを使う。

```
$ g++ -o object.o -c source.cpp
```

複数のソースファイル、`foo.cpp` と `bar.cpp` からオブジェクトファイルを生成し、リンクして実行可能ファイル `program` を生成するには以下のようにする。

```
$ ls
bar.cpp  foo.cpp
$ g++ -c foo.cpp
$ g++ -c bar.cpp
$ ls
bar.cpp  bar.o  foo.cpp  foo.o
```

```
$ g++ -o program foo.o bar.o
$ ls
bar.cpp  bar.o  foo.cpp  foo.o  program
```

こうすることによって、1つのソースファイルを編集しただけで、すべてのソースファイルをコンパイルする必要がなくなる。

これを Makefile で書くには、出力するファイルと依存するファイルを考える。

- program は foo.o と bar.o に依存する
- foo.o は foo.cpp に依存する
- bar.o は bar.cpp に依存する

これを素直に書き出していけばよい。

```
# program は foo.o と bar.o に依存する
program : foo.o bar.o
    g++ -o $@ $^
# foo.o は foo.cpp に依存する
foo.o : foo.cpp
    g++ -c $<
# bar.o は bar.cpp に依存する
bar.o : bar.cpp
    g++ -c $<
```

$^はそのルールの依存するファイル名をすべて空白区切りで得る自動変数だ。この場合、foo.o bar.o に置換される。

41.2　複数のソースファイルの書き方

C++ の1つのソースファイルは、1つの**翻訳単位**（translation unit）として扱われる。別の翻訳単位の定義を使うには、さまざまな制約がある。具体的な例で学ぼう。

41.2.1　関数

以下のコードを見てみよう。

```
#include <iostream>

void print_int( int x )
{
    std::cout << x ;
}

int main()
{
```

```
    print_int( 123 ) ;
}
```

このコードには 2 つの定義がある。`print_int` と `main` だ。

関数 `print_int` を別のソースファイルである `print_int.cpp` に分割してみよう。

```cpp
// print_int.cpp
#include <iostream>

void print_int( int x )
{
    std::cout << x ;
}
```

このコードは問題なくコンパイルできる。

```
$ g++ -c print_int.cpp
```

すると残りのソースファイルを `main.cpp` とすると以下のようになる。

```cpp
// main.cpp
int main()
{
    print_int( 123 ) ;
}
```

このコードはコンパイルできない。なぜならば、C++ では名前は使う前に宣言しなければならないからだ。

関数を宣言するには、関数の本体以外の部分を書き、セミコロンで終端する。

```cpp
// main.cpp
void print_int( int ) ;

int main()
{
    print_int( 123 ) ;
}
```

これでコンパイル、リンクができるようになった。

```
$ g++ -c main.cpp
$ g++ -o program main.o print_int.o
```

このとき、main.cpp で関数 print_int を定義することはできない。

```
// エラー、print_int.cpp でも定義されている
void print_int( int ) { }

int main()
{
    print_int( 123 ) ;
}
```

C++ では定義は全翻訳単位に 1 つしか書くことができないルール、ODR（One Definition Rule、単一定義原則）があるからだ。

```
// 宣言
void f() ;

// OK、再宣言
void f() ;

// 定義
void f() { }

// エラー、再定義
// ODR 違反
void f() { }
```

なぜ ODR があるのか。なぜ定義は 1 つしか書けないのか。理由は簡単だ。もし定義が複数書けるならば、異なる定義を書くことができてしまうからだ。

```
bool f() { return true ; }
bool f() { return false ; }
```

もし定義を複数書くことができる場合、この関数 f は true を返すべきだろうか。それとも false を返すべきだろうか。

この問題を防ぐために、C++ には ODR がある。

複数のソースファイル、つまり複数の翻訳単位からなるプログラムの場合でも ODR は適用される。定義はすべての翻訳単位内で 1 つでなければならない。

引数リストが違う関数は別の関数で、別の定義になる。

```
// 定義
void f() { }

// OK、別の定義
void f( int ) { }
```

```
// OK、別の定義
void f( double ) { }
```

名前は使う前に宣言が必要だが、肝心の定義は別のソースファイルに書いてある。宣言と定義を間違えてしまった場合はエラーになる。

```
// print_int.cpp
// 失敗状態を返す
bool print_int( int x )
{
    std::cout << x ;
    return std::cout.fail() ;
}

// main.cpp
void print_int( int ) ;

int main()
{
    // エラー
    print_int( 123 ) ;
}
```

このような間違いを防ぐためのお作法として、宣言はヘッダーファイルに書いて`#include`する。

```
// print_int.h
bool print_int( int x ) ;

// main.cpp
#include "print_int.h"

int main()
{
    // 間違えない
    bool result = print_int( 123 ) ;
}
```

41.2.2 変数

変数にも宣言と定義がある。通常、変数の宣言は定義を兼ねる。

```
// 宣言かつ定義
int variable ;
```

そのため、別の翻訳単位の変数を使うために変数を書くと、定義が重複してしまい、ODR 違反になる。

```cpp
// global.cpp
int variable ;

// main.cpp
// エラー、ODR 違反
int variable ;

int main()
{
    variable = 0 ;
}
```

変数を定義せずに宣言だけしたい場合は、extern キーワードを使う。

```cpp
// global.cpp
int variable ;

// main.cpp
// OK
// 別の翻訳単位の定義を参照する
extern int variable ;

int main()
{
    variable = 123 ;
}
```

extern キーワードを名前空間スコープで宣言された変数に使うと、定義せずに別の翻訳単位の定義を参照する意味になる。

変数の場合も、間違いを防ぐためにヘッダーファイルに書いて #include するとよい。

```cpp
// global.h
extern int variable ;

// main.cpp
#include "global.h"

int main()
{
    variable = 123 ;
}
```

41.2.3 インライン関数/インライン変数

変数や関数の定義は ODR により重複できない。ということはヘッダーファイルに書いて複数の翻訳単位で #include できないということだ。

```cpp
// library.h
std::string delimiter{"\n"} ;

void print_int( int x )
{ std::cout << x << delimiter ; }

// foo.cpp
// エラー、ODR 違反
#include "library.h"

// bar.cpp
// エラー、ODR 違反
#include "library.h"
```

library.h には宣言だけを書いて、別途翻訳単位となるソースファイル、例えば library.cpp を用意しなければならない。

```cpp
// library.h
void print_int( int x ) ;

// library.cpp
std::string delimiter{"\n"} ;

void print_int( int x )
{ std::cout << x << delimiter ; }
```

小さなライブラリの場合、この制約は煩わしい。できればヘッダーファイルだけで済ませてしまいたい。このために C++ には特別な ODR を例外的に回避する方法がある。

キーワード inline を付けて定義した関数と変数は、インライン関数、インライン変数となる。

```cpp
// library.h
// インライン変数
inline std::string delimiter{"\n"} ;
// インライン関数
inline void print_int( int x )
{ std::cout << x << delimiter ; }
```

インライン関数とインライン変数は、複数の翻訳単位で重複して定義できる。

```
// foo.cpp
#include "library.h"

// bar.cpp
#include "library.h"
```

inline は ODR を例外的に回避できるとはいえ、強い制約がある。

1. 異なる翻訳単位に限る
同じ翻訳単位の中で重複することはできない。

```
// 1つの翻訳単位
inline int variable ;
// エラー、再定義
inline int variable ;
```

2. 同じトークン列である
インライン関数、インライン変数の定義のトークン列、つまりソースコードの文字列は完全に同じでなければならない。

たとえば以下はトークン列が違う。

```
inline int f( int x ) { return x ; }
inline int f( int y ) { return y ; }
```

インライン関数と変数のトークン列を同じにするには、ヘッダーファイルに書いて #include で取り込むことを徹底する。

3. 意味が同じである
同じトークン列でも意味が異なることがある。

```
// foo.cpp
void f( int ) {  }
inline bool g( )
{
    return f( 0 ) ;
}

// bar.cpp
void f( double ) {  }
inline bool g()
{
    return f( 0 ) ;
}
```

foo.cpp のインライン関数 g は f(int) を呼び出すが、bar.cpp のインライン関数 g は f(double) を呼び出す。インライン関数 g のトークン列はどちらも同じだが、意味が異なる。

ODR の例外的な回避の怖いところは、間違えてしまってもコンパイラーがエラーメッセージを出してくれる保証がないところだ。上の同じトークン列で違う意味のような関数は、そのままコンパイルが通ってリンクされ、実行可能なプログラムが生成されてしまうかもしれない。そのようなプログラムの挙動がどうなるかはわからない。この理由は、ODR 違反を完全に発見するコンパイラーの実装が技術的に困難だからだ。ODR 違反をしないのはユーザーの責任だ。

インライン変数とインライン関数はわざわざ翻訳単位を分けて分割コンパイルするまでもないライブラリに使うとよい。

41.2.4　クラス

クラスにも宣言と定義がある。

```
// 宣言
struct Foo ;

// 定義
struct Foo
{
    int data_member ;
    int member_function() ;
} ;
```

クラスを複数の翻訳単位で使うには、関数と同じように宣言と定義に分ければよいと考えるかもしれないが、残念ながらクラスの宣言だけでできることは少ない。

クラスの宣言だけでできることは、クラス名を型名として使うとか、クラスのポインター型を作るぐらいのものだ。

```
struct Foo ;
using Bar = Foo ;
Foo * ptr = nullptr ;
```

宣言だけされたクラスのオブジェクトを作ることはできないし、ポインターの演算もできない。

```
struct Foo ;

int main()
{
    // エラー
    Foo foo ;

    Foo * ptr = nullptr ;
    // エラー
```

```
    ++ptr ;
}
```

この理由は、宣言だけされたクラスは**不完全型**（Incomplete type）という特別な扱いの型になるからだ。クラスのオブジェクトを作ったりポインター演算をするには、クラスのオブジェクトのサイズを決定する必要があるが、そのための情報はまだコンパイラーが得ていないために起こる制約だ。

クラスの定義では、インライン変数やインライン関数と同じく、ODR の例外的な回避が認められている。条件も同じで、1. 異なる翻訳単位で、2. 同じトークン列で、3. 意味も同じ場合だ。

ODR 違反を起こさないために、クラス定義はインクルードファイルに書いて #include するのがお作法だ。

```
// Foo.h
// クラス定義
struct Foo
{
    int data_member ;
    // メンバー関数の宣言
    int member_function() const noexcept;
} ;


// Foo.cpp
#include "Foo.h"
// メンバー関数の定義
int Foo::member_function() const noexcept
{
    return data_member ;
}


// main.cpp
#include "Foo.h"

int main()
{
    Foo foo ;
    foo.data_member = 42 ;
    int value = foo.member_function() ;
}
```

クラス定義の中で定義されたメンバー関数は、自動的にインライン関数になる。

```
// Foo.h
struct Foo
{
    int data_member ;
    // インライン関数
```

```
    int member_function() const noexcept
    {
        return data_member ;
    }
} ;
```

このように書くと、ヘッダーファイル **Foo.h** を #include するだけでどこでもクラス **Foo** が使える
ようになる。メンバー関数を定義するための **Foo.cpp** は必要がなくなる。

クラスのデータメンバーは具体的なオブジェクトではないので、インライン変数ではない。

```
struct S
{
    // これはオブジェクトではない
    int data_member ;
} ;

void main()
{
    // オブジェクト
    S s ;
    // サブオブジェクト
    s.data_member ;
}
```

static メンバー

クラスのメンバーは非 static メンバーと static メンバーに分けることができる。static メン
バーは static キーワードを付けて宣言する。

```
struct S
{
    // 非static メンバー
    int data_member ;
    void member_function() ;

    // static メンバー
    inline static int static_data_member ;
    static void static_member_function() ;
} ;
```

static メンバー関数はクラスのオブジェクトには依存していない。そのため、クラスのオブジェク
トなしで呼び出すことができる。

654　第 41 章　分割コンパイル

```cpp
struct S
{
    // 非static メンバー
    void member_function() { }

    // static メンバー
    static void static_member_function() { }
} ;

int main()
{
    S s ;
    // オブジェクトが必要
    s.member_function() ;

    // オブジェクトは不要
    S::static_member_function() ;
    // このように呼び出すこともできる
    s.static_member_function() ;
}
```

static メンバー関数の呼び出しにクラスのオブジェクトを必要としない。そのため、this も使うことはできない。

```cpp
struct S
{
    int data_member() ;

    void f()
    {// this が使える
        this->data_member ;
    }

    static void g()
    {// this は使えない
    }
} ;
```

static データメンバーはクラスのオブジェクトの外の独立したオブジェクトだ。static データメンバーのクラス定義内での宣言は定義ではないので、クラスの定義外で定義する必要がある。

```cpp
struct S
{
    // 宣言
    static int static_data_member ;
```

```
} ;
// 定義
int S::static_data_member ;

int main()
{
    S::static_data_member = 123 ;
}
```

複数の翻訳単位からなるプログラムの場合、ODR により定義は 1 つしか書けないので、どこか 1 つのソースファイルだけに定義を書くことになる。

```
// S.h
struct S
{
    // 宣言
    static int static_data_member ;
} ;

// S.cpp
#include "S.h"
// 定義
int S::static_data_member ;
```

これは面倒なので、通常は static 変数はインライン変数にする。

```
// S.h
struct S
{
    // インライン変数かつstatic 変数
    inline static int static_data_member ;
} ;
```

これで static 変数を定義するだけのソースファイルを用意する必要はない。ただしインライン変数は C++17 以降の機能なので、読者が昔の C++ で書かれたコードを読む際には、まだ昔ながらの static データメンバーの定義に出くわすだろうから、覚えておこう。

static メンバーはクラススコープの下に関数と変数というだけで、その実態は名前空間スコープ内の関数と変数と同じだ。

```
// 名前空間
namespace A {
    int variable ;
    void function() { }
}
```

```
// クラス
struct B {
    inline static int variable ;
    static void function() { }
} ;

int main()
{
    // 名前空間
    A::variable = 1 ;
    A::function() ;
    // クラス
    B::variable = 1 ;
    B::function() ;
}
```

41.2.5　テンプレート

テンプレートにも ODR の例外が認められている。

テンプレートは具体的なテンプレート引数が与えられて実体化する。

```
template < typename T >
struct holder
{
    T value ;
} ;

holder<int> a ;
holder<double> b ;
```

このため、翻訳単位ごとに、同じトークン列で同じ意味のテンプレートコードが必要だ。インクルードファイルに書いて #include するお作法も同じだ。

```
// holder.h
template < typename T >
struct holder
{
    T value ;
} ;

holder<int> a ;
holder<double> b ;
```

C++ に将来的に追加される予定のモジュールが入るまでは、テンプレートコードはすべてをインクルードファイルに書いて #include して使う慣習が続くだろう。

第 42 章

デバッガー

読者は複雑なコードを書く際に間違ったコードを書くことだろう。間違ったコードは直せばよい。問題はどこが間違っているのかわからない場合だ。

例えば以下のコードは 1 から 10 までの整数を標準出力するはずのプログラムだ。

```cpp
int main()
{
    for ( int i = 1 ; i < 10 ; ++i )
        std::cout << i ;
}
```

しかし実際に実行してみると、1 から 9 までの整数しか標準出力しない。なぜだろうか。

読者の中にはコード中の問題のある箇所に気が付いた人もいるだろう。これはたったの 5 行のコードで、問題の箇所も 1 箇所だ。これが数百行、数千行になり、関数やクラスを複雑に使い、問題の原因は複数の箇所のコードの実行が組み合わさった結果で、しかも自分で書いたコードなので正しく書いたはずだという先入観がある場合、たとえコードとしてはささいな間違いであったとしても、発見は難しい。

こういうとき、実際にコードを 1 行ずつ実行したり、ある時点でプログラムの実行を停止させて変数の値を見たりしたいものだ。

そんな夢を実現するのがデバッガーだ。この章ではデバッガーとして GDB（GNU プロジェクトデバッガー）の使い方を学ぶ。

GDB で快適にデバッグするには、プログラムをコンパイルするときにデバッグ情報を出力する必要がある。そのためには、GCC に -g オプションを付けてプログラムをコンパイルする。

```
$ g++ -g -o program program.cpp
```

658　第 42 章　デバッガー

本書の始めに作った入門用の Makefile を使う場合は、$gcc_options に -g を加えることになる。

```
gcc_options = -std=c++17 -Wall --pedantic-error -g
```

コンパイラーのオプションを変更したあとは、make clean を実行してコンパイル済みヘッダーファイルを生成し直す必要がある。

```
$ make clean
```

42.1　GDB のチュートリアル

では具体的にデバッガーを使ってみよう。以下のようなソースファイルを用意する。

```cpp
int main()
{
    int val = 0 ;
    val = 10 ;
    val += 1 ;
    val *= 2 ;
    val *= 2 ;
    val /= 4 ;
}
```

このプログラムをコンパイルする。

```
$ g++ -g program.cpp -o program
```

GDB を使ってプログラムのデバッグを始めるには、GDB のオプションとして -g オプション付きでコンパイルしたプログラムのファイル名を指定する。

```
$ gdb program
```

すると以下のように出力される。

```
GNU gdb (Ubuntu 8.2-0ubuntu1) 8.2
Copyright (C) 2018 Free Software Foundation, Inc.
License GPLv3+: GNU GPL version 3 or later <http://gnu.org/licenses/gpl.html>
This is free software: you are free to change and redistribute it.
There is NO WARRANTY, to the extent permitted by law.
Type "show copying" and "show warranty" for details.
This GDB was configured as "x86_64-linux-gnu".
Type "show configuration" for configuration details.
```

```
For bug reporting instructions, please see:
<http://www.gnu.org/software/gdb/bugs/>.
Find the GDB manual and other documentation resources online at:
    <http://www.gnu.org/software/gdb/documentation/>.

For help, type "help".
Type "apropos word" to search for commands related to "word"...
Reading symbols from program...done.
(gdb)
```

大量のメッセージに戸惑うかもしれないが、最後の行以外は GDB のライセンス表記やドキュメントだ。細部は環境ごとに異なる。

ここで重要なのは最後の行だ。

```
(gdb)
```

ここに GDB のコマンドを入力する。ヘルプを表示するコマンド help と入力してみよう。

```
(gdb) help
```

ヘルプメッセージが表示される。あるコマンドのヘルプを見たい場合は help コマンドと入力する。いまから使う予定のコマンドである list のヘルプを見てみよう。

```
(gdb) help list
```

list コマンドは現在のソースファイルの前後 10 行を表示する。

```
(gdb) list
1    int main()
2    {
3        int val = 0 ;
4        val = 10 ;
5        val += 1 ;
6        val *= 2 ;
7        val *= 2 ;
8        val /= 4 ;
9    }
```

さっそく実行してみよう。実行するコマンドは run だ。

```
(gdb) run
Starting program: 実行可能ファイルへのパス
[Inferior 1 (process PID) exited normally]
```

run コマンドを使うとデバッガーはプログラムを実行する。

プログラムの実行を特定の場所で止めるには break コマンドを使ってブレイクポイントを設定する。

```
(gdb) help break
```

break コマンドには関数や行番号を指定できる。

```
(gdb) break main
(gdb) break 4
(gdb) break 5
```

これで、main 関数、4 行目、5 行目にブレイクポイントを設定した。さっそくもう一度最初から実行してみよう。

```
(gdb) run
Starting program: プログラムへのファイルパス

Breakpoint 1, main () at main.cpp:3
3        int val = 0 ;
```

main 関数にブレイクポイントを設定したので、プログラムは main 関数が呼ばれたところ、最初のコードである 3 行目を実行する手前で止まる。

プログラムの実行を再開するには continue コマンドを使う。

```
(gdb) continue
Continuing.

Breakpoint 2, main () at main.cpp:4
4        val = 10 ;
```

4 行目にブレイクポイントを設定したので、4 行目を実行する手前で止まる。

この時点で、変数 val が初期化され、その値は 0 になっているはずだ。確かめてみよう。変数の値を調べるには print コマンドを使う。

```
(gdb) print val
$1 = 0
```

値が 0 になっていることが確認できた。実行を再開しよう。

```
(gdb) continue
Continuing.

Breakpoint 3, main () at main.cpp:5
5        val += 1 ;
```

4 行目を実行し、5 行目のブレイクポイントで止まる。4 行目を実行したということは、変数 val の
値は 10 になっているはずだ。もう一度 print コマンドで調べてみよう。

```
(gdb) print val
$2 = 10
```

値は 10 だ。GDB は print の結果の履歴を記録している。$1 や $2 というのはその記録を参照する
ための名前だ。その値は print コマンドで確認できる。

```
(gdb) print $1
$3 = 0
(gdb) print $2
$4 = 10
```

現在、プログラムは 5 行目を実行する手前で止まっている。このまま continue コマンドを使うとプ
ログラムの終了まで実行されてしまう。もう一度 1 行だけ実行するには break 6 で 6 行目にブレイク
ポイントを設定すればよいのだが、次の 1 行だけ実行したいときにいちいちブレイクポイントを設定す
るのは面倒だ。

そこで使うのが step だ。次の 5 行目を実行すると、変数 val の値は 11 になっているはずだ。

```
(gdb) step
6        val *= 2 ;
(gdb) print val
$5 = 11
```

さて、残りの行も step して実行を 1 行ずつ確かめてみよう。

GDB の基本的な使い方を覚えたので、これから詳細な使い方を学んでいく。

42.2 プログラムの実行

GDB でプログラムをデバッグするには、GDB の起動時にプログラムのオプションとしてプログラムのファイル名を指定する。プログラムのファイル名が program の場合、以下のようにする。

```
$ ls
program
$ gdb program
```

起動した GDB でプログラムを実行するには、run コマンドを使う。

```
(gdb) run
```

このとき、プログラムにオプションを指定したい場合は run に続けて記述する。例えばプログラムの標準出力を out.txt にリダイレクトしたいときは以下のようにする。

```
(gdb) run > out.txt
```

42.3 プログラムの停止方法

デバッガーの機能として一番わかりやすいのが、実行中のプログラムを一時停止させる機能だ。

42.3.1 ブレイクポイント

コマンド break はブレイクポイントを設定する。プログラムの実行がブレイクポイントに達した場合、GDB はブレイクポイントの直前でプログラムの実行を中断する。

ブレイクポイントを設定する場所は break コマンドへの引数で指定する。省略して b だけでもよい。

```
(gdb) break 場所
(gdb) b 場所
```

場所として使えるのは行番号と関数名だ。

行番号へのブレイクポイント

現在のソースファイルの 123 行目にブレイクポイントを設定する場合は以下のように書く。

```
(gdb) break 123
```

ソースファイルが複数ある場合は、

```
(gdb) break ファイル名:行番号
```

と書く。例えば foo.cpp の 8 行目にブレイクポイントを仕掛ける場合は、

```
(gdb) break foo.cpp:8
```

と書く。

ブレイクポイントの確認

設定したブレイクポイントの一覧は、info breakpoints コマンドで確認できる。

```
(gdb) break 5
Breakpoint 1 at 0x1150: file main.cpp, line 5.
(gdb) break 6
Breakpoint 2 at 0x1157: file main.cpp, line 6.
(gdb) break 7
Breakpoint 3 at 0x115b: file main.cpp, line 7.
(gdb) info breakpoints
Num     Type           Disp Enb Address            What
1       breakpoint     keep y   0x0000000000001150 in main() at main.cpp:5
2       breakpoint     keep y   0x0000000000001157 in main() at main.cpp:6
3       breakpoint     keep y   0x000000000000115b in main() at main.cpp:7
```

これは 5, 6, 7 行目にそれぞれブレイクポイントを設定したあとの info breakpoints の結果だ。

この表の意味は、左から番号（Num, Number）、種類（Type）、中断後の処理（Disposition），有効/無効（Enb, Enable/Disable）、アドレス（Address），内容（What）となっている。

ブレイクポイントには作成された順番に番号が振られる。ブレイクポイントの設定を変えるには、この番号でブレイクポイントを参照する。

ブレイクポイントには 3 種類ある。普通のブレイクポイントである breakpoint のほかに、特殊なブレイクポイントであるウォッチポイント（watchpoint）、キャッチポイント（catchpoint）がある。

中断後の処理と有効/無効の切り替えはあとで説明する。

アドレスというのはブレイクポイントを設定した場所に該当するプログラムのコード部分であり、本書では解説しない。

内容はブレイクポイントを設定した場所の情報だ。

ブレイクポイントの削除

ブレイクポイントを削除するには delete コマンドを使う。削除するブレイクポイントは番号で指定する。

```
(gdb) delete 1
```

番号を指定しないとすべてのブレイクポイントを削除することができる。

```
(gdb) delete
Delete all breakpoints? (y or n) y
(gdb) info breakpoints
No breakpoints or watchpoints.
```

ブレイクポイントの有効/無効

ブレイクポイントは有効/無効を切り替えることができる。

ブレイクポイントを無効化するには disable コマンドを使う。

```
(gdb) disable 1
```

ブレイクポイントを有効化するには enable コマンドを使う。

```
(gdb) enable 1
```

ブレイクポイントは発動したあとに自動で無効化させることができる。

enable [breakpoints] once コマンドで、ブレイクポイントが一度発動すると自動的に無効化されるブレイクポイントを設定できる。

```
(gdb) enable 1 once
```

このコマンドは、ブレイクポイント番号 1 が一度発動したら自動的に無効化する設定をする。

ブレイクポイントは n 回発動したあとに自動的に無効化することもできる。そのためのコマンドは enable [breakpoints] count n だ。

```
(gdb) enable 1 count 10
```

上のコマンドは、ブレイクポイント番号 1 が 10 回発動したら自動的に無効化されるよう設定している。

関数名へのブレイクポイント

ブレイクポイントの場所として関数名を書くと、その関数名が呼び出されたあと、関数の本体の 1 行目が実行されるところにブレイクポイントが設定される。

現在のソースファイルの関数 main にブレイクポイントを設定する場合は以下のように書く。

```
(gdb) break main
```

ソースファイルが複数ある場合は、

```
(gdb) ファイル名:関数名
```

と書く。

C++ では異なる引数で同じ名前の関数が使える。

```
void f() { }
void f(int) { }
void f(double) { }

int main()
{
    f() ;
    f(0) ;
    f(0.0) ;
}
```

このようなプログラムで関数 f にブレイクポイントを設定すると、f という名前の関数すべてにブレイクポイントが設定される。

ブレイクポイントの一覧を表示する info breakpoints コマンドで確かめてみよう。

```
(gdb) break f
Breakpoint 1 at 0x1149: f. (3 locations)
(gdb) info breakpoints
Num     Type           Disp Enb Address            What
1       breakpoint     keep y   <MULTIPLE>
1.1                         y     0x0000000000001149 in f() at main.cpp:1
1.2                         y     0x0000000000001153 in f(int) at main.cpp:2
1.3                         y     0x000000000000115f in f(double) at main.cpp:3
```

関数名 f に該当するすべての関数に、ブレイクポイント番号 1 としてブレイクポイントが設定される。関数にはそれぞれサブの番号が振られる。

この状態でブレイクポイント番号 1 を削除すると、1.1, 1.2, 1.3 はすべて削除される。

```
(gdb) delete 1
(gdb) info breakpoints
No breakpoints or watchpoints.
```

もし、オーバーロードされた同名の関数のうちの一部だけにブレイクポイントを仕掛けたい場合、曖昧性を解決するメニューを表示する設定にすることで、一部の関数だけを選ぶことができる。メニューを表示する設定にするには、

```
(gdb) set multiple-symbols ask
```

というコマンドを使う。これ以降の break コマンドが名前が曖昧であることを検出した場合、以下のようなメニューを表示する。

```
(gdb) break f
[0] cancel
[1] all
[2] run.cpp:f()
[3] run.cpp:f(double)
[4] run.cpp:f(int)
>
```

ここで 0 を入力するとキャンセル。1 を入力するとすべての関数にブレイクポイントを設定する。

特定の関数だけにブレイクポイントを設定したい場合、その関数に対応する番号を入力する。例えば、f() と f(int) だけにブレイクポイントを設定したい場合は、

```
> 2 4
```

と入力する。

42.3.2　条件付きブレイクポイント

```
(gdb) break ... if 条件
```

と入力すると、条件が true となるときのみブレイクポイントが発動する。

例えば以下のようなコードで、

```cpp
int main()
{
    int i { } ;
    while ( i != 1000 )
    {
        ++i ;
        std::cout << i ;
    }
}
```

以下のように 7 行目に変数 i が 500 に等しい条件を設定すると

```
(gdb) break 7 if i == 500
```

変数 i が 500 でありかつ 7 行目が実行される直前でブレイクポイントが発動する。

42.4 プログラムの実行再開とステップ実行

以下のようなプログラムがあるとする。

```c
int f( int x )
{
    return x + 1 ;
}

int main()
{
    int i = 0 ;
    i = f(i) ;
    i = f(i) ;
    i = f(i) ;
}
```

このプログラムを main 関数から 1 行ずつ実行してその挙動を確かめたい。その場合に、すべての行にブレイクポイントを設定するのは面倒だ。GDB ではこのような場合に、現在中断している場所から1 行だけ実行する方法がある。

42.4.1 実行再開 (continue)

continue コマンドは実行を再開する。省略して c でもよい

```
(gdb) continue
(gdb) c
```

実行を再開すると、次のブレイクポイントが発動するか、プログラムが終了するまで実行が続く。

42.4.2 ステップ実行 (step)

step コマンドは現在実行が中断している場所から、ソースファイルで 1 行分の実行をして中断する。

```
(gdb) step
(gdb) s
```

step コマンドは省略して s でもよい。

先ほどのソースファイルで、まず main 関数にブレイクポイントを設定して実行すると、

```
(gdb) break main
(gdb) run
```

668　第 42 章　デバッガー

`main` 関数に入った直後で実行が中断する。

```
   int main()
   {
>>   int i = 0 ;
     i = f(i) ;
     i = f(i) ;
   ...
```

この状態で step コマンドを使うと

```
   (gdb) step
```

1 行分にあたる実行が行われ、また中断される。

```
   int main()
   {
     int i = 0 ;
>>   i = f(i) ;
     i = f(i) ;
   ...
```

もう一度 step コマンドを使うと、今度は関数 f の中で実行が中断する。

```
   int f( int x )
   {
>>   return x + 1 ;
   }

   int main()
   ...
```

このまま step コマンドを続けていくと、また main 関数に戻り、また次の行が実行され、また関数 f が実行される。

1 行ずつ実行するのではなく n 行実行したい場合は、step コマンドに n を指定する。

```
   (gdb) step n
```

するとソースファイルの n 行分実行される。例えば以下のように書くと、

```
   (gdb) step 3
```

3 行分実行される。

42.4.3 ネクスト実行 (next)

step コマンドはソースファイルの 1 行分を実行してくれるが、途中に関数呼び出しが入る場合、その関数のソースファイルがある場合はその関数の中も 1 行とカウントする。next コマンドは現在実行が中断しているソースファイルの次の行を 1 行として扱い、次の行まで実行して中断する。

例えばプログラムが以下の状態で中断しているとする。

```
  int main()
  {
     int i = 0 ;
>>   i = f(i) ;
     i = f(i) ;
  ...
```

このまま step コマンドを実行すると、関数 f の中の 1 行で実行が中断する。一方 next コマンドを使うと、

```
  (gdb) next
```

現在止まっているソースファイルの次の 1 行の手前まで実行して中断する。途中の関数呼び出しはすべて実行される。

```
  int main()
  {
     int i = 0 ;
     i = f(i) ;
>>   i = f(i) ;
  ...
```

step コマンドと同じく、next コマンドも n 行分一度に実行することができる。

```
  (gdb) next n
```

42.4.4 関数から抜けるまで実行 (finish)

finish コマンドは現在の関数から return するまで実行する。

42.5　バックトレース

バックトレースは中断しているプログラムの情報を得るとても強力なコマンドだ。

```
(gdb) backtrace
(gdb) bt
```

バックトレースを表示するには backtrace もしくは bt というコマンドを使う。
例えば以下のようなソースファイルがある。

```
void f() { }

void apple() { f() ; }
void banana() { f() ; }
void cherry() { apple() ; }

int main()
{
    f() ;
    apple() ;
    banana() ;
    cherry() ;
}
```

ここで関数 f に注目してみよう。関数 f はさまざまな関数から呼ばれる。関数 main から呼ばれるし、関数 apple や banana からも呼ばれる。特に、関数 cherry は関数 apple を呼び出すので、間接的に関数 f を呼ぶ。

関数 f にブレイクポイントを仕掛けて実行してみよう。

```
(gdb) break f
(gdb) run
(gdb) continue
(gdb) continue
(gdb) continue
(gdb) continue
```

関数 f が呼ばれるたびに実行が中断するが、関数 f がどこから呼ばれたのかがわからない。
こういうときにバックトレースが役に立つ。

上のコマンドを実行しながら、関数 f のブレイクポイントが発動するたびに、backtrace コマンドを入力してみよう。

```
(gdb) break f
(gdb) run
(gdb) backtrace
#0  f () at main.cpp:2
#1  0x0000555555556310 in main () at main.cpp:10
```

#0 がバックトレースの最も深い現在のスタックフレームだ。これは関数 f でソースファイル main.cpp の 2 行目だ。#1 が #0 の上のスタックフレームで、これは関数 main で 10 行目にある。

実行を再開して、次の関数 f のバックトレースを見よう。

```
(gdb) continue
(gdb) backtrace
#0  f () at main.cpp:2
#1  0x00005555555562ec in apple () at main.cpp:4
#2  0x0000555555556315 in main () at main.cpp:11
```

今回はスタックフレームが 3 つある。最も外側のスタックフレームは関数 main で、そこから関数 apple が呼び出され、そして関数 f が呼び出される。

さらに進めよう。

```
(gdb) continue
(gdb) backtrace
#0  f () at main.cpp:2
#1  0x00005555555562f8 in banana () at main.cpp:5
#2  0x000055555555631a in main () at main.cpp:12
```

今度は main → banana → f になった。次はどうだろうか。

```
(gdb) continue
(gdb) backtrace
#0  f () at main.cpp:2
#1  0x00005555555562ec in apple () at main.cpp:4
#2  0x0000555555556304 in cherry () at main.cpp:6
#3  0x000055555555631f in main () at main.cpp:13
```

最後は main → cherry → apple → f だ。

このようにバックトレースを使うことでプログラムの状態を調べることができる。

42.6 変数の値を確認

変数の値を確認するには print コマンドを使う。

```
(gdb) print 式
```

print コマンドは式を評価した結果を出力する。

例えば以下のようなソースファイルがある。

```
int main()
{
    int x = 1 ;
    x += 1 ;
    x *= 2 ;
}
```

この変数 x の値を見ていこう。

まず変数 x が初期化されるところまで実行する。

```
(gdb) break main
(gdb) run
(gdb) step
(gdb) print x
$1 = 1
```

1 行ずつ実行して値を見ていこう。

```
(gdb) step
(gdb) print x
$2 = 2
(gdb) step
(gdb) print x
$3 = 4
```

print 式コマンドで注意すべき点としては、式の副作用もプログラムに反映されるということだ。例えば以下のように変数 x を変更する式も使えるし、変数 x は実際に変更されてしまう。

```
(gdb) print ++x
(gdb) print x = 0
```

式では関数まで呼べてしまう。

```
void hello()
{
    std::cout << "hello"
}

int main() { }
```

このプログラムは関数 hello を呼ばないし標準出力には何も出力しない。しかしこのプログラムを GDB でロードし、main 関数にブレイクポイントを設定してから実行し、ブレイクポイントが発動したら print hello() コマンドを使ってみると、

```
(gdb) break main
(gdb) run
(gdb) print hello()
```

なんと関数 hello が呼び出され、標準出力に hello と出力されるではないか。

print コマンドの式のもたらす副作用には注意しよう。

42.7 シグナルによるプログラムの中断

プログラムはさまざまな理由によりシグナルを出して実行を強制的に終了する。このシグナルは GDB によってトラップされ、ブレイクポイントと同じくプログラムの中断として扱われる。

プログラムが実行を終了するようなシグナルは、プログラムの不具合によって生じる。具体的な不具合は実行環境に依存するが、たいていの環境で動く不具合は、null ポインターを経由した間接アクセスと、ゼロ除算だ。

```
// null ポインターを経由した間接アクセス
int * ptr = nullptr ;
*ptr = 0 ;
// ゼロ除算
1 / 0 ;
```

実際にそのようなプログラムを作って GDB で実行し、プログラムが中断されることを確認してみよう。

```
int main()
{
    int x { } ;
    std::cin >> x ;
    std::cout << 1 / x ;
}
```

674　第 42 章　デバッガー

このプログラムはユーザーが標準入力から 0 を入力するとゼロ除算となり強制的に終了する。GDB
で実行してみよう。

```
$ gdb program
(gdb) run
Starting program:
0

Program received signal SIGFPE, Arithmetic exception.
0x0000555555556336 in main () at main.cpp:5
5           std::cout << 1 / x ;
```

ちょうどゼロ除算を起こした箇所でプログラムの実行が中断する。

このとき中断した状態でプログラムのさまざまな状態を観測できる。例えばバックトレースを表示し
たり、変数の値を確認したりできる。

42.8　コアダンプを使ったプログラムの状態の確認

プログラムがシグナルによって強制的に終了したときに、たまたまデバッガーで動かしていたならば
プログラムの状態を調べられる。しかし都合よくデバッガーで実行していない場合はどうすればいい
のか。

まずプログラムを普通に実行してみよう。

```
$ program
0
Floating point exception (core dumped)
```

core dumped という文字が気になる。プログラムはシグナルで強制的に実行を終了するときコア
ファイルをダンプする。このファイル名は通常 core だ。通常はカレントディレクトリーに core とい
う名前のファイルが生成されているはずだ。

もしカレントディレクトリーに core という名前のファイルがない場合、以下のコマンドを実行する。

```
$ ulimit -c unlimited
```

これにより core ファイルが生成されるようになる。

すでにコアファイルが存在する場合に上書きされるかどうかは環境により異なる。昔のコアファイル
がいらないのであれば消しておこう。

```
$ rm ./core
$ ./program
0
Floating point exception (core dumped)
```

```
$ find core
core
```

このコアファイルはデバッガーに読み込ませることで、プログラムが強制的に終了するに至った瞬間のプログラムの状態を調べるのに使える。

使い方は GDB にプログラムファイルと一緒に指定するだけだ。

```
$ gdb program core
...
Core was generated by `./program'.
Program terminated with signal SIGFPE, Arithmetic exception.
#0  0x000055dcbfd3d336 in main () at main.cpp:5
5          std::cout << 1 / x ;
(gdb) backtrace
#0  0x000055dcbfd3d336 in main () at main.cpp:5
(gdb) print x
$1 = 0
```

デバッガーはとても役に立つ。本書では少しだけしか解説しなかったが、このほかにも強力な機能がたくさんある。

索引

■ 数字・記号
+∞, 163
+0.0, 163
,, 105
-=, 29, 533
->, 233, 360, 522
->*, 368
−∞, 163
−0.0, 163
., 240, 243
.cpp, 4
.gch, 9
.h, 7
/, 25, 260
//, 9, 21
/=, 29
::, 170, 171, 173
;, 22, 47
<, 51, 79
<=, 51
<>, 624
=, 28, 474
= default, 478
= delete, 481, 519
==, 51, 59, 406
>, 51, 79
>=, 51
[=], 234
[[nodiscard]], 431
[&], 235
[], 270, 271, 275, 381, 448
#, 623, 630
##, 631
#define, 627
#elif, 636
#else, 637
#error, 639
#if, 635
#ifdef, 637
#ifndef, 637
#include, 623, 647, 648, 652
#include ディレクティブ, 7
#line, 638
#pragma, 640
#undef, 632
%, 25
%=, 29
&, 198, 338, 344
&&, 60
__has_include, 634
__VA_ARGS__, 629
__VA_OPT__, 630
{}, 47, 181, 232
!, 58
!=, 51, 59, 406
", 624
', 147
(), 25, 32

**, 349
*=, 29
*, 25, 186, 260, 303, 338, 343, 352, 400, 404, 522
*this, 305, 534
++, 91, 186, 265, 310, 401, 405
+=, 28, 315, 533, 567
+, 24, 25, 259, 264, 267, 315, 534, 540, 567
-, 25, 260, 264, 316, 534
|, 81
||, 61
-=, 316
--, 91, 186, 265, 313, 408
.*, 368
<<, 22
>>, 75
\, 24
\0, 553
\n, 24
\t, 101
10 進数, 113
10 進数リテラル, 145
10 進浮動小数点数リテラル, 161
16 進数エスケープシーケンス, 552
16 進数リテラル, 146
1 の補数, 149
2 進数, 113
2 進数リテラル, 146
2 の補数, 150
5 原則, 520
8 進数エスケープシーケンス, 552
8 進数リテラル, 146

■ A
abort, 275, 422
add_lvalue_reference_t, 507
add_pointer_t<T>, 358
add_rvalue_reference_t, 507
all.h, 7
all_of, 211
allocate, 431, 456
allocator, 429, 431
allocator_traits, 433, 456, 484
allocator_type, 440
any_of, 211
append, 568
　　イテレーター, 301
array, 269, 275, 276, 278
　　at, 270
　　back, 299
　　fill, 300
　　front, 299
　　size, 293
　　値を代入, 300
　　先頭の要素, 299
　　末尾の要素, 299
　　要素数, 293
ASCII, 548
ASLR（Address Space Layout Randomization）, 374

at, 124, 270, 449
auto, 27, 35, 553

■ B

back, 299, 450
back_inserter, 397
bad_alloc, 422, 426
basic_string, 432, 559
　　イテレーター, 568
　　結合, 567
　　検索, 568
　　削除, 572
　　初期化, 567
　　操作, 566
　　挿入, 572
　　置換, 573
basic_string_view, 562
　　操作, 575
begin, 185, 188, 301
Bernoulli, Jacob, 591
bernoulli_distribution, 593
bidirectional_iterator_tag, 408
binomial_distribution, 595
bit_cast, 373, 375
BMI（Body Mass Index）, 73
bool 型, 56
　　変換, 64
boolalpha, 56, 77
break 文, 108
byte, 374, 377

■ C

C++, 1
　　5 原則, 520
　　オブジェクトファイル, 3
　　コンパイル, 3
　　実行, 3, 5
　　実行可能ファイル, 3
　　宣言子, 352
　　のソースファイル, 4
　　ソースファイル, 3
C++ コンパイラー, 5, 6
capacity, 448
Cardano, Gerolamo, 591
cat コマンド, 4
catch, 329
cauchy_distribution, 609
cerr, 141
char, 551
char 型, 153
char16_t, 555
char32_t, 555
char8_t, 555
chi_squared_distribution, 608
cin, 75, 398
cin_iterator, 402
Clang（クラン）, 5
clang++, 5
class, 436, 439
clear, 453, 458
const, 200, 343
const 修飾, 294, 296, 536
const &, 263
const char [n], 552
const wchar_t [n], 554

const_iterator, 318
construct, 456
const なイテレーター, 318
continue 文, 109
copy, 222
core, 674
count, 217
count_if, 217
cout, 22, 396
cout_iterator, 396
curl, 82
C プリプロセッサー, 623

■ D

data, 450
deallocate, 431, 456
decltype, 433
decltype(auto), 554
default_random_engine, 578
defined, 634
delete, 420
　　式, 426, 427
delete[], 427
deleted 定義, 519
destroy, 456
destroy_at, 433
destroy_until, 457
DGB
　　helphelp, 659
difference_type, 393, 400, 441
digits10, 164
Dijkstra, Edsger Wybe, 193
discrete_distribution, 612
distance, 415
do 文, 107
double, 159
double 型, 29

■ E

e/E, 161
else, 51
empty, 448
end, 188, 301
ends_with, 570
EOF, 400
epsilon, 165
equal, 218
erase, 572
EXIT_FAILURE, 42
EXIT_SUCCESS, 41
explicit, 446
exponential_distribution, 604
extern, 648
extreme_value_distribution, 606

■ F

fail, 400
false, 51, 56
f/F, 161, 162
fill, 226, 300
find, 213, 569
find_first_of, 574
, 213
Fisher, Ronald Aylmer, 610
fisher_f_distribution, 610

float, 159
for 文, 103
    省略, 106
for_each, 205, 209
forward, 508
forward_link_list, 406
free, 420
friend, 541
front, 299, 450

■ G
g++, 5, 643
gamma_distribution, 605
GC（ガベージコレクション）, 2
GCC（GNU Compiler Collection）, 5, 6
    --pedantic-errors, 6
    -g, 657, 658
    -include, 9
    -o object-file-name, 643
    -std=, 6
    -Wall, 6
    -Wunused-variable, 70
    -x c++-header, 10
    コンパイラーオプション, 6
gcc, 5
GDB, 657, 658
    b, 662
    backtrace, 670
    break, 660, 662
    break if, 666
    bt, 670
    c, 667
    continue, 660, 667
    delete, 663
    disable, 664
    enable, 664
    enable count, 664
    enable onece, 664
    finish, 669
    info breakpoints, 663, 665
    list, 659
    next, 669
    print, 660, 672
    run, 659, 662
    s, 667
    step, 667
    シグナル, 673
gen, 227
generate, 227
geometric_distribution, 597
get, 522
glvalue, 503
GNU Make, 11, 12
    Makefile, 13
    事前要件, 13
    ターゲット, 13
    ルール, 13
    レシピ, 13
goto 文, 84, 92

■ H
hello.cpp, 4

■ I
IEEE 1541, 371

IEEE 754, 163
if 文, 50, 54, 92
infinity, 163
inline, 649
inline 名前空間, 178
inline namespace, 178
insert, 572
int 型, 29, 151
iostream, 22, 135
iota_iterator, 403, 408, 409
ISO/IEC 10646, 548
iterator_category, 394, 400
iterator_traits, 393

■ J
JIT（Just-In-Time）コンパイル, 3

■ L
L, 554
ld, 643
l/L, 152, 161, 162
ll/LL, 153
lognormal_distribution, 608
long double, 159
long int 型, 152
long long int 型, 153
ls コマンド, 4
lvalue, 500
lvalue リファレンス, 197
lvalue リファレンス型, 473

■ M
main 関数, 21, 34
make コマンド, 12
    clean, 13
    run, 12
make_shared, 525
make_unique, 522
Makefile, 13, 16
    .PHONY ターゲット, 19
    #, 16
    $(), 17
    $<, 17
    $@, 17
    $^, 17
    PHONY ターゲット, 18
    コメント, 16
    自動変数, 17
    変数, 16
malloc, 420
    失敗, 422
max, 155, 588
max(), 578
max_digits10, 165
memcpy, 375, 380
min, 155, 588
min(), 578
mkdir コマンド, 4
move, 489, 504, 508
    実装, 504
mt19937, 579

■ N
namespace, 171
NaN（Not a Number）, 164

negative_binomial_distribution, 599
new, 420
　　式, 426, 427
　　初期化子, 424
　　プレイスメント, 424
noboolalpha, 57
none_of, 211
normal_distribution, 607
npos, 569
NULL, 342
nullptr, 341, 422
null 終端文字列, 558, 564
null ポインター値, 341
null 文字, 548, 553, 558
numeric_limits, 155, 163–165

■ O
ODR（One Definition Rule）, 646
operator(), 578
ostream_iterator, 396
out_of_range, 328, 331

■ P
param, 589
param_type, 589
piecewise_constant_distribution, 615
piecewise_linear_distribution, 619
pointer, 400
Poisson, Siméon Denis, 602
p/P, 162
pred, 214
printf デバッグ, 135
private, 436
prvalue, 500
ptrdiff_t, 400, 441
public, 436
push_back, 122, 452, 465

■ Q
quiet_NaN, 164

■ R
R, 557
random, 577
random_device, 584
Range, 569
rbegin, 418
reference, 400
remove, 228
remove_reference_t, 507
remove_suffix, 575
rend, 418
replace, 226, 573
reserve, 453, 458
reserved_last, 448
reset, 589
resize, 452, 455, 462, 491
return 文, 111, 233, 254, 534, 544
return 文, 33
reverse_iterator, 417
rfind, 570
rvalue, 500, 503
rvalue セマンティクス, 491
rvalue リファレンス, 497
　　T &&, 497

宣言, 497

■ S
s, 560
scope_exit, 335, 460
search, 221
seed_seq, 582, 584
select_on_container_copy_construction, 484
shared_ptr, 525
　　カウンター, 526
short int 型, 153
shrink_to_fit, 467
SI 接頭語, 371
signed char 型, 153
Simula, 1
size, 123, 447
size_t 型, 125, 154
size_type, 440
sizeof, 277, 421
sizeof 演算子, 154
sizeof(T), 372
Spolsky, Joel, 337
starts_with, 570
static, 653
static_cast, 158
std::poisson_distribution, 602
string, 432, 559
string 型, 29
strlen, 559, 564
Stroustrup, Bjarne, 1
struct, 239, 439
student_t_distribution, 610
sv, 563
swap, 200

■ T
T, 122, 284, 285
　　const 版, 344
　　ポインター版, 344
T &&, 497
T *, 356
template, 285, 288
terminate, 332
this, 361
this ポインター, 361
throw, 326
transform, 225
true, 51, 56
try, 329
　　ネスト, 332
type<T>, 357
typedef 名, 180
typename, 304

■ U
u/U, 555
u8, 555
UCS（Universal Coded Character Set）, 548
uintptr_t, 373
Unicode, 548
uniform_int_distribution, 580, 588, 590
uniform_real_distribution, 591
unique_ptr, 522
unsigned char 型, 153
unsigned int 型, 151

unsigned long int 型, 152
unsigned long long int 型, 153
unsigned short int 型, 153
using ディレクティブ, 176
UTF–16, 548, 555
UTF–32, 549, 555
UTF–8, 550, 555
u/U, 151

■ V
value_type, 393, 400
vector, 122, 185, 429, 476
   allocate, 456
   allocator_traits, 456
   at, 124
   capacity, 448
   clear, 453, 458
   construct, 456
   deallocate, 456
   destroy, 456
   destroy_until, 457
   empty, 448
   push_back, 122, 452, 465
   reserve, 453, 458
   reserved_last, 448
   resize, 452, 455, 462
   shrink_to_fit, 467
   size, 123, 447
   T, 122
   コピー, 484
   コピーコンストラクター, 484
   コンストラクター, 454
   デストラクター, 458
   標準出力, 402
   ヘルパー関数, 455
   メモリー確保, 451
   要素, 127
   要素数, 451
   容量確認, 447
vectorvector
   簡易〜, 435
VM（Virtual Machine）, 3
void, 376
void 型, 35
void *, 375, 376

■ W
Wall, Larry, 273
wchar_t, 554
weibull_distribution, 606
what, 328
while 文, 95
while(true), 95

■ X
xvalue, 501
xvalue 配列, 502

■ あ
アクセス指定, 436
値カテゴリー, 491, 500
アドレス, 371
アルゴリズム, 205
アロケーター, 429, 456
暗黙の型変換, 446

■ い
依存関係, 12
一様分布, 590
   整数, 590
   浮動小数点数, 591
イテレーター, 185, 301, 385
   *, 186
   ++, 186
   --, 186
   advance, 414
   const_iterator, 318
   const な〜, 318
   distance, 415
   next, 415
   prev, 415
   移動, 414
   カテゴリー, 387
   逆順, 417
   距離, 388, 415
   参照, 186
   出力〜, 387, 392, 395
   取得, 185
   前方〜, 387, 390, 403
   操作, 414
   双方向〜, 387, 390, 408
   大小比較, 389
   同値比較, 389
   入力〜, 387, 391, 398
   範囲, 192
   汎用性, 190
   比較, 187, 314
   ランダムアクセス〜, 387, 409
   リバース〜, 417
意味エラー, 44
インクリメント, 91
インクリメント演算子, 265
インクルードガード, 626
インタープリター形式, 3
インデックス, 195
インデックスループ, 88, 99
インライン関数, 649
インライン変数, 649

■ う
ウェイブル分布, 606
ウォッチポイント, 663
右辺値, 500

■ え
エイリアス宣言, 179, 291
エイリアステンプレート, 356
エスケープシーケンス, 551, 553
   16 進数〜, 552
   8 進数〜, 552
エラー処理, 325
エラーチェック, 326
エラーメッセージ, 6
演算子, 259
   インクリメント〜, 265
   オーバーロード, 258, 261, 540
   後置〜, 265, 266, 310
   前置〜, 265, 310
   単項〜, 264, 534
   デクリメント〜, 265
   二項〜, 261, 540

複合代入〜, 533
エンディアン, 549

■ お
オーバーラップ, 224
オーバーロード, 540
オブジェクト, 240, 243
オブジェクト指向プログラミング, 1
オブジェクトファイル, 643
オブジェクト風マクロ, 627
オペランド, 262

■ か
改行文字, 24
カイ二乗分布, 608
下位バイト, 549
仮数, 162
型, 29, 355
    `void`, 35
    変換, 30
    ユーザー定義された〜, 179
型名, 179
    `typedef` 名, 180
    エイリアス宣言, 179
    ネストされた〜, 292, 440
    別名, 179, 291
かつ, 61
可変長引数マクロ, 629
仮引数, 255
簡易 `vector`, 435
    `begin`, 443
    `cbegin`, 444
    `cend`, 444
    `crbegin`, 445
    `crend`, 445
    `end`, 443
    `rbegin`, 445
    `rend`, 445
    イテレーター, 443
    データメンバー, 441
    メンバー関数, 443
簡易ベクター
    `[]`, 448
    `at`, 449
    `back`, 450
    `data`, 450
    `front`, 450
    要素アクセス, 448
関数, 31, 34, 88, 231, 644
    型, 351
    仮引数, 255
    実引数, 255
    宣言, 88
    定義, 88
    デフォルト実引数, 254
    引数, 31, 282
    〜へのポインター, 351
関数テンプレート, 285
関数風マクロ, 628
ガンマ分布, 605

■ き
偽, 51
記憶領域, 372
ギガ, 371

幾何分布, 597
擬似乱数, 577
キビバイト, 371
基本実行文字セット, 548
基本ソース文字セット, 547
キャッチポイント, 663
キャプチャー, 234
行列クラス, 532
極値分布, 606
キロ, 371
キロバイト, 371
キーワード, 167

■ く
区切り文字, 22
区分線形分布, 619
区分定数分布, 614
クラス, 237, 436, 651
    `::`, 294
    `const` 修飾, 294
    `static`, 653
    `struct`, 239
    アクセス指定, 436
    値の構築, 423
    行列〜, 532
    コピー, 471
    コピーコンストラクター, 473
    コンストラクター, 250
    初期化, 250, 251
    所有, 478
    数値計算〜, 531
    宣言, 651
    定義, 439, 651
    デストラクタ, 252
    データメンバー, 239
    破棄, 252
    普通の型, 471
    〜へのポインター, 358
    変数, 237
    メンバー関数, 242
クラススコープ, 246
クラステンプレート, 288
クラス名, 239
グローバル名前空間, 173

■ け
警告メッセージ, 6, 41, 69

■ こ
コアダンプ, 674
構造化プログラミング, 1
後置演算子, 265, 266, 310
国際標準規格, 2
コーシー分布, 609
コードポイント, 548
コピー, 471
    `vector` の〜, 476
    禁止, 519
    構築, 471
    〜先, 471
    代入, 471
    デフォルトの〜, 475
    〜元, 471
コピーキャプチャー, 234
コピーコンストラクター, 473, 484

コピー代入演算子, 474, 485
コメント, 9, 21
コンストラクター, 250, 454
  コピー〜, 473, 484
  初期化, 251
  デフォルト実引数, 254
  デリゲート〜, 256
  引数, 254
  変換〜, 445, 481
  戻り値, 254
コンパイラー, 643
コンパイル, 5
コンパイルエラー, 37
コンパイル済みヘッダー, 9
コンパイルメッセージ, 6

■ さ
再帰, 111
再帰関数, 111
末尾再帰, 119
左辺値, 500
サロゲートペア, 549
参照, 198, 337
サンプリング分布, 611

■ し
式, 54
式文, 54
識別子, 168
シグナル, 673
指数, 162
指数分布, 603
四則演算, 25
実行可能ファイル, 5
実引数, 255
シード, 582
終了条件付きループ, 86, 97
出力イテレーター, 387, 392, 395
上位バイト, 549
条件, 54
条件式, 54
条件付きコンパイル, 633
条件分岐, 50, 83
情報の単位, 147
剰余, 25
初期化, 27
所有, 478
真, 51

■ す
数値区切り, 147
数値計算クラス, 531
スコープ, 246
スコープ, 181
スタック, 118
スタックアンワインディング, 331
スチューデントの t 分布, 610
ストレージ, 372
スマートポインター, 427, 521

■ せ
正規分布, 607
整数, 25, 145
  1 の補数, 149
  2 の補数, 150

仕組み, 147
  符号付き〜, 148
  符号なし〜, 148
  符号ビット, 148
整数型, 29, 151
  最小値, 155
  サイズ, 154
  最大値, 155
  変換, 157
整数リテラル, 145, 151
  10 進数〜, 145
  16 進数〜, 146
  2 進数〜, 146
  8 進数〜, 146
  数値区切り, 147
セミコロン, 22, 47
ゼロオーバーヘッド, 2
線形合同法, 577
宣言, 169
宣言子, 352
選択ソート, 133
前置演算子, 265, 310
前方イテレーター, 387, 390, 403

■ そ
双方向イテレーター, 387, 390, 408
添字, 195
束縛, 499
ソースファイル, 641
  単一の〜, 641
  複数の〜, 642, 644
ソート, 133

■ た
対数正規分布, 608
代入, 28
代入演算子, 28
タブ文字, 101
単一定義原則, 646
単項演算子, 264, 534
短絡評価, 63

■ ち
逐次実行, 83
直接マッピング, 2

■ て
定義, 169
定義済みマクロ名, 640
デクリメント, 91
デクリメント演算子, 265
デストラクタ, 252
デストラクター, 458
  戻り値, 254
データマンバー
  へのポインター, 382
データメンバー, 239
デバッガー, 657
デバッグ, 37, 69
  `printf`, 135
デフォルト実引数, 254
テラ, 371
デリゲートコンストラクター, 256
テンプレート, 285, 356, 656
  エイリアス〜, 356

関数～, 285
　　クラス～, 288
　　引数, 285
　　フォワードリファレンス, 491
テンプレート引数, 285

■ と
同値比較, 59
動的メモリー確保, 419
独立した試行, 592
トークン, 21

■ な
名前, 167
　　型名, 179
　　宣言, 169
　　定義, 169
名前空間, 170
　　inline, 178
　　省略, 176
　　ネスト, 174
　　別名, 174
名前空間エイリアス, 174
生文字列リテラル, 557

■ に
二項演算子, 261, 540
　　ムーブしない～, 540
　　ムーブする～, 542
二項分布, 595
入力イテレーター, 387, 391, 398
　　終了条件, 402
　　同値比較, 402

■ は
バイト, 148, 372
　　下位～, 549
　　上位～, 549
パイプ, 80
　　|, 81
配列, 275, 276
　　[], 276
　　sizeof, 277
　　型, 355
　　構築, 434
　　サイズ, 277
　　初期化, 276
　　動的確保, 427
　　破棄, 435
　　～へのポインター, 355
　　メモリー上での表現, 378
　　要素, 276
バグ, 37
バックスラッシュ, 24
半閉鎖, 192

■ ひ
比較演算子, 51
引数, 31, 282
引数リスト, 231
ビッグエンディアン, 550
ビット, 147, 372
標準出力, 22
標準入力, 73, 75

■ ふ
フィッシャーの F 分布, 610
フォワーディングリファレンス, 505
フォワードリファレンス, 491
不完全型, 652
複合代入演算子, 533
複合文, 47, 232
符号付き整数, 148
符号付き整数型, 151
符号なし整数, 148
符号なし整数型, 151
符号ビット, 148
普通の型, 471
浮動小数点数, 25, 159, 163
　　変換, 165
　　有効桁数, 164
浮動小数点数型, 29, 159
浮動小数点数リテラル, 161
　　10 進浮動小数点数～, 161
負の二項分布, 599
プリプロセッサー, 7
　　定数式, 633
プリプロセッシングディレクティブ, 623
ブレイクポイント, 662
プログラマーの三大美徳, 273
ブロックスコープ, 49, 181
文, 47, 54
分割コンパイル, 641
分布クラス, 588
　　リセット, 588
文法エラー, 38
文末, 232

■ へ
閉鎖, 193
ヘッダーファイル, 7, 624, 642
　　コンパイル済みヘッダー, 9
ベルヌーイ試行, 592
ベルヌーイ分布, 591, 593
ヘルパー関数, 455
変換コンストラクター, 445, 481
変数, 27, 237, 647
　　型, 29
　　サイズ, 154
　　寿命, 49
　　初期化, 27
　　宣言, 27
変数名, 27

■ ほ
ポアソン分布, 602
ポインター, 337
　　*, 338, 343
　　&, 338
　　**, 349
　　this, 361
　　値, 373
　　意味上の～, 337
　　加減算, 379
　　型, 356
　　型変換, 421
　　関数への～, 351
　　クラスへの～, 358
　　サイズ, 372
　　初期化, 340

スマート〜, 427
代入, 340
内部実装, 371
配列への〜, 355
文法上の〜, 343
〜へのポインター, 348
〜へのポインターへのポインター, 350
ポインター型, 338
未定義, 341
メンバーへの〜, 363
リファレンス型, 338
ポインター型, 338, 343
翻訳単位, 644

■ ま
マルチパス保証, 407

■ み
未定義, 341

■ む
無限ループ, 84, 95
ムーブ, 489, 511
構築, 490
〜先, 490
実装, 514
代入, 490, 516
デフォルトの〜, 518
〜元, 490
ムーブコンストラクター, 512, 515
ムーブ代入演算子, 512, 515

■ め
メガ, 371
メモリー, 371, 372
解放, 420, 431
確保, 420, 431
確保失敗, 422
動的〜確保, 419
メモリー確保, 121
メルセンヌツイスター, 579
メンバー
ポインター, 363
メンバー関数, 122, 242
const 修飾, 294, 296

■ も
もしくは, 62
文字の表現, 548
文字リテラル, 551
文字列, 22, 24, 547
s, 24
結合, 24
サイズ, 559
操作, 564
表現, 558
文字列型, 29
文字列リテラル, 552

■ ゆ
有効桁数, 164
ユーザー定義された型, 179
ユーザー定義リテラル, 560
ユニバーサルキャラクター名, 552

■ ら
ラムダ式, 31, 231
[=], 234
[&], 235
キャプチャー, 234
コピーキャプチャー, 234
引数リスト, 231
複合文, 232
文末, 232
リファレンスキャプチャー, 235
乱数, 577
擬似〜, 577
シード, 582
予測不可能な〜, 584
乱数エンジン, 578
`default_random_engine`, 578
`mt19937`, 579
`random_device`, 584
メルセンヌツイスター, 579
乱数分布, 580
一様分布, 590
ウェイブル分布, 606
カイ二乗分布, 608
ガンマ分布, 605
幾何分布, 597
極値分布, 606
区分線形分布, 619
区分定数分布, 614
コーシー分布, 609
サンプリング分布, 611
指数分布, 603
スチューデントの t 分布, 610
正規分布, 607
対数正規分布, 608
二項分布, 595
フィッシャーの F 分布, 610
負の二項分布, 599
ベルヌーイ分布, 591, 593
ポアソン分布, 602
離散分布, 611
乱数分布ライブラリ, 586
ランダムアクセス, 387
ランダムアクセスイテレーター, 387, 409
大小比較, 389

■ り
離散分布, 611
リダイレクト, 78
<, 79
>, 79
リテラル, 551
生文字列〜, 557
文字〜, 551
文字列〜, 552
ユニバーサルキャラクター名, 552
リトルエンディアン, 550
リバースイテレーター, 417
リファレンス, 198, 337
リファレンス型, 338, 343
リファレンスキャプチャー, 235
リファレンス修飾, 537
リファレンス修飾子, 538
リンカー, 643

■ る
ループ, 83

```
break 文, 108
continue 文, 109
do 文, 107
for 文, 103
goto 文, 84
while 文, 95
```
インデックス〜, 88, 99
打ち切り, 109
再帰関数, 111
終了条件付き〜, 86, 97
脱出, 108
無限〜, 84, 95

■ れ
例外, 325, 326
　　キャッチ, 329
　　スタックアンワインディング, 331
　　巻き戻し, 331

■ ろ
論理積, 60
論理否定, 58
論理和, 61

■ わ
ワイド文字, 554

著者プロフィール

江添 亮（えぞえ りょう）

Mail : boostcpp@gmail.com

Blog : http://cpplover.blogspot.jp/

GitHub : https://github.com/EzoeRyou/

2010 年 C++ 標準化委員会 エキスパートメンバー

2014 年 株式会社ドワンゴ入社

2015 年 C++ 標準化委員会 委員

●本書に対するお問い合わせは、電子メール（info@asciidwango.jp）にてお願いいたします。
但し、本書の記述内容を越えるご質問にはお答えできませんので、ご了承ください。

江添亮の C++ 入門

2019 年 9 月 20 日　初版発行
2021 年 9 月 10 日　初版第 3 刷発行

著　者	江添 亮
発行者	夏野 剛
発　行	株式会社ドワンゴ

　　　　　〒 104–0061
　　　　　東京都中央区銀座 4–12–15 歌舞伎座タワー
　　　　　編集 03–3549–6153
　　　　　電子メール info@asciidwango.jp
　　　　　https://asciidwango.jp/

発　売　　株式会社 KADOKAWA

　　　　　〒 102–8177
　　　　　東京都千代田区富士見 2–13–3
　　　　　KADOKAWA 購入窓口　0570–002–008（ナビダイヤル）
　　　　　https://www.kadokawa.co.jp/

印刷・製本　　株式会社リーブルテック
Printed in Japan

定価はカバーに表示してあります。

ISBN978–4–04–893071–0 C3004

アスキードワンゴ編集部
編　集　星野浩章